汪晖 著

现代中国思想的兴起

上　卷

第二部

帝国与国家

生活·讀書·新知 三联书店

Copyright ⓒ 2015 by SDX Joint Publishing Company.
All Rights Reserved.
本作品简体字版权由生活·读书·新知三联书店所有。
未经许可,不得翻印。

图书在版编目(CIP)数据

现代中国思想的兴起/汪晖著. —3 版. —北京:生活·
读书·新知三联书店,2015.1 (2023.9 重印)
ISBN 978 – 7 – 108 – 05164 – 6

Ⅰ. ①现⋯　Ⅱ. ①汪⋯　Ⅲ. ①思想史–研究–中国
Ⅳ. ① B2

中国版本图书馆 CIP 数据核字(2014)第 276914 号

本册细目

◎ 上卷
　　第二部
　　帝国与国家 —— 487

第五章　内与外（一）：礼仪中国的观念与帝国 —— 489
　第一节　礼仪、法律与经学 —— 489
　　1. 世界观转变的"内在视野" —— 489
　　2. 今文经学与乾嘉学术 —— 492
　　3.《春秋》在清代经学中的位置 —— 498
　　4. 孟、荀与今古之辨 —— 505
　　5. 礼、法与权 —— 510
　　6. 礼仪、德刑与王朝政治 —— 513
　第二节　今文经学与清王朝的法律/制度多元主义 —— 519
　　1. 宫廷政治，还是合法性问题？—— 519
　　2. 蒙元王朝的合法性与公羊学 —— 522
　　3. 满清王朝与中国王朝的法统 —— 534
　　4. 长城的象征意义及其历史转化 —— 543
　　5. 帝国的法律/制度多元主义及其内在矛盾 —— 548
　第三节　今文经学与清王朝的合法性问题 —— 551
　　1. 奉天法祖与"大一统" —— 551
　　2. "二伯"与"宗文王" —— 559
　　3. "讥世卿"与王朝政治的内在矛盾 —— 565
　　4. "别内外"：外部关系的内在化与"中国"概念的再定义 —— 569
　　5. "大一统"之礼序与夷夏之相对化 —— 573
　第四节　大一统与帝国：从礼仪的视野到舆地学的视野 —— 579
　　1. 大一统、礼仪中国与帝国 —— 579
　　2. 封爵之虚化、郡县制与无外/有外的帝国 —— 585

3. 舆地学的视野与帝国内外关系的转化 —— 590
4. 西北规划与"海洋时代" —— 603

第六章　内与外（二）：帝国与民族国家 —— 609
第一节　"海洋时代"及其对内陆关系的重构 —— 609
第二节　作为兵书的《海国图志》与结构性危机 —— 619
1. 从东汉回向西汉 —— 619
2. 从西北到沿海 —— 624
3. 以"守"为攻 —— 630
4. 以陆战对海战 —— 632
5. 知识、军事与贸易 —— 636

第三节　朝贡体系、中西关系与新夷夏之辨 —— 643
1. 以谁为中心：西方，南洋，还是中国朝贡体系？ —— 643
2. 南洋内部的中西关系 —— 653
3. 世界范围内的夷夏问题 —— 658
4. 英国经济或欧洲资本主义崛起的秘密 —— 665
5. "合省国"的政治结构与大一统的想像 —— 671
6. 历史预见与现代性的逻辑 —— 675

第四节　主权问题：朝贡体系的礼仪关系与国际法 —— 679
1. 朝贡、条约与对外关系 —— 679
2. 国际法与主权 —— 695
3.《春秋》、《周礼》与国际法 —— 707
4. 丁韪良的"古代中国的国际公法" —— 710
5. "列国之势"、民族—国家与重建儒学的世界图景 —— 721

第七章　帝国的自我转化与儒学普遍主义 —— 737
第一节　经学诠释学与儒学"万世法" —— 737
第二节　克服国家的大同与向大同过渡的国家 —— 744
第三节　《大同书》的成书年代与早期康有为的公理观 —— 753
第四节　作为世界之治的"大同" —— 765
1. 具体的叙述与普遍的叙述 —— 765

2. 历史的叙述与科学的叙述（种族主义的知识基础）—— 768
3. 帝国之兵书与世界大同之治 —— 772
4. 国家主义与社会主义 —— 777

第五节　经学、孔教与国家 —— 782
1. 大同与国家、皇权与民权 —— 782
2.《新学伪经考》—— 793
3.《孔子改制考》—— 804
3.1 封建与一统 —— 804
3.2 三统说与孔子之王制 —— 810
3.3 三世说与对皇权中心主义的超越 —— 815

第六节　从帝国到主权国家："中国"的自我转变 —— 821

上卷 第二部

帝国与国家

第五章

内与外（一）：
礼仪中国的观念与帝国

中国亦新夷狄也。

——刘逢禄：《秦楚吴进黜中国表序》

第一节　礼仪、法律与经学

1. 世界观转变的"内在视野"

顾炎武考文知音，研讨礼乐、风俗和制度的流变，戴震辟宋归汉，深通名物制度、纠缠于孟荀之间，章学诚揭橥"六经皆史"的命题，对"道器一体"作了创造性的阐释：他们的学术方式各有差别，但都在复古的礼制论、精密的考证方法与"变"、"权"和"自然之势"（通）之间形成张力。这是一种悖论式的方式，一种把复古的正统主义与经世致用的实践取向融而为一的方式。这种思想的局面为乾隆晚期今文经学的异军突起（庄存与转向公羊学是在1780年以后）提供了怎样的思想前提呢？

清代今文经学肇端于乾嘉时代的常州学派,前有庄存与、孔广森,后有刘逢禄、宋翔凤,下接龚自珍、魏源,他们以《春秋公羊传》为中心,以今文的观点遍释群经,并以之回应现实的挑战。庄氏之学不显于当世,庄存与也不是致力于变法改制的政治家,但他开创的清代今文经学传统为刘逢禄所发扬光大,在龚自珍、魏源手中成为观察和评论时事的思想资源,继而又成为晚清变法时代的轰动一时的学术思潮。清代今文经学学者对于礼仪、法律和历史的研究紧密地联系着多民族帝国内部的民族关系、组织社会的基本原则及其内在矛盾、清帝国面临的不断变化的内外关系及其冲突,等等。从清代中期开始,庄存与、刘逢禄、魏源、龚自珍等人不断地在夷夏、内外以及三统、三世等范畴中探讨王朝的合法性问题,并在礼与法的基础上重建关于"中国"的理解。今文经学者在经学的视野内发展出了一系列处理王朝内部与外部关系的礼仪与法律思想,从而为新的历史实践——殖民主义时代条件下的变法改革——提供了理论前提和思想视野。在这个意义上,清代中期开始的今文经学运动是一种有关政治合法性的经学研究,一种政治实践的理论,一种适应王朝体制的历史变化而不断完善的历史观和世界观的建构。

　　为什么今文经学能够在晚清时代成为囊括各种知识和政治理论的基本框架?它的强烈的政治性,它对清代大一统体制的历史基础和伦理条件的持久追问,它对历史变化的敏感及其学术的灵活性,均为此提供了条件。从今文经学的角度出发探讨晚清思想的转变包含了一个方法论问题,即只有从经学内部的视野进行观察,晚清思想的意义及其变化的轨迹才能充分地展现出来。例如,公羊学为近代科学世界观提供了合法性,但它本身却无法提供这一新的宇宙论和世界观。这一历史关系促成了今文经学内部的变化,它必须超越自己的历史限制,转化为一种包容性的理论。近代科学世界观最终突破公羊学的框架成为新的支配性的知识和信仰。又如,公羊学在"内外"观的框架内理解欧洲资本主义的国家扩张及其主权观念,但它对内外关系的处理方式显然与欧洲殖民主义所推行的主权和国际法观念存在着基本的差异。新的知识和制度是通过政治、经济和军事霸权才建立起自己的支配地位的。

那么,这一过程如何改变和解构了今文经学的世界观并促成了它的内在视野的变化呢?如果把主权、民族关系、法律和礼仪问题抽离经学的视野,我们就无法了解清代政治合法性的那些微妙的历史和伦理内含,无法了解新的内外关系是如何替代、重构旧的内外关系,同时又在新的历史条件下为后者所制约。

今文经学的"内在视野"不是一种僵固的视野,它包含这一视野本身的历史变化,包含促成这一变化的政治、经济和军事冲突与这一视野之间的互动关系。魏源、龚自珍、康有为、梁启超把今文经学用于政治实践和社会批评,他们的贡献并不限于学术方法上对考证学的扬弃。在他们的思想努力下,各种西方知识——政治、哲学、经济、尤其是科学知识——逐渐被纳入公羊学的理论之中,从而公羊学的历史理论与西方政治思想、实证主义的科学宇宙论融为一体,成为一种无所不包的世界观。在这个意义上,今文经学的兴起和变化是对复杂的社会及政治问题的回应,它的意义不能简单地从学术史的角度加以观察。我们无法回避这些问题:公羊学与现代历史观、政治理论和法律的关系怎样?作为一种历史理论和法的思想的公羊学为什么需要一套完整的、一元论的宇宙观作为依据?

无论是经世致用,还是以考证的方法论证经书的真伪,都不是今文经学的独创。清初以降,经学内部始终存在着一种透过训诂考证追究制度、礼乐、历史演变的动力。即使在乾嘉时代,戴震、章学诚等人也没有丧失对于社会问题的敏感和经世致用的意趣,他们洞悉乾嘉考证学的困ում,进而在乾嘉学术内部展开出了新的方向。在这个意义上,所谓为考证而考证的风气并不能涵盖所有的古文学者。庄、刘之学与戴、章之学产生于同一时代,如果庄、刘之学包含了对于乾嘉时代的社会危机的回应,那么,戴、章之学不是同样如此吗?今文经学不仅是对乾嘉考证学的反动,而且也是对清初学者经世致用的原则(及乾嘉学术内部已经孕育着的变革因素)的呼应;它们之间的关系极为复杂。如果我们仅仅在微言大义与训诂考证、经世致用与为学术而学术之间界定今古文的差别,势必陷入纠缠不清的境地。

第五章 内与外(一):礼仪中国的观念与帝国

2. 今文经学与乾嘉学术

关于今古文的主要分歧历来说法不一,其中最早的说法源自《汉书·艺文志》关于文字异同的论述和《汉书·刘歆传》所载鲁恭王"得古文于坏壁之中"的材料,后又衍为《周礼》、《左传》、古文《尚书》等以古文书写的典籍是否为汉代刘歆所伪造的争论。[1]龚自珍的《大誓答问·总论汉代今文古文名实》即依此立论,在清代影响广泛。今文即汉代通用隶书,古文即先秦文字。今文学派认为这些以古文写成的文本是伪造之书,古文派大致持相反的立场,由此派生出研究经典应该追究微言大义(今文),还是以考古为主的争论。[2]但这种叙述不足以说明今文经学与古文经学各自取向的真正含义,因此又有各种区分今古的论述出现,如以是否立于学官、师说的差别、出书之早晚、口说与载籍之异等标准区分今

---

[1] "壁中书"包括《礼记》、《尚书》、《春秋》、《论语》和《孝经》。此外,北平侯张苍献《春秋左氏传》,这是"古文"的根据。参见康有为:《新学伪经考》,《康有为全集》(一),上海:上海古籍出版社,1987,页747。

[2] 皮锡瑞对今古文的差别及其历史作了如下概括:"两汉经学有今古文之分。今古文所以分,其先由于文字之异。今文者,今所谓隶书,世所传熹平《石经》及孔庙等处汉碑是也。古文者,今所谓籀书,世所传歧阳石鼓及《说文》所载古文是也。隶书,汉世通行,故当时谓之今文;犹今人之于楷书,人人尽识者也。籀书,汉世已不通行,故当时谓之古文;犹今人之于篆、隶,不能人人尽识者也。凡文字必人人尽识,方可以教初学。许慎谓孔子写定六经,皆用古文;然则,孔氏与伏生所藏书,亦必是古文。汉初发藏以授生徒,必改为通行之今文,乃便学者诵习。故汉立博士十四,皆今文家。而当古文未兴之前,未尝别立今文之名。……至刘歆始增置《古文尚书》、《毛诗》、《周官》、《左氏春秋》。既立学官,必创说解。后汉卫宏、贾逵、马融又递为增补,以行于世,遂与今文分道扬镳。"(见氏著《经学历史》,北京:中华书局,1959,页87—88。)关于古文字问题,康有为说:"《史籀篇》者,周时史官教学童书也,与孔子壁中古文异体。《苍颉》七章者,秦丞相李斯所作也。《爱历》六章者,车府令赵高所作也。《博学》七章者,太史令胡母敬所作也。文字多取《史籀篇》,而篆体复颇异,所谓'秦篆'者也。是时始建隶书矣,起于官狱多事,苟趋省易,施之于徒隶也。""其实古无'籀'、'篆'、'隶'之名,但谓之'文'耳,创名而抑扬之,实自歆始。"《新学伪经考》,《康有为全集》(一),页678,685。

古,等等。乾嘉考证学注重文字考证,并从书写文字的角度对经书的早晚和真伪给出鉴定。与此相反,今文经学注重声音的流传,认为《春秋》言微,如果没有师生口说之传,无法窥其大义。在这个意义上,今文经学相信声音(口传)较之书写(载籍)更能体现圣人的真义。[3]然而,即使这一区分也不是绝对的。从考证学的角度说,早期经学、尤其是顾炎武的《音学五书》是清代考证学的经典之作,该书的宗旨是力图通过对声音的考证理解古代经典之文,进而获取周代风俗和典制的真义。声音在考证学中居于极为重要的地位。从今文学的角度说,今文家虽然重视口说,但未偏废文字考证。康有为说:"《说文》虽有伪窜,而为古今文字之荟萃,学者当识字,不得不读",建议后学认真对待段、王之文字训诂之学,配以《尔雅》、《广韵》的研究。"《说文》形学也,《尔雅》义学也,《广韵》声学也。皆学者所不可废,为国朝专门之学。"[4]经学的中心任务在于通过特定的方法恢复为时间与历史、(多余的)修辞和(文字的)脱漏所遮盖的圣王典制、三代风俗、圣人大义,即礼乐之精义。今文经学派与古文经学派在何为儒之正宗(尊周公还是尊孔子)等问题上存在广泛的分歧,但恰恰是分歧本身突显了二者共享的"正统主义"这一儒学取向。在清代的语境中,有关正统主义的分歧涉及究竟以何者作为正统的根据:族群、地域或者礼仪?

　　清代今古之学的差别既涉及复杂的学术史问题,也涉及广泛的政治问题。单纯的学术史方法和政治性论述均无法准确地揭示它们之间的联系与差别。因此,我们需要在一种广泛的历史和理论视野中说明今文经学和古文经学的关系。考证学在乾嘉学术中居于主流地位,它的严格的方法论和学术规范迫使今文经学在挑战它的权威地位时不得不经常采用考据学的方式。在这个意义上,今文经学与乾嘉考证学的对立关系是在历史的演变中逐渐形成的。在给庄存与的著作所作的序中,董士锡、魏源

---

[3] 康有为说:"作《春秋》以托王法,其词微,其旨博,故全赖口说",点出了"口说"与微言大义的关系。《南海师承记》卷二,《康有为全集》(二),上海:上海古籍出版社,1990,页498。

[4] 康有为:《南海师承记》,《康有为全集》(二),页445。

不一而同地强调今文经学为"乾隆间经学之巨汇",[5]庄氏"所为真汉学者庶其在是!"[6]他们以坚持汉学正统的方式来表达今文经学的挑战态度,反而透露了今文经学的边缘地位。这种情况直至今文经学极盛一时的晚清时代才真正改变。例如,梁启超以微言大义与训诂名物描述今古文的差别,不再关心今文经学是否具有经学的正统地位这样的问题。[7]他的看法与古文经学者阮元相似,后者称庄存与"于六经皆能阐抉奥旨,不专为汉宋笺注之学,而独得先圣微言大义于语言文字之外",[8]同样在经学方法的层面谈论今古文的差异。[9]

阮元、梁启超一前一后,一古一今,处于各自时代的学术主流之中,他们在今古文学方面取舍不一,但都从方法论的角度对今古之别作出清晰的界定和分疏。然而,乾嘉时代的今古文学并不像他们表述的那样壁垒森严。实际的情况是,乾嘉学者兼采各种资源,学术研究中今古文经学之间的交叉关系比比皆是。从今文经学方面看,庄、刘之学包含了考证学的诸多要素。庄存与的《春秋正辞》上承元末明初休宁赵汸之春秋学,发挥《春秋》微言大义,对于董仲舒之《春秋繁露》多有汲取。但在他的学术中,公羊学只占一小部分:《味经斋遗书》兼采汉宋,未辨古今,不守门户,对于《易》、《春秋》、《尚书》、《诗》、《周官》、《四书》等均有所涉及,其

---

[5] 董士锡:《易说序》,见《味经斋遗书》卷首。
[6] 魏源:《武进庄少宗伯遗书序》,见《味经斋遗书》卷首,又见《魏源集》,上册,北京:中华书局,1976,页238。
[7] 梁氏说:庄存与"著《春秋正辞》,刊落训诂名物之末,专求其所谓'微言大义'者,与戴段一派所取途径全然不同"。"与戴段一派所取途径全然不同"的说法是否准确,我在下文再作分析。梁启超:《清代学术概论》,台北:商务印书馆,1966,页75。
[8] 阮元:《庄方耕宗伯经说序》,见《味经斋遗书》卷首。
[9] 阮元晚年对西汉今文经学、特别是《公羊传》有所涉猎,但他的学术贡献主要在以郑、许为中心的东汉古文经学研究。他曾为孔广森《春秋公羊通义》作序,疏理公羊学的源流;在他主持下,由学海堂筹划、编纂的《皇清经解》(1829)收入了庄存与、孔广森、刘逢禄等今文经学家的著作。学海堂的命名是纪念何休,而《皇清经解》的计划也出于刘逢禄的建议。在这个意义上,阮元虽然是一古文家,但他的经学实践与观念已经与今文经学存在密切的联系。

中《周官记》、《周官说》和《毛诗说》等著作基本上属于古文经学的范围。[10] 孔广森的《春秋公羊通义》不本何休,反而以朴学的态度归纳公羊的思想,后世学者说他"长于音韵小学,治经殆非所长",是公允的说法。庄存与以《周礼》济《公羊》之穷,孔广森以孟子阐公羊之义,都是家法未严的证明。[11] 刘逢禄发挥东汉何休之"三科九旨",开公羊家注重家法之先河,但这一转向恰恰吻合清代经学重视家法的传统。我们看他"爱推舅氏未竟之志"而著的《尚书今古文集解》,其自述凡例为五,第一条就是正文字、审音训、别句读、详同异,在方法上完全师法乾嘉考证学的路数。[12] 清代今文经学注重经世致用,对于家法并未如乾嘉学者那样严格。魏源《两汉经师今古文家法考叙》是专论家法的文字,他批评清代学者隆东汉而抑西汉的观点,但并没有简单否定东汉之学,而是以求道的观点统观经学及其家法,试图在历史流变之中找到经世的根据。他说:

> 西京微言大义之学,坠于东京;东京典章制度之学,绝于隋、唐;两汉故训声音之学,息于魏、晋,其道果孰隆替哉?且夫文质再世而

---

[10] 阮元《庄方耕宗伯说经序》评庄氏之学云:"《易》则贯穿群经,虽旁涉天官分野气候,而非如汉、宋诸儒之专衍术数、比附史事也;《春秋》则主《公羊》、董子,虽略采左氏、谷梁氏及宋、元诸儒之说,而非如何劭公所讥倍经任意,反传违戾也;《尚书》则不分今古文文字同异,而剖析疑义,深得夫子序《书》、孟子论世之意;《诗》则详于变雅,发挥大义,多可陈之讲筵;《周官》则博考载籍,有道术之文为之补其亡缺,多可取法致用;乐则谱其声,论其理,可补古《乐经》之缺;《四书说》敷畅本旨,可作考亭诤友,而非如姚江王氏、萧山毛氏之自辟门户,轻肆诋诘也。"阮元:《庄方耕宗伯说经序》,见《味经斋遗书》卷首。

[11] 用杨向奎的话说:"这也可以说是刘歆的传统,他是以今文学派的世家而提倡古文经。这也许是他们的不得已。公羊学在政治上只能是理论方面的发挥,它是一部历史哲学,不是一部政治纲领,它不具备可运用的典章制度,只是空洞议论,因之要借用《周礼》'以明因监'。"杨向奎:《清代的今文经学》,《绎史斋学术文集》,上海:上海人民出版社,1983,页328。

[12] 他自述的凡例为:"一曰:正文字……审其音训、别其句读、详其衍脱、析其同异;……二曰:微古义……严家法也;三曰:袪门户……四曰:崇正义……五曰:述师说……"刘逢禄:《尚书今古文集解序》,《刘礼部集》卷九,光绪壬辰年延晖承堂刊本,下同。

第五章 内与外(一):礼仪中国的观念与帝国

必复,天道三微而成一著。今日复古之要,由训诂、声音以进于东京典章制度,此齐一变至鲁也;由典章、制度以进于西汉微言大义,贯经术、故事、文章于一,此鲁一变至道也。〔13〕

从训诂、声音到典章、制度,从典章、制度到微言大义,这一"复古"道路把西汉今文经学视为考证学和历史学最终抵达的阶段和目标。魏源以《周礼》、《左传》解证《诗经》,以宋人之说攻驳毛说,在有些经学者看来纯属变乱家法。他的《书古微》上承阎若璩对《古文尚书》、《孔传》的攻击,定《古文尚书》为伪书。上述例证说明,在1886年(光绪十二年)廖平《今古学考》以《王制》、《周礼》判分今古之前,今古文的分别尚未如此明确(廖以《王制》为虞、夏、殷、周四代之制,《周礼》为周代之制);〔14〕在清末康、梁等今文健将与章太炎等古文学者相互攻讦之前,今古门派并不构成清代经学的森严格局。今文经学与古文经学的差异不仅源自学术传承,而且也是清代思想演变的结果。

从考证学方面看,戴震、章学诚对义理的兴趣已如前述,这里不再重复。在他们之前,阎若璩以三十余年的时间研析《尚书》,著《尚书古文疏证》八卷,以繁复的考证断言《尚书》古文二十五篇为伪书。此后惠栋著《古文尚书考》二卷,对于阎氏的研究多所称引,进一步论定郑康成所传之二十四篇,即孔壁真古文,而东晋晚出之二十五篇,与汉书不合,可定为伪书。这些汉学经典在古文经学的范围内开创了疑古的学术风气,为今文经学的疑古思潮提供了学术史的线索。惠栋学术本重汉代谶纬之说,他的归汉也可以看作是今文经学的先导。钱穆论学站在古文一边,但也

---

〔13〕 魏源:《两汉经师今古文家法考叙》,《魏源集》,上册,北京:中华书局,1976,页152。

〔14〕 关于廖平平分今古的时间,历来有不一致的说法。综合各种材料和考证,应以1885至1886年为准。参见廖平:《今古学考》,《廖平学术论著选集》(一),成都:巴蜀书社,1989,页35—110。杨向奎曾说:"今文经学虽然给王莽夺取政权以许多帮助,但今文经缺少典章制度,所以王莽也取法《周礼》,于是表彰《周礼》,'以明因监'。"又说:"《公羊》和《周礼》虽然在经学上分为今古,这只是经学上的问题,实际上两书的思想内容没有根本不同,都有大一统的要求,也都是要在旧的基础上建立新的一统,这样也就必然陷于自相矛盾而无法解脱。"《绎史斋学术文集》,页2,91。

认为今文经学与乾嘉汉学、特别是惠氏之学有着渊源关系。他说,庄存与不屑于考据,又不能如宋儒在语言文字之外求理,因而"徒牵缀古经籍以为说,又往往比附以汉儒之迂怪,故其学乃有苏州惠氏好诞之风而益肆。……"他的侄子庄述祖(葆琛)的《珍埶宧丛书》"颇究明堂阴阳,亦苏州惠学也"。[15] 庄、刘之学与惠氏之学有着复杂的历史联系。嘉庆五年,刘逢禄举拔贡生入都,曾就张惠言问虞氏《易》、郑氏《三礼》。张惠言治学由惠氏家法出,刘逢禄的《易虞氏五述序》以家法治易,明显受张惠言的影响。

钱穆批评常州诸贤错把意在考古的惠氏之学当作义理之学,用之于经世的实践,遂致"学术、治道同趋澌灭,无救厄运"的结局,但他的前述评论限于学术传承,未能涉及常州学术与顾炎武、戴震、章学诚之间的历史联系。我们不妨追问:惠栋的辟宋归汉、以"兼两"说理,难道没有隐含政治的和历史的观点吗?刘逢禄《春秋公羊释例序》把公羊学的兴起与清政府在全国范围内征集各种书籍、编撰《四库全书》的浩大工程所导致的学术风气的变化联系在一起,从另一个方面把今文经学视为乾嘉学术的有机部分:

> 清之有天下百年,开献书之路,招文学之士,以表章六经为首,于是人耻向壁虚造,竞守汉师家法,若元和惠栋氏、武进张惠言氏之于易,歙程易畴氏之于礼,其善学者也。禄束发受经,善董生何氏之书,若合符节……[16]

在这个意义上,今文经学与古文经学产生于同一思想氛围之中,吴、皖学术的某些脉络正是常州学派的先声。

---

[15] 钱穆:《中国近三百年学术史》,下册,北京:商务印书馆,1997,页582—583。
[16] 刘逢禄:《春秋公羊释例序》,《刘礼部集》卷三,页22—23。

3.《春秋》在清代经学中的位置

今文经学与清初及乾嘉考证学的关系错综复杂,并不是个别师承和方法论上的似与不似可以解释。今文经学以春秋公羊学为中心,从而《春秋》必然居于六经之首。康有为论《春秋繁露》云:"《春秋》非《诗》、《书》、《礼》、《乐》可比,《诗》、《书》、《礼》、《乐》,略而不详。"[17]清十三经中惟有何休《春秋公羊解诂》为今文家说,因此,不仅清今文学派的出发点是公羊春秋,而且对《春秋》的不同理解也构成了今古之别的最为重要的特征。[18]古文经学以《春秋》为史,重视《左传》的地位;而今文经学以《春秋》为经、为治事之书,注意公、谷二传的解说。康有为认定《春秋》为孔子改制的微言大义、六经为孔子所定律例。[19]从内容上看,今文经学对《春秋》义旨的解说与清初学术存在着极大的差别。例如,顾炎武、王夫之均高度评价《春秋》和《左传》的礼仪内涵,后者有关夷夏之辨的讨论在晚清时代流行一时。今文经学恰好相反,他们利用公羊思想(尤其是董仲舒《春秋繁露》)重新解说《春秋》义旨,力图将夷夏、内外关系相对化。但是,早期经学与今文学派均把夷夏关系视为一种道德的或礼仪的关系,贬低族群之间的绝对差别。从经学史的角度说,他们评价经典的标准不一,却都把《春秋》置于诸经之首,不能说没有相通之处。

《春秋》上记隐(鲁隐公元年即公元前722年),下至哀(鲁哀公十四年,即公元前481年),相传为孔子根据鲁国史官所编《春秋》加以修订而

---

[17] 康有为:《万木草堂口说》"春秋繁露"条,《康有为全集》,第二卷,上海:上海古籍出版社,1990,页383。

[18] 西汉通行今文五经即《诗》、《书》、《礼》、《易》、《春秋》,东汉增加了《孝经》和《论语》,为七经。唐代定《易》、《诗》、《书》、《仪礼》、《周礼》、《礼记》、《左传》、《公羊传》、《谷梁传》为九经,至唐文宗太和年间又增加了《论语》、《孝经》、《尔雅》三经,共计十二经。随着东汉末年古文经学的兴起,今文经学逐渐衰败,至唐仅存何休《春秋公羊解诂》。宋代将《孟子》列入经书,计十三经。

[19] 康有为:《南海师承记》,《康有为全集》(二),页444。

成。今古两派在《春秋》问题上的分歧产生于乾嘉经学对于《春秋》与五经的再解释。[20]朴学家们热衷于训诂考证,以经世致用为特征的经学逐渐转化为以求真为目标的史学,他们崇《左传》而黜《公羊》、《谷梁》,从而在《春秋》问题上与今文经学的取向截然相反。钱大昕论《春秋》云:"春秋之法,直书其事,使善恶无所隐而已。"[21]他与王鸣盛都倾向于经史无别。这一看法在章学诚那里演变为"六经皆史"的命题,从而将经史无别论推向了极致。章氏重周公而贬孔子,重经与六艺的关系而反对以传为经的经学方向,对子和传均有所贬抑。在史学视野中,《春秋》无非是史书之一,不再具有所谓"五经之管钥"的至尊地位;孔子为诸子之一,也不具有素王的品质。重《左传》,非《公羊》,崇《汉书》,非《史记》,突出《周礼》的地位,重视刘向、刘歆之七略分类——所有这一切使得章学诚不期然而然地站在了今文经学的对立面——章学诚的时代并无今古对立的格局,从而这一对立本身也是其后经学分化的产物。[22]

章氏不名于当世,刘逢禄也没有对"六经皆史"作出评论。但他条举各例,对钱大昕之经史无别论一一反驳,实际上是对乾嘉时代的学术潮流的一种批评:

> 左氏详于事而春秋重义不重事,左氏不言例,而春秋有例无达例,惟其不重事,故存十一于千百,所不书多于所书……[23]
>
> 《春秋》上记隐,下至哀,以制义法为有所刺、讥、褒、讳、抑、损之文不可以书见也。……[24]

---

[20] 皮锡瑞说:"作《春秋》尤孔子特笔,自孟子及两汉诸儒,皆无异辞。孟子以孔子作《春秋》比禹抑洪水、周公兼夷狄驱猛兽;又引孔子其义窃取之言,继舜、禹、汤、文、武、周公之后;足见孔子功继群圣,全在《春秋》一书。"见氏著:《经学历史》,北京:中华书局,1959,页67。
[21] 参见刘逢禄《春秋论》上、下两篇对钱大昕的反驳,文见《刘礼部集》卷三,页16—21。
[22] 康有为后来说:"唐人尊周公为先圣,而以孔子为先师,近世会稽章学诚亦谓周公乃为集大成,非孔子也,皆中歆之毒者。"《新学伪经考》,《康有为全集》(一),上海:上海古籍出版社,1987,页696。
[23] 刘逢禄:《春秋论上》,《刘礼部集》卷三,页18。
[24] 刘逢禄:《春秋论下》,《刘礼部集》卷三,页19。

刘逢禄的讨论上承唐代陆淳等人的看法，重新提出了春秋三传的位置问题，为在书法、义例的基础上重新阐发《春秋》之微言大义提供了前提。[25]他的《左氏春秋考证》论证刘歆伪造《左传》，正面冲击古文派的经学观、特别是经史无别论，这一解释为后来今文经学家们冲破历史事实的约束而发挥孔子改制的微言大义提供了前提。在他之后，康有为正面批判章学诚的史学论点，认为以周公而非孔子为儒之集大成者势必掩盖孔子创教改制的历史意义。[26]但是，透过上述门户之见和政治语境的差异，经史无别论与今文经学之间的联系仍然有迹可寻。

首先，以《春秋》为"五经之管钥"是儒学、尤其是经学的重要传统之一，针对理学家们抬高四书的地位的做法，重新确立《春秋》的中心地位成为清代经学的一个重要步骤。今文经学与古文经学的重要分歧之一是六经是否为孔子所作。古文学派坚持孔子"述而不作"，所谓赞《易》象，删《诗》、《书》，订《礼》、《乐》，修《春秋》，正是"述而不作"的根据。"六经皆史"或"经史无别"的说法将六经视为先王之制的记载，从而突出了周公的集大成者的地位。今文学派（主要是廖平、康有为）认为六经为孔子所作，《春秋》非记事之书，而是孔子托古改制的微言大义；不是周公，而是孔子，才是儒之集大成者（根据即《公羊传》所谓"制春秋之义，以待后圣"）。廖平更本俞樾《经学通论·三礼·论〈王制〉为今文大宗即春秋素王之制》之说，进一步论定今文家推崇的《王制》即《春秋》礼传，为孔子所作。从这个角度看，今古之别，南辕北辙。但是，今文经学把《春秋》提

---

[25] 陆淳著有《春秋集传纂例》10卷、《春秋微旨》3卷、《春秋集传辨疑》10卷，他说："《公羊》、《谷梁》，初亦口授。……然其大指，亦是子夏所传。故二传传经，密于《左氏》。《谷梁》意深，《公羊》辞辨，随文解释，往往钩深。"（《春秋纂例》卷一，《三传得失议第二》，页5b—6a，文渊阁四库全书本）《春秋公羊传》相传为子夏的弟子公羊高（战国齐人）所作。从《汉书·艺文志》的记载可知，《公羊》、《谷梁》初由口说，至汉代始以隶书录之，成为今文经学的经典。唐代徐彦作《公羊传疏》引戴宏序文云："子夏传与公羊高，高传与其子平，平传与其子地，地传与其子敢，敢传与其子寿。至汉景帝时，寿乃共弟子齐人胡毋子都著于竹帛。"（《春秋公羊解诂》，何休撰，陆德明音义，徐彦疏。《春秋公羊传注疏》。文渊阁四库全书本。）

[26] 康有为：《孔子改制考》，《康有为全集》（三），上海：上海古籍出版社，1992，页191。

高到诸经中最为重要的位置,却与清代经学的传统一脉相承。清初学者以经史之学批判朱子学和阳明学,以新制度论和新礼乐论对抗宋明儒者的天人心性的命题,他们均把探究先王典制、制度沿革和风俗流变视为经学的要务。黄宗羲的《明夷待访录》是以古代典制为蓝本的变法改制理论,顾炎武的郡县论、封建论以及各种制度论则从历史和现实两个方面探讨改制的可能性。他们以礼代理,强调了礼作为一种制度的特点。在这里,核心的问题在于变法改制,变的观念和制度论的结合是清代学术的内在动力。正是在重构礼制的潮流中,《春秋》在五经中的地位获得了明显的上升,从而开启了以史证经的学术方向。前引《亭林文集》卷三《与施愚山书》及《日知录》卷七《夫子之言性与天道》均把《春秋》与孔子的其他著书作对比,声称"夫子之文章,莫大乎《春秋》,《春秋》之义,尊天王,攘戎翟,诛乱臣贼子,皆性也,皆天道也。故胡氏以《春秋》为圣人性命之文,而子如不言则小子其何述乎!"[27]顾炎武视《春秋》为寄托了先王政典和判断是非标准的著作,而非单纯的史书;针对宋明儒学的抽象讨论,他把"尊天王,攘戎翟,诛乱臣贼子"视为"性"与"天道"的范畴。这一看法突显了内外、夷夏的礼仪原则,与清代今文经学倡导的内外、夷夏相对化的观点相互对立,但在视《春秋》为刑书方面,顾炎武的看法与今文学观点相距并不那么遥远。

清初经学的上述特点是对重视制度、盛推《春秋》的公羊学复兴的预示。刘逢禄以降,春秋公羊学恢复了汉代公羊学的主要特点,力图将礼义、法律合为一体,而《春秋》正是明礼决狱的典范。刘氏云:

> 学者莫不求知圣人;圣人之道,备乎五经;而《春秋》者,五经之管钥也。先汉师儒略皆亡阙,惟《诗》毛氏、《礼》郑氏、《易》虞氏有义例可说。而拨乱反正,莫近《春秋》,董、何之言,受命如向。然则求观圣人之志,七十子之所传,舍是奚适焉?[28]

---

[27] 顾炎武:《日知录》卷七《夫子之言性与天道》,《日知录集释(外七种)》,上,页536。
[28] 刘逢禄:《春秋公羊释例序》,《刘礼部集》卷三,页23。

又说：

> 或称《春秋》为圣人之刑书，又云五经之有《春秋》犹法律之有断令。而温城董君独以为礼义之大宗，何哉？盖礼者刑之精华也，失乎礼即入乎刑，无中立之道，故刑者礼之科条也。……《春秋》显经隐权，先德而后刑，其道盖原于天。……夫刑反德而顺于德，亦权之类矣。……矫枉者弗过其正则不能直，故权必反乎经，然后可与适道。……故持《春秋》以决秦汉之狱，不若明《春秋》以复三代之礼，本末轻重，必有能权衡者，以君子之为亦有乐乎此也。[29]

刘逢禄恢复了先秦刑德概念，明确地将礼视为刑之精华，将礼刑的观念归纳在法令的观念之中。参照他的弟子龚自珍的《春秋决事比》，这种综合礼义与法律的倾向极为鲜明。龚自珍说：

> 在汉司马氏曰：春秋者，礼义之大宗也；又曰：春秋明是非，长于治人。晋臣荀崧踵而论之曰：公羊精慈，长于断狱。九流之目，有董仲舒一百二十三篇。其别公羊决狱十六篇，颇佚亡。其完具者，发为公羊氏之言，入名家。何休数引汉律，入法家。而汉廷臣援春秋决赏罚者比比也，入礼家矣，又出入名法家。或问之曰：任礼任刑，二指孰长。应之曰：刑书者，乃所以为礼义也，出乎礼，入乎刑，不可以中立。抑又闻之，《春秋》之治狱也，趋作法也，罪主人也，南面听百王也，万世之刑书也。决万世之事，岂为一人一事，是故实不予而文予者有之矣。……[30]

在清代经学的传统中，重新发掘董仲舒及其西汉学术是对以古文为中心的汉学传统的反叛，但若抛开家法的视野专注于问题本身，我们也可

---

[29] 刘逢禄：《释特笔例中》，《刘礼部集》卷四，页21—22。
[30] 龚自珍：《春秋决事比自序》，《龚定庵全集类编》，北京：中国书店，1991，页56—57。

以在顾炎武、戴震的若干讨论中找到类似的主题。今文经学对于《春秋》在五经中的位置的推崇,以及把礼制与法律相互关联的方式,都是清初学术传统的延续。在这个意义上,皮锡瑞的如下辩论就不是无根之论:

> ……云"据鲁、亲周、故殷",则知《公羊》家存三统之义古矣。云"有贬损,有笔削",则知《左氏》家"经承旧史"之义非矣。云"垂空文,当一王之法",则知素王改制之义不必疑矣。《春秋》有素王之义,本为改法而设,后人疑孔子不应称王,不知"素王"本属《春秋》(《淮南子》以《春秋》当一代)。而不属孔子。疑孔子不应改制,不知孔子无改制之权,而不妨为改制之言。所谓改制者,犹今人之言变法耳。法积久而必变,有志之士,世不见用,莫不著书立说,思以其所欲变之法,传于后世,望其实行。自周秦诸子,以及近之船山、亭林、梨洲、桴亭诸公皆然。亭林《日知录》明云,立言不为一时,船山《黄书》、《噩梦》,读者未尝疑其僭妄,何独于孔子《春秋》,反以僭妄疑之![31]

廖平以《王制》为兼采虞、夏、殷、周四代而以殷为主之制,而《周礼》为周代之制。按古文家的看法,孔子自谓"从周",若宗《王制》,岂非从殷或四代了吗?按今文家的看法,孔子是周人,平日行事,必从时王之制,而在著书立说时却不妨损益前代,所以言"从周"之前,又有"周监于二代"的说法。[32]

其次,"六经皆史"的另一面是六经皆王制,它的核心在于把经书理解为先王之政典的遗迹,同时又把先王之政典看作是经世实践的根据。章学诚从制度与知识的关系的变化出发,强调对于子书和经传的研究应该突破主观的意见,发掘出隐含于诸子和各传内部的六艺精髓。因此,所谓贬低《春秋》的地位不是贬低《春秋》包含的意义,而是把《春秋》视为

---

[31] 皮锡瑞:《经学通论春秋》,北京:中华书局,1954,页12—13。
[32] 此即皮锡瑞《经学通论·春秋·论〈春秋〉改制犹今人言变法损益四代孔子以告颜渊其作〈春秋〉亦即此意》的要旨。

先王政典和行事的记录。这一观点包含了两种解释的方向，即一方面要求通过历史的解读发现隐含在史书记载之中的先王礼乐和政典的意义，另一方面则以先王政典及其古今流变作为经世实践的依据。章学诚的所谓"义旨"之说与魏晋时代追究圣王之"迹"的想法颇有接近之处，他把六经看作是六艺之"迹"，从而发展出了他的经学考古学。在这个意义上，他对《春秋》地位的贬低与顾炎武对于《春秋》的重视同根同源：他们都把经书看成是制度论或礼乐论，并在一种流变的视野中以之作为行动的根据。

顾炎武、章学诚均不主公羊和汉代师说，也绝不赞成《春秋》是孔子"作新王"的"微言大义"，但他们的经学实践把制度论而不是宋儒的心性论置于思考的中心，实际上为今文经学之春秋观及其变法改制论的兴起铺平了道路。例如，魏源《学校应增祀先圣周公议》认为五经皆原本于周公，述定于孔子，而"朝廷制度，六官分治，皆《周礼》冢宰、司徒、宗伯、司马、司寇、司空之职；……"进而把各种礼乐制度归为周公之制。[33]在《刘礼部遗书序》中，他希望后儒继刘逢禄"由董生《春秋》以窥六艺条贯，由六艺以求圣人统纪"。这是以"由六艺以求圣人统纪"的古文观点评论刘氏对于《春秋繁露》的理解，[34]在阐释的方向上与其说与后来的今文家如康有为、廖平接近，不如说与章学诚及古文家的看法如出一辙。魏源以公羊思想阐释群经，从而混同六经，他与古文家的区别不在是否承续古文经的观点，而在他这种附会一切的方式。龚自珍同样以孔子"吾道一以贯之"的态度看待经学，对于王引之、顾广圻、江藩、陈奂、刘逢禄、庄绥甲等古文经学者和今文经学者一并推荐，他的《六经正名》、《古史钩沉论》等著作对于六经、六艺、七略及经传子史之关系的讨论，均深受章学诚《文史通义》的影响。龚自珍要求以严格正名的态度"以经还经，以记还记，以传还传，以群书还群书，以子还子"，写定群经，这些观点让人想起戴震所谓以六经还六经、以孔孟还孔孟、以程朱陆王还程朱陆王、以二氏还二氏的说法，也接近于章学诚明辨源流的史学观点。龚自珍尊重训诂考证在经学中的必要地位，他在《抱小》一文中对于

---

[33] 魏源：《学校应增祀先圣周公议》，《魏源集》，上册，北京：中华书局，1976，页155。
[34] 魏源：《刘礼部遗书序》，《魏源集》，上册，页242。

他的外祖父段玉裁、高邮王引之均投以极高的敬意。[35]他与古文家的的真正差异不在对于经典的理解,而在如何运用经典。如果说章学诚明辨源流,以恢复六艺并用于当世为目的;那么,龚自珍却以"天地东南西北之学"阐发六经、诸子之微言大义,从而将经学问题与舆地学、天文学和各种社会政治问题密切地连接起来。他以为今古之别是在读法上不同,而非文字上的区别。《古史钩沉论二》发挥"六经皆史"云:"周之世官大者史。史之外无有语言焉,史之外无有文字焉,史之外无人伦品目焉。史存而周存,史亡而周亡……夫六经者,周史之宗子也。……故曰五经者,周史之大宗也……诸子也者,周史之小宗也。"[36]在《陆彦若所著书叙》中,龚自珍把六经皆史的命题发展为"五经,财之源也,德与寿之溟渤也",认为离开货殖、农业等经济活动即无法理解经典,[37]从而将"经"的观点从史发展为日常的生活实践。至于《春秋决事比》等著作对于公羊春秋微言大义的发挥则是更为出名的例子了,这里不再重复。

4.孟、荀与今古之辨

春秋观仅仅是今古交错的一个例证。我们还可以通过他们对于其他诸经的理解证明这一点。今文经学力图沟通孟子、荀子与公羊学,如康有为云:"孔门后学有二大支:其一孟子也,莫不读《孟子》而不知为《公羊》正传也;其一荀子也,《谷梁》太祖也。《孟子》之义无一不与《公羊》合。《谷梁》则申公传自荀卿,其义亦无一不相合……"[38]今文家的上述解释与戴震等经师对孟、荀的解释有何关系?刘师培为古文学者,他的《群经大义相通论》辨析齐鲁之学的异同,其中《"公羊""孟子"相通考》一篇条举七例,得出的结论是"荀子之义多近于谷梁,孟子之义多近于公羊。故荀子之学,鲁学也。孟

---

[35] 龚自珍:《抱小》,《龚定庵全集类编》,页92。
[36] 龚自珍:《古史钩沉论二》,《龚定庵全集类编》,页99—100。
[37] 龚自珍:《陆彦若所著书叙》,《龚定庵全集类编》,页34—35。
[38] 康有为:《南海师承记》,《康有为全集》(二),页442。

子之学,齐学也"。那么,这一论断的学术史根据是什么呢?刘师培说:

> 公羊得子夏之传,孟子得子思之传。近儒包孟开谓《中庸》多公羊之义,则子思亦通公羊学矣。子思之学传于孟子,故公羊之微言多散见于《孟子》之中。

他以《孟子·梁惠王》下篇"惟仁者为能以大事小,是故汤事葛,文王事昆夷。惟智者为能以小事大……"等语为例,以之与《公羊》"纪季以酅入于齐"等语作对比,认为公羊同样体现了孟子"以小事大"之义。[39]《孟子》与《公羊》是否一家尚待论证,但它们之间存在相近的取向并无疑问,公羊传对于《春秋》的看法最接近《孟子》,如公羊家发挥《春秋》大义的依据之一,便是孟子所谓"昔者,禹抑洪水而天下平;周公兼夷狄,驱猛兽,而百姓宁;孔子成《春秋》,而乱臣贼子惧",[40]今文家倡导的孔子"素王改制说"即根据《孟子·滕文公下》的叙述。[41]按杨向奎的看法,《孟子》在思想体系上与《左传》的关系更为密切一些,而《公羊》、《荀子》才是具有法家倾向的思想著述。[42]但是,经过今文经学和经学内部的史学倾向的持久冲击,在刘师培的时代,试图在上述源流之间划出清晰的界限已经

---

[39] 刘师培:《群经大义相通论·"公羊""孟子"相通考》,《中国现代学术经典·黄侃、刘师培卷》,石家庄:河北教育出版社,1996,页575—577。

[40] 《孟子·滕文公下》,《孟子正义》,页459。

[41] 俞樾是章太炎的老师,著名的古文经学者,他在《春秋天子之事论》中也说:"《春秋》一经,圣人之微言大义,公羊氏所得独多,尝于孟子之言见之矣……愚因孟子之言,而益信公羊家记王于鲁之说,故具论之。"见《诂经精舍课艺文》,第三辑(戊辰上),上海图书馆藏,页3—4。

[42] 关于孟子与公羊的关系,学者们看法不一。刘师培《"公羊""孟子"相通考》、刘异《"孟子""春秋"说微》均以为孟子思想多有微言,与公羊相通。杨向奎则认为孟子与公羊在思想体系上并不相通,他曾就此批评刘师培及孔广森等人的混淆孟子与公羊的做法(参见杨向奎:《绎史斋学术文集》,页337—338)。但若不拘泥于学术传承,而把思想的关系看作是一种历史的关系,那么,我们就可以说:清代思想内部出现了一种重视制度、法律和历史因革的思想潮流,戴震之综合孟荀、公羊家之混淆孟子与公羊,都是这一思想潮流的反映。

极为困难了。章学诚以六艺为宗,观察群经诸子,今文经学者继其后,对于乾嘉学者之汉宋、朱陆之辨不以为意,并在"夫圣人之道,大而能博,贤人学之,各得其性所近"的口号下,对于各种学术思想加以综合的运用。[43] 刘师培以一古文家的身份而论孟子与公羊的关系,说明清代经学内部已经存在综合孟子与公羊的倾向。

乾嘉考证学没有今文经学的那种对于王者之事或变法改制的热心,但这一结论并不能自然地转化为另一推论,即考证学方式本身即是对经世致用的背叛。从黄宗羲、顾炎武起,清代学术的政治取向密切地联系着他们对于古代典制的严格考证、精确研究和历史阐释。因此,一个经学家是否直接论政与他的经学研究是否包含了政治的内涵并没有直接的关系。戴震对于孟子的论述就是一个例证。他以自然/必然、理/欲之辨攻击宋儒的心性之学,在发展礼的观念的同时要求以时变的观念对待礼,在重视礼的实践(一种内在于物理人情的礼的实践)的过程中引入荀子的礼制与法的观念。戴震对制度、法律和历史变化的理解与公羊学有着某种微妙的呼应关系,因为他和公羊家对孟子和荀子的解释均渊源于对古代礼制、法和制度的重视。这种思想方式的侧重点与理学有着明显的分野。清代经学的礼制论是对宋明儒学的天人心性论的批判,黄宗羲、顾炎武和戴震都有以礼代理、以制度论代心性论的倾向。在戴震那里,这种对于制度的兴趣表现在他对荀子的矛盾态度之中:他对孟子义理的解释每每以一种特殊的逻辑与荀子的礼义、尚法和崇学的观念相合,以至在礼与法、先天之善与后天之学之间构成了一种紧张关系。《孟子字义疏证》以释孟的方式反击宋学的天人心性之说,恢复礼的观念的中心地位,但它对荀子学术的兼容却包含了某种将孟子法家化的意趣。从这方面看,他的《疏证》包含了今文经学者后来发展了的那种倾向。

清代公羊家视孟子为公羊学的先导,以之作为解释《春秋》之微言大义的根据。刘师培的观点其实是对清代公羊家看法的继承与发挥。例

---

[43] 魏源:《"论语""孟子"类编序》,《魏源集》,上册,页145—146。

如，廖平《今古学考》论证孟子、荀子均依《王制》立说，而更早的孔广森在《春秋公羊通义序》中发挥孟子所谓《春秋》"天子之事也"的说法，论公羊与孟子之相通云：

> 经有变周之文，从殷之质，非天子之因革耶？甸服之君三等，蕃卫之君七等。大夫不世，小国大夫不以名氏通，非天子之爵禄耶？……内其国而外诸夏，内诸夏而外四裔，殆所谓天下之本在国，国之本在家者与？愚以为公羊学家独有合于孟子。……故孟子最善言《春秋》，岂徒见税亩、伯于阳两传文句之偶合哉。[44]

他把《孟子》中有关礼序的论说等同于天子之事，亦即将孟子法家化，从而达到礼法合一的效果。在这个意义上，今古文学派在孟子、荀子问题上的分歧背后，也还存在内在的联系。刘逢禄亦云：

> 昔孔子有言：吾志在《春秋》；又曰：知我者，其唯《春秋》乎，罪我者，其唯《春秋》乎！盖孟子所谓行天子之事，继王者之迹也。传《春秋》者，言人人殊，唯公羊五传，当汉景时，乃与弟子胡毋子都等记于竹帛。是时，大儒董生下帷三年，讲明而达其用，而学大兴故。其对武帝曰：非六艺之科、孔子之术皆绝之，弗使复进，汉之吏治经术彬彬乎近古者，董生治《春秋》倡之也……[45]

今文家通过对孟子的解释而把《春秋》等同于孔子的制度论，皮锡瑞不但混同孟子与公羊，而且公然将朱子、孟子与公羊归为一家。在我看来，这一看法并非出自家法的视野，而是从清代中叶以后日益流行的史观中得出的结论。《经学通论》卷四《春秋》云："论《春秋》大义在诛讨乱贼，微

---

[44] 孔广森：《春秋公羊通义序》，《春秋公羊通义》，石印本，上海：鸿宝斋，清光绪十七年（1891）。
[45] 刘逢禄：《春秋公羊释例序》，《刘礼部集》，卷三，页23。

言在立法改制。孟子之言与公羊合,朱子之注深得孟子之旨。"[46]我们找不到戴震关于"诛讨乱贼,微言在立法改制"的论述,但在《孟子字义疏证》中,他通过重新界定荀子而突出了制度、法律和权(变)的观念,却有明确的例证。若将皮锡瑞的这段话与顾炎武的《春秋》论相较,真正被省略了的是"攘戎翟"一条。

道德论与制度论的内在联系是先秦儒学的重要特点,所谓德刑的观念就是集中的表达。孟、荀之分野是先秦儒学内含的道德论与制度论发生分化的征兆。当戴震解释孟子而又兼容荀子的时候,隐含在孟子思想中的法家因子也就被突出出来了。按刘师培、杨向奎的看法,荀子与公羊本是一家,都属于接近法家的儒学系统。刘师培《"公羊""荀子"相通考》云:

> 昔汪容甫先生作《荀卿子通论》,谓《荀子·大略篇》言《春秋》,贤穆公善胥命,以证卿为《公羊春秋》之学。又惠定宇《七经古谊》亦引《荀子》周公东征西征之文以证《公羊》之说,则《荀子》一书多《公羊》之大义,彰彰明矣。吾观西汉董仲舒治公羊春秋之学,然《春秋繁露》一书多美荀卿,则卿必为公羊先师。且东汉何邵公专治公羊学,所作解诂亦多用荀子之文……

他举出的例子是:《公羊》"讥世卿",《荀子》则有"尚贤使能,则等位不遗"的观点;《公羊》倡大一统,《荀子》也有相似观点,如《王制》所谓"四

---

[46] 皮锡瑞:《经学通论》四《春秋》,页1。皮氏又云:"孟子说《春秋》,义极闳远。据其说,可见孔子空言垂世,所以为万世师表者,首在《春秋》一书。孟子推孔子作《春秋》之功,可谓天下一治,比之禹抑洪水,周公兼夷狄、驱猛兽;又从舜明于庶物,说到孔子作《春秋》,以为其事可继舜、禹、汤、文、武、周公。且置孔子删《诗》《书》、订礼乐、赞《周易》,皆不言,而独举其作《春秋》,可见《春秋》有大义微言,足以治万世之天下,故推尊如此之至。两引孔子之言,尤可据信。是孔子作《春秋》之旨,孔子已自言之;孔子作《春秋》之功,孟子又明著之。……是《春秋》微言,大义显而易见,微言隐而难明,孔子恐人不知,故不得不自明其旨。其事则齐桓、晋文一节,亦见于《公羊》昭十二年传,大同小异。足见孟子《春秋》之学,与《公羊》同一师承,故其表彰微言,深得《公羊》之旨。"同前,页1—2。

海之内若一家",等等。[47]杨向奎肯定刘师培的观点,并发挥说:"《公羊》和荀子属于一个学派,他们是儒家而接近法家。在政治理论上他们主张改制,但提出的办法并不彻底,因此他们一方面主张改制,一方面又提倡复古,未免进退失据而不能自圆其说。"[48]所谓改制,是指他们尊重历史的演变和潮流,强调应该建立大一统的郡县国家;而所谓复古,则是说他们又把三代之封建作为内在的理想。

5. 礼、法与权

无论如何断定《王制》、《周礼》,它们均为"制度之书"。然而,如果没有洞察历史与现实的能力,要想在圣王礼制与历史流变、道德实践与法的关系、郡县之一统与三代之封建之间保持平衡,难免"进退失据"。以法令断案的方式判断是非,就有必要讨论"权"(权衡、权便)的重要性。值得注意的是,经与权的矛盾是公羊思想的一个最为内在的特点,它在义法上的所谓"实与而文不与"就是鲜明的例证:"文不与"为经,"实与"是权。[49]《春秋公羊传·桓公十有一年》以

---

[47] 刘师培:《群经大义相通考·"公羊""荀子"相通考》,《中国现代学术经典·黄侃、刘师培卷》,页596—601。

[48] 杨向奎:《"公羊传"中的历史学说》,《绎史斋学术文集》,上海:上海人民出版社,1983,页87。

[49] 如《春秋公羊传·僖公元年》解"齐师,宋师,曹师次于聂北,救邢"一句,言"救不言次,此其言何?不及事也。不及事者何?邢已亡矣。孰亡之?盖狄灭之。曷为不言狄灭?为桓公讳也。曷为桓公讳?上无天子,下无方伯,天下诸侯有相灭亡者,桓公不能救,则桓公耻之,曷为先言次而后言救?君也。君则其称师何?不与诸侯专封也。曷为不与?实与,而文不与,文曷为不与?诸侯之义不得专封也。诸侯之义不得专封,其曰实与之何?上无天子,下无方伯,天下诸侯有相灭亡者,力能救之,则救之可也。"(见李宗侗注译《春秋公羊传今注今译》,上册,台北:台湾商务印书馆,1973,页167—168。)这里说及齐、宋、曹之军队救邢而不能言救,又问为什么说齐国军队先驻扎在那里,而不说救,答案是齐桓公是君。但为什么先说驻扎,而后又说救呢?因为原则上不许诸侯专封疆,但实际上却是准许的,只是在文章中不能挑明。这就是所谓"实与而文不与"。

具体的情境解释"权"的意义。郑庄公葬礼之后,宋人逮捕了郑国宰相祭仲,逼迫他将忽赶走而立突(突为宋国外甥)。祭仲因此面对一个两难抉择:若不从其言,则君必死、国必亡,若从其言,则君可以生、国可以存。祭仲权衡轻重,选择了后者。《公羊》称赞祭仲能够在这种情况下行"权":

> 权者何?权者反于经,然后有善者也。权之所设,舍死亡无所设。行权有道,自贬损以行权,不害人以行权,杀人以自生,亡人以自存,君子不为也。[50]

清代今文经学对于内外关系及变法改制的思考无不渗透了"权"的思想,前引刘逢禄《释特别例中》所谓"权反于德而顺于德,亦权之类"就是典型的例证,它在刑德之间对"权"作出重要规定。

然而,"权"的思想并不是今文经学的专利,而是儒学的一个基本命题,如《孟子·梁惠王上》云:"权,然后知轻重。度,然后知长短。物皆然,心为甚,王请度之!"[51]顾炎武、戴震等人既然重视制度与法律,就不得不在谈论礼与法的同时反复论辩"权"的重要性,从而把主观意志和历史情境在伦理和政治中的意义凸现出来。戴震通过释孟而突出"权"的重要性,这对理学家而言实在是出乎意料的事情:

> 权,所以别轻重也。凡此重彼轻,千古不易者,常也。常则显然共见其千古不易之重轻。

又云:

> 而重者于是乎轻,轻者于是乎重,变也。变则非智之尽能辨察事

---

[50] 同上,页65。
[51] 孟子:《梁惠王上》,见《孟子正义》,上,焦循撰,北京:中华书局,1987,页87。

情而准,不足以知之。……知常而不知变,由精义未深,所以增益其心知之明使全乎圣智者未之尽也。[52]

"权"是经由主观意志而对情境、法律、义理作出的一种综合判断和取舍。参照《孟子字义疏证》所讨论的自然/必然、情/欲、礼/法等基本主题,我们不难理解"权"何以成为调节这些范畴的重要概念。

戴、章之学与今文经学都内含了一种时变的观念,它为法和礼之兴废提供了正当性。在我看来,清代经学中经典之祛魅恰恰起源于此:如果一切都是历史演化和利益权衡的结果,那么,经学家们赋予三代礼乐和先王政典的那种道德含义也就必然相对化了。变法改制的实践是以制度与历史流变的关系作为合法性的,这一合法性论证不但消解了制度与道德的绝对联系,而且也导致了经典之权威性的丧失。问题的复杂性在于:变法改制是对既成法规和礼仪的反叛,但这一过程对于道德合理性的需求却比承平时代更为强烈。在这一背景之下,今文经学者一方面努力区分"变"与"不变"、区分制度之沿革与不变之道,另一方面则引入谶纬之说、暗通宋儒之天人论,直至以近代科学的观念重构宇宙论和历史观。科学世界观对谶纬及迷信的揭露并没有掩盖这一事实:它们都产生于制度改革对于世界观的需求之中,时变的观念与对于宇宙论的需求是同时发生的。因此,现代思想的发生与其是一个"脱魅"的过程,毋宁是一个重构"巫魅"的过程。今文经学内部的转变与这一矛盾有着极为密切的关系。

戴震、章学诚之学对于社会危机的回应方式极为曲折,他们的批判性思想没有直接呈现为现实的制度改革方案或策论,毋宁是一种以先王政典为依据的道德理论。换句话说,他们的主要关怀是在变动的历史关系和日常生活中重新阐发礼乐或礼制的意义,缺少今文经学的那种强烈的政治意识和变法诉求。我们无法把戴、章之学看作是对乾嘉时代社会动荡的直接回应,毋宁是在清代政治和社会的关系内部探讨一种更为合理

---

[52] 戴震:《孟子字义疏证》卷下,《戴震全集》(一),页203。

的礼制论的尝试。[53]因此,"权"、"变"的思想主要出现在一种道德理论和历史叙述之中,并没有直接表述为变法改制的思想。粗略地说,戴、章之学注重礼制及其历史流变,而今文经学强调法律与政治的改革;戴、章之学以变与不变的辩证法追寻历史中的先王遗教,而今文经学则以变的观念提供制度改革的合法依据。制度与法,而不是礼制与道德,构成了今文经学的中心主题。今文经学的政治和现实关怀远远超出了复古的礼乐论和道德论的范畴。离开特定的政治关系根本无法说明今文经学的独特性及其礼制论的政治含义。

6. 礼仪、德刑与王朝政治

从上述多少有些杂乱的线索中,我们可以归纳出一些初步的结论。

第一,清代经学是对宋明理学的反动,它以研析经典、回归先王典制作为中心任务。在经学的脉络中,宋明义理之学丧失了它的合法性。因此,当经学家们不满于经学的束缚而试图寻找突破的契机的时候,他们或者如戴震那样在"字义疏证"的形式中复活宋学的主题,或者如章学诚那样在史学的框架中破除考证的绝对权威,或者重新编排汉代学术的位置,从而为在经学方式内部寻找变革的动力提供经典的依据。这些变化并没有超出治道合一、礼理合一的经学前提。在这个意义上,清代经学为当时学者规定了一个学术轨道和方向,即使是最为反叛性的学者也难以在宇宙论、本体论或心性之学的架构里发展新的理论,他们必须通过重新解释

---

[53] 乾嘉时代孕育着重要的社会危机是确实的,如下事例是思想史家常常提出的例证:1774年(乾隆三十九年)山东清水教王伦发动的寿张农民起义、1781年(乾隆四十六年)苏四十三等领导的西北回族和撒拉族起义、1786年(乾隆五十一年)林爽文领导的台湾民众起义、1795年(乾隆六十年)湘、黔苗民起义、1796年(嘉庆元年)川、楚、陕白莲教起义、1813年(嘉庆十八年)李文成、林清领导的八卦教起义,等等。但是,从基本的方面看,乾隆时代是一个统治基本确立的所谓"盛世",满汉矛盾和各民族之间的关系明显地获得了缓和。因此,仅仅条举上述事件是很难确切地说明这些社会危机与经学的关系的。

和发现经典的精义，疏理出新的礼制论或制度论作为变革的前提。正由于此，虽然许多今文经师对于宋学抱有极深的同情和理解（例如庄存与在《春秋正辞·奉天辞》中混淆汉宋，用二程的语录解释《春秋》），但他们并不是以宋学的方式建构自己的理论，而是在经学内部另辟蹊径，通过复活汉末以降湮没不彰的今文经学作为突破口。

第二，清代经学始终包含着追随先王典制与尊重历史演变的紧张，我们也可以把它表述为礼乐与制度、封建与郡县的矛盾。在经学的语境中，封建/郡县、礼乐/制度的矛盾代表着古代典制与历史流变的辩证关系，它体现在几个不同的层面。其一，清代经学力图在制度的层面综合三代封建与郡县制度，在井田、学校、封建的理想与钱粮、生员、大一统政治之间形成一种平衡。顾炎武的天下观、郡县论、风俗论以及考文知音以追寻古制精义的方法，都表达了这一看似矛盾的理论追求。其二，清代经学在道德实践的层面综合先王礼制与日常生活中的欲望，力图在必然与自然、理与欲之间形成内在的连贯性。戴震批判以理杀人，综合孟、荀和庄子，沟通经学与义理之学，都可以视为在道德论的层面平衡礼制（先王典制和宗法伦理）与自然（历史流变、制度与法律）的努力。其三，清代经学以变易或时势的观念理解六经皆史、道器一体的命题，把顾炎武有关郡县和封建的礼制论和政治观落实为一套叙述历史的方法，从而在史学的层面把封建的精神注入郡县的体制之中。章学诚对于六经与先王政典的关系的检讨、对于学者人格的严峻要求、对于个人著史（追溯封建的精神）与公家修史（郡县制下的封建关系）的历史关系的分析，无不体现出在先王典制与历史流变之间寻找中介的追求。这三个层面相互渗透，最终把变革的意志与对古代典制的理解融合为一体。

在清代经学内部，先王政典与历史流变、封建与郡县、天下与国家、三代制度与经传史述、个人欲望与礼制秩序之间存在着内在而持久的紧张，它们构成了清代经学的创造力、想像力和局限的根源。经学批判理学的天道观和心性论，目的就是重建上述两个方面的平衡关系。但是，这一理论努力很快产生出新的危机，因为它无法克服如下矛盾：一方面，经学以追寻三代礼乐和先王政典之精义为目的，但它的"变"的历史观却反对教条地照搬经典,以复古的方式变革现实制度;另一方面,"变"的观念为历史制度的沿革提供了合法性,却缓解了以三代礼乐对抗现实制度的道德批判。从顾、黄之学到戴、章之学,学术的方式一再变化,其动力就是在演变的历史观念与礼制规范之间不断产生的紧张和矛盾。这种紧张和矛盾最终转化为一种内在于经学的历史冲动,即通过经学实践寻找变革的根据与变革的意志的冲动。然而,"变"的观念是一种看待历史中的制度、道德和礼乐的方式,它本身并不能提供变革的依据。因此,经学家们不得不依赖"权"的经验过程。权变的观念为在经学内部展开政治策略的讨论提供了理论上的空间,也为突破经学的藩篱提供了内在于经学的根据。

清代经学的上述矛盾和冲动为今文经学的异军突起提供了前提和条件:它不仅把《春秋》看作是先王政典的记述,而且还看作是孔子的变法理论;它不仅把历史看作是"自然之势"的结果,而且还看作是主观意志(改制)的产物;它也不仅把"变"的历史观演绎为一套古代历史的经典叙述,而且还不断地寻找制度改革的根据与方案——从今文家的《王制》、古文家的《周礼》到西方的各种政教知识,无不涉及。在这里,政典和法变成了与人的主观变革的意志密切联系的领域:文王之法、大一统观念既不是自然演化的结果,也不是圣王之治的遗迹或经典之教条,而是孔子因应时势为新王所立之法或微言大义。变法的观念把这些原则从经史范畴中解放出来,组织到现实的变革方案之中。在这个意义上,不是学术门派上的分野,而是这一思想重心的转变,才是经学内部的根本性的转变。学术方式的选择毋宁是这一转变的结果,它改变了清代经学的那种尊重先王典制和历史流变的自然的秩序观,转而为一种意志主义的变法论和实用主义的经学观提供了根据。

第三,今文经学的经世思想以礼为根据,以王朝政治实践为中心,它在恢复清初诸儒的儒学命题之时,没有清初大儒的那种强烈的夷夏情节和隐藏在正统主义背后的反叛倾向,毋宁是在承认王朝合法性和历史演变的前提之下展开的。这一学术重心的转变的最为重要的动因,无疑是清代作为一个少数民族统治的多民族帝国这一政治现实。但从经学内部来看,这一转变也与学者身份的变化密切相关。与乾嘉考证学的代表人物相比,今文经学不同阶段的代表人物与王朝政治的关系极为紧密,他们或者是朝廷重臣,或者是变法改制的中心人物。庄存与(1719—1788)以一甲第二名为翰林院编修,乾隆帝以"所进经义,宏深雅健,穿穴理窟",命入南书房行走,历任湖北正、副主考官,湖南学政,詹事府少詹事,浙江正主试,顺天学政,内阁学士兼礼部侍郎;刘逢禄(1776—1829),1819年(嘉庆十九年)进士,改翰林院庶吉士,散馆授礼部主事,道光四年(1824),补仪制司主事。他的祖父刘纶仕至文渊阁大学士、军机大臣、太子太傅。刘氏弟子龚自珍、魏源仕途不顺,但都曾久居京师,或入幕府参与政事。在危机四伏的时代,他们以边缘的角色处于国家政治的中心地带,进而把一种较为激进的政治视野带入经学的世界。康有为、梁启超、谭嗣同等人是晚清改革运动的中心角色,他们所以能够进入宫廷政治,不但因为他们的政治参与意识,而且也因为在他们的手里公羊学已经是一种政治变革和法律变革的理论,一种融汇各种西方知识、为现实变革提供范式的理论。若仅仅在今文经学对于微言大义的阐发与乾嘉汉学的训诂考证上做文章,既无法说明今文经学的真正意义,也不能解释清代经学内部不断发生的持续变动。

对于制度和法律的关注甚至渗透到那些处于更为边缘的学者的著述之中。艾尔曼曾以恽敬(字子居,阳湖人,生乾隆二十二年,卒嘉庆二十二年,庄氏家族的知交,与庄述祖同时)为例证明这一点。恽敬的《三代因革论》八篇对三代之治的态度侧重在制度论的一面,完全忽略它作为道德根源的经学传统。他对三代的解读与清初诸儒没有多大关系,倒与雍正对曾静的批驳若相桴鼓:他以制度与人情、封建与历史变迁的关系为纽带,发展出了一套变法的理论。[54]在他的笔下,先王之道无非是适合时变的法律和制度,人们不能离开利害关系来谈论先王典制的神圣性;并

---

[54] 艾尔曼(Benjamin A. Elman)的《经学、政治和宗族——中华帝国晚期常州今文学派研究》*Classicism, Politics and tinship: the Chang-chon school of new text confucianism in late impericl china*. (赵刚译,南京:江苏人民出版社,1998)一书对恽敬的思想给予了恰当的重视和分析。参看该书页215—222。

田、封建以及民兵、官役等制度绝非神圣不可更动的制度,因为它们本身就是圣人根据情势而制定的政策。在这个意义上,像宋儒那样以三代之制批评汉唐之法,不过反映了儒者自身的局限而已。[55]既然"天下无无弊之制,无不扰民之事,当择其合时势而害轻者行之",[56]那么,人们有什么理由用三代之制贬斥汉唐时代的兵、田制等等因应时代变化的制度呢?在这一功利性的历史视野中,恽敬推崇汉唐之法,公然为商鞅和秦政辩解,认为秦朝的人口、疆域发生了变化,绝无可能僵化地效法三代:"夫法之将行也,圣人不能使之不行;法之将废也,圣人不能使之不废。"[57]

第四,在清朝的特定语境中,对于历史和制度演变的肯定必然涉及族群关系问题。今文经学对历史流变的关心和"行权"的思考集中在改变清初经学的内外观,它以春秋公羊学之内外例消解早期经学和理学思想中的强烈的民族意识和夷夏之别。当今文经学者把顾炎武、黄宗羲开创的经史之学转化为一种政治理论的时候,他们不仅在改变经学的内部规则,而且也通过这种改变重建自己的认同:如果不能在制度内部找到弥合夷/夏、内/外关系的方法,也就找不到变法改革得以实践的前提。正由于此,顾炎武、黄宗羲和王夫之学术中的那种强烈的反抗性和民族意识在今文经学中淡化了,它们被转化为一种取向相反的思考,即以文化而不是族群或族性作为政治认同的根据,进而泯灭内外、夷夏之别,重建清朝帝国的合法性。在顾炎武、黄宗羲、王夫之、吕留良那里,三代之制既是经学或理学的内在结构,也是道德认同(民族认同)的资源和政治实践的根据。这一取向针对的是满清少数民族帝国的征服政策、族群等级和贵族政治,从而带有强烈的正统主义和夷夏观念。今文经学多从王朝变革的角度考虑问题,他们把制度看作是内外互动的结果,从而以取消内外的严格分野为取向、以治道、权变和法律关系为中心建构王朝的合法性理论。今文经

---

[55] 恽敬批评他们"过于尊圣贤而疏于察凡庶;敢于从古昔而怯于赴时势;笃于信专门而薄于考通方,岂足以知圣人哉!"见《三代因革论·八》,《大云山房文稿》初集卷一,页17,商务印书馆,1936年。
[56] 恽敬:《三代因革论·七》,页16。
[57] 恽敬:《三代因革论·四》,页10。

学的历史观与帝国时代的价值观念既相配合,又相矛盾。我把这种矛盾关系概括为:承认清朝的合法性及其法律和礼仪改革的基本方向,力图以文化、礼仪而不是族群作为政治共同体的基础,在破除夷夏、内外的严格分野的旗帜下,对于清朝政治中的种族族群等级关系给予批判。

从主导的方面看,今文经学是一种"大一统"王朝的合法性理论,它所内含和发展出的变法理论既不是以遗民自居的学者的批判性思想,也不是四库馆臣的那种亦官亦士的暧昧的经学研究,甚至不同于以清流自居的讽喻和"公论"。在晚清时代,它是在清王朝的政治体制内部出现的、以改革派自居的汉人官员的变法理论。因此,不是反抗性的民族思想,而是功利性的制度(礼仪)关系,才是今文经学关注的中心。正由于此,我把这一经学重心的转变概括为:从礼制论或礼乐论向制度论和法制论转变,亦即从清代经学的批判传统(以及乾嘉学者的考证学方向)向今文经学家的政治理论或变法方略转变。礼仪问题在今文经学中的中心地位产生于制度与法律改革对于道德合理性的需求:法律必须具有礼的道德含义,这就是礼刑观念在今文经学中复兴的根本原因。这一转变的关键环节是改变中国社会的政治认同的基础:即从族群认同转向文化认同,从夷夏之辨转向内外无别,从一种准民族国家的民族思想转向至大无外的"大一统"逻辑。变法改制论因此必然与重新界定"中国"的含义紧密地纠缠在一起。

总之,今文经学的主要特点是取消内外的严格分野、注重制度本身的历史演变、把礼仪的同一性(实质上也是制度和法律的同一性)作为多民族王朝的统一性的前提。这是今文经学的政治实践的前提,也是新的礼仪和道德评价的历史前提。这一政治前提为今文经学在晚清民族主义的汹涌浪潮中的最终消沉埋下了伏笔:如果说"大一统"的合法性理论以儒教礼仪为基础、以从俗从宜为原则、以逐渐取消内外(即种族界限)为取向,那么,殖民主义和资本主义的市场扩张却激发了以政治主权为基础、以普遍主义的法律为原则、以严格区分内外(种族差别)为取向的民族主义浪潮。这是多民族帝国的认同政治与民族主义的认同政治的冲突,前者以文化(礼仪和制度)作为政治社群的基础,而后者以种族作为政治社群的前提。这一历史性的冲突改变了今文经学持久关注的"内外"关系的性质,文化与种族的不同取向正是这一历史性冲突的集中表现。

第二节 今文经学与清王朝的法律/制度多元主义

1. 宫廷政治,还是合法性问题?

艾尔曼的《经学、政治与宗族》一书以经学与政治的关系为杠杆,观察今文经学的政治意义,内容丰富、考证严谨,为清代今文经学的研究开辟了新的研究视野。针对那种以魏源、龚自珍为中心构筑今文经学图景的史学倾向,他指出:庄存与曾置身于中华帝国政治舞台的中心位置,相形之下,龚、魏尽管被20世纪的历史学者一致赋予重要位置,但在当时不过是处于政治边缘的小人物。[58]这一视野上的转换自然地引申出了一个思想史问题:如果今文经学并非因晚清变法运动而起,那么,今文经学兴起的动力究竟是什么?艾著把宗族、政治与经学组织在他的研究视野之中,并以和珅事件作为推动这三者关系互动的政治杠杆。[59]以此为契机,艾尔曼在经学、宗族与王朝政治的错综复杂的关系中展开他对常州学派的研究,揭示了乾隆时代今文经学兴起的社会条件。在他看来,庄存与转向公羊传是一种政治性的和策略性的选择,因为公羊学的微言大义为

---

[58] 艾尔曼:《经学、政治和宗族》,页2。
[59] 魏源写于道光初年的《武进庄少宗伯遗书序》中的一段话为此提供了根据:"君在乾隆末,与大学士和珅同朝,郁郁不合,故于《诗》《易》君子小人进退消长之际,往往发愤慷慨,流连太息,读其书可以悲其志云。"这段话在抄本中隐去,代之以"君尤研悟律吕,不由师受,神明所传,匪道匪器,勿可得而详云"等语,足见和珅事件在道光年间仍有其敏感性。魏源:《武进庄少宗伯遗书序》,《魏源集》,上册,页238。

庄存与提供了一种"经学的遮掩,特别是孔子褒贬传统的历史掩饰",可以间接表达他对当时政治的批判,特别是对和珅及其同伙的不满。在这个意义上,今文经学的崛起不是经学观念渐变的结果,而是乾隆时代士大夫们在与和珅作斗争的过程中产生的政治性抉择:它是"19 世纪'清议'的先声,也是东林党人反对阉党传统的余响",[60]从而与晚清以回应西方挑战、进行变法改革为中心的今文经学没有直接的联系。

常州学派与王朝政治的关系为今文经学的兴起提供了重要的契机。在这个意义上,不是经学家们津津乐道的家法,而是经学与政治的视野,才是解读今文经学的基本方法。但是,把今文经学的兴起归结为庄存与与和珅的政治斗争的结果虽然不乏根据,但也面临一些难点。[61] 更为重要的是,这一解释把政治的视野局限于宫廷政治,或多或少地弱化了今文经学与更为广泛的社会政治之间的联系,从而难以解释今文经学为什么如此重视皇权、法统、律例等问题。今文经学处理的各种政治性的议题有着较之和珅事件和宫廷政治广泛得多的政治内涵。今文经学将制度、法律和皇权问题置于思考的中心,从而它的礼制论密切地联系着有关法律、制度和王朝合法性的思考。这一转变改变了理学的道德中心论的内在结构,充分地发挥了清初经学已经展开的治道合一、理礼合一、礼刑合一等主题。如果仅仅将公羊学的兴起看作是明代东林党的遗响,那么,如何解释今文经学的上述理论特点呢?

我在此试图从另一个方向上扩展艾尔曼的"经学与政治"的视野。今文经学利用了清代儒学的反理学倾向,把一种有关道德关系的思考转

---

[60] 艾尔曼:《经学、宗族与政治》,页 15,77,79。

[61] 刘大年举了两个例子作为反证:第一,庄存与和孔广森都讲公羊,谁先谁后,不易说清楚。孔任翰林院编修,著《春秋公羊经传通义》,1786 年去世;庄存与的《春秋正辞》应该作于 1786 年辞官回常州之后。如此,则今文经学产生于政治斗争就不能成立。第二,公羊学本来就有所谓"春秋讥世卿"、"春秋为贤者讳"等说法,又有三科九旨"诛贬绝"等说法,因此以这些春秋公羊学的义例说明其政治内涵,不大说得清楚。我认为刘大年针对艾著的上述分析值得考虑,但如果以此否定今文经学的政治性则不能成立。这是因为"政治性"包含着广泛的内含,未必就是宫廷政治。参见刘大年:《评近代经学》,朱诚如主编《明清论丛》第一辑,北京:紫禁城出版社,1999,页 2。

化成为一种有关王朝合法性的理论,其中最为重要的部分即今文经师对于康、雍、乾三世以来所确立的内外关系和秩序的思考和批评。庄、刘之学产生于被视为盛世的乾嘉时代:汉族人民的大规模的反满斗争已经结束,蒙、藏、回部等西域地区已被纳入帝国秩序内部,旗民杂处的格局亦已形成。清朝统治空前巩固,而正在降临的新的危机尚未被人们充分了解。清代今文经学的政治意义需要与清代帝国的特殊结构联系起来考虑:清朝是一个通过不断的征服、扩张、族群隔离与族群融合而建立起来的帝国,它的帝国制度及其等级结构建立在族群特权、制度的多样性和类似封建的多元权力中心的基础之上。[62]今文经学的意义必须在政治的视野中才能得到把握,但这一"政治"的含义却超出了宫廷政治和宗族关系的范围。在清代中期,它所处理的是清王朝的法统与满汉关系、汉人官员的政治认同和政治地位,以及如何把礼的观念扩展到国家的内外政策之中,等等。换言之,清代中期的今文经学回答的是如下两个问题:第一,应以何种原则为依据建立清朝帝国的法统?第二,又以何种原则为依据形成汉人官员在这一法统中的合法性?艾尔曼详尽研究的和珅事件及汉人宗族谱系与上述两个问题具有密切的关系:庄、刘之学反复论辩的夷夏、内外等主题均涉及满汉问题。庄存与、刘逢禄身居要津,对于朝廷权力架构中满洲贵族与汉人官员的关系极为敏感,但从儒家伦理出发,如果仅仅把满汉问题理解为个人仕途问题不免过于简单了。对于他们来说,满汉问题不是个人地位和宫廷政治问题,因为它紧密地联系着清王朝作为一个少数民族王朝的政治特点。正由于此,庄、刘之学具有理论的系统性,他们讨论的是帝国的政治合法性问题。今文经学把帝国政治结构与多元民族的状况作为理论的出发点,从儒学的视野出发对康熙、雍正、乾隆时代的政治、法律和制度进行批判性总结,在承认王朝合法性的前提下,批判

---

[62] James L. Hevia 把清代看作是不同于其他朝代的、继元代之后的另一个例外,即这是一个帝国(empire)。我认为他对清帝国的多元权力中心、(封建式的)多元政治结构的描述是可信的,但如何理解这一"帝国"与"中国"的历史的关系还值得斟酌。这一点,我稍后再加论述。see James L. Hevia, "Chapter 2: A Multitude of Lords", in *Cherishing Men From Afar* (Durham: Duke University Press, 1995), pp. 29—56.

帝国体制内的族群等级制,超越宋明理学和清初经学的夷夏之辨。[63]因此,尽管清代中期的今文经学对于王朝的法律实践影响甚微,但究竟应该如何把握清代今文经学对礼制、法律和皇权的持续关注却是一个重要的思想史问题:今文经学是一种有关王朝政治的合法性理论。

2. 蒙元王朝的合法性与公羊学

清代政治面临的一个基本问题是合法性问题,即如何将满洲王朝重构为一个中国王朝。作为一种政治合法性的理论,今文经学、尤其是春秋公羊学提供了新王朝如何从儒学礼仪和法律体系中汲取合法性资源的主要途径。从一种长远的历史观点来看,公羊学的正统论、"三统说"、大一统以及法律观点早已不是单纯的儒学理论,而是秦汉以后历代新朝建立合法性的主要根据之一,它甚至很难放在清代今文经学的范畴中给予学术史的论述。[64]历来的相关研究都强调清今文经学在18世纪末叶兴起的突发性,认为除了个别例外,东汉以降今文经学已经湮没不彰。这些讨论从学术史的角度展开论述,很少涉及公羊思想与历代王朝政治合法性的关系。然而,如果要讨论清今文经学与政治的关系,离开这一脉络是无法理解今文经学的政治含义及其演变的。兹举几例说明。明朝王祎的《正统论》云:

> 正统之论,本乎《春秋》。当周之东迁,王室衰微。夷于列国,而楚及吴、徐,并僭王号。天下之人,几不知正统之所在。孔子之作《春秋》,于正必书王,于王必称天。而僭窃之邦,皆降而书子,凡以

---

[63] 就此而言,较之东林反对阉党的传统,他们与王朝政治的关系要紧密得多,也很难在士林与朝廷之间的二元关系中给予解释。对今文经学的理解依赖于我们对于政治的理解,依赖于我们对于庄存与、刘逢禄的今文经学的叙事策略与他们置身其中的清朝政治的关系的理解。

[64] 关于统纪之学及一统观念的考证溯源,饶宗颐《中国史学上之正统论》(上海:上海远东出版社,1996)一书论述最为详备,兹不赘言。

著尊王之义也。故传者曰:"君子大居正。"又曰:"王者大一统。"正统之义,于斯肇焉。欧阳修氏曰:正者,所以正天下之不正也;统者,所以合天下之不一也。由不正与不一,是非有难明,故正统之论所为作也。[65]

方孝孺(字希直,台之宁海人)《后正统论》亦云:

> 正统之名,何所本也? 曰:本于《春秋》。何以知其然也?《春秋》之旨虽微,而其大要,不过辨君臣之等,严华夷之分,扶天理,遏人欲而已。[66]

王祎认为《春秋》之正统说起源于克服天下不一、是非难明的格局的要求,而方孝孺则强调正统论的内外、等级观可以上溯到《春秋》的宗旨之中,两者的侧重有所区别。在朝代更迭之际,学者、谋士和皇权自身均试图在一种体制化的关系中挪用公羊学的义旨,力图建立新朝之正统。这与他们是否今文经学者并无关系。按"三统说"的观点,任何一个新王朝的正统都建立在对前两个王朝的礼仪、法律和制度的继承、综合和改造之中。清朝需要师法元、明二朝,将自身纳入中国王朝谱系之中建立自己的正统和对汉人及其他民族的统治。元、明二朝也同样如此。

然而,究竟以何者作为正统的依据呢? 各朝根据自身的特点建立自己在朝代更迭谱系中的地位,但同时也必须提出一定的合法性论证。例如,宋、明两朝面临北方民族的威胁,他们以明确的内外夷夏关系作为正统的依据,但这种内外夷夏关系并不是单纯的族群关系和地域关系。王祎论宋之正统云:

> 及宋有天下,居其正,合于一,而其统乃复续。故自建隆元年,复

---

[65] 王祎:《正统论》,《王忠文公集》卷1,页7—8,上海:商务印书馆,1936,万有文库。
[66] 方孝孺:《后正统论》,《逊志斋集》卷2,四部丛刊本,页55。

第五章 内与外(一):礼仪中国的观念与帝国

得正其统,至于靖康之乱,南北分裂。金虽据有中原,不可谓居天下之正。宋既南渡,不可谓合天下于一。其事适类于魏、蜀、东晋、后魏之际,是非难明,而正统于是又绝矣。自辽并于金,而金又并于元,及元又并南宋,然后居天下之正,合天下于一,而复正其统。故元之绍正统,当自至元十三年始也。由是论之,所谓正统者,自唐、虞以来,四绝而四续。……[67]

金据中原,不能为正,宋既南渡,亦不能以为正,从而地域、族群都不是"正统"的根据。元之正统建立在它承宋而起与统一天下两者的合一。方孝孺对正统与夷狄之辨更为关注,他说:

苟以夷狄之主,而进之于中国,则无厌之虏何以惩畏?安知其不复为中国害乎?……凡所当书者,皆不得与中国之正统比,以深致不幸之意,使有天下者,惩其害,而保守不敢忽。使夷狄知大义之严,正统之不可以非类得,以消弭其侥觊之心,则亦庶乎圣人之意耳。[68]

所谓"正统之不可以非类得"是严格区分夷夏界限的说法,内含着很深的族群观念。王祎的看法与方孝孺的看法明显地存在着差异,但他们出于不同的理由都把宋之正统与金之据有中原区分开来。正统之绝续是一种历史叙述,何为绝、何为续涉及不同时代、不同人物的正统论。明代儒者严分夷夏内外的正统观与宋代儒者(如欧阳修)的正统论相互呼应,恰好构成了与金、元、清等少数民族王朝的合法性论证的鲜明对比。

在深入讨论清代政治与公羊学的关系之前,有必要简要地分析蒙元王朝的政治合法性问题及其与公羊学的关系,因为清朝的法统不仅包含了对明朝之"正统"的继承,而且还包含了对蒙元汗统的综合。关于这一

---

[67] 王祎:《正统论》,《王忠文公集》,卷1,页9。
[68] 方孝孺:《后正统论》,《逊志斋集》卷2,四部丛刊本,页56—57。

点,我稍后再作补充论述。与清朝一样,元朝也是一个少数民族统治的多民族帝国,蒙古统治者面临着如何将自身纳入中国王朝谱系之中的问题,亦即如何建立自己的正统并实施对汉人及其他民族的统治的问题。这一问题早在征服南宋之前即已纳入规划之中。《元史·刘整传》云:"至元四年十一月,(整)入朝,劝伐宋,曰:'自古帝王非四海一家不为正统。圣朝有天下十七八,何置一隅不问,而自弃正统耶?'世祖曰:'朕意决矣!'""伐宋"不仅出于军事和经济的考虑,而且还与建立帝国正统密切相关。饶宗颐评论说,"故元之有宋,即为争取正统,此正统即大一统之意也。"[69]所谓"元之有宋"即元通过征服宋朝而上承宋朝,这一继承正统的方法正好来源于汉代公羊学之三统说。为什么继承宋统才能确定元之大一统呢?这也需要在宋以来正统观的视野中加以解释:按照内外夷夏的划分,宋代表了这一时代的正统,而辽、金不能纳入正统谱系内部。这一划分与公羊学之内外例的含义完全吻合。杨维桢《正统辨》云:"世祖以历数之正统归之于宋,而以今日接宋统之正自属也。"针对"接辽以为统"的议论,他进一步论证说:"中华之统,正而大者,皆不在辽、金,而在于天付生灵之主也昭昭矣。然则论我元之大一统者,当在平宋,而不在平辽与金之日,……不以天数之正,华统之大,属之我元,承乎有宋,如宋之承唐,唐之承隋承晋承汉也,而妄分闰代之承,欲以荒夷非统之统属之我元,吾又不知今之君子待今日为何时,待今圣人为何君也哉?"[70]他明确地排除了赓续辽、金以立正统的可能性。

但是,元朝建立在蒙古帝国的基础之上,它的族群关系、等级体制和帝国规模既不能简单纳入宋朝的统序,也不能简单地比照金之统序。宋儒的那种严分夷夏的礼序观念不可能为元朝的正统性提供论据。1272

---

[69] 饶宗颐:《中国史学上之正统论——中国史学观念探讨之一》,上海:上海远东出版社(原版香港:龙门书店,1977),1996,页57。饶氏的著作对中国史学上的正统观念进行了系统的分析、整理和节录,是一部极为重要的史学著作。
[70] 见陶宗仪:《辍耕录》卷三,丛书集成本,上海:商务印书馆,1937,页55(杨维桢的《东维子集》卷首即《正统辨》,系据《辍耕录》本录入,故引《辍耕录》)。又见贝琼:《清江贝先生文集》卷2《铁崖先生传》,四部丛刊本,页19。

年,忽必烈汗为征服南宋,宣布定国号为元。这一名号源自一个女真人的建议。在宣布新国号的同时,忽必烈汗还于同年十一月十五日废除了金泰和时期确定的《泰和律》。(按,唐代以后的律典均直接间接地受到唐律的影响,宋、金、明律均承唐律,而清律承自明律。)《泰和律》颁布于1201年,按《金史·刑法志》,该律承自唐律,为金(1115—1234)所使用。1234年,蒙古征服女真,但《泰和律》直到1272年才被忽必烈废止,从此没有恢复。从法律的角度看,元朝没有恢复宋之《刑统》,也取消了金之《泰和律》,未再颁布正式的律典,[71]从而成为中国历史中没有正式颁布新法的唯一朝代。艾森斯塔德(S. N. Eisenstadt)曾经观察到:"绝大多数官僚制政体都有众多的法律政策——尽管其在每一个官僚制政体中的相对优势和重要意义,从一个案例到另一个案例是处处不同的。"[72]为了限制贵族的、宗法的、宗教的和其他民族的法律自治,各朝在各自统治的初年颁布法典,实际上是为了以典章化和统一化的方式调节这个领域和各个地区的法律活动。因此,颁布新律和不断促进法律的典章化和统一性是为了让法律实践与官僚制帝国的政治体制尽可能地吻合起来,并置于皇权的控制之下。正由于此,缺乏统一的典章一方面反映了各种法律自治的现实,另一方面则标志着王朝的官僚化程度和皇权绝对性的程度的低下。

与其他具有更为鲜明的法律倾向的帝国不同,中华帝国的法律也被视为礼的具体化。不过,这一独特性不应无限夸大,因为几乎所有早期帝国(罗马帝国、拜占庭帝国、萨桑波斯帝国等)的统治者都"试图将他们

---

[71] 宫崎市定说:"有元一代,确实没有颁布过新律。元代所编撰的法典,是在宋代敕令格式的基础上补充断例而成的《大元通制》,它堪称是综合性的六法全书。"见氏著《宋元时代的法制和审判机构》,《日本学者研究中国史论著选译》(八),北京:中华书局,1992,页271。

[72] 艾森斯塔德:《帝国的政治体制》,南昌:江西人民出版社,1992,页142。艾氏的这部著作运用结构—功能的方法研究帝国体制,目的是论述历史上的官僚帝国与现代国家的双重特点(专制与民主)的关系。对于这部著作的批评,请参见丹尼斯·史密斯(Dennis Smith):《历史社会学的兴起》(*The Rise of Historical Sociology*, London: Polity Press Limited,1991),周辉荣、井建斌等译,上海:上海人民出版社,2000,页24—28。

自己和他们建立的政治体制装扮成特定的文化象征和文化使命的载体。……这些社会的统治者总是力图使自己被人看作为这些文化取向与文化传统的鼓动者和拥护者,并且将他们的政体表述成该取向与传统的承担者。"[73] 如果说律构成中国帝国合法性的一个基本要素的话,那么,这是因为对于王朝合法性的论证建立在一种特殊的礼序观之上。从瞿同祖"中国法律的儒家化"的角度看,[74] 律与礼的这一关系是帝国时代中国法律和王朝合法性的基本特征,而各种敕令、政策和条例则是因时而变的对于永久法律框架的补充。王朝的统治者可以颁布律典,但他不能专断地制定律典;律典的历史性构成了一种权威,并对皇权和王朝的合法性提供了制约。朝廷当然可以根据历史的变化来修改法律,但除非它合法地和合理地修改法律,否则,这些修改本身就会反过来危及朝廷及其政策的合法性。律典是儒学价值和体制的法律基础,一旦这一律典处于虚空或暧昧的状态,儒学价值和体制本身也就势必处于飘摇的境地。正由于此,从儒者的视野来看,未能颁布律典本身构成了王朝合法性的危机。王恽《请论定德运状》明确地将五运说、大一统说用于说明元朝"正统"之暧昧和确定德运之必要:

> 盖闻自古有天下之君,莫不应天革命,推论五运以明肇造之始。如尧以火,舜以土,夏以金,殷周以水木王,汉唐以火土王是也。据亡金泰和初,德运已定,腊名服色,因之一新。今国家奄有区夏六十余载,而德运之事未尝议及,其于大一统之道似为阙然。何则?盖关系国体,诚为重大事。况际今文治熌兴,肆朝章,制仪卫。若德运不先定所王,而车服旗帜之色将何尚矣?[75]

在朝代更迭的模式中,颁布新法与建立王朝正统之间具有不可分离的关

---

[73] 同上,页145—146。
[74] 瞿同祖:《中国法律之儒家化》,《瞿同祖法学论著集》,北京:中国政法大学出版社,1998,页361—381。
[75] 王恽:《请论定德运状》,《秋涧集》卷85,页5a,文渊阁四库全书本。

系，如果无法在法律的形式上将不同时空的法律判断统一起来，一个王朝的法统就难以确立。王恽对于元朝正统的暧昧状态的思考势必转化为关于确立新法或新王问题的讨论。

这种将五行说与大一统思想结合起来的论述方式上绍董仲舒的《春秋繁露》。杨奂《正统八例总序》驳斥以世系论正统之说，将正统的根据转化为新王之治本身，并引用《公羊》之"内外例"作为正统的根据。这显然是因为蒙元以外族入主中原，必须重建内外关系才能确立自己的合法性。他说：

> 《公羊》曰："录内而略外。"舍刘宋取元魏，何也？痛诸夏之无主也。大明之日，荒淫残忍抑甚矣。中国而用夷礼，则夷之，夷而进于中国，则中国之也。且肃宗扫清钜盗，回辂京阙，不曰复而曰与，何也？暴其自立也。……王道之不明，赏罚之不修久矣。然则发天理之诚，律人情之伪，舍是孰先焉？曰通载者，二帝三王，致治之成法；桀纣幽厉，致乱之已事也。曰通议者，秦汉六朝隋唐五季所以兴亡之实迹也。[76]

这是以礼仪为中心，将内外夷夏关系相对化，从一种历史变化的观点论述正统。也是基于这一理解，杨奂依循公羊学的解释，承孔子作《春秋》之微言大义，将历史叙述转化为一种治世之法律。谢（修）端、陶宗仪、贝琼、马端临、张绅、陈桱、吴澄、吴莱等从不同的角度和方面论述了修史与建立正统之关系。谢（修）端论辽、宋、金之正统问题，反对以地域或族群作为正统的根据。"或者又曰：辽之有国，僻居燕云，法度不一，似难以元魏北齐为比。愚曰：以此言之，肤浅尤甚。若以居中土者为正，则刘石慕容符姚赫连所得之土，皆五帝三王之旧都也。若以有道者为正，符秦之量，雄材英略，信任不疑；朱梁行事，篡夺内乱，不得其

---

[76] 杨奂：《正统八例总序》，《还山遗稿》上，引自苏天爵编《元文类》，卷32，商务印书馆，1936，页418—419。

死,二者方之,统孰得焉?夫授受相承之理,难以此责,况乎泰和初朝廷先有此论。……中州士大夫间,不知辽金之兴,本末各异。向使《辽史》早成,天下自有定论,何待余言?"[77]他试图以修撰辽史的办法来确立谱系和正统。

按照同一逻辑,元代士大夫努力汇集以前的法律,呼吁重建法律系统,但朝廷修订律令的事务从未真正完成。元朝覆灭后,明太祖认为元亡的一个重要原因就是没有颁布律令,从而迅速恢复了法律体制。从这一角度说,不但元代士大夫恢复法律系统的努力与公羊学的"三统说"相互吻合,而且明朝对于元朝灭亡的解释也可以纳入"三统说"的范畴之中。元朝为什么没有颁布律典是一个复杂的问题,这里不能作出系统讨论。然而,为了展开后面的论述,有必要扼要地提及两种主要的相关观点。一种观点突出蒙元王朝作为帝国的特点,即这是一个蒙古人直接统治的、族群和文化多元的王朝,从而与带有"准民族—国家"特点的汉人王朝宋朝有着极大的区别。如果说宋之《刑统》、金之《泰和律》都可以归纳为某种带有准民族—国家特点的历史官僚制帝国的法律,那么,这些法律体系无法适应蒙元帝国的多元族群关系和蒙古人在蒙元帝国内部的特权地位。[78]另一种看法则强调唐宋时代的社会结构转变对于元代社会的影响,认为元代法律采用断例的方式恰恰导源于宋代以来的社会转变。宫

---

[77] 谢(修)端:《辩辽宋金正统》,苏天爵编《元文类》卷45,页653,万有文库本。此处引文又见《秋涧集》卷100,玉堂嘉话卷之八,文字略有出入:"座客又云:辽之有国,僻居燕云,法度不一,似难以元魏北齐为比。仆再拜而言曰:以此责之,朕浅尤甚,若以居中土者为正,则刘石慕容苻姚赫连所得之土皆五帝三王之旧者也。若以有道者为正,苻秦之量,雄材英略,信任不疑,朱梁行事,篡夺内乱,不得其死,二者方之,统孰得焉夫。授受相承之理,难以此责,况乎泰和初朝廷先有此论……中州士大夫间不知辽金之兴,本末各异者,向使泰和间若是,《辽史》早得修成,天下自有定论何待余言。"(页6a—7a)

[78] 参见植松正:《元初法制论考——重点考察与金制的关系》,《日本中青年学者论中国史·宋元明清卷》,页298—328,以及 John D. Langlois, Jr., "Law, Statecraft, and The Spring and Autumn Annals in Yuan Political Thought", in *Yuan Thought, Chinese Thought and Religion Under the Mongols*, eds. Hok-lam Chan and Wm. Theodore de Bary (New York: Columbia University Press, 1982), p.95。

崎市定说："元代未曾颁布律令，这绝非因为元是异民族统治的王朝。相反，它正是中国自身在经历了唐至宋的社会大变迁后，已无暇顾及像中世一样立法的结果。"元代法制中的断例具有从中世向近世过渡的"蒙古式的即在当时是西方式的特点。"[79] 宋朝作为"准民族—国家"的论点是宫崎市定的主要贡献之一，他的这一论点并未局限于对宋代政治制度和经济制度的界定，还涉及对于整个中国历史或东亚历史中的"近代性"的确认；强调蒙古断例的"西方式的特点"是与这一有关"近代性"的基本论点直接相关的。宫崎市定拒绝承认元朝的族群统治构成了基本政治结构和社会结构的改变，目的是为了论证宋元之间的断裂是次要的，而连续关系则是主要的。这与他所论述的"中国之近世"始于10世纪即宋朝的建立的历史观相互吻合。

元朝"遵用汉法"而组织自己的政治结构是清楚的，但在宋朝郡县制国家与元朝帝国体制的连续关系之中也存在重要差别和断裂的部分：第一，元朝建立在不断扩张的蒙古帝国的基础之上，它的草原帝国特性使得它的领属观念不像宋朝那样明确清晰。例如，从所有权关系来看，草原的财产占有关系与农耕社会是不同的：草原始终是一种集体所有的财产，只有牲畜才会纳入私人财产的关系之中。这也就意味着：以土地占有关系为基础的中原法律体系与草原占有关系之间存在着不相适应的部分。尽管宫崎市定所说的唐宋转变对元代法律体制有着重要的影响，但《宋刑统》所内含的法律关系无法简单地移植到草原帝国的权利系统之中恐怕也是一个不能忽视的因素（在后面的论述中，我将说明清代《大清律例》与《蒙古律例》并存的状况，其中也涉及同样的问题）。第二，元朝还面临如何将汗统与中国皇权相结合的问题：一方面，元朝的中央政府组织以今河北、山东、山西为"腹地"，并在周边各地设置行省（行中书省），从而与唐宋以来逐渐形成的官僚制国家体制有着明显的承续关系，在这个官僚制国家的政治结构中，统一的、非私人性的法律系统是必不可少的；另一

---

[79] 宫崎市定：《宋元时代的法制和审判机构》，《日本学者研究中国史论著选译》（八），页252。

方面,元朝"北踰阴山,西极流沙,东尽辽左,南越海表",[80]其疆域之辽阔甚至汉唐也无法比拟,但这一地域的广阔性也造成了一个后果:即使在鼎盛时期,蒙古帝国也未能形成统一的政体。为了控制和林、云南、回回、畏吾、河西、辽东等地,元世祖封诸子为镇戍各地的王,从而在一定程度上恢复了宋代以前的分封制度。元朝建立之时,成吉思汗建立的跨越欧亚的蒙古帝国已经碎裂为钦察、察合台、窝阔台、伊儿等独立的汗国,元朝皇帝虽然在名义上仍然是统领各国的大汗,但这已经不能被视为一个统一的政治实体。艾森斯塔德以"内部条件的不适当性"为由,将蒙古帝国列为"建立中央集权政体的不成功尝试的两个案例"之一:"当统治者表现出明显的自治政治目标和以建立新的行政机关与政治机关为取向之际,现存条件却不总是必然地适合于此种机关的持续发展。……该机关的非制度化在较短时期内便损害了统治者建立某种中央集权政体的尝试。可以说,这种政体通常'退化'成为各种类型的'前中央集权'政体——世袭制帝国,二元化—征服者帝国,抑或封建国家。"[81]从元朝内部的政治结构来看,蒙古、色目、汉人和南人的四等区分及其在政治、经济和军事体制中的进一步体制化,都使得这一社会结构区别于宋代的社会构造。

我的问题是:这一特殊的帝国内外关系和政治—法律情境对于士大夫的政治观究竟有什么影响?这一政治—法律情境与元代公羊学之间有着怎样的关系?兰格洛伊斯(John D. Langlois, Jr)指出:在中国士大夫中,《泰和律》的废除产生了两个相互有关的运动,一个是呼吁重建新律的运动,而另一个则是在相关的儒学典籍中寻找法律资源的运动。在这一历史关系中,元代士大夫特别重视将《春秋》视为刑书的汉代公羊学观点,从而将《春秋》视为一部可资运用的法律经典。按照他们的理解,春秋公羊学不仅提供了道德的资源,而且还提供了法规和程序的资源,它既能够帮助统治者贯彻统治秩序,也能够为官僚学者向统治者建言和劝谏提供

---

[80]《元史》卷五八《地理志》,页1345,中华书局,1976年。
[81] 艾森斯塔德(S. N. Eisenstadt):《帝国的政治体制》(The Political Systems of Empires),沈原、张旅平译,江西人民出版社,1992,页29—30。

根据,并据此将各种规定和辅助性的司法程序看成是律的等同物(他们将这类临时性法规与唐律作对比,从而将它们纳入律的范畴,虽然这种类比本身是勉强的)。[82] 如果没有元代政治——法律的特定情境,我们就无法理解为什么许多士大夫努力从"刑书"的观点研究《春秋》。根据李则芬的考证,元代总共出现了213种有关《易经》的著述,149种关于四书的研究,有关《春秋》的讨论达到127种之多。[83] 兰格洛伊斯的研究已经举出了下述各例,我在这里根据其他材料对他的论述进行补充性的说明。

例证之一是胡祗遹(1227—1293)。在《读〈春秋〉》、《论治法》等著作中,他讨论了蒙古和中国法律的差异,以及融会二者形成形式统一的法律体系的必要性。在他看来,由于律典的缺乏,各个层次的地方政府各有不同的行政系统、法律、案例,中央政府的六部则各有自己的"议",各部首长又各有自己的"论"。因此,无论从统一法律体系的角度,还是从管理多民族帝国的角度,加强中央权力、保持社会关系的平衡、重建统一的法律体系都是极为必要的。这一论点从另一个方面说明了蒙元帝国包含着权力的多中心化的格局,而这种权力的多中心化与司法权的分裂状态存在着联系。《泰和律》的废止很可能出于胡氏的建议。在《紫山大全集》卷二二中,胡氏认为亡金之制和《泰和律》不适用于蒙古人和汉人,他说:"即今上自省部,下至司县,皆立法官,而无法可检,泰和旧律不敢凭倚,蒙古祖宗家法汉人不能尽知,亦无颁降明文,未能遵依而行。"[84] 在现实中,元代的法律改革沿着不同的方向发展,即依靠条画(条格)和判例来补充法律的不完备。但胡氏对于《泰和律》之不适用的论述并不是简单地支持这一方向,相反,他要求的是创立新的法统。

吴澄(1249—1333)和吴莱(1297—1340)是另外两个例子。按《宋元学案》,吴澄从学于程若庸,为朱子四传,但《诸经序说》等著述证明,他在理学门径之外,亦致力于经学的研究,并涉及今文和古文的问题。在论述

---

[82] John D. Langlois, "Law, Statecraft, and The Spring and Autumn Annals in Yuan Political Thought," 见注[78]所引书,页89—152。
[83] 李则芬:《元史新讲》,第一卷,台北:中华书局,1978,页6。
[84] 胡祗遹:《论定法》,见《紫山大全集》卷二十二,文渊阁四库全书本。

《春秋》三传之得失时,他认为"说《春秋》有实义,有虚辞。不舍史以论事,不离传以求经,不纯以褒贬疑圣人",并主张沟通《易》与《春秋》,倡导"经固不出于史"。[85]这一"取中"的看法实际上否定了独重《左传》的传统,突出了公、谷二传长于释义的特点。[86]在《学统》和《策问》中,吴澄对中央权威和法律问题进行了讨论。《〈春秋〉纂言》可以视为一部经学著作,在"总例"中,吴氏按照《春秋》为刑书的观点将春秋义旨分为七类,即除了吉礼、凶礼、宾礼、军礼、嘉礼等五礼之外,再附加天道和人纪,从而《春秋》成为处理各种人类问题的基本原则。[87]吴莱的《渊颖吴先生文集》中也有相关论述,他触及了《春秋》有关"夷夏"以及"经制"、"权宜"等问题。在《改元论》一篇中,他对改元之说不以为然,并因此重新解释《春秋》纪年的原则。这至少证明元代士大夫在论证元之正统时广泛地考虑了公羊学的一些基本义旨。[88]

欧阳玄(1283—1357)并非公羊学者,他是欧阳修的后代,专攻《书经》。但他广泛地运用《周礼》、《尚书》、《周易》等经典论述颁布法律和以法治人的重要性,在取向上与上述带有浓厚公羊学倾向的著作极为相近。按饶宗颐的说法,宋代的《春秋》之学有南北侧重的差别:

> 北宋重尊王(孙复著《春秋尊王发微十二篇》可见之),南宋重攘夷(胡安国著《春秋传》可见之)。……尊王,故张大大一统之说,此欧公正统论之得《春秋》者在此也。元世以夷狄入主中国,其言正统

---

[85] 吴澄:《易象春秋说》,见《宋元学案》卷九十二《草庐学案》,《黄宗羲全集》第六册,杭州:浙江古籍出版社,1992,页606。

[86] 吴澄:《春秋序录》,见《宋元学案》卷九十二《草庐学案》,《黄宗羲全集》第六册,页593—594。

[87] 吴澄上承宋学,对于汉儒附会经说不以为然,他更倾向于朱子、邵雍关于《春秋》直书其事而善恶自现的观点。但同时也引用邵雍关于历史统纪的说法,为元提供合法性论证。见吴澄:《春秋诸国统纪序》(《吴文正公集》卷20)和《皇极经世续书序》(《吴文正公集》卷16)。

[88] 吴莱:《改元论》,《渊颖吴先生文集》卷5,页10a—14a,文渊阁四库全书本。

者,亦只能援大一统一说以立论。……[89]

公羊学将《春秋》视为刑书、视为新王、视为秩序本身,从而提供了元代士大夫讨论皇权一统和统一法律的资源。[90]这些著作均非专门的公羊学著作,而是将帝国的法律、制度、皇权和历史正统性问题与春秋公羊学的视野结合起来的经世作品。《春秋》及其大一统学说为中央权力的集中化和司法体系的统一化提供了理论基础,而士大夫对《春秋》及其法律含义的重视恰恰对应了元代帝国体制的内在困境,即权力的多中心化与缺乏统一的司法体系的政治现实。

3. 满清王朝与中国王朝的法统

利用"三统说"和《春秋》公羊学的法律含义来论证新朝的合法性,这一事实表明王朝的合法性依赖于一种历史传统。合法性不仅建立在王朝统治者的力量上,而且也有赖于公众的承认和判断,以及他们的习俗、惯例及其因时而变的诉求。在这个意义上,所谓"专制王朝"也不可能仅仅建立在统治者的权力意志的基础之上。"元世以夷狄入主中国,其言正统者,亦只能援大一统一说以立论",这一状况对于清而言也极为相似。满洲为女真部族,自认为金之后代,努尔哈赤建大金国,必对金宋之间争夺正统的斗争极为熟悉(这里无法展开有关满洲与女真的复杂的历史关系的论述)。早在与宋朝的斗争中,金即关注自己的统系的合法性问题。《大金德运图说》记载了金代官僚士大夫从五德之说而展开的正统观,其中所载赵秉文、黄裳、完颜乌楚、王仲元、舒穆噜世勣、吕子羽、张行信、穆颜乌登、田庭芳等德运议,均以三统之说和"大居正"、"大一统"等概念为金朝提供论证。《张行信议》云:

---

[89] 饶宗颐:《中国史学上之正统论——中国史学观念探讨之一》,页56。
[90] 以上讨论均参见 Langlois, "Law, Statecraft, and The Spring and Autumn Annals in Yuan Political Thought",注[78]所引书,页90—152。

若考国初自然之符应,依汉承周、魏承晋之故事,定为金德,上承唐运。则得天统,合祖意,古典不违,人心亦顺矣。[91]

《黄裳议》云:

《传》曰:"君子大居正。"又曰:"王者大一统。"正者,所以正天下之不正;统者,所以统天下之不一也。由不正与不一,然后正统之论兴;正统之论兴,然后德运之议定。自近代言之,则唐以土德王,传祀三百,土生金,继唐而王者,德当在金。……我太祖之兴也,当收国改元之初,谓凡物之不变,无如金者。且完颜部色尚白,则金之正色。自今本国可号大金。神哉斯言!殆天启之也。继以太宗,遂平辽、宋。夫辽、宋不能相正,而我正之;不能相一,而我统之。正统固在我矣!……[92]

《穆颜乌登等议》云:

自古推定德运者多矣。有承其序而称之者,有协其符而取之者。故二帝三王,以五行相因,备载于汉史,此承其德运之叙而称之者也。迄于汉世,不取贾谊、公孙臣之议,卒以旗帜尚赤,此协其断蛇之符而取之者也。由是观之,承德运之序,协天之符瑞,乃明哲所行之令典也。钦惟太祖,一戎衣而天下大定,遂乃国号大金,以丑为腊。是时虽未尝究其德运,而圣谋自得其正,其与天之符瑞粲然相合矣!……[93]

上述例证说明:金统治者承续了中国之正统说,并明确地用三统之说为金提供正统的根据。《大金德运图说》附《历代德运图》排列了从伏羲至宋

---

[91] 《右谏议大夫吏部侍郎张行信议》,见《大金德运图说》,文渊阁四库全书本(下同)。
[92] 《应奉翰林文字黄裳议》,见《大金德运图说》。
[93] 《朝请大夫应奉兼编修穆颜乌登等议》,见《大金德运图说》。

之列代德运,显然已经将金置于中国王朝的统系之中。

女真部族显然对于儒教传统内部的这一特殊的合法性理论并不陌生。努尔哈赤姓爱新觉罗,"爱新"的满文意思是"金","觉罗"的意思是"姓",全名意即女真之遗族。万历四十四年(1616)正月,在统一了女真五部和海西四部之后,曾经为明朝将军的努尔哈赤宣称大金国(史称后金)成立,都城赫图阿拉,年号天命,并于天命三年(1618)以"七大恨"告天,誓师攻明。1635年(明崇祯八年、金天聪九年)11月22日,即农历十月十三日,清太宗皇太极下诏上太祖尊谥为"武皇帝",又绘太祖战绩,仿帝皇实录之例,特制满洲之名以入之〔即改诸申(女真)为满洲〕。伴随改名满洲而来的是禁止使用容易引起汉人敏感的女真族名和诸申旧号,改金之国号为清,称年号曰"崇德",追尊四世,俨然备太庙之制。所有这一切均暗含着皇太极决心成为中国皇帝兼蒙古大汗、公然以有天下自期的意向。如果说努尔哈赤的"七大恨"宣告了另立天下的意愿,那么,皇太极的改名实践却表达了重建正统的动机,因为废除女真和金的称号暗含了重新将自己纳入"中国"范畴的可能性。然而,即使从皇权的角度看,由于统合了汗统和皇帝的双重内含,当清朝统治者将自身纳入中国王朝谱系之中的时候,"中国"的含义与宋明时代已经有了重要的差异。

按清史学者的研究,"清"有与"明"比美之意,太宗改元"崇德"(与崇祯相比)可为旁证。[94] 清朝入关之后不久即放弃了自己的法律传统,1646年公布的法律条例几乎照搬了明代法律。[95] 在政治制度上,清承续了明制的许多部分。因此,在晚清时代,今文经学者为了论证满清王朝作为"中国"正统的合法性,有"本朝在明太祖治内"的说法,亦即通过论证

---

[94] 金启孮:《从满洲族名看清太宗文治》,见王钟翰主编:《满族历史与文化》,北京:中央民族大学出版社,1996,页13。

[95] Derk Bodde and Clarence Morris, *Law in Imperial China: Exemplified by 190 Ch'ing Dynasty Cases with Historical, Social, and Judicial Commentaries* (Cambridge, Mass: Harvard University Press, 1967), p. 60.

清朝法统上承明制来确立满人统治的正当性。[96]1634年(明崇祯七年、金天聪八年)12月,蒙古墨尔根喇嘛带着嘛哈噶喇像(元朝帝师八思巴为元世祖忽必烈汗铸造的金佛像,也是元朝历代皇帝即位前必须供奉的铸像)投降,皇太极在盛京建寺供奉;1635年5月,他下令选译辽、宋、金、元史,并从察哈尔林丹汗处获得传国玺,以此证明自己承元朝皇帝兼蒙古大汗之法统。正由于此,蒙古各部除承认清帝为中国皇帝外,还一并承认清太宗皇太极继承了成吉思汗之汗统。清代扶植喇嘛教,独尊元代帝师八思巴之法裔章嘉呼图克图为国师,并因元之旧规命章嘉司内蒙及内地宗教。值得注意的是,皇太极改名满洲仅在他下令选译辽、宋、金、元史和获得传国玺之后四个月,目的是明确的:否认满洲为女真人或金人之后,确认清帝为中国皇帝和蒙古大汗、清朝为中国王朝和天朝帝国。[97]上述安排完全按照"三统说"来建立清朝的正统,很可能出于汉人的建议。雍正后来在反驳陆生枏的《封建论》时说:"中国之一统始于秦,塞外之一统始于元,而极盛于我朝,而皆天时人事之自然,岂人力所能强乎?"[98]这个看法是直接承续了皇太极时代对于清帝国的构想的。这意味着:公羊学的政治理论不仅内含在王朝更迭的体制化运作之中,而且已经转化为一种系统化的礼仪和制度系统。这些有关合法化的礼仪论和政制论并没有标注公羊学的名目,但暗示了公羊学与王朝政治体制的内在的对话和呼应关系。不理解这一点就无法掌握清代今文经学的历史根据,也就不可能把握清代今文经学与清帝国的合法性之间的内在联系。

清朝是一个多民族的、多文化的、贯通内陆与海洋的帝国。作为从北方入主中原的王朝,清朝不得不面对明末清初的反抗运动和儒学传统内

---

[96] 康有为:《万木草堂口说》"春秋繁露"条,《康有为全集》第二集,页388。
[97] 关于皇太极改名一事,参见孟森:《满洲名义考》,《明清史论著集刊续编》,北京:中华书局,1986,页1—3;金启孮:《从满洲族名看清太宗文治》、赵展:《对皇太极所谓诸申的辨正》,均见王钟翰主编:《满族历史与文化》,页12—17,18—31。
[98] 雍正:《驳封建论》,《清世宗实录》卷八三,雍正七年七月。

部根深蒂固的夷夏之辨。[99]因此,建立清朝正统的一个重要杠杆是满汉关系的调整,以及为了调整这一关系而产生的"满汉一体"论、夷夏相对论及其与帝国的制度和法律的多元主义的矛盾。康熙以降,清王朝确立儒学的正统地位,承续前朝制度和法律,在建立完备的法律系统(其内容含括刑事、民事、行政、诉讼和狱政等)的同时,以礼理合一、治道合一相标榜,把儒学奉为正统。清代制度和法律改革的关键议题是修正早期统治中的满族特权、确立康熙倡导的所谓"满汉一体"的原则。清史专家曾经注意到如下史实:1727年,雍正即曾下令规定大学士除领班外,余者不分满汉,只"以补授先后为序",[100]并告诫内阁"用人唯当辨其可否,不当论其为满洲、为汉人也"。[101]为了缓和旗、民矛盾,他还确立了一系列的管理制度和法律条文,力图在制度上和法律上缩小满汉差别。[102]乾隆登基之后,对于用人制度上偏于满洲的情形极为注意,他说:

> 满汉均为朕之臣工,则均为朕之股肱耳目,本属一体,休戚相关。至于用人之际,量能授职,唯酌其人、地之相宜,更不宜存满、汉之成见。边方提、镇,亦唯朕所简用耳,无论满、汉也……嗣后若有似此分别满、汉,歧视旗、民者,朕必从重议处之。[103]

这段话针对的是副都统布延图有关闽、粤、桂、黔、滇五省提督、总兵参用满洲的主张。清兵入关获益于明朝降将,为了收买这些汉人将领,清朝允许汉人在西南拥有兵权和统治权。在平定三藩之后,特别是乾隆

---

[99] 自元援一统之说论证自己的法统,有关夷狄与正统的关系的讨论也在汉族士大夫中逐渐展开。如明方孝孺置夷狄之统于"变统",暗含攘夷之义,与皇甫湜取《春秋》之义不帝元魏之说相呼应。方孝孺重视夷狄问题受到明初倡导夷夏内外之辨的胡翰的影响,后者著《正纪》,批评唐太宗以夷狄自处。参见饶宗颐:《中国史学上之正统论——中国史学观念探讨之一》,页57。
[100] 《雍正朝起居注》五年九月二十二日。
[101] 《上谕内阁》六年十月初六日。
[102] 参见张晋藩主编:《清朝法制史》,北京:中华书局,1998,页484—485。
[103] 《清高宗实录》卷八。

时期,督、抚、藩、臬全用满人,从而如何平衡西南的权力关系和重新界定汉军旗人的地位成为朝廷必须面对的重要课题。按清代法律史家的看法,弘历(乾隆)对布延图的批评虽有袒护满员,使之免受上五省苗、民杂处、地方劳苦的一面,却从用人行政上严饬了歧视满、汉的看法。[104]这种"满汉一体"的主张最终落实为两类法律的制定:第一,将一些"民人之例"扩大到旗人犯罪;[105]第二,允许汉军的低等官员("文职自同知等官"、"武职自守备等官"以下的"微末之员",及"未经出仕者"和"另记档案及养子开户人等")出旗为民。[106]"朝廷发布出旗为民令与例的目的,虽为部分地解决旗人生齿日繁而造成的国家供养困难、增加汉缺满缺得补的机会,但客观上对消除旗民界限、缓和满汉矛盾确是有一定积极作用的。"[107]

在多元的制度、法律、文化和民族状况下,清统治者力图从儒学中发掘一种能够容纳各种差异的普遍原则,以之作为统领整个立法过程的基本前提。为了适应入关以后的新形势,满族统治者利用儒教礼仪作为自己的合法性依据,不但公开倡导满汉一体,而且在科举考试中恢复了儒学诸经和汉文的合法地位。但这一过程同时孕育着某种危险性,因为儒学

[104] 张晋藩主编:《清朝法制史》,页486。以下有关乾隆的刑法改革的叙述均参见该书页486—487。
[105] 如旗人犯死罪,非常赦所不原而"家无以次成丁者"或"亲老丁单者",均"照民人之例"准其留养(《清高宗实录》卷四三七,乾隆十八年四月己酉)。
[106] 《清高宗实录》卷一八九,乾隆八年四月戊申。乾隆七年颁布汉军出旗为民之令;八年、十九年、二十八年又先后作了详细规定,其要点为:一、"与民人一例编入保甲";二、"男女听与民婚配";三、愿者可以"补绿营";四、应袭世职可以"随带出旗""照汉人世职办理";五、世职、进士、举贡生监并候补、候选、降调、捐职衔等员,"均归入汉班考试补用"。(见《清高宗实录》卷一六四,七年四月壬寅;二、三、四,见卷四六九,十九年七月甲午;五、见卷六八一,二十八年二月癸丑。)对于八旗另记档案之人的出旗为民,则有如下定例:一、准出者,文武官署理者不准实授,本任侯吏、兵二部议以汉缺用,外任及绿营各员病故革退者免捐纳,候补者并进士、举贡生监之考试录用,归吏、兵部办理;二、闲散人,本旗询明愿隶何处,咨该地方官入籍;三、现当差事停其调选;四、有阵亡人,仍准支其俸饷;五、外省驻防闲散,由将军、大臣询咨办理(《清高宗实录》卷五〇六,乾隆二十一年二月庚子)。
[107] 张晋藩主编:《清朝法制史》,页487。

第五章　内与外(一):礼仪中国的观念与帝国

礼序观念及其夷夏之辨都包含排斥性的观念。因此，利用礼仪的过程必须是一个重新诠释礼仪的过程，也是一个将礼仪抽象化的过程。康熙特别强调"孝"是统领清朝法律和制度的基本原则。孝被视为儒学伦理和儒学礼仪的核心，但也是所有社会群体普遍认可的道德原则。尽管"以孝治天下"并非清朝的独创，而是汉代以来中国王朝力图儒法兼容的传统之一，但在清代多民族和多元文化并存的条件下，将孝的伦理普遍化、抽象化，从而为不同社群提供共同的伦理基础，显然包含了特殊的政治意义。在儒教礼仪中"孝"与"忠"是密切相关的两个基本价值，但康熙和雍正很少谈论"忠"的原则，他们使用更多的是"义"、"勇"、"质"、"文"等儒学语汇。这一情况直到乾隆时代才有所改变。[108]在明亡之后的岁月中，"忠"的原则包含了鼓励汉人忠于明朝、抵抗满清统治的危险性，因此，必须将"孝"从这一历史关系中抽象出来。从政治制度的角度看，"孝"的原理必须是"抽象的"，因为清朝的政治结构在很大程度上承续了秦汉以降逐渐发展起来的官僚政治体制，从而与西周宗法分封制度截然不同。"封建"概念无法表述帝国的政治结构和国家行政体系，我们只是在上层贵族体制（满洲八旗）、带有分封性质的少数民族体系（蒙古八旗），以及地方性的宗法关系之中可以找到"封建"的因素。在这个意义上，"孝"的原则与制度安排之间的关系具有某种抽象的特征。没有这一抽象化的过程，清帝国就难以在多元民族和多元文化的条件下构筑"中国认同"，也难以将自己的征服史转化为中华帝国历史链条中的一环。

　　抽象的孝道原则总是与一定的制度安排相互配合，否则抽象的礼仪原则——如孝——无法转化为一种政治合法性的根据。那么，我们从哪些方面可以观察到法律和制度中的"孝"的原则呢？除了我们已经讨论了的清代对宗法制的倡导之外，孝的原则也渗入到法律制度内部。按清代律例，在判处死刑或长期劳役时，如果犯人是年老体弱的父母的独子，

---

[108] 关于乾隆对忠的重视与这一时期社会政治变化的关系，参见 Pamela Kyle Crossley, *A Translucent Mirror*, pp. 89-128。她的著作参考了 Abe Takeo 的研究，"Shicho to Ka I shisho", *Jimbun Kagaku* 1, no. 3 (December 1946): 150-154。

其罪行可以获得减免,这是从更早时代中国法律中继承而来的规范。[109]在 1805 年,这一法律规定也被写入《蒙古律例》:如果父母年老体弱,罪犯可以在家服侍父母以替代牢狱惩罚。此外,对于辱骂、殴打和杀害长辈和父母者给予严厉惩罚。[110]在这个意义上,立法过程与"孝"的儒家伦理建立了内在的关系。伴随着旗人风习的汉化过程,清代统治者在探索"满汉一体"、重建旗民关系方面得出了极为重要的经验,其中一个重要的方面即在理论上将礼仪而不是族群作为统治的合法性根据。雍乾时代确立的旗人法令可以区分为一般法令和专门法令。一般法令包括:旗人命案与满洲相杀例;文、武旗员丁忧例;旗员终养例;更定旗员子弟随任之例;关于旗臣俸饷问题的法令;驻防兵丁置产留葬例;私当军器治罪专条。专门法令包括:逃人法、承袭恩荫法和维持满洲旧俗的"家法",等等。[111]所有这些具体法律条文的制定均以各种不同的方式与孝的原则相联系。

为了适应多民族帝国的政治秩序,在确保中央控制的前提下,清朝以较为灵活的方式处理文化和法律的多样性与一致性的关系。康熙所谓"合内外之心,成巩固之业"就是这一努力的表达。清统治者把武力征服与制度改革相结合,在西北采用"修其教不易其俗,齐其政不易其宜"的方针,先后制定了《蒙古律例》、《回疆则例》等少数民族地区的法律,并于乾隆十五年至十六年间确立了西藏噶厦制度、颁布《西藏善后章程》。西南地区的土司制度因镇压三藩造反(1673)和"改土归流"而改变,到乾隆时代,苗族、彝族和其他少数民族的大规模的抗清斗争告一段落。在这个清朝统治较为稳固、民族矛盾相对缓和的历史时期,清廷以淡化"夷夏之防"为取向,先后颁布并实施了一系列的法令,重建法律与道德秩序。随着清代帝国内部族群和社会关系的变化和融合过程,法律和制度方面的趋同成为某种趋势。值得注意的是,清朝统一了长城内外,法律与地域的

---

[109] 此条承自《明律例》。见《大清律例汇辑便览》卷四,《名例下》,《犯罪存留养亲》条。
[110] 参看《大清律例汇辑便览》,卷二十九,《刑律·骂詈》,《骂尊长》条,《骂祖父父母》条;卷二十六,《刑律·人命》,《谋杀祖父母父母》条;卷二十八,《刑律·斗殴》,《殴祖父母父母》条;等等。
[111] 参看张晋藩主编:《清朝法制史》,页487—496。

统一性成为实施法律的一个重要优先因素。例如，蒙古的法律在清朝统治时期不断地发生变化。游牧社会与农耕社会存在着不同的所有权概念：游牧社会的基本生产资料是畜群而非土地，"畜群构成了季节性迁移放牧生活的基本财富，并体现着它的财产体制的性质，因而游牧社会常常将牲畜的个人所有权与土地的集体占有权结合起来。"[112]考虑到牲畜在游牧民族和内地民族生活中的不同意义，理藩院曾建议：如果汉人偷的是蒙古人的牲口，那么罪犯必须按照《蒙古律例》判罪，而汉人若偷的是汉人的牲口，则罪犯应该按照内地刑律治罪。[113]按照这一法律多元主义的原则，《蒙古律例》中的大量赔偿规则不适用于汉人，即蒙古受害人可以得到物质赔偿，而汉人受害者不能享受同等法律待遇。1761年，《蒙古律例》增加了一个条款，即蒙古人在内地犯罪按内地刑律治罪，相应地，内地汉人在蒙古犯罪按蒙古律例治罪。按此地域优先原则，《蒙古律例》适用于长城以外的地域，不再如早期那样考虑受害者的族群身份。这些条款反映了清代长城内外日益密切的社会关系和民族混居的局面，也是朝廷加强帝国法律的统一性的结果。乾隆早期的《蒙古律例》完全不同于当地的司法文献和法律用语，采用分章（12）的成文法形式，使用蒙语、满语和汉语等三种文字，体现了清代司法体系一化的趋向。到19世纪，除了个别条款之外，蒙古法律与内地法律已经没有太大的差别，蒙古各部必须遵循相同的律例。

  但是，清代社会制度和法律体系仍然体现了某种多元的特点。作为一个多元性的帝国，清代并没有将内地法律强加给蒙古人，也没有取消《蒙古律例》。同时，其他一些因素也影响了清朝法律系统的统一，如随着外蒙古的臣服，内外蒙古在法律和制度方面越来越相近，但与蒙古关系密切的准噶尔的法律却极为不同。清朝对准噶尔的战争损失惨重，为了更为有效地控制准噶尔，朝廷在当地实施了严厉的法律。除了蒙古律之外，有清一朝在维族地区有"回律"、藏族地区有"番律"，以及为维护蒙藏

---

[112] 佩里·安德森：《从古代到封建主义的过渡》，郭方等译，上海：上海人民出版社，2001，页234。
[113] 《清高宗实录》卷342，乾隆十四年六月。

贵族特权的《理藩院则例》《西宁番子治罪条例》和《苗例》等。"从俗从宜"的政策与不同民族臣服于清朝的方式密切相关,"宜俗"的另一面是政治控制、军事征服和暴力统治。上述因素使得清代的制度和法律内部始终保存着差异性。有鉴于此,一些法律史家用"清帝国的法律多元主义"(legal pluralism)概念讨论蒙古和其他少数民族的法律及其与内地法律的关系。"法律多元主义"指的是一种法律情境,即统治者根据人种、宗教和民族对人口中的不同的群体实施不同的法律体系。[114] 如果把这一概念移用于其他方面,我们也可以说清朝存在着一种"制度多元主义"。

4. 长城的象征意义及其历史转化

在清帝国的幅员内部,法律和制度的多元主义既包含了平等的意义,又包含了歧视的政策。这是帝国体制的内在的矛盾。[115] 康、雍、乾三朝在处理满汉关系方面取得了重要的成就,但满蒙贵族统治的基本要素并未因此改变。八旗制度包含了严格的族群分野,亦即旗人与民人之别:满、蒙旗人和汉军八旗与汉民之间有着内外之分。那些长期居于关外、在满洲征服中原的过程中立下汗马功劳的汉军旗人在清朝政治中拥有一定的优先地

---

[114] Dorothea Heuschert, "Legal Pluralism in the Qing Empire: Manchu Legislation for the Mongols", *The International History Review* 20, no. 2 (June 1998): 310-324. 作者的"法律多元主义"概念源自 John Griffiths, "What is Legal Pluralism?" *Journal of Legal Pluralism* 24, no. 5 (1986): 39。

[115] 在清代历史研究中,有关清代法律和民族关系的讨论一直是一个重要的方面,这些成果为重新理解清代思想史的诸多课题提供了重要的线索。关于清代立法与民族关系的讨论,我主要参考和引用了张晋藩主编的《清朝法制史》、袁森坡著《康雍乾经营与开发北疆》等书,这些著作对于相关资料的整理和叙为我对今文经学的历史意义的讨论提供了资料、佐证和背景。此外,我也参考了若干英文著作,如 Joseph F. Fletcher, *Studies on Chinese and Islamic Inner Asia* (Aldershot, Hampshire: Variorum, 1995); Pamela Kyle Crossley, *A Translucent Mirror: History and Identity in Qing Imperial Ideology* (Berkeley: University of California Press, 1999),以及 Mark C. Elliott, "The Limits of Tartary: Manchuria in Imperial and National Geographies", *The Journal of Asian Studies* 59, no. 3 (August 2000): 603-646。

位,但在血统上他们仍然被拒绝承认为满人(除了少数例外)。此外,在满人的用语中,又有内外八旗之分(内八旗指内务府八旗)。在这个意义上,"内"中又有"内"。政治和法律体制的多元主义体现的恰恰是清朝统治者的政治基础的多重性,族群和血统在王朝的政治、军事、法律和等级关系中居于极为重要的地位。作为一个少数民族王朝,清统治者不仅力图以这种多元主义维系王朝的统一与完整,同时也以这种多元性确保满人的文化认同。清王室对于自己的起源地满洲地区的风俗、地域采取了特殊的保护措施、政策和法律,其祭祖的礼仪、教育的政策和地理的规划都包含了与内地不同的内容。从1671年开始,康熙确立了"东巡"制度,即皇帝定期赴东北地区祭祀祖先并视察,乾隆、嘉庆、道光等皇帝均曾多次"东巡"。乾隆于1743、1754、1778和1783年先后访问东北地区,对这一区域旗人子弟的教育、满人文化的保存和满汉关系极为重视,并先后颁布过一些相关的政策和法令。[116] 这些政策和法令中的一些内容不仅与康熙以降确定的"满汉一体"的原则相互矛盾,而且也与东北地区民族混居的长久历史相互冲突。

　　作为一个边疆区域,长城内外在漫长的历史过程中构成了游牧民族和农耕民族之间进行贸易和交往的中心区域。因此,强制性地推行族群

---

[116] Mark C. Elliott 对清代满洲认同问题进行了探讨,强调东北地区在礼仪、地理、单一祖先崇拜等方面形成了自己的特殊的认同,并把这一过程与日本操纵下的满洲国的实践联系起来。满清王朝有意识地保持自己的认同是一个历史事实,但如何从清帝国的法律多元主义或制度多元主义的角度探讨帝国的认同本身及其内在矛盾,是一个更为根本的问题。Elliott 的叙述以满洲作为一个独立国家或地区的认同为前提。从清代历史来看,帝国体制本身就是一种多元性体制,从而包含了对地方认同和民族认同的共同承认,但这种多元性体制及其对地方和民族认同的承认是以保持帝国的统一性为前提的。在多民族王朝内部,清统治者为了维护王朝的统治,实行了一系列措施促进满汉和其他民族的平等,从而与它的多元性的、等级性的帝国制度产生了内在的矛盾。满洲问题由于涉及清帝国的起源问题以及满人在王朝中的特殊地位问题,尤其显现出矛盾。在这个意义上,如何处理"满洲叙述"与"大清叙述"的关系仍然值得研究。事实上,清王朝始终为这一矛盾所困扰,而晚清民族主义的两个方面——即章太炎式的反满的民族主义和康、梁式的大民族主义(即以"中国"为单位的民族主义)——就是以此为历史前提的。因此,从单一方面考虑清帝国认同问题难以全面地说明清朝的认同问题。See Mark C. Elliott, "The Limits of Tartary: Manchuria in Imperial and National Geographies", *The Journal of Asian Studies* 59, no. 3 (August 2000):603-646.

保护政策必然构成排他性的或歧视性的后果。从某种意义上说,清王朝的统治越是稳定,社会制度和法律的同质化程度也就越高,而制度和法律的同质化程度越高,制度和法律中的那些多样性(包括特权、特殊保护等等)就越显现出一种内在的不协调和矛盾。例如,在颁行各种法令的过程中,旗民共处的原则没有完全落实,清代社会存在着以法律和制度的方式规定的族群不平等和族群隔离,从而与清政府宣称的"满汉一体"原则相互冲突。从法律方面看,清朝保留了法律规定的族群特权,如满、蒙贵族可以免除所有的肉体刑罚,而汉人官员却不能,《大清律例》"犯罪免发遣"条即为优待旗人而设。从制度方面看,族群特权是清代政治制度中的明显特点,如理藩院在历朝治边机构中是权力空前的机构,其官员以满、蒙为主而以满人为中心,边疆各地的驻防将军、都统、大臣均不任命汉人;汉档房中有品级较低的汉军旗人官员,但绝无汉族官员。[117] 清代重建科举制度,并以汉文作为科考的基本语言。这一政策以满汉平等为原则,力图为新的王朝政治提供基础。但乾隆东巡时发现许多满族子弟已经不会说满语,也不会满族赖以征服天下的骑射技术,感到大为惊讶。清廷因此于乾隆二十年(1755)二月甲寅日规定:在东三省、乌拉齐等地选用人材,"考试汉文永行停止",其赞礼郎一职嗣后亦"著将伊等一并入选",[118] 从而取消了对东北各少数民族在备任用上的限制,扩大了他们入选的仕途。这一新的政策明显地与科举考试以汉文为标准语言的政策存在冲突。根据张晋藩等人的研究,乾隆时期有关旗人的法令中有一项专门内容,即维持满洲旧俗,尤其是骑射、满语和满文。为了防止旗人荒疏骑射,乾隆一再严申八旗内、外官员禁止坐轿,声明对于骑射、满语不谙者要从重治罪。他把满语、骑射等列为官员升等的规则。以下是乾隆时代这类规则之显例:乾隆四十一年(1776)八月丁巳日定例规定,对一切世职承袭者的考试"俱射三箭",而后"再定等第挑选"。[119] 乾隆五十九年(1794)

---

[117] 参看袁森坡:《康雍乾经营与开发北疆》,北京:中国社会科学出版社,1991,页293。
[118] 《清高宗实录》卷四八二。
[119] 《清高宗实录》卷一〇一五。

四月,乾隆见到太原总兵德龄用汉文奏折,不仅传旨申饬,而且下令:"通谕直省满洲提镇等,嗣后如仍有以汉字折具奏者,定行治罪。"[120]

清帝国的建立使得长城沿线的冲突从一种王朝或部落间冲突转化为王朝的内部冲突。在《中国的边疆》一书中,拉铁摩尔批判传统的、以南方社会为中心(或以运河为中心的)的历史叙述,把"边疆区域"在中国历史演变过程中的作用凸现出来,进而以长城两侧农耕和游牧两种社会形态的互动关系为背景,重构长城在"内亚洲"的中心地位。在他看来,界定中国历史和内部疆域的不是长城这一清晰的"边界",而是围绕长城的、由南到北不断伸延变化的一系列"边疆区域"。草原社会是历史的产物,其中的许多部落原先就是从农业社会中被驱赶出来的、与汉族祖先同族的所谓"落后"部落。草原社会与农耕社会是在历史的互动和纠缠中产生的两种社会实体,它们不是天生的两个不同性质的部落。从长城中心的观点看,所谓边疆区域的含义并不仅仅是从内地或中原区域的角度、而是从长城内外相互关系的角度作出的界定。边疆区域的含义是互为边疆,长城内外从来不是明确的民族分界线,[121]长城沿线民族关系的历史也不能仅仅按照政治归属关系来进行考察。按历史记载,中原王朝与西域的关系至少可以追溯到公元前126年张骞出使西域。汉(公元前206—公元220)、唐(618—907)帝国的军事控制延伸到西域内部,而蒙元王朝(1234—1368)的建立则带动了方向相反的历史流动,即中亚地区向中原地区的迁徙、贸易和文化交往。与元朝相比,明朝的行政版图明显缩减。在军事失败的氛围中,明末朝廷对西北和东北的政策较为收缩,内外差别和夷夏之防在士人和社会中渐成风气。[122]但在鼎盛时代,朝廷对

---

[120] 《清高宗实录》卷一四五一,乾隆五十九年乙亥。
[121] See Owen Lattimore, *Inner Asian Frontiers of China* (New York: America Geographical Society, 1940).
[122] 关于明末辽东地区的满汉关系,特别是抚顺的历史,Pamela Kyle Crossley 在 *A Translucent Mirror* (Berkeley: University of California Press, 1999) 中通过佟氏案例和汉军八旗的历史给出了很好的叙述。满汉交错的关系不仅是清朝的现实,而且也是满人入关前的现实。See "Part I: The Great Wall", pp. 53-128.

西域的远征和兴趣(弗来彻曾特别提及明朝对蒙古马的兴趣)始终存在。[123] 洪武四年(1371),元辽阳行省平章刘益归降明朝,献辽东州郡地区和兵马钱粮册籍。此后,明于得利嬴城置辽东卫,于辽阳置辽东都司、于黑龙江下游特林置奴儿干都司,并推行屯田、兴修水利、开放马市贸易。永乐以后,归附明朝的明廷内官亦失哈(亦作亦什哈)九次下东洋,试图打通中国通往亚洲各地和太平洋沿岸的岛屿,以及亚美沿岸大陆的通道。[124]

在建立王朝法统的过程中,清朝参考了元、明两朝的制度和礼仪,制度和法律的多样性一般而言有着某种历史依据。明朝以朝贡贸易的形式与中亚各部进行贸易和外交往来,禁止私人商贩赴中亚直接贸易,但实际上非法的私人贸易活动从未终止。为了控制西南,清朝鼓励汉人往云贵地区移民。西南的大部分地区及台湾在明朝已经纳入行政版图,而西北和东北地区是满、蒙的起源地。以此为背景,清朝对西南以及台湾的政策不同于对蒙古、西藏和新疆的政策:西北和东北地区设置了极为复杂的自治性的地方政府或政治架构,禁止汉人向东北和西北地区大规模移民,只是有条件地准许汉人在这一地区通商,而在西南,改土归流之后普遍实行了流官制度,鼓励汉人移民,在朝廷政策的影响下,汉人移民与当地少数民族(回民、苗民等)产生了许多冲突。[125] 从今文经学的观点来看,这一举措符合"通三统"的原则。

---

[123] Fletcher, "China and Central Asia, 1368-1884", in *Studies on Chinese and Islamic Inner Asia*, ed. Beatrice Forbes Manz (Hampshire: Variorum, 1995), p. 207.
[124] 关于亦失哈,见《明英宗实录》卷一百八十六,《辽东志》卷五。关于明代东北的情况,参见杨杕主编:《中国的东北社会(十四—十七世纪)》,沈阳:辽宁人民出版社,1991。
[125] 其高潮是 1873 年对于云南穆斯林的残酷镇压,以及在清政府政策引导下产生的汉人与当地穆斯林的冲突,在这场镇压之后当地穆斯林人口大幅度减少。这虽然是 19 世纪下半叶的事情,但由此可以看到清朝在西南的官方政策最终导致的一些结果。参见杰奎琳·阿米·霍-侯赛因(Jacqueline Armijo-Hussein):《历史的追忆:中国西南之穆斯林与 1873 年大屠杀》("Narratives Engendering Survival: How the Muslims of Southwest China Remember the Massacre 1873"),见 *The Trace* No. 2, Hong Kong: Chinese University of Hong Kong Press, 2001, pp. 293-322。

5. 帝国的法律/制度多元主义及其内在矛盾

清朝的建立标志着长城的边疆含义逐渐消失,从而为后来今文经学者将内外、夷夏相对化的原则贯彻到西北地理的研究之中提供了制度的前提。从清帝国统治的角度说,长城的边疆意义的丧失也产生了新的问题,即在法律多元主义的条件下,如何平衡不同法律的运用范围与内外平等的关系。在民族混居的情况下,法律多样性与族群等级制发生了关联,而移民人口的扩大更增加了矛盾的严重性。清朝在边疆地区实行屯田,但禁止汉人到东北开垦。早在康熙时代,山东、山西、直隶的农民就因土地兼并或天灾而大批逃往关外。至乾隆时代,山东流民迁徙至塞外的人口更多,乾隆六年(1741),奉天各属新编人口仅一万三千八百余人,至乾隆四十六年(1781)已经达到三十九万人。1747年2月一个月,即有二三千人。[126] 乾隆三十六年(1771)吉林各属新编人口五万六千余人,至乾隆四十五年(1780)已经达到十三万五千余人。[127] 流民先是被迫季节性佣工,而后逐渐成为定居者,满汉通婚的情形也很多。随着大量内地移民进入蒙古地区,有关蒙古人与汉人的法律争端也随之多了起来,族群问题进入了司法过程。由迁徙而导致的族群融合并没有促进法律的统一,恰恰相反,在一定程度上反而打破了上述统一化趋势,这是因为满、蒙贵族担心本族地区为汉人同化,从而丧失自己的族性认同。乾隆十四年(1749),朝廷以蒙古人土地日窄、牧业萧条为由,派大臣至卓索图盟查处,将蒙古典给汉人的土地分别年限赎回,下令汉人离开新置的产业返回原籍,严禁卓索图盟、昭乌达盟、察哈尔八旗再典出土地。[128] 由于汉民的抵制,这项政策未能真正实施,但事件本身表明了清代移民和垦荒政策中

---

[126] 《清高宗实录》卷284,乾隆十二年二月。

[127] 这是根据乾隆《盛京通志》卷二四《田赋》、卷三六《户口》、卷三七、三八《田赋》统计字核算而成。见翦伯赞《中国史纲要》第三册,页268。

[128] 关于内地流民进入塞外的情况,均参见袁森坡:《康雍乾经营与开发北疆》,页410—411。

包含的民族矛盾。乾隆时代仍视东北各少数民族为满族的"同族",并以法律的形式对他们实行优待。乾隆五年(1740)十二月丁已日制定的《红、白事件行赏章程》扩大了雍正时代朝廷规定的赏借范围,不但保证了中、下级旗官红、白事件有赏,而且扩大行赏范围至一般笔帖式、兵丁、拜堂阿等。[129]这种特殊的民族法还伴随着雍、乾时代的封禁政策,即严禁汉民对东北土地的开垦,严禁汉民及东北少数民族人等偷刨人参、私采矿藏,严禁汉族商人无票进入东北经商,等等。[130]

从处理边疆民族的政策方面看,清代统治取得了很大的成功,但这并不是说只要建立了某种法规化的制度就能保障它的统治原则的连续性和完整性;相反,清朝统治者不得不持续调整它的边疆政策,除了武力镇压之外,还必须建立相应的机构,在上述各个方面保持平衡。在北方,除了早期为处理蒙古事务而设的理藩院外,在雍正平定青海和硕特蒙古贵族罗卜藏丹津的武装反叛之后,朝廷先后颁布"青海善后事宜十三条"、"禁约青海十二事",设置西宁办事大臣,将青海的一部分归入四川境内,另一部分归于理藩院管理;在征讨准噶尔的过程中还创设了重要的中央机构军机处。乾隆时代增修了《蒙古律例》,在外蒙等地进一步推行蒙旗制。这些法律、规章、制度的设定过程包含了一些族群隔离政策,例如"内地民人不许娶蒙古妇女",汉人不得学习蒙古和维吾尔文字,蒙古人不得学习汉文书等。[131]在南方,雍正即位之后,除了继续在苗族聚居地区及附近地区"安塘汛"、"修城垣"、"设重兵"以及"划行政"之外,还制定了《保甲条例》、实行"改土归流",即废除土司制度,改派普通行政官员,并对西南少数民族地区的民族、人口、风俗和经济(纳税可能性)进行大规模调查,加强西南地区的中央集权化。乾隆时代对于蒙古、苗族、回族、维吾尔族等少数民族的政策和立法有许多重要的成果,如在立法过程中考虑民族特点,允许法律上的某些特殊性,但我们不难发现其中包含的

---

[129] 《清高宗实录》卷一三三。
[130] 参见张晋藩主编:《清朝法制史》,页498—501。
[131] 《大清会典》卷六四《理藩院》。

第五章　内与外(一):礼仪中国的观念与帝国

集权、强制拓殖、封禁和族群分离的倾向。乾隆二年制定的《台湾善后事宜》"严禁民人私买番地",完全延续了康、雍两朝的规定:留台汉人严禁进入"番地",若与番民成亲,必须离异治罪。凡此种种,与雍正、乾隆标榜的"满汉一体"原则颇相冲突。如果把这种法律状况与清代社会的"内外"观联系起来观察,我们看到的是一种带有内在矛盾和冲突的历史图景。清代统治的重要基础是满族特权和八旗制度,以及中央/地方的统属关系。但是,作为一个少数民族王朝,如果不能以制度化的方式缓解民族矛盾,在法理和道德关系上对其他民族、特别是汉族作出相应的让步,王朝秩序即无以安定。因此,如何缓和满汉矛盾,安抚并发挥汉族臣民在治理国家和发展生产中的积极性,一直是清朝统治者关心的关键问题。

　　上述各个方面(连同我们在第四、五两章中讨论的中原地区的法律和礼制的多样性)证明:清朝政治结构体现了一种混合的原则,即平等的原则与等级的原则、礼仪的原则与族群的原则、郡县的原则与封建的原则的结合;这样一个包含了各种不同的法律体系、礼仪原则的共同的法律和政治秩序促进了有关政治合法性的思考。这一混合方式是维持多民族帝国的政治格局的重要保障,也一度或一直是中国的政治、经济和社会生活的多元性的法理和制度的保障。这就是公羊学在清代复兴的基本背景。庄、刘之学用儒学的礼仪关系作为重新定义"中国"的基本前提,从而力图排除按照族群意义上的夷夏关系来定义"中国"的方式,并在"大一统"的范畴之下处理多元与统一的关系。庄存与、刘逢禄在朝廷内部身任要职,对于清朝的法律、制度、政策的多样性和历史基础有着相当的了解,对于朝廷内部的满汉关系的实质、尤其是满人贵族的特权地位更是极为敏感。在春秋公羊学的框架内,庄存与、刘逢禄试图以"内外"问题来探讨王朝内部的满汉关系以及中央王朝与边缘区域的关系,以儒家礼仪为基础重构多民族王朝的合法性。因此,这一"内外"问题的社会背景条件是多民族王朝的政治架构,而不仅仅是宫廷政治。值得注意的是,公羊学理论是汉人官员和儒者的理论,而不是满族统治者的理论,它用内外、夷夏等主题讨论王朝政治的合法性,一方面呼应了雍正以来批判三代封建和夷夏之防的官方理论,[132] 另一方面又力图将处于被统治地位的民族成员的平等要求转化为一种合法性要求,从而具有反对帝国的族群等级制的倾向。在这个意义上,尽管清代公羊学的"大一统"思想和礼仪中国的观念产生于帝国体制内,但这一理论不能等同于帝国逻辑,它包含了对于帝国的族群等级制、世袭贵族制和暴力倾向等重要特点的批判。作为一种政治合法性的理论,清代公羊学所处理的问题包含了内在的紧张性,以致在一定的条件下它可以从一种批判性的理论转化为一种变革性的、甚至革命性的理论。这是我们理解清代中期的公羊学的一个基本前提。

第三节 今文经学与清王朝的合法性问题

1. 奉天法祖与"大一统"

在上述背景下,今文经学以内外关系为中心,以重新阐释《春秋》包含的微言大义为方法,在礼仪和法的双重关系中重构多民族王朝的合法性。清代法律系统的最突出的特征之一就是在同一王朝内部各种司法管辖权和各种法律、制度体系的共存和竞争。正是这种司法管辖权和法律/制度体系的多元性使得王朝无法离开对"大一统"的合法性和权威性的依赖。在我看来,清代今文经学在很大程度上可以视为一种王朝的政治合法性理论,其中既包含了对于清朝合法性的论证,也包含了对于清代政

---

[132] 针对汉族人民和儒者的复古主义和民族思想,雍正将华夷之辨视为古代疆域狭窄的产物,他说:"三代以上之有苗、荆楚、玁狁,即今湖南、湖北、山西,在今日而目为夷狄可乎?"他用舜为东夷、文王为西夷为据,论证满汉一体,"本朝之为满洲,犹中国之有籍贯"。他反对的是所谓"以华夏而有异心"。《大义觉迷录》卷1,页5a,八册线装本。(又见中国社会科学院历史所清史研究室编《清史资料》第4辑,北京:中华书局,1983,页5。)

治制度内在矛盾的批评。今文经学是汉人学者对乾隆时代社会问题的回应,也是对于清代开国以来处理内外关系及其秩序观的批判性的总结,这是它把制度、法律和礼仪置于思考中心的根本原因。

庄存与、刘逢禄是清代今文经学的开创者,从经学与政治的关系的角度看,他们的经学研究提供的是有关清代统治合法性的思考。庄、刘以经学的形式处理法律、制度和礼仪问题,力图为各项政治、经济和文化事务提供基本原则。他们的研究是一种带有规范意义的研究。在这个意义上,清代今文经学不但是对汉代今文经学的复兴,而且也是针对当代问题的思考。刘逢禄将《春秋》视为"万世法":

> 盖《春秋》垂法万世,不屑屑于一人一事,而诸贤又无殊无绝特之行,可以为世立教,故别录于诸弟子之记,其慎也如此。是以论王政则曰:谨权量,审法度,修废官;又曰:兴灭国,继绝世,举逸民,六者行而王政立矣。《春秋》讥税亩田赋,谨权量也;改制质文,审法度也;详官制,修废官也;嘉死位,兴灭国也;明氏族,继绝世也;襃贤良,举逸民也……楚庄、秦穆虽贤,仅使之长帅族类,相与亲诸华,渐王化,中国之政,罔或干焉,辨内外也。……[133]

《春秋》之义是超越时代的普遍真理,《春秋》之法是指导各代政治、法律、田制、官制、人材等各项制度的普遍法律,《春秋》之旨是探讨"辨内外"这一"中国之政"的基本途径,而今文经学则是阐释这一"万世法"的正确方法。今文经学这种直接介入社会政治方式为我们在公羊学与清代政治之间往来穿梭提供了经典的和方法论的根据。

庄存与(1719—1788)的《春秋正辞》分为九个"正辞",亦即庄存与之"九旨",它们分别是奉天、天子、内、二伯、诸夏、外、禁暴、诛乱、传疑。如果将这九个主题与何休的三科九旨作对比,那么,在《春秋正辞》中,三统、三世等公羊学的核心命题明显地不居于中心地位,它们仅仅附属在

---

[133] 刘逢禄:《释九旨例下·襃例》,《刘礼部集》卷四,页11。

《奉天辞》的十个子目之中,分别处在四和九的位置,是边缘性的主题。《春秋正辞》的论述结构可以概括如下:以"建五始"和"宗文王"为法与礼的基础,以"大一统"及其"内外"关系为论述的中心,以"讥世卿"为政治取向,以"孝"作为礼仪的原则。从《春秋正辞》的叙述结构来看,"奉天辞"、"天子辞"强调王朝和天子与天和天的意志的关系,并以此作为新王朝的合法性根据。其他七个方面,即内、二伯、诸夏、外、禁暴、诛乱和传疑均从各个方面涉及礼序中的内外问题。这一论述结构将"内外"问题置于中心,明显地以探讨"内外"问题为基本的出发点。庄存与通过各种论述取消了内外的严格分野,以"夷狄入中国则中国之"为基本的价值取向,[134]以礼仪而非族群作为王朝认同的前提,呼应了清代法律和礼仪改革的主导倾向。历来学者对于庄存与的今文经学研究评价不高,因为他没有像刘逢禄那样严格按照何休三科九旨的家法整理和阐释《春秋》。然而,庄氏学术更多地受到董仲舒《春秋繁露》的影响,没有严格按照东汉何休的"三科九旨"展开论述,相反,却更为自由地将政治性的见解渗入他的《春秋正辞》之中。正由于此,我把《春秋正辞》当作一部理解清代政治结构及其合法性的著作来进行诠释。[135]

为什么庄存与的春秋观将"大一统"理论与"内外"或"夷夏"的命题密切联系起来,而对"三统"、"三世"之说不甚措意?首先,从经学内部来说,大一统和内外问题与三统、三世密切相关,从而只要不是固守经学的

---

[134] 孙春在的《清末的公羊思想》(台北:台湾商务印书馆,1985,页27)首先注意到《春秋正辞》以内外例为中心,该书对于清代公羊思想作了虽然扼要但却系统和准确的梳理。

[135] 从思想史的角度看,庄氏之春秋论虽然缺少严密的系统性,却以一种明确的政治视角切入经学研究,在今文经学春秋观的基础上,发挥和演绎了一套关于多民族帝国的政治合法性及其礼仪基础的经学思想。这是一部不闻于当世却实属罕见的开创性著作。从经学史的角度看,清代今文经学由庄存与肇端,而刘逢禄才是为今文经学奠定学术基础的人物,所以大多数学者从学术史 の 角度将清中期今文经学的解释集中于刘逢禄。如杨向奎说:"清代中叶的 公羊学 最有影响的是刘逢禄。"(见氏著:《绎史斋学术文集》,页341)孙 春在说:"刘逢禄是常州学派的重镇,也是清代公羊学中承先启后的人物。"(见 氏著《清末的公羊思想》,台北:台湾商务印书馆,1985,页32)艾尔曼说:"刘逢禄 在很多方面都是常州今文经学发展至顶峰的象征。"(见氏著:《经学 政治和宗族》,页149)

家法，经学文献本身可以提供这种过渡的根据。以三世说为例，《春秋》把鲁隐公至鲁哀公的历史分为三世：昭、定、哀为"所见世"，文、宣、成、襄为"所闻世"，隐、桓、庄、闵、僖为"所传闻世"。何休的著名讲解是：

> 于所传闻之世见治起于衰乱之中，用心尚粗粗，故内其国而外诸夏，先详内而后治外，录大略小，内小恶书，外小恶不书，大国有大夫，小国略称人，内离会书，外离会不书是也。于所闻之世见治升平，内诸夏而外夷狄，书外离会，小国有大夫，宣十一年秋晋侯会狄于攒函，襄二十三年邾娄劓我来奔是也。至所见之世著治太平，夷狄进至于爵，天下远近小大若一，用心尤深而详，故崇仁义，讥二名，晋魏曼多、仲孙何忌是也。所以三世者，《礼》"为父母三年，为祖父母期，为曾祖父母齐衰三月"。立爱自亲始，故《春秋》据哀录隐，上治祖祢。[136]

所传闻世为衰乱世（鲁隐公至鲁僖公，计96年），所闻世是升平世（鲁文公至鲁襄公，计85年），所见世是太平世（鲁昭公至鲁哀公，计61年）。"夷狄进至于爵，天下远近小大若一"是太平世的标志。突出内外例的意义暗示清代正在从升平向太平过渡。因此，内外例的突显事实上离不开"张三世"的历史叙述框架。如果总括"三世"说的内涵，那么，它在时间的轴线和空间的轴线上均遵循由近及远、重近轻远的法则，从而突显出礼序是从"尊亲"（"孝"的价值是其内在的灵魂）展开的。这也是为什么"三世"的逻辑是愈近愈好，以致身居礼崩乐坏之际的孔子能够在所见的时代里发现太平的秩序。若从衡量"三世"的内容看，则衰乱/治平和内外/夷夏构成了基本的判断标准。乾嘉时代的庄、刘注重空间关系（内/外、夷/夏），而清末的康、梁以达尔文主义的进化和进步概念引入对"三世"的阐述，从时间的轴线上将"三世"理解为一个直线进化的历史过程。

其次，突出内外问题是一种政治性的选择。如果说王朝自身的合法

---

[136] 何休：《春秋公羊解诂》隐公元年"公子益师卒"，见李学勤主编《十三经注疏·春秋公羊传注疏》，北京大学出版社，1999，页24。

化主要依赖三统说及其相关礼仪,那么,汉人学者关心的主要不是王朝法统的建立问题,而是王朝内部的社会关系、尤其是族群关系问题。依《左传》的说法,《春秋》"内其国而外诸夏"、"内诸夏而外夷狄",并没有混同诸夏、夷狄为一统的暗示,而清代今文经学的大一统观念或大同观念建立在取消夷夏内外的绝对分野的前提之上。今文经学在这一问题上的观点明显地是在自我发挥。如果没有特定的政治动力和背景,是很难理解这一点的。在清代中期以前的社会里,清王朝一直被汉族士大夫视为外来政权。清代大一统政治是对夷夏关系的重新调整,它安排前朝遗绪,力图恢复儒学的正统地位,但在汉人学者的眼里,清朝无法以一种王朝赓续的模式建立自己的合法性。[137] 这里的困难是:清朝力图以儒学正统为王朝统治提供合法性,从而它必须排除自己在塞外的历史谱系才能被纳入中国王朝的连续关系之中。在《春秋正辞》中,"三统"、"三世"这两个极为重要的主题仅仅处于"奉天"辞的子目之中是有其理由的,因为清朝"奉天承运",它作为"新王"的合法性首先来自"天"而不是"祖先"。清代士大夫确认清朝合法性的前提是把清朝纳入中国王朝延续的历史内部、使之成为王朝延续的一个阶段或环节,从而将那些"非中国的"部分排除在叙述之外。这一叙事策略恰好与上文论述的清朝建立法统、名号的过程和方法完全一致。庄存与对于"内外"的辩证、对于"二伯"的重视,部分地可以看作是在这个方向上对清代统治合法性的认可。上述两重因素为庄存与以内外例为中心发挥公羊思想提供了背景和条件。

---

[137] "三统"说建立在"变"和"循环"的历史观之上,它认为每一朝代均有自己的一统,并承应天命遵循"黑统"、"白统"和"赤统"循环往复。当某一朝依天命而归于一统时,即必须按照此统的定制"改正朔,易服色",从事"礼乐征伐"。夏(黑统或人统)、商(白统或地统)、周(赤统或天统)三代的制度均参照这一循环"因革损益"。如《尚书大传》云:"夏以孟春月为正,殷以季冬月为正,周以仲冬月为正。夏以十三月为正,色尚黑,以平旦为朔;殷以十二月为正,色尚白,以鸡鸣为朔。周以十一月为正,色尚赤,以夜半为朔。不以二月后为正者,万物不齐,莫适所统,故必以三微之月也。"这是一种把统系与因革关联起来的历史观,董仲舒《春秋繁露·三代改制质文》及东汉《白虎通·三正·三正之义》均本"天有三统"之说而阐释了这一观念。另外,三统说又与乐理有关,如《汉书·律历志》云:"三统者,天施、地化、人事之纪也。故黄钟为天统,林钟为地统,太族为人统。"

第五章 内与外(一):礼仪中国的观念与帝国　　　　　　　555

我们先看《外辞第六》如何为王朝兴替提供合法性论证。"楚子蔡侯次于厥貉"条的议论似乎是一种赤裸裸的权力崇拜：

> 窃钩者诛，窃国者为诸侯，后世日毁圣人而疑天道。然则何事知其代之也？曰所以明天道而达王事也。王者天之继也。王不讨罪，天诛加焉而人不知，犹之乎不诛尔，天诛不若王诛之为明也。天下不可以一日无王者，此之谓天道善人……[138]

"王事"为天道之体现，因此，即使不符合常规和礼仪，新王也具有合法性。在这里新王的确立涉及易姓更王，而非继前王而王。公羊家将"西狩获麟"等语解释为"受命之符"，显然将"新王"的根据建立在天命观念之上。"三统说"的意义即在易姓更王的过程中确立"新王"的合法性。在这个意义上，"三统说"、"三世说"等今文学宗旨被置于"奉天辞"的子目中是恰如其分的。

对于清代汉族士大夫而言，清朝作为外来政权的性质是难以回避的：如果没有天意的支持，即使直接援用"三统说"也无法令人信服地将满清王朝界定为中国王朝；如果"新王"不能提供自己的合法性，那么，"作新王"的命题就等于是把"窃国者侯"变成了天道。"新王"不可能仅仅以暴力作为自己的合法性。《春秋正辞》以奉天、天子两个正辞为开端，明确地暗示在皇权之上尚有更高的原则。[139] "王事"无非代天而行，如果违背天意而导致天下怨愤，王即丧失合法性。[140] 在《奉天辞》中，"大一统"居

---

[138] 庄存与：《春秋正辞·外辞第六》，《皇清经解》卷三八二，页6。
[139] 就在上述关于"王事"的引文之后，庄存与提醒说，"王事"之上尚有天的存在，从而呼应了《春秋正辞》一书的总体的思想结构。按天的另一面是民，这是孟子的遗教。庄存与也把"民"作为《春秋》的重要主题，所谓"民者，《春秋》之所甚爱也，兵者，春秋之所甚痛也"。庄存与：《春秋正辞·外辞第六》，《皇清经解》卷三八二，页10。
[140] 庄存与：《春秋正辞·外辞第六》云："虽以死惧之，而民不畏然，则乱臣必诛，贼子必诛，……《春秋》即天下之人之心而明示以不义，即天下之人之心而众著之以义。以义死之，而弗敢犯也；以不义赂之天下，而途之人莫之从也。为人子者，冠以著代昏授之室，必将敬且哀也。……《春秋》使人知其代之者……"《皇清经解》卷三八二，页6。

于"建五始"和"宗文王"之后,表明这一原则需以承天继祖为前提。这一经学的叙述结构本身是一种基本原则的体现,即礼仪的合理性是政治合法性的基础,而这种礼仪的合理性必须建立在一种宇宙论的前提之上。正是在这个意义上,《春秋正辞》的叙述结构以经学的方式恢复了宋学的天人二元论,这与庄存与试图在宇宙论的背景上论述经学的结构完全一致。《八卦观象解》云:

> 天地设位,悬日月,布星辰……故画州土,建君臣,立律历,陈成败,以示贤者,名之曰经。贤者见经,然后知人道之务,则诗、书、易、春秋是也。易有阴阳,书有九章,诗有五际,春秋有灾异。皆列终始,推得失,考天心,以言王道之安危,言天下之至赜而不可恶,言天下之至动而不可乱,盖三才之道备矣。[141]

在宇宙论的视野内安排诸经,这对"大一统"的命题至关重要。如果说汉代宇宙论为变法改制论提供了合法性,那么,庄存与在这里把"大一统"安排在一种宇宙论(或天论)的视野中究竟是什么意思呢?

宗法继祖原则(即孝的原则)是规范皇权的基本礼义,也是清代法律的基本原则。但这一原则在清代政治语境中隐含了两个内在的矛盾。第一,清朝被广泛地视为一个征服王朝,尽管它在自己的体制内部实行宗法祭祖的原则,但如果将这一原则运用到王朝的合法性论证之中,那么,如何界定清朝与前朝——即明朝——的合法继承关系?当清朝把自己理解为"新王"之时,它不能依靠宗法祭祖原则来论证自己的合法性,在这一语境中,它需要"天"的支持("建五始")。第二,清朝帝国的取消内外、满汉一体等原则无法与宗法继祖原则相匹配,因为清代社会的满洲贵族特权恰恰以宗法血缘关系为根据。因此,如果不同时标举"奉天"和"宗文王"的原则,"讥世卿"就缺乏根据,亦即无法将批评的矛头深入到王朝政治合法性的前提之中。"世卿"是和宗法封建的原则共存的。《天子辞第

---

[141] 庄存与:《八卦观象解》篇上,页27—28,《味经斋遗书》本,光绪八年刊。

二》云：

> 周德之衰，箕子先戒曰：于其母好德，汝虽锡之福，其作汝用咎，乖离不和，殃祸所起。官人以世，实违天纪。[142]

《内辞第三上》又云：

> 天下无生而贵者，皆其父母之子也。文王、武王之生，何遽异于当世之君乎！[143]

庄存与把尊奉天子视为重要原则，但为什么又同时对皇权世袭表示怀疑？这是因为：第一，"大一统"的原则是对周代封建制的扬弃，它对封建礼仪的需求不是建立在宗法分封的基础之上，而是建立在郡县制度的基础之上；第二，皇权是清代贵族制度的核心。有清一代，宗室、觉罗均为皇室的直系或旁系子孙，世袭王爵罔替的有十二家，均为皇室贵胄。因此，"讥世卿"的矛头不可能绕过皇帝：皇帝无非人子，若不能遵从天命、躬行圣德，必将导致天下乖离、祸乱频生的局面。这是对于皇权的基本理解：皇权不是不受约束的绝对权力，天命、礼仪和道德是皇权行事必须遵循的基本规则。庄存与把"大一统"的命题置于"建五始"的天道论与"宗文王"的礼制论的命题之后，这一安排本身的意义在他"讥世卿"的实践中充分地显现出来。换言之，法统的建立不能以宗法分封关系的连续性为依据，而必须参照天意，重构社会关系，进而提出这一关系的伦理原则，才能获得自己的合法性。

庄存与对"大一统"命题的阐述既是对满清合法性的论证，也是对王朝政治的讥评。但他的核心论点是要求清王朝将先王礼仪作为政治合法性的基础。我们可以从三个方面说明这一问题在清代社会的意义：从王

---

[142] 庄存与：《春秋正辞·天子辞第二》，《皇清经解》卷三七五，页7。
[143] 庄存与：《春秋正辞·内辞第三上》，《皇清经解》卷三七七，页11。

朝内部政治的角度说,如果不能以礼仪为基础破除满汉和各少数民族的严格分野,选贤与能,那么,王朝的大一统政治就缺乏合法性;从王朝制度建设的角度说,如果不能从宜从俗、尊重各民族的特点和传统,那么,王朝势必陷入持久的民族冲突之中;从汉族人民及其官员的角度说,如果不能以"内外"例缓解异族统治造成的紧张,个人的认同和出处即无法安置。因此,庄存与在《春秋正辞》、《春秋举例》、《春秋要旨》等著作中处理的是清代政治和思想中的持久课题。为什么这一课题在庄、刘今文经学中变得如此突出?我认为原因包含了三个方面:第一,与遗民学者、甚至乾嘉汉学家们不同,庄、刘是身居要职的汉人官员和精通儒学的学者,他们确实是从儒学义理内部考虑王朝的合法性问题;第二,乾隆时代是一个以制度建设的方式重构和完善法律规章的时期,他们希望这些法律和制度的改革能够符合自己理想;第三,身为汉人而高居朝廷大臣,他们既对满汉不平等、世卿擅权等现象深怀不满,又不可能彻底否定王朝的合法性。他们试图以今文经学为依据,重构一套泯灭夷夏、取消内外的大一统理论作为王朝的合法性理论。因此,"大一统"的命题不能等同于帝国的国家政策,它包含了对于帝国的族群隔离政策、族群等级制度的批判,我把这一命题理解为汉人儒者在承认满清王朝合法性的前提下对于民族平等的思考。

2."二伯"与"宗文王"

天的意志必须具体地体现在历史关系之中或者说体现在某些奉天承运的历史力量的身上。"大一统"的命题是对礼崩乐坏的局面的回应,那么,由谁来具体地实践"大一统"的天意,又有什么方式可以面对礼崩乐坏的局面? 庄存与转述董仲舒的话说:"今师异道,人异论,百家殊方,指意不同,是以上无以持一统,法制数变,下不知所守。臣愚以为诸不在六艺之科、孔子之术者,皆绝其道,勿使并进,邪辟之说灭息,然后统纪可一而法度可明,民知所从矣。"[144]《春秋公羊传》开篇《隐公元年》以特殊的

---
[144] 庄存与:《春秋正辞·奉天辞第一》,《皇清经解》卷三七五,页3。

书法阐明"大一统"的观念,暗示"大一统"并不是隐公时代的政治现实,它毋宁是一种要求或理想。[145] 后代公羊家把这看作是孔子的特殊的书法,以之为新王立法。庄存与以书法入手解释"大一统"的含义,暗示了"新王"出现的历史必要性和历史必然性。他追随何休"五者同日并建,相需成体,乃天人之大本,万物之所系,不可不察也"的说法,称这段话中元、春、王、正月、即位五条同时出现为"建五始";又引孔子"从周"之语,要求在"礼"的基础上"六合同风,九州共贯"。[146] 因此,在王室衰微、礼崩乐坏的背景下拨乱反正,必须依赖新的政治力量。

"大一统"的诉求与乱世现实的关系提供了"二伯"登场的基本背景。庄存与先后在《内辞》、《二伯辞》和《诸夏辞》中反复论及二伯的意义,为诸侯称王提供合法性。我们不妨将庄氏的解说与他明显有所师承的赵汸的相关解说加以对照。赵汸《春秋集传自序》说"二伯"云:"方天命在周未改,而上无天子,下无方伯,桓、文之功不可诬也,是以圣人详焉,故曰'其事则齐桓、晋文'。"[147] 在解释春秋之霸时,他又进一步申论说:"诸侯不王而霸者兴,中国无霸而荆楚横,大夫专兵而诸侯散,此《春秋》之实也。"正由于此,《春秋》以笔削的书法,用"实与而文不与"的修辞,表达圣人的义旨。[148]《春秋》公羊学中的"实与而文不与"的书法主要是为了克服礼仪与现实需求的矛盾。对清代今文经学而言,这一解决矛盾的方法恰好适应了他们以尊崇礼仪为前提承认清朝统治合法性的要求。庄存与发挥说:

周公欲天下之一乎周也,二之以晋则不可,其不可于是始,君子

---

[145] 原文为:"元年春,王正月。元年者何?君之始年也。春者何?岁之始也。王者孰谓?谓文王也。曷为先言王而后言正月?王正月也。何言乎王正月?大一统也。公何以不言即位?成公意也。……"《春秋公羊传今注今译》,李宗侗注译,页1。
[146] 庄存与:《春秋正辞·奉天辞第一》,《皇清经解》卷三七五,页3。
[147] 赵汸:《春秋集传自序》,《宋元学案》九十二《草庐学案》,《黄宗羲全集》第六册,杭州:浙江古籍出版社,1992,页627。
[148] 他具体解释说:"于是有去名以责实者,诸侯无王,则正不书王;中国无霸,则诸侯不序君。大夫将略其恒称,则称人。"同上,页629。

谨而志之,欲天下之一乎周也。……《春秋》有所愤乎此也,亦有所乐乎此也。[149]

"一乎周"是理想的状态,但并不存在实现此一理想的条件。按周之制度,礼乐征伐自王者出,诸侯不得主诸侯之命,但既然"一乎周"不可得,也只能行"实与而文不与"的权宜之计。[150]《诸夏辞第五》文公元年"卫人伐晋"云:"诸侯无伯,亦《春秋》之所恶也。则其不主晋何?曰:诸侯之无伯也,晋襄公始为之也,不主晋于是始而王道行矣。桓文作而《春秋》有伯辞,实与而文不与也。"[151]顾栋高《春秋大事表》四《列国疆域表》记述了春秋兼并的格局:鲁兼九国之地,齐兼十国之地,晋灭十八国,楚吞并四十二国……各国战争不断:秦晋互攻之战十八次,晋楚大战三次,吴楚征伐二十三次,吴越互攻八次,齐鲁交兵三十四次,宋郑之战计三十九次。史家因此感叹封建为祸之烈,"而知天下不可以一日而无伯也。"[152]所谓"大一统"恰恰来自天子病弱、诸侯称王的局面。二伯的出现预示着霸权的必要性和一统天下取代诸侯纷争的趋势,从西周封建的角度看,这一过程恰恰是权力下移的过程,庄存与以"实与而文不与"的方式给予肯定。

"实与而文不与"意味着一种内在的矛盾,即政治合法性与道德合理性的矛盾。庄存与赞成大一统,而又以"宗文王"为礼义之大宗,力图把宗法道德的合理性与郡县一统的政治联系起来。因此,他的论述重心不在改制,而在端正礼仪,即强调新王的道德合理性。庄氏关于"春秋大一统者,天地之常经,古今之通谊也"的论述源自董仲舒,但如果对董、庄有关大一统的阐释略作比较,其间的差异十分明显。董仲舒以变法改制为

---

[149] 庄存与:《春秋正辞·天子辞》,《皇清经解》卷三七六,页15。
[150] 例如,《内辞第三·来聘》条云:"齐桓主中国,则陈不知有楚患,国家安宁而志一,以奉王事,嘉好之使,接于我焉。志陈之聘我,则中国诸侯见矣。终《春秋》而一志聘者陈与郑尔。何言乎陈侯使女叔来聘,言齐桓之力,安中国而义睦诸侯也。"庄存与:《春秋正辞·内辞第三》,《皇清经解》卷三七八,页20。
[151] 庄存与:《春秋正辞·诸夏辞第五》,《皇清经解》卷三八一,页12b—13a。
[152] 顾栋高:《宋郑交兵表叙》,《春秋大事表》卷37,页1a。文渊阁四库全书本。

宗,《春秋繁露·楚庄王》云:

> 《春秋》之道,奉天而法古。是故虽有巧手,弗修规矩,不能正方圆;虽有察耳,不吹六律,不能定五音;……《春秋》之于世事也善复古,讥易常,欲其法先王也。然而介以一言曰:"王者必改制自僻者。"……若一因前制,修故业而无有所改,是与继前王而王者无以别。受命之君,天之所大显也。……今天大显己物,袭所代而率与同,则不显不明非天志。故必徙居处,更称号,改正朔,易服色者,无他焉,不敢不顺天志而明自显也。[153]

这是他对《春秋》大义的创造性发挥,明确地将改制置于复古之上。再看《天人三策》,武帝追问的是礼乐为什么失效,而不是为什么必须恪守礼乐。他说,五帝三王之道,改制作乐而天下洽和,百王同之。而那些恪守三代之制的所谓"守文之君、当涂之士"却无法改变大道微缺、桀纣横行的局面。武帝不能不问:这一切应该如何理解,又靠什么来解决?董仲舒的议论海阔天空,但归结到底不过是以"更化则可善治,善治则灾害日去,福禄日来"来回应武帝所谓"改制作乐"而已。[154] 庄存与发挥董仲舒《天人三策》中的议论,以王受天命、正百官、统率万民、诸侯供奉等原则来解释"建五始",但明显地把重振礼乐而不是改制作为论述的中心。他引何休的话说:"政莫大于正始。故《春秋》以元之气,正天之端;以天之端,正王之政;以王之政,正诸侯之即位;以诸侯之即位,正境内之治。诸侯不上奉王之政,则不得即位。"[155] 这是要求严正礼仪。

礼崩乐坏的局面虽然为"二伯"的出现提供了合理性,但"二伯"或者"新王"必须严格按照礼仪行事才能获得自己的合法性。回溯康熙以降祭祀朱子、恢复科举、重建宗法、再申礼仪、标榜"治道合一"等政治实践,我们

---

[153] 董仲舒:《春秋繁露》卷一《楚庄王第一》,页7—8。中华书局,1991。
[154] 《汉书·董仲舒传》,北京:中华书局,1962,页2495—2505。
[155] 庄存与:《春秋正辞·奉天辞第一》,《皇清经解》卷三七五,页2。

不难理解清王朝为什么必须以端正礼仪而不是实行变法来建立自己的合法性。值得注意的是,庄氏对"二伯"的处理清楚地说明他是从汉人官员的立场诠释清代的法统。在庄存与的时代,满汉问题仍然居于极为重要的地位,承认"新王"与严正礼仪遂成为一带有内在紧张的命题。这里仅举一例。按《隐公元年》的记载,隐公让位于桓公,而桓公后来却弑其兄隐公。公羊家以为《春秋》的记载包含了对于隐公让位的谴责。据此,庄存与指出:

> 《春秋》之志,天伦重矣,父命尊矣。让国诚,则循天理、承父命不诚矣。虽行即位之事,若无事焉。是以不书即位也。君位,国之本也。南面者无君国之心,北面者有二君之志,位又焉在矣!十年无正,隐不自正,国无以正也。元年有正,正隐之宜为正,而不自为正。不可一日而不之正也![156]

庄存与对"大一统"的解释不同于董仲舒对汉武帝有关"更化"的建议,毋宁是要求皇帝严正纲纪、以礼仪为治国的前提。因此,"大一统"在这里既不是对皇权的无条件肯定,也不是对皇帝的变法改制建议,而是以之作为理想政治的规范和构想。如果将这一解释放置到清代的语境中,我们有理由推论说:它隐含着汉族官员对于清代统治者的道德要求和对政治现实的批判性看法。

《奉天辞第一》的叙述逻辑是从"建五始"至"宗文王",而后再论"大一统"和"通三统"。在这里,庄存与真正重视的是"建五始"所表现出的受命于天的合法性和"宗文王"的基本原则,从而将"变"(从新开始)与"不变"(师法先王)结合起来。[157]"大一统"必须以这一变与不变的辩证

---

[156] 庄存与:《春秋正辞·内辞第三》,《皇清经解》卷三七七,页3。
[157] 关于五始与新统的关系,《文选》汉王褒《圣主得贤臣颂》云:"记曰:共(恭)惟《春秋》法五始之要,在乎审己正statistcs而已。"关于五始,颜师古注云:"元者,气之始;春者,四时之始;王者,受命之始;正月者,政教之始;公即位者,一国之始;是为五始。"唐吕向注:"正位以统理天下。"参见饶宗颐:《中国史学上之正统论——中国史学观念探讨之一》,页3。

法为前提。"建五始"为新王的出现提供合法性,这是董仲舒所谓"奉天"的义旨。但为什么"作新王"的同时不是另立制度仪轨,而是"宗文王"呢?在庄氏的语境中,"建五始"与"宗文王"的命题还有着复杂的关系。我们先看"宗文王"条:

> 公羊子曰:王者孰谓?谓文王也。闻之曰:受命之王曰大祖,嗣王曰继体。继体也者,继大祖也。不敢曰受之天,曰受之祖也,自古以然。文王,受命之祖也,成、康以降,继文王之体者也。武王有明德,受命必归文王,是谓"天道"。武王且不敢专,子孙其敢或干焉。命曰文王之命,位曰文王之位,法曰文王之法。所以尊祖,所以尊天也。[158]

如果庄存与要求的只是周代的分封继祖的宗法原则,那么,他的"大一统"观念也就仅仅限于"供奉王室",并无更深的义旨。[159]但是,庄氏之学分明以"内外"例及"讥世卿"为宗旨,对于世袭的贵族制度充满了愤懑之情。《春秋正辞》的叙事结构寄寓了改变宗法分封原则的内涵,"供奉王室"实际上体现了皇权与贵族之间的矛盾和皇权绝对性的要求。清代今文经学对皇权绝对性的诉求构成了一条不绝如缕的线索,从庄存与对皇权一统的要求,到康有为对"摄政"的抨击和皇权绝对性的重申,都表达了一种建立权力一统的政治观。

"宗文王"的原则与公羊学所谓"一乎周"的构想完全吻合,但公羊之"一乎周"并不是单纯地强调宗法分封的原则,而是为新王立法。[160]这一

---

[158] 庄存与:《春秋正辞·奉天辞第一》,《皇清经解》卷三七五,页3。
[159] 陈其泰在分析庄存与的"大一统"与"宗文王"时说,庄氏公羊学"利用公羊学来宣传王权神授、天人合一、君臣名分不可逾越的观点……其学术宗旨分明在于'供奉王室'。"陈著是公羊学研究中的新著,但上述分析似乎没有能够触及庄氏观点中更为隐微的方面。见氏著:《清代公羊学》,北京:东方出版社,1997,页64。
[160] 《春秋公羊传·文公十有三年》云"世室屋坏"条:"世室者何?鲁公之庙也。周公称大庙,鲁公称世室,……周公何以称大庙于鲁?封鲁公以为周公也。……然则周公之鲁乎?曰:不之鲁也。封鲁公以为周公主。然则周公曷为不之鲁?欲天下之一乎周也。"李学勤主编《十三经注疏·春秋公羊传注疏》卷第十四,页302。

点与"大一统"的基本价值完全吻合。如前所述,理解"一乎周"的关键在于:其时诸侯纷争、并无"一乎周"的局面。在这一语境中,承天继祖的宗法原则是对皇权和政治秩序的规范,并不要求以分封的方式行之于诸侯。换句话说,"一乎周"是"大一统"的别词,而很难直接与封建划等号。在这个意义上,周之法统变成了对于皇权一统的道德要求和合法性论证,却不再是殷周制度中的宗法分封原则。"大一统"、"一乎周"隐含着另一层义旨,即要求重建礼法,限制世卿擅权和贵族分权。庄存与以"天无二日,地无二王,国无二君,家无二尊,以一治之也"来发挥"大一统"的含义,一面是对君权的维护,另一面则暗含对世卿擅权和贵族特权的严厉贬斥:世卿擅权和贵族特权是对"大一统"的破坏和对"一乎周"的背叛。"宗文王"、"一乎周"是一种抽象的礼仪原则,而不是附丽于某个特定统治民族的歧视性政策或观点,庄存与试图以此作为王朝合法性的前提。

3. "讥世卿"与王朝政治的内在矛盾

春秋时代礼乐崩坏造成的结果之一是权力下移,即权力从周天子下移到二伯,从国君下移到世卿。但世卿的地位也是建立在宗法封建的关系之上,从而也同样摆脱不掉因淫暴而败亡的命运。据顾栋高《春秋大事表》,《春秋》书诸侯杀大夫者四十七,书大夫之为他国所执者十四,书放其大夫者二,书卿士大夫公子出奔者共五十七,春秋中期之后卿大夫自相杀者不可胜数。[161]"讥世卿"在《春秋正辞》中居于重要的位置,除了这是《春秋》学的重要内容之外,也因为这一主题与庄氏所处的时代和庄氏本人的政治观有着密切的关系。庄氏之学对"世卿"的批判合乎清朝政治的合法性原则,也呼应了康、雍、乾三代皇帝对于门户、朋党和贵族阶层的打击、批评和压制。这里有着更为明确的政治内含。《天子辞第二》之"王臣会陪臣"条告诫说:"天子微,诸侯相为朋党,小役大,弱役

---

[161] 参见徐复观:《封建政治社会的崩溃及典型专制政治的成立》,《两汉思想史》第一卷,上海:华东师范大学出版社,2001,页43。

强，……内有小恶，君子当先自详，正躬自厚而薄责于人，……"[162]"讥世卿"与"大一统"相互配合，都是建立在清朝统治原则之上的、体制内部的经学教条。在这个意义上，庄存与对腐败、擅权等现象的批判毋宁是对清朝政治原则的重申，而不是否定，这是因为康、雍、乾三世都经历着为皇权一统和削弱贵族势力而进行的斗争。"大一统"、"宗文王"与"讥世卿"的关系极为密切。《内辞第三下》"大夫卒"条云："……见成襄而下，公子无复为大夫，则亲亲之道缺，而世卿之害家凶国，为王法所必禁矣。富哉！《春秋》之辞之指乎言尽于此而已乎！"[163]

按魏源的提示和艾尔曼的研究，庄氏今文经学的宗旨与和珅之祸关系密切。和珅（1750—1799）出身于一个中上等的满洲武官家庭，乾隆三十四年（1769）承袭父职任三等轻车都尉世职，三年后授三等侍卫。乾隆四十年（1775）年升为御前侍卫兼正蓝旗满洲副都统，从此节节攀升，先后担任户部侍郎、户部尚书、军机大臣、内务府大臣、步军统领、崇文门税务监督、御前大臣、正蓝旗、镶黄旗等副都统、四库全书正总裁、理藩院尚书、经筵讲官、国史馆正总裁、文渊阁提举阁事、清字经馆总裁、吏部尚书、协办大学士、文华殿大学士、殿试读卷官和太子太保等职，并先后被赐一等男爵、三等忠襄伯和一等嘉勇公等，长期把持吏、户、刑三部及内务府、三库、理藩院、健税营等等事务，集政治、经济和文化权力于一身，并与皇室不断联姻。在他从政二十年期间，吏治败坏、贿赂公行，造成了一个极为腐败的国中之国。[164]艾尔曼对和珅擅权与庄、刘之学的关系给予了充分和深入的分析。但如前所述，《春秋正辞》的意义绝不限于此。自皇太极、顺治时代起，清朝在继位问题上风波迭起，康熙时代围绕立储问题在皇子、大臣和皇帝本人之间引发的激烈斗争，更是正史、野史的材料和雍乾时代街谈巷议的故事。雍正时代皇帝与其他王室成员的斗争对于乾隆

---

[162] 庄存与:《春秋正辞·天子辞第二》,《皇清经解》卷三七六, 页10。
[163] 庄存与:《春秋正辞·内辞第三下》,《皇清经解》卷三七九, 页5。
[164] 参见冯佐哲:《和珅略论》、《略谈和珅出身、旗籍问题》、《有关和珅家族与皇室联姻的几个问题》和《和珅犯罪案档》等文, 见《清代政治与中外关系》, 北京：中国社会科学出版社, 页1—53。

时代仍然有着重要的影响。殷鉴不远,庄存与之"讥世卿"是对清朝政治合法性的思考和论证,也是对于历史的经验总结。

清朝政治的合法性建立在一种极为微妙而脆弱的平衡关系之上,它的政治原则包含了内在的矛盾。八旗制度的设立、政府机构的多重构架、政府官员的权力设置,以及宫廷内部等级制度的形成,均以制度的方式区分内外、满汉和等级差别,这与今文学者设想的礼仪原则相互矛盾,也与清朝统治者宣称的立国原则有所轩轾。为了维持满、蒙、汉各族的权利平衡和少数民族专政的法统,清朝统治者把消除内外夷夏的差别作为自己的合法性根据。例如,在文官考试方面,清廷继承前朝的科举制度,力图保证各族士子均有入仕的机会。但作为一个以少数民族的贵族等级制为基础的王朝,它以制度化的方式预设了满人的优先权。这是世卿及其政治得以产生的制度条件。上述矛盾尤其表现在科举考试及其任官制度之中:一方面,清朝采用汉语作为考试的基本语言,反对在考试内容上给予满人优待或特权,但另一方面,为了保障满人参与政治的权利,缓解满、蒙、汉在文官考试中的不平衡状况,它以一种对立的形式在各在京机构分设两缺(或满、蒙、汉三缺),同时划分各缺所属的族群范畴,限定补选范围,防止汉人扩张。这种特殊的倾斜政策与科举人材原则相互冲突,明显地把贵族分封制度中有关族群和世族的标准纳入到选拔官员的程序之中。清朝官僚制度本身内含了一种所谓平等原则与等级政策之间的矛盾。[165]

庄存与历任湖南、顺天学政和湖北正、副主考官,深知考试制度的弊端,他积极向乾隆建言对地方生员人数作出限制。1758年,他曾以严格的管理校正旗人考试中的恶劣风气,从而引起旗人的骚乱,庄氏本人也遭同僚的弹劾。最后乾隆皇帝保护了他:他官居内阁学士,一人兼职两斋。为什么庄存与能够摆脱弹劾并再受重用?他与乾隆帝的特殊关系固然是原因之一,但我认为更重要的是他本人所持的立场与清廷政策大致相符。

---

[165] 参看陈文石:《清代满人政治参与》,载《历史语言研究所集刊》(台湾"中央研究院"历史语言研究所编辑)第48本,页551—552。

清朝政治制度的内在危机在于：它把自己的合法性同时建立在族群平等与族群等级、科举与选举、平民与贵族等相互对立的原则之上。王朝的安危系于维持上述平衡，而庄存与的批评触及了清代政治结构的一个最具敏感性又最需要平衡的部分："讥世卿"并不违背王朝国家的基本原则，恰恰相反，它是清朝统治得以维持的基本条件。

因此，庄存与对上述矛盾的揭示不是对于清朝政治合法性的怀疑，毋宁是基于清朝政治合法性的基本原则来揭示清朝政治的内在矛盾。《天子辞第二》云：

> 公羊子曰：讥世卿。世卿非礼也。其圣人之志乎？制《春秋》以俟后圣。后世之变，害家凶国，不皆以世卿故，圣人明于忧患与故，岂不知之，则何以必讥世卿？告为民上者，知天人之本，笃君臣之义也。告哀公曰：义者，宜也，尊贤为大。……是故非贤不可以为卿。君不尊贤则失其所以为君。彼世卿者，失贤之路，蔽贤之蠹也。……世禄，文王之典也；世卿，非文王之典也。无故无新，惟仁之亲，尊贤养贤之家法也。……如曰：仕者不可世禄，国可以无世臣，则非讥世卿之指也。[166]

世卿非礼，违背了春秋的基本原则。"非礼"不是个别人行为不端的产物，而是一种制度性的失衡。"宗文王"的原则就是衡量制度是否端正的准绳。在上述引文中，庄存与对世禄、世臣与世卿加以谨慎的区别，目的是把宗法分封原则与世卿擅权区分开来。他关心的是在政治上如何开辟贤者之路，在道德上如何远播孝子之行。庄存与注《天王使仍叔之子来聘·桓公五年》条曰："公羊子曰：'讥父老，子代从政也。贤者之路绝矣！孝子之行薄矣！'"[167]

---

[166] 庄存与：《春秋正辞·天子辞第二》，《皇清经解》卷三七六，页11。
[167] 同上，页8。

4."别内外":外部关系的内在化与"中国"概念的再定义

按照"讥世卿"的逻辑,庄存与的公羊思想中包含了激进化的可能性,他对皇权和天子地位的论述就透露出了一点消息。但是,《春秋正辞》的宗旨不是颠覆王朝的合法性,而是考虑如何消解内外、夷夏之别,根除清代政治结构中的内在矛盾,从而以礼仪作为多民族帝国的合法性前提。这是对于帝国秩序中的族群等级制的排拒,也是对于儒学传统中的民族意识的扬弃:"大一统"是对早期帝国的征服政策的修正,它力图建立一种消解内/外、夷/夏之防或将内/外、夷/夏相对化的政治关系。因此,我们应该在"大一统"的诉求与帝国政策之间作出区分。《春秋正辞》扬弃汉唐公羊学以"三统"为中心的传统,转而以"内外"问题为中心,它的宗旨在于用"大一统"的义旨改造帝国秩序中的族群等级关系:内外问题既是清朝统治的合法性根据,也是清朝政治的最为根深蒂固的矛盾。如果不能在理论上澄清这一问题,汉族士大夫无法在政治上获得平等地位,也无法为自己在王朝政治中的地位提供根据。在这个意义上,"内外"问题与其说是一个政治合法性问题,毋宁是一个个人的出处问题或认同问题,它居于这一时代道德问题的中心地位;从多民族王朝的政治统治方面看,如果不能有效地缓解民族矛盾,并在制度上作出相应的安排和保障,则王朝自身无法克服自己的合法性危机。这是清代儒者面对的极为严峻的问题。

上述对于"讥世卿"的分析为我们理解"内外"例在庄氏之学中的意义提供了前提。在满清外来王朝的统治下,"内外"的意义发生了根本性的变化:内外关系从帝国体制下的内外/夷夏关系转向了王朝内部的内外/族群关系,从而改变了内外例在何休"三科"中的意义。这是从帝国政治向"大一统"政治的转化。何休云:"三科九旨也者,新周、故宋、以《春秋》当新王,此一科三旨也。又云所见异辞,所闻异辞,所传闻异辞,二科六旨也。又内其国而外诸夏,内诸夏而外夷狄,是三科九旨也。"[168]"内外"例即三科九旨中的第三科,庄存与对此十分清楚。他以公羊之义解说《周易》时明确地指出:公羊之"讥世卿"依循的正是"内其国外诸夏,虚内事外则讥之"的原则:

> 《春秋》内其国外诸夏,虚内事外则讥之。诸侯为天子之守臣,正乎柔,而不以不利自疏。为天子得民,以得乎天子,顺从者咸应而比之。自内独为王之所亲,柔中也。维君子使不失民者,不自失也。[169]

但是,《春秋正辞》之"讥世卿"暗含了对于王朝内部世卿擅权的批判,他的讥评的重心随之也发生了变化:"内外"问题变成了一个王朝政治结构的内部问题。按照"大一统"的原则,"内外"不是中央王朝与外部世界的关系,而是王朝内部的等级关系。在这个意义上,"大一统"是至大无外的秩序,它的"内外"关系是王朝内部的"内外"关系。

庄存与有关内外、夷夏问题的思考和发挥预示着一个基本的结论,即必须在中国之礼仪的基础上形成多元民族共存的制度形式,从而取消内外、夷夏的绝对差别。因此,"中国"不是明确的政治疆域、不是单一的族群、不是对外事务中的主权观念,而是一种礼仪关系。这是一种"礼仪中国"的观念。"中国"概念构成了帝国臣民的新的认同的根据,它是居于统治地位的少数民族与处于被统治地位的多数民族之间相互运动的产物,也是清代帝国内部政治和社会关系的结果。这一观念构成了庄氏之"大一统"思想的核心部分,也是"天下"观念的具体化。在这里,关键的问题是:"礼仪中国"的观念是对帝国时代的族群等级制的超越,也是对以族群关系为基础的王朝等级秩序的讥评。"内外"例的实质不是处理内与外的关系,而是处理中国社会内部的等级关系。以"内外"来标示等级关系的主要形式,是因为族群关系居于清代政治和社会等级的中心地

---

[168] 见《监本附音春秋公羊注疏隐公卷第一》,北京:中华书局,1980年,影印《十三经注疏》,页2195。
[169] 庄存与:《味经斋遗书·象象论》,页3。

带。我们看《外辞第六》如何论证"夷狄"与"中国"的关系:

> 楚有四称,自本逮末,无过曰子。犯中国甚,与中国并,以至下者本之,恶其僭名也。人之在僖之篇,齐桓同好,内王贡也。子之自成之身,晋景不正,楚讨陈也。襄昭往焉,外之奈何?夫子适焉,谓诸夏何言?曰夷狄之有君,不如诸夏之亡也。楚子轸知大道矣。[170]

齐、晋、秦虽然各有自己的特点,但均接近于周王室所在的地区,可以明确地划入"中国"的范畴。楚国地处长江中游,是夷夏之间的文明。齐、晋、秦的作为可以在王霸的范畴中叙述,而楚国却涉及了夷夏之辨。那么,依靠什么才能克服夷夏之辨这一困难呢?此即礼仪。上述引文的核心就是:《春秋》尊礼重信,信重于地,礼尊于身,任何以地或以身为标准裁定是非的方式均违背了礼仪原则。然而,如果礼仪是区分夷夏的最为重要的标准,那也就意味着一种转化的可能性,即一旦夷狄臣服于礼仪,它也可以成为"中国"或"诸夏"。这就是"夷狄入中国即中国之"的基本前提。在这个意义上,任何以地域或身份为根据所作的判断(判案)或规定反而违背了礼仪原则。《诛乱辞第八》襄公三十年"夏四月蔡世子般弑其君固"条问该条为什么不书日,答曰:"不尽其辞也。既尽其尊亲之辞矣。不日何也?夷狄则尽之,中国而夷狄则夷狄之,以同而异也。"[171]"中国而夷狄则夷狄之"是"夷狄入中国则中国之"的反用,它们共同揭示了"中国"与"夷狄"的概念不是族群的概念,而是礼仪或文化的概念。"中国"如果丧失了礼仪,则"中国"即为"夷狄"。因此,通过对"内外"例的上述阐释,夷夏关系可以按照人们对待礼仪的态度来决定。

那么,"中国而夷狄则夷狄之"或"夷狄入中国则中国之"的具体的礼仪根据是什么?此即庄氏的"宗文王"原则。我把它归结为以孝子

---

[170] 庄存与:《春秋正辞·外辞第六》,《皇清经解》卷三八二,页1。
[171] 庄存与:《春秋正辞·诛乱辞第八》,《皇清经解》卷三八四,页12。

之行,行王者之事。这一原则的特点是先把孝悌等礼仪与王者之礼仪区分开来(道德与政治的区分),而后再将孝悌的原则扩展到王事的范畴之中:

> 为人之祖若父,莫不欲其子孙之仁且孝,欲其子孙之仁且孝,必以中国之法为其家法……[172]

这是对"宗文王"原则的灵活运用,但恰恰是这一灵活运用暴露了"礼仪"的内在裂痕:庄存与不得不把孝的原则与忠的原则区分开来,因为"夷狄犯中国"怎么可能符合"忠"的礼仪呢?

庄存与显然意识到了这一明显的矛盾。在解释僖公元年"楚人伐郑"、僖公二年"楚人侵郑"及僖公三年"楚人伐郑"诸条时,他从"楚何以称人"的书法入手对此给予变通的说明。庄存与说:四夷不臣服中国,以楚国为最近。但在桓公召陵之盟以后,楚开始称臣,所以僖公诸篇开始称楚为"人"。庄存与反用了"文与而实不与"的书法,把四夷对于中国的态度与对于君臣之礼的态度区分开来:即使实际上违背了礼仪,但只要名义上遵从礼义,那么,礼序就仍然存在。楚国虽然侵犯了中国,但它恪守臣之名义,《春秋公羊传》仍以"人"称之。庄存与发挥说:

> 自时厥后,虽犯中国,不敢犯天子,于是乎楚恒称人然。……《春秋》于病中国甚者,辨其等也严,而王制正无缺矣。[173]

这里的关键修辞是把中国与天子区别开来:天子代表礼仪,而中国则是政治和疆域的实体。如果入中国之夷狄仍然恪守君臣之礼,那么,中国即应以"人"称之。若将此条与僖公十五年"楚人败徐于娄林"条作对比,两者正好构成了一种互补的关系。"楚人败徐于娄林"条云:"夷狄相败何以

---

[172] 庄存与:《春秋正辞·外辞第六》,《皇清经解》卷三八二,页7。
[173] 同上,页3。

书? 中国救之则亦中国也。"[174] 总之,"中国"与"夷狄"的关系不是绝对的,礼仪的形式才是永久的原则,但这种礼仪的形式不必是一种实质性的关系,它毋宁是一种永恒的抽象原则,从而能够在承认一些最为基本的原则——如孝的原则——的前提下容纳不同的文化、习俗、制度和法律的多样性。

庄存与在这里又一次从法过渡到礼仪的问题,并以之作为王朝政治合法性的基础:它是对"大一统"的论证,也是对"宗文王"的要求。如果没有这一以礼仪为中心建立起来的夷夏之辨,我们很难设想晚清时代清朝及其士大夫自诩为"夏"而将西方视为"夷"的历史想像,也很难理解"中体西用"的确切含义。

但这一切都不是庄氏所能设想的事情了。

5. "大一统"之礼序与夷夏之相对化

刘逢禄(1776—1829)是庄存与的外孙,他所活动的时代已在嘉道年间。一个风雨飘摇的时代正在来临。他的系统研究不但推进了庄存与开创的今文经学,而且也为他的弟子龚自珍、魏源等人在今文经学的启发下阐述帝国时代的经世之学创造了条件。刘逢禄对清代公羊学的贡献主要表现为如下几点:第一,他以严谨的考证学方法研究公羊学说,以今文的观点研读诸经,从而把今文经学的范围从《春秋》一经的研究扩展到五经的范围。第二,在这一前提之下,他明确地以今文经学的立场回应和介入了经学内部的争论(例如他的《春秋论上》对钱大昕的春秋观给予直截了当的批评),引起了占据主流地位的考证学派的重视,也为今文经学对于

---

[174] 该条全文为:"人僖之篇,始人之也。其称人曷为始于此论?齐桓之功也。四夷病中国,莫楚若近也,不自以为天子臣。桓公为召陵之盟,复职贡于周室焉,来盟以定约束,举其臣之名,且氏之,列为诸侯,以承天子。故于僖之篇始人之也。君子以桓之与楚不逾节矣。自时厥后,虽犯中国,不敢叛天子,于是乎楚桓称人然。不言楚子也。春秋于病中国甚者,辨其等也严,而王制正无缺矣。"庄存与:《春秋正辞·外辞第六》,《皇清经解》卷三八二,页3。

《春秋》义理的解释奠定了方向。[175]第三,在清代公羊学的脉络内部,他批评孔广森之三科九旨"不用汉儒之旧传,而别立时月日为天道科,讥贬绝为王法科,尊亲贤为人情科,如是则公羊与谷梁奚异、奚大义之与有",[176]重新确立了公羊学的家法,把东汉何休的三科九旨作为理解《春秋》大义的基础。[177]最后这一点的重要性在于:它把存三统、张三世、异内外与王鲁改制说重新确定为今文经学的基本理论和主题,在经学的内在脉络中论证了春秋公羊学及其各项义例的普遍意义,从而为清代中、后期的改革思想提供了思想资源。[178]

《春秋公羊释例》(又名《春秋公羊经何氏释例》)是刘氏公羊学的代表性作品,全面地整理了何休解诂的基本原则。在抄录编撰的形式下,通过重申何休的三科九旨,刘逢禄落实了孟子对于孔子作《春秋》为"行天子之事,继王者之迹"的评论,将公羊学说诠释成为一种普遍适用的政治理论。[179]

---

[175] 例如,魏源的《公羊春秋论》即以反驳钱大昕之"春秋之法,直书其事,使善恶无所隐而已"的观点,从而以春秋书法、义法作为阐释《春秋》的出发点。见《魏源集》,上册,北京:中华书局,1976,页130。

[176] 刘逢禄:《春秋论下》,《刘礼部集》卷三,页19。刘逢禄在《申谷梁废疾序》中又说:"谷梁子不传建五始、通三统、张三世、异内外诸大旨,盖其始即夫子所云中人以下不可语上者,而其日月之例,灾变之说,进退予夺之法,多有出入,固无足怪……"《刘礼部集》卷三,页24。刘氏的上述观点也为魏源等后世今文经学者所汲取,如魏源《公羊春秋论下》批评孔广森之三科九旨"不用汉儒之旧传,而别立时月日为天道科,讥贬绝为王法科,尊亲贤为人情科。如是,则《公羊》与《谷梁》奚异?奚大义之与有!"见《魏源集》,上册,页133。

[177] 刘逢禄云:"无三科九旨则无公羊,无公羊则无春秋,尚奚微言之与有!"《春秋论下》,《刘礼部集》卷三,页20。

[178] 刘逢禄说:"春秋立百王之法,岂为一事一人而设哉! 故曰:于所微其词,于所闻痛其祸,于所传闻杀其恩,此一义也,谷梁氏所不及知也。于所闻之世,见拨乱致治,于所闻世,见治升平,于所见世,见太平,此又一义也。即治公羊者,亦或未之信也。孟子述孔子成春秋于禹抑洪水、周公兼夷狄之后,为第三治,请引之以告世之以春秋罪孔子者。"《春秋论下》,《刘礼部集》卷三,页20—21。

[179] 他在论述董仲舒对公羊学说的运用时评论说:"是时大儒董生下帷三年,讲明而达其用,而学大兴故。其对武帝曰:非六艺之科,孔子之术,皆绝之,弗使复进,汉之吏治经术彬彬乎近古者,董生治《春秋》倡之也。"刘逢禄《春秋公羊释例序》,《刘礼部集》卷三,页22。

这是明确地将公羊学视为政治实践的根据。以此为前提,他的《春秋公羊释例》就不再是一些孤立条文的考订,而是以"天子之事"为经纬的、有着内在联系和逻辑的思考。[180] 刘逢禄以为何休"修学卓识,审决白黑而定夺董胡之绪、补庄颜之阙、断陈(元)范(升)之讼、箴明赤之疾",故"寻其条贯,正其统纪,为《释例》三十篇;又析其凝滞,强其守卫,为《答难》二卷;又博徵诸史刑礼之不中者,为《礼议决狱》二卷;又推原左氏谷梁氏之失,为申何难郑二卷,用冀持世之志……"[181] 明确宣示自己的经学考证是对公羊学的恢复,从而存在着内在的理论结构和方向。《春秋公羊释例》是一部包容性很强的著作,除了何休之三科九旨,孔广森的九旨也在考订之列。但是,刘逢禄的三十条释例有着明显的中心,并非随意的逐条考证。与庄存与的《春秋正辞》相比,张三世、通三统和异内外等汉代公羊学命题重新被置于中心地位,而"建五始"、"宗文王"等条成为相对次要的条目。[182]

在《春秋论下》中,刘逢禄从学术史的角度分析公羊与左氏、谷梁的差异,认为如果没有"张三世、通三统之义以贯之",则"其例此通而彼碍、左支而右绌",[183] 把"内外"问题重新置于"三统"、"三世"说的框架内。由于依据何休三科九旨解释春秋公羊学,而何休的三科包含明确的内外夷夏之辨的观念,从而刘逢禄的思想中也包含了相关内容。但这并没有从根本上改变庄存与以来确定的内外相对化的基

---

[180] "先汉之学务乎大体,故董生所传,非章句训诂之学也。"刘逢禄:《春秋公羊解诂笺序》,《刘礼部集》卷三,页28。
[181] 刘逢禄:《春秋公羊释例序》,《刘礼部集》卷三,页22—23。
[182] 如"建五始"的论题只是在《释特笔例下·建始》条简略地讨论,此后在《释礼制例下》论"娶归终始"条内有所涉及,完全没有庄氏《春秋正辞》中的地位。见《刘礼部集》卷四,页23,31。
[183] 刘逢禄说:"《春秋》之有公羊也,岂第异于左氏而已,亦且异于谷梁。……使无口受之微言大义,则人人可以属词比事而得之。赵汸、崔子方何必不与游夏同识,惟无其张三世、通三统之义以贯之,故其例此通而彼碍左支而右绌。是故以日月名字为褒贬,公谷所同,而大义迥异者,以谷梁非卜商高弟,传章句而不传微言,所谓中人以下,不可语上者与。"《春秋论下》,《刘礼部集》卷三,页19。

第五章 内与外(一):礼仪中国的观念与帝国

本原则。在刘逢禄这里,三统、三世说也可以视为一种特殊的修辞,经由这一修辞的处理,清朝在王朝更迭的谱系中的位置获得了确认。"春秋大一统"按照礼序组织天下,从而它的内外不是一种绝对的内外,而是礼仪内部的内外。这不但暗示了新朝的合法性植根于王朝更替的谱系之中,而且还表明"大一统"正是三世进化的结果。《春秋公羊议礼》云:

> 春秋大一统,尊亲之化,及于凡有血气,天地之所以为大也。然必以诸夏辅京师,以蛮夷辅诸夏。京师方千里,诸夏方千里者八,蛮貊方千里者十有六。所以必三等者,别朝聘、奔丧、会葬、疏数之期而已,非异教也。寰内诸侯以五年再朝为正。诸侯五年一朝,蛮夷终王世,见其子弟有愿入国学者,受之;不能者,勿强也。故何氏曰:王者不治夷狄录会戎,来者勿拒,去者勿追也。[184]

再看《秦楚吴进黜表序》对内外/夷夏的表述:

> 余览《春秋》进黜吴楚之末,未尝不叹圣人驭外之意至深且密也。……然则,代周而改周法者,断自秦始,何其辞之博深切明也。秦始小国僻远,诸夏摈之,比于戎狄。然其地为周之旧,有文武贞信之教,无敖僻骄佟之志,亦无淫泆昏惰之风,故于诗为夏声,其在春秋,无僭王猾夏之行,亦无君臣篡弑之祸。故《春秋》以小国治之,内之也。吴通上国最后,而其强也最骤,故亡也忽焉。秦强于内治,败淆之后,不勤远略,故兴也勃焉。楚之长驾远驭强于秦,而其内治亦强于吴,故秦灭六国而终覆秦者,楚也。圣人以中外狎主承天之运,而反之于礼义,所以裁成辅相天地之道,而不过乎物。故于楚庄秦穆之贤而予之,卒以为中国无桓文则久归之矣,何待定哀之末,而后京师楚哉。于吴光之败陈许,几以中国听之,慨然深思其故,曰:中国亦

---

[184] 刘逢禄:《春秋公羊议礼・制国邑第五》,《刘礼部集》卷五,页13。

新夷狄也。……故观于诗书知代周者秦,而周法之坏,虽圣人不可复也。观于《春秋》知天之以吴楚狎主中国,而进黜之义,虽百世不可易也。张三国以治百世圣人忧患之心,亦有乐乎此也。[185]

刘逢禄以何休的《春秋》学为典范,从而与庄存与的《春秋》学有所区别,"别内外"仍然是他坚持的春秋学宗旨。但从上述引文看,他把《春秋》进黜之义转化为对于礼仪的绝对性的重申:符合礼仪的即为中国,违背礼仪的就是夷狄。"中国"在这里成为礼仪中国,而不是任何以族群、疆域和霸权为根据的政治实体。

刘逢禄以礼仪为中心重建了"中国"的观念,这是在承认清朝政治合法性(即承认清朝也是"中国")的前提下,为以三代之礼观察政治现实提供根据。他重申三统、文质之说,在郡县体制下倡导封建的精神,都建立在对《春秋》礼义的阐释之上。对于刘逢禄而言,礼不是抽象的道德,而是由内及外、由夫妇之道及于国家政治和法律的秩序。[186]这一看法支配了他对《春秋》的解释,也意味着他以宗法封建及其内外秩序作为"大一统"的神髓。夷夏关系的相对化不是对京师、诸夏、蛮貊的礼序关系的改变,而是要求将这些关系看作是一种内部的关系,一种礼的关系。[187]在这个意义上,刘逢禄对于"王鲁"或"作新王"的解释就成为对于封建礼仪的重申和郡县制度的讥评。从《公羊》及何休以大一统和地方分权的郡县官僚体制为理想来看,刘逢禄试图将大一统的观念与周初封建的理想

---

[185] 刘逢禄:《秦楚吴进黜中国表序》,《刘礼部集》卷四,页45。
[186] "人所以贵于物,莫先于夫妇之别,夫妇正,则父子亲……春秋之义,大夫不外娶,谓越竟而旷官也;国君不内娶,谓近渔色且贱,非所以奉宗庙,义不得专封也。世子不外娶,恐贰君也……《春秋》始于元,亦终于麟,拨乱世,法文王而已矣。法文王,刑于寡妻以御于家邦而已矣。造端乎夫妇,而察乎天地盛德之至也。"刘逢禄:《释礼制例下·娶归终始》,《刘礼部集》卷四,页31—32。
[187] "盖圣人之教,博文约礼,易象诗书,皆以礼为本。春秋常事不书,固非专为言礼,然而变礼则讥之,辨是非,明治乱,非礼无以正人也。……后有王者,仪监于兹,所谓循之则治,不循则乱者也。"刘逢禄:《春秋公羊议礼叙》,《刘礼部集》卷五,页1。

第五章 内与外(一):礼仪中国的观念与帝国

结合起来。[188]《释内事例上·公终始》从三代之制论及"世衰道微,既无誓教之礼,竞立私爱,更相篡弑……封建之意微矣",进而为王鲁变法提供正当性:"周道既伤,舍鲁奚适,历十二公之事,不能不喟然而叹也。……故《春秋》者,禁于未然,礼义之大宗也。"但是,从礼义角度看,鲁无王之名,因而王鲁必须采用实与而文不与的义法。"故《春秋》始元终麟,而鲁无终始。无终始者,无正也,安有国哉。"[189]恰恰由于王鲁无终始,因而孔子之法不是周代一代之法,而是万世之法。[190]

也是在这个意义上,《释兵事例·侵伐战围入灭取邑》将天下乱象归之为郡县之蔽,进而以三代之封建作为弭兵禁暴的根本方略。"大一统"与"封建"的紧密联系是刘逢禄"大一统"思想的重要特点。下面这段引文可以与《秦楚吴进黜表序》对照阅读:

> 郡县之法,势不能重其权,久其任,如古诸侯也。一旦奸民流窜,盗贼蜂起,其殃民而祸及于国。秦汉之忽亡,晋季之纷扰,视三代之衰则惨矣。夫王灵不振,九伐之法不修,则去封建而乱亡益迫……三季之失,非强侯失之,失驭侯之法也。……然则《春秋》救周之敝将奈何?曰制国如周初,公侯之国不过方百里,伯子男之国不过方七十里,如五十里,其军赋之法,大国千乘,寓农者十万人,次五百乘,次二百五十乘,则五万人及二万五千人……故皆称人以听于方伯,其诸侯世子既教于学,而誓于天子。……贤圣之才不世出,则莫若修封建之

---

[188] 刘逢禄高度重视制度的严格性,对于公羊、何休"崇让"的精神有很深的保留,坚持制度对于人情的优先性。这一点似乎又证明他对郡县体制的某种肯定。皇权不可让渡的观点后来在康有为的今文经学中发展为重要的主题。关于"让国"问题,锺彩钧《刘逢禄公羊学概述》有较专门的讨论,见《第一届清代学术研讨会·思想与文学·论文集》(高雄:国立中山大学中国文学系编印,1989),页164—169。
[189] 刘逢禄:《释内事例上·公终始》,《刘礼部集》卷四,页33—34。
[190] "子曰:如有用我者,吾其为东周乎? 盖伤本之失也。夫用圣人者,天也;天不欲孔子救东周之乱,而命以《春秋》救万世之乱,圣人曷敢以尊亲之讳,辞天讨之柄哉。世之罪孔子者,其知孔子者邪? 其不知孔子者邪,非孔子所知也。"刘逢禄:《释内事例上·公终始》,《刘礼部集》卷四,页35。

制,得如齐桓晋文者以为方伯连帅,则灭亡之祸可弭,而侵夺之罪可正。君国子民,求贤审官,以辅王室,以救中国,持世之要务,太平之正经,诗终殷武之意也。[191]

郡县制度具有明确的法律形式,政体过于庞大,缺少行权的灵活性,从而易致祸国殃民的局面。这里的问题是:为什么刘逢禄承认二伯的作用,却又认为必须"治国如周初",否定郡县制国家的合法性?一个重要原因是:郡县制国家的清晰的内外关系和僵硬的制度和法律正是礼序衰亡、战争纷扰的原因。刘逢禄对于郡县的批评与庄存与对于世卿的讥评似乎有所矛盾,但他们都不是简单地复古倒退,而是要求以礼仪作为中国的基础,以行权(即根据具体形势加以变通,注重制度的灵活性)为手段,以否定夷夏、内外的绝对差别作为"大一统"政治的前提。这是对早期帝国政治的超越。

第四节 大一统与帝国:从礼仪的视野到舆地学的视野

1. 大一统、礼仪中国与帝国

清朝综合封建与郡县的传统经略西北和西南,并在中原区域实行旗民杂处原则,这是新的王朝体制的核心内容。在这个意义上,清朝是一个不同于宋明郡县制国家的、带有若干封建特点的王朝体制。概括地说,清王朝是一个幅员辽阔、族群复杂、文化多样的政治共同体,它把早期在武力征服的基础上形成的帝国制度发展成为一种新的体制,综合地方封建

---

[191] 刘逢禄:《释兵事例·侵伐战围入灭取邑》,《刘礼部集》卷四,页38—39。

（八旗制、土司制、噶厦制等）、行政制度（中央权力、行省制度和官僚体系）、军事占领与和藩政策，力图在承认礼仪、文化、历史的延续性的基础上建立共同体的多元的法律和制度前提，并以此作为对外关系的基础。春秋公羊学与汉、清两朝的"大一统"体制存在密切的关系。如果说顾炎武、章学诚等人从不同的层面试图混合封建与郡县，那么，今文经学者则通过取消内外、夷夏的绝对界限，在封建、郡县等概念之下，建构以多民族王朝为内含的"大一统"理论。

庄存与、刘逢禄的"内外观"为今文经学的"大一统"理论提供了基础。在今文经学者的术语中并没有"帝国"概念，他们更常使用的一个词是人们熟悉的"大一统"，但这两个概念很容易混为一谈，原因是这一概念与秦帝国及其郡县制度的建立有着历史的联系。今文学者的"大一统"概念源自《公羊》中"王正月"一节，但在《史记·李斯传》和《秦始皇本纪》之后，这一概念与郡县制有了联系。"一统"一语见于《史记·李斯传》和《秦始皇本纪》。"廷尉斯等皆曰：'昔者五帝地方千里，其外侯服夷服，诸侯或朝或否，天子不能制。今陛下兴义兵，诛残贼，平定天下，海内为郡县，法令由一统，自古以来未尝有，五帝所不及。……''今海内赖陛下神灵一统，皆为郡县，诸子功臣以公赋税重赏赐之，甚足易制。天下无异意，则安宁之术也。置诸侯不便。'……分天下以为三十六郡，郡置守、尉、监；更名民为'黔首'。"[192]在秦始皇的语境中，李斯所议"大一统"包含了削平诸侯、建立以绝对皇权为中心的帝国制度的含义。然而，在汉儒的使用中，这一概念逐渐与三代的想像关联起来，如董仲舒《春秋繁露》之《三代改制质文篇》即按三统论证"三代必居中国，法天奉本，执端要以统天下、朝诸侯也"，将"统天下"与"朝诸侯"关联起来。在庄、刘的语境中，"大一统"理论承认王朝的合法性及其一统体制，但对于帝国的武力征服、族群隔离和贵族世袭制度进行批判，从而不能等同于帝国概念。他们的"大一统"观念与礼仪中国的观念更为接近，都是一种以历史为据的理想化的抽象概括。为了分析的方便，首先需要在封建、郡县、帝国和

---

[192] 司马迁：《史记》（一）卷六，北京：中华书局，1985，页236，239。

"大一统"的关系中对"大一统"概念加以扼要的界定。在清代政治和今文经学的语境中,"大一统"是强烈关心王朝政治的、作为被压迫民族成员而又高踞庙堂的汉族儒者的政治理想和论述,它以承认王朝合法性为前提,把民族平等、社会平等和礼仪关系的诉求扩展为一种政治共同体的构想。我们所以把这一论述(或话语)与封建、郡县、帝国等制度形式进行比较,是因为在漫长的历史过程中,这些制度形式本身也经常作为一套论述(或话语)而存在。以"大一统"为特征的共同体构想区别于封建、郡县和帝国,理由如下:

第一,不同于秦代以郡县制取代封建制为内含的一统观念,在庄、刘的语境中,"大一统"及其礼仪中国的概念一方面承认皇权和郡县制的历史合理性,但同时保留了对于封建礼仪的尊重,尤其承续了先秦时代的甸、服(如刘逢禄按照甸、服的原则计算夷服、藩服的距离,说服越南使团接受中国皇帝的敕令)观念和《周礼》中的礼仪秩序,赞成《周礼》所谓从俗从宜的政策。作为一种政治构想,"大一统"对郡县制度进行讥贬,其目的是在郡县时代建立分权/限权、选贤与能、由近及远的政治架构,在民族平等的基础上尊重各民族的文化和制度特点。因此,大一统或礼仪中国虽然均以三代之制、特别是周代封建为根据,但并不以恢复世袭贵族和宗法分封制为取向,毋宁说承认了郡县制的历史合理性。这一"封建"构想与王朝政治现实之间有着历史的联系:清朝幅员辽阔,由不同民族和区域组成,并按照具体的情况综合朝贡关系、行政管理和区域自治等因素,以一种内外礼序——而不是西周封建制下的宗法分封及诸侯并立——作为王朝政治的原则。有清一朝在内地实行郡县制度,而在西北、西南等少数民族地区则根据不同的情况,在帝国架构内建立不同的制度,设置不同的行政机构。蒙古旗制、西藏噶厦体制、西南土司制度,等等,都是按照当地特点和历史形势设定的制度,它们之间并不像宗法封建制下的诸侯国,它们与中央王朝的关系也不同于诸侯国与周王的关系。在这里应该特别指出的是:"大一统"和"礼仪中国"都是一种理想化的礼仪关系,它们不能等同于清朝的政治现实。清朝以从俗从宜相标榜,但在实践上却建立了族群等级制,并不断地将西北和西南地区的自治权力收回中央管理。

在这个意义上,"大一统"和"礼仪中国"所尊崇的封建礼仪是一种能够容纳文化差异性而又保持帝国统一的礼仪,它与帝国的现实之间存在内在的紧张。

第二,"大一统"及其礼仪中国的概念承认历史的变化,从而以现实的态度接受郡县制的政治架构,但同时对帝国实行的郡县制度给予激烈批判,并特别重视在郡县条件下兼采封建制。郡县制度有两个主要特点:一是严格区分内外、森严夷夏之防,二是以统一的行政体制管理地方,从而把传统分封关系转化成为明确的中央/地方、中心/边缘关系。从分封与郡县的区别来看,郡县的守、令与封君的区别包括如下几个方面:首先,朝廷有权随时任免守、令,但不能随意撤换封君;其次,朝廷直接控制郡县的赋税并负责郡县的支出,但不能直接从封国获取赋税,也不必要提供封国直接的财政支出;第三,郡县制度以官僚政治体制为基本的制度框架,而分封体制则以封爵的形式保持中央与地方的关系。[193]郡县制包含了皇权的绝对性,而封建制则承认权力的多中心化。"大一统"的叙述与郡县制的诉求并不完全一致:它要求取消内/外、夷/夏的绝对界限(所谓"华戎同轨"、"夷夏合一"),在建构政治制度时尊重地方士绅分权、少数民族的风俗和传统的政治构架,从而带有多元主义的特点。事实上,"大一统"概念既可能与郡县制相关,也可能与封建制度相关,因为封建制度并不排斥一统观念。孔子所谓"礼乐征伐自天子出"不正是要求分封条件下的"一统"吗?清朝是继蒙元之后、由少数民族一统全国的多民族王朝,它一方面汲取宋、明时代的制度成果,另一方面却不得不与这两个朝代的强烈的族类意识、明确的边界观念进行斗争。康熙尊崇程朱,但他对程朱的利用以完全消解内含其中的民族思想为前提,将之视为"非此不能知天人相与之奥,非此不能治万邦于袵席,非此不能仁心仁政施于天下,非此不能外内为一家"的治术。[194]在《中俄尼布楚条约》之后,1691

---

[193] 徐复观在谈到秦之郡县时还特别提及另外两点,即"秦之郡县,有主管武力的尉;但似乎实际上没有武力,更不能直接出兵";"由朝廷派遣监察御史,负与地方官守监督之责。"见氏著:《两汉思想史》第一卷,上海:华东师范大学出版社,2001,页78。
[194] 康熙:《御纂朱子全书》御制序,页3a。

年5月(康熙三十年),康熙发布上谕,禁修长城,除了经济上的考虑之外,清朝帝国深入大漠南北、天山南北、青海、西藏(更不用说它自己的起源地东北),规划了新的统治范围,并在某些地区(如清俄边境)确定了外部边界,则是更为重要的原因。康熙对于边疆的理解完全不同于宋明时代的当政者:对外,西北地区的一些明确边界已经确定;对内,原有的边疆区域已经成为内陆地区。这一完全不同以往的边疆政策意味着"内部"的含义发生了根本的变化。在这一背景之下,清王朝承续宋明时代的郡县制度,同时又按照封建的原则建构满蒙旗制、西藏噶厦制度、西南土司制度等等,将中央权力控制与原有社会统治结构结合起来,形成所谓远近大小若一的王朝体系。"大一统"的理想与上述政治实践存在着呼应关系:今文经学批判宋明儒学中盛行的夷夏之辨,以取消内外的封建取向抨击宋明时代的郡县制度,实质上是在承认清朝合法性的前提下,消解以种族(族群)复仇为取向的汉族民族主义,建立容纳文化和制度的多元性的王朝体制。这一取向在晚清民族主义浪潮中暴露得最为明显。

第三,"大一统"及其礼仪中国的概念与帝国均具有取消外部的倾向(今文经学所谓"详内而略外"正适合于"大一统"和帝国的特点),它们不像宋明理学那样具有清晰明确的对于外族的排他性观念。但"大一统"与帝国之间存在着微妙的紧张关系:"帝国"这一概念一般指一种政治体系,它包括幅员辽阔并高度集中的领土,以及复杂的多元民族和文化关系。这一体系以帝王和中央政治机构为中心,凭借暴力(贡品和赋税)和贸易垄断来保证经济从边缘向中心流动。早期的清代帝国可以视为建立在族群统治基础上的扩张性的政治、军事和经济共同体,它以武力征服、军事占领和朝贡贸易作为主要的统治手段,保留了以族群等级和族群分离为特点的、建立在强权基础上的贵族制度。"大一统"的特点是礼仪关系与政治秩序的合一,它要求取消帝国时代的族群隔离政策、封建贵族等级制和赤裸裸的武力征服。"大一统"与帝国的含混关系部分地起因于这一事实:倡导"大一统"的儒家学者大多承认清王朝的统治合法性,承认满清在征服中原、平定西北和西南之后建立的领土广大、民族多样的王朝的合法性,从而与帝国政治存在着历史的重叠关系。魏源的《圣武记》对于大清文治武工的详细记载,即表明了这一点。但魏源、龚自珍的帝国倾向是在"海疆不靖"之时才发展起来,它是对鸦片战争和欧洲殖民主义的到来作出的反应。关于这一点,下文将作详细分析。

今文经学者要求统治者尊重王朝内部或朝贡体系内部的族群、宗教、语言和文化的多元性,认为王朝的礼仪基础及其道德含义不应成为排斥其他文化价值和政治传统的依据。在这个意义上,"大一统"不能等同于王朝政治的现实,而是一种有待实现的儒家文化理想。但这一理想是从帝国政治中演变而来的秩序观,因为清代帝国体制内部的确包含了若干类似自治性的采邑或封地,包含了宗教信仰的多元性。例如,在平定四川藏区的反叛之后,为了保持权力平衡关系,清朝并没有将这一地区归入达赖的管辖,而是让其他宗教势力(如红教)保持优势,目的是平衡达赖黄教的力量。[195]因此,"大一统"区别于郡县、封建、帝国,但又包含了郡县、封建、帝国的诸多因素。它的礼仪中国的观念是对帝国政治的批判,也为殖民主义时代中国"主权国家"的主权形式提供了文化的而非种族的前提。但这一儒学的特殊形态不应成为帝国历史的证明,似乎帝国真的建立在一种纯粹礼仪的基础之上;作为一种政治合法性的理论,今文经学与帝国之间存在着既相重叠又相矛盾的关系。为了与古文经学相抗衡,刘逢禄不得不严守家法,他对"三统"、"三世"、"内外"的叙述不能充分体现今文经学作为一种政治理论和实践指南的品质。今文经学作为经世之学的特点要到龚自珍、魏源的手中才能发挥得淋漓尽致。他们涉猎广泛,词锋锐利,在一个危机四伏的时代以今文经学的视野观察极为广泛的社会问题,从而促成了今文经学视野本身的变化,也对清末改革思想产生了深远的影响。然而,当我们把注意力集中在他们对清朝内部政治的批判的时候,从内外观的角度看,他们的"中国"视野已经逐渐地与帝国的视野相互重叠。这一点尤其集中地表现在他们的舆地学视野之中。

---

[195] 除了新疆、西藏、蒙古、西南等大片地区外,其他地区还有一些更小规模的自治地区,如四川西部的藏族和其他民族聚居区等。关于清朝对这一地区的征服和管治,参见 Joanna Waley-Cohen, "Religion, War, and Empire-Building in Eighteenth-Century China", *The International History Review* 20, no.2(June 1998):336-352。

2. 封爵之虚化、郡县制与无外/有外的帝国

龚自珍(1792—1841)的学术渊源极为深厚,但他不像刘逢禄那样严守家法,而是致力于"天地东西南北之学",以一种帝国的地理/风俗学为中心展开自己的知识实践。他是道光年间的进士,先后担任宗人府主事、礼部主事。1819年赴京参加礼部会试,落选,从刘逢禄学习公羊学,开始用公羊春秋的观念通释五经,1823年间写作的《五经大义终始论》和《五经大义终始答问》是这方面的代表作;至于《六经正名》、《大誓问答》等经学著作都很难被概括在公羊学的范畴里,其中许多观点与古文家更为接近。魏源《定庵文录叙》评价龚氏之学云:"于经通《公羊春秋》,于史长西北舆地。其文以六书小学为入门,以周、秦诸子吉金乐石为崖郭,以朝章国故世情民隐为质干。晚尤好西方之书,自谓造深微云。"[196] 舆地学本来是经史之学、尤其是史学的一个内在的部分。[197] 龚自珍的学术视野深受章学诚"六经皆史"说的影响,史学的视野、特别是舆地学的视野与经学研究相互交织。综合经学与舆地学构成了龚氏之学的一个重要特点,其他各种知识和经世主张均被编织在经(公羊学)与史(舆地学)的经纬之中。就对大一统的理解而言,他与刘逢禄的主要区别是:刘特别重视封建的价值,对郡县持有激烈的批判态度,而龚在形式上保留了对封建的尊重,但基本上已经把"大一统"建立在郡县的构想之上。龚自珍《答人问关内侯》云:

---

[196] 魏源:《定庵文录叙》,《魏源集》,上册,页239。
[197] 康有为后来在《南海师承记》中说:"读史当通地理,则《地理志》宜先读。然古之某州郡必先明为今某省府,乃能了然,故以看地图为先。今地图无绝佳者,胡文忠《大清一统地舆图》(武昌刻本)稍详矣;次则李兆洛、董方立之图;又次则仅有郡县之图,亦当日挂左右。然后取《历代地理沿革图》、《历代地理韵编》考之,则得其涯略矣。……至《天文图》、《地球图》、《五大洲图》、《万国全图》皆当悬置壁间,能购天球、地球尤佳。……凡考地图,《舆地经纬度里表》宜通。……"(《康有为全集》(二),页448)这些评论已经是19世纪晚期今文经学者的说法,但恰好可以说明今文经学与舆地学视野之间的内在联系。

汉有大善之制一，为万世法，关内侯是矣。汉既用秦之郡县，又兼慕周之封建。侯王之国，与守令之郡县，相错处乎禹之九州，是以大乱繁兴。封建似文家法，郡县似质家法，天不两立。天不两立，何废何立？天必有所趋，天之废封建而趋一统也昭昭矣。然且相持低卬，徘徊二千余年，而后毅然定。何所定？至我朝而后大定。

所谓关内侯，是汉代之虚爵，有封建之名，而"无社稷之祭，无兵权，无自辟官属"。[198]"关内侯"的设置典型地反映了将封建礼仪虚化的构想，反对实质性的分封制度和相应的礼仪价值，削弱世袭贵族传统和封建体制内的传统忠诚，并为这些阶层提供在中央集权体制框架内获得发展的机会，其中的关键是将贵族封爵与领土权完全分离，从而在确定中央主权的绝对支配地位的条件下将各种分治机制纳入中央官僚体系之中。以关内侯的方式对封建力量作出妥协，但削弱世袭俸禄制在王朝政治中的影响，这是维持郡县帝国的一统政治的方式之一。龚自珍的建议触及了王朝合法性建构中的一个关键问题，即中央皇权试图限制贵族的权力，并创造更具有弹性的身份群体，但这一集权过程仍然依赖于占有地产的世袭贵族或宗教精英所使用的身份象征，因为后者是体现和维持礼制的完整性的根据。这也是为什么贵族阶层在与皇权抗衡的过程中也不断地诉诸于祖宗的规矩和礼制。在清代的政治语境中，用关内侯的设置来暗喻对八旗、土司和世袭贵族等制度的讥评，这一传统从龚自珍到康有为几乎没有终止。[199]龚自珍用春秋公羊学之文质概念描述封建与郡县，认为"大一统"的特点在于综合文质，废除封建，以汉代关内侯的设定为"万世法"，从而开始改变刘逢禄著述中"大一统"与"封建"之间的紧密的、内在的联系。

---

[198] 龚自珍：《答人问关内侯》，《龚定庵全集类编》，页208。
[199] 康有为说："古之诸侯，即今之士师（应即土司），各君其国，各子其民。自汉有关内侯，始为内臣，与诸侯不同。本朝之高丽、缅甸、安南，每年亦受正朔称臣，略有不同。但入奏称臣，已在国则称王，亦立纪元，此不必计也。今之督抚直一使臣耳。滕子来朝，此条甚奇。若不知孔子托王改制，借褒贬以进退诸侯之意，无可通矣。"《南海师承记》，《康有为全集》（二），页483。

这一趋向在晚清时代康有为的大一统论述中更为明确。

由此可见,当龚自珍倾向于郡县制度的时候,在他的论述中,礼仪与制度之间的分野就重新出现了:关内侯是一种礼仪性的设置,而郡县制度才是帝国的实质。这是"讥世卿"的今文经学主题的灵活运用。为了弥合封建礼仪与政治制度之间的冲突,龚自珍运用三代之文质概念,将郡县制度的构想纳入"质"的范畴之中,从而赋予这一制度以礼仪的正统性。清朝平定三藩后,所有的元功亲王,全部留在京师,而"宗室自亲王以下,至于奉恩将军,凡九等,皆拨予之以直隶及关东之田,以抵古人之汤沐邑。以汉制准之,则关内侯也。功臣自一等公以下,……皆予俸,……亦皆关内侯也。"[200]"大一统"保持封建之虚爵,承续郡县之实质,在皇权一统之下综合文质,而以"质"(即郡县制)为主。这是从制度层面对"大一统"加以界定,也是在制度层面对"讥世卿"宗旨的进一步发挥。这里的核心是:封建礼仪必须作为一种抽象的礼仪才能作为大一统的前提。正因为如此,如果按照今文经的家法理解龚自珍也就无法了解公羊学在他的思想发展中的意义。在这里,最为重要的是观察公羊学论题为他的思想和学术活动提供了怎样的视野,他的西北舆地之学、他的政论和策论、他的经学研究与公羊学之间构成了怎样的一种关系。

从经学的角度看,早期今文经学突出内外与三统说,而龚自珍突出了三世说的意义。他把"三世"说发展为透视历史的基本理论,并以"太平世"观念批判"夷夏之辨",明确地把春秋公羊学的大一统观念与宋明儒学内含的民族思想对立起来。这一观念不仅体现在他的今文经学研究之中,而且也体现在他的政论之中。准噶尔初平之后议善后之策,龚自珍作《御试安边绥远疏》,缕述清朝帝国内部关系及统治之术,他的视野远迈"夷夏之防",而将清朝"中外一家"的格局与"前朝"清楚地区分开来:

> 国朝边情边势,与前史异。拓地二万里,而不得以为凿空;台堡相望,而无九边之名。疆其土,子其民,以遂将千万年而无尺寸可议

---

[200] 龚自珍:《答人问关内侯》,《龚定庵全集类编》,页209。

弃之地,所由中外一家,与前史迥异也。[201]

正是从这一"中外一家"的视野看待"中国",龚自珍才会把他的视野投向遥远的边陲。在帝国的视野内,这些区域不再是"外部":《蒙古像教之序》对于黄教源流及其与国朝之关系详加论述;《蒙古水地志序》考索蒙古各旗及其地理状况;《蒙古声类表序》以中原音韵为参照,研究蒙古、西藏和回部地区方言音韵,对各部经典及其翻译加以论述;《蒙古字类表序》追溯"国书之祖"的蒙古文字,兼及满、蒙文字的差异;《蒙古氏族表及在京氏族表总序》钩稽蒙古氏族渊源,补正《元史》之不足;《蒙古册降表序》记录"国朝公主之适外藩者";其他如《蒙古寄爵表序》、《青海志序》、《乌梁海表序》都是对西北少数民族及其历史地理状况的研究。所有这些文献展示出的是一个多民族帝国的文化和政治视野,它的基本特点是以礼仪秩序取代单纯的夷夏、内外之辨,而后再将这一抽象的礼仪关系实体化,并转向具体的地理、风俗、人口、文化、语言的描述和研究。这类知识的发展与清王朝的政治架构存在着密切的关系,它反映了清朝对于帝国的幅员、文化多样性、民族和风俗的变化的明确意识。这类著作带有调查、实证和客观陈述的特点,但如果离开了清朝政治的上述特点,我们无法理解为什么在这个时期,大量的学者转向了舆地学的研究。

如果说"关内侯"是一种将封建礼仪(世袭贵族俸禄制)虚化的设置,那么,西北舆地学和行省制则是实质性地扩展郡县一统体制的构想。龚自珍的舆地学著作与他的《五经大义终始答问》及1825—1832年写作的《古史钩沉论》等今文经学著作之间有着内在的呼应:今文经学的通三统、张三世、异内外和大一统理论为多元民族和文化的帝国图景提供了理论视野,而帝国图景本身又提供了经学理论以实质内容。与庄存与、刘逢禄一样,龚自珍关心满汉关系和作为"遗民"的士大夫在当朝的出处问题,但这一问题愈益紧密地与他对大一统王朝的历史叙述联系在一起。

---

[201] 龚自珍:《御试安边绥远疏》,《龚定庵全集类编》,页187。该疏竟因楷法不中程,不列优等。

在《古史钩沉论》中,他以三世说论宾宾之礼,以箕子的遗民身份暗示汉人士大夫在清朝的地位和言行的根据。但他的论述已经不再局限于个人的出处问题上,而是与"大一统"的理想联系在一起。在理解这一点时有必要注意两点:第一,大一统观念是对宋明以来的汉族民族主义的批评;第二,龚自珍对西北的重视与清代起源于东北和蒙古地区有关,从而不应把这一思想看成是一种"汉族中心主义"的观念。龚自珍说:

> 问:太平大一统,何谓也? 答:宋明山林偏僻士多言夷夏之防,比附春秋,不知春秋者也。春秋至所见世,吴楚进矣,伐我不言鄙,我无外矣。诗曰:毋此疆尔界,陈常于时夏。圣无外,天亦无外者也。然则何以三科之文内外有异? 答:据乱则然,升平则然,太平则不然。[202]

"太平大一统"或"太平世"在这里是对宋明理学内含的"夷夏之防"或内外之别的排斥,所谓"据乱则然,升平则然,太平则不然"。在龚自珍的视野内,《春秋》大义处处以破除内外、淡化夷夏、至大无外的观念颠覆和修正帝国的族群隔绝、武力征服和世袭等级。满清王朝以泯灭内外和夷夏之防相标榜,但在它的民族平等和文化多元的原则之下,仍然是一整套军事控制、文化规训和族群特权的策略。龚自珍《与人笺》(即《与人论青海事书》)对于清代"崇黄教微指"的阐释、对于青海地区满、蒙、藏之相互关系的探讨即为例证,他提供的是如何保持统治稳定的统治术。[203]因此,无论以《春秋》为鉴,还是以帝国政治、军事关系的现实为参照,取消内外、夷夏的绝对界限都不是太平原则的永久实现,毋宁是对王朝政治关系的一种批判性的建议。

在上述语境中,夷夏、内外等命题已经被置于舆地学的视野内,从而与帝国的知识相互重叠。龚自珍、魏源等人以帝国内部的有志之士自居,他们

---

[202] 龚自珍:《五经大义终始答问七》,《龚定庵全集类编》,北京:中国书店,1991,页82—83。
[203] 龚自珍:《与人笺》,《龚定庵全集类编》,页206—207。

已经将清朝政府所谓"满汉一体"落实在具体的知识实践之中,对他们来说既不需要论证清朝帝国的合法性,也不需要为自己在帝国内部的行动提供合法性。魏源《默觚上·学篇九》论述"三代以上,君师道一而礼乐为治法;三代以下,君师道二而礼乐为虚文"的儒家伦理,强调"古者岂独以君兼师而已,自冢宰、司徒、宗伯下至师氏、保氏、卿、大夫,何一非士之师表?"并提出了所谓"以经术为治术"的主张。[204] 道不但可以落实在礼乐上,而且也应该落实在兵刑、食货上。因此,道不再是对抗现实制度的理论根据,而是在制度范围内行动的伦理。从经世的角度看,这是对顾炎武、黄宗羲的经世精神的恢复,但这一恢复中也隐含了一个极为重要的转变:魏源的讨论中已经没有顾、黄等人与清朝之间的紧张关系,他关注的中心已经是"国家"本身。如果道德应该建立在事功之上,经术应该转变为直接的治术,那么,统治的合法性是所有上述推论的基本前提。这一经世论的前提对清代后期改革运动产生了重要影响:改革或建立现代国家的运动不是以解构帝国构架为导向,即不是以民族或区域为取向将帝国分裂为多个民族—国家,而是以整体的帝国作为变法改革的对象,从而使之适应民族—国家时代的新形势。这是龚自珍、魏源等人卷入舆地学研究的基本背景。

3. 舆地学的视野与帝国内外关系的转化

舆地学的兴起与清代初期士大夫的经世传统存在密切关系,但清初舆地学与稍后的舆地学存在重要的差异。顾炎武的《天下郡国利病书》辑录二十一史及天下郡国志书、一代名公文集、章奏文册之类,"一为舆地之记,一为利害之书",从而在经学传统内部开创了舆地学的传统。他的经世目标集中在如何融会封建和郡县的政治架构,反对帝国一统的世袭官僚政治。清儒注重汉代典籍,对于《汉书·地理志》等有所研究,他们的学术渊源与传统经史之学关系密切。但舆地学在清代的发达更多地来自帝国的西北事务,那些关心边事的儒者对于西北和西南边陲给予特

---

[204] 魏源:《默觚上·学篇九》,《魏源集》上册,北京:中华书局,1976,页23—24。

别的留心。明末清初以来传教士带来的测绘和制图技术在西北和西南边疆的边界勘查和地图制作过程中获得了实际的运用,[205]例如康熙时代制作的《皇舆全览图》的三个版本(1717—1721)均由耶稣会士协助绘制,在征服西北的过程中,康熙曾亲自向耶稣会士学习几何学并用于地理测定。[206]值得注意的是,在同一时期,俄国人和欧洲人也在从事有关俄国版图及其与清朝及蒙古边界地区的地图的绘制。俄国于1721年战胜瑞典,扩张帝国的意识更为强烈。根据彼特·普尔度(Peter C. Perdue)的研究,1723年,瑞典战俘菲力甫·约翰·斯特尔伦伯格(Philipp Johann Strahlenberg)在莫斯科刻制了一幅包括俄国全境、中亚、蒙古和部分中国地区的地图,并于1730年以德文发表,而后在1736年以英文发表,在欧洲有重要影响。地图的标题很长:"一个欧亚北东部的历史地理描述;更确切地说,是关于俄国、西伯利亚、大鞑靼——包括它们古代和现代的状态的描述:包括32个鞑靼民族方言的多种文字表;喀尔木蒙古声韵词汇表,一幅包含所有这些国家的规模宏大和精确的地图,刻线变化表示亚洲的锡西厄人的古代"(*An Historico-Geographical Description of the North and*

---

[205] 李约瑟认为中国传统的测绘和制图技术为明清耶稣会士带来的西方测绘和制图学在中国的发展提供了前提(see Joseph Needham, Geography and Cartography, *Science and Civilization in China*, Cambridge, 1954, iii, pt. 22. 497-590),而新近的研究则认为西方制图学对中国制图技术影响很小,例证之一是《图书集成》中所收的地图省略了大量的细节,也没有经纬线。(Cordell D. K. Yee, "Traditional Chinese Cartography and the Myth of Westernization", in *Cartography in the Traditional East and Southeast Asian Societies*, vol. 2, book 2 of *The History of Cartography*, eds. J. B. Harley and David Woodward (Chicago: University of Chicago press, 1994), pp. 170-202.) 普尔度指出:耶稣会士在中国刊行的地图包括两个版本,一个是精确的、范围广阔的、严格的版本,其中有经纬线的标志,而另一种更为公开的版本却没有经纬线的标志。前一个版本供朝廷用作军事战略,后一个则在中国广泛发行。但其实朝廷的秘密版本在欧洲却广泛发行,d'Anville 在 du Halde 的 *Description de la Chine* 中发表了大规模的地图。关于制图学在17—18世纪帝国边界测定中的运用。See Perdue, "Boundaries, Maps, and Movement: Chinese, Russian, and Mongolian Empires in Early Modern Central Eurasia", *The International History Review* 20, no. 2 (June 1998):263-286.

[206] Walter Fuchs, *Der Jesuiten-Atlas der Kanghsi-Zeit* (Beijing, 1943), see Perdue, "Boundaries, Maps, and Movement", p. 274.

Eastern Part of Europe and Asia; but more particularly of Russia, Siberia, and Great Tartary; both in their Ancient and Modern State: Together with An entire New Polyglot-Table of the Dialects of 32 Tartarian Nations; and a Vocabulary of the Kalmuck-Mungalian Tongue, as also a large and accurate Map of those countries, and variety of cuts, representing Asiatick Scythian Antiquities)。很明显,这部地图事实上是有关俄国和远东地区的人类学描述。斯特尔伦伯格以乌拉尔山为界区分了亚洲与欧洲,这一区分为稍后俄国历史学家和地理学家达兹希杰夫(Vasilii Tatishchev)以乌拉尔山为界区分欧洲和亚洲的边界提供了基本根据。[207] 如果把这部著作与同一时期欧洲传教士们有关中国的研究报告——如杜赫德(Jean Baptiste Du Halde)出版于1735年的《中华帝国全志》(*Deception geographique, chronologique, politique de L'empire de La Chine et de Tartarie Chinoise*),亦即《中华帝国并领鞑靼之地理的历史的年代的政治记述》——放置在一起讨论,我们可以发现它的出现并不是偶然的。勘界的需求和帝国的视野从外部为清代舆地学的发展提供了条件。

从舆地学的发展来看,清代舆地学与追溯蒙元帝国的征服史有着内在的关系,其中包括对蒙元帝国向欧洲的扩张(我在讨论魏源时会再次提及这一点)的兴趣。在整理和收集四库全书的过程中,清代学者从《永乐大典》中发现了《元秘史》和《皇元圣武亲征录》,从而元史及相应的史地学研究渐受重视,促进了清代学者对于西北舆地和历史的研究。[208] 这一知识的视野与清代统治者为了帝国统治而开展的知识工程有着呼应关系。[209]

---

[207] Philipp Johann Strahlenberg, *An Historico-Geographical Description of the North and Eastern Part of Europe and Asia* (London, 1736). 相关讨论见 Perdue, "Boundaries, Maps, and Movement", pp. 281-282。

[208] 祥伯:《近二百年国人对于中亚地理上之贡献》,中央亚细亚协会编《中央亚细亚季刊》第二卷第四期,页9—11;王聿均:《徐松的经世思想》,中央研究院近代史研究所编《近世中国经世思想研讨会论文集》,1984,页181—197。

[209] See Joseph Fletcher, "Ch'ing Inner Asia c. 1800", in *The Cambridge History of China*, vol. 10, eds. D. Twitchett and J. K. Fairbank (London: Cambridge University Press, 1978); Kent Guy, *The Emperor's Four Treasuries: Scholars and the State in the late Ch'ien-lung Era* (Cambridge, Mass: Harvard Council on East Asian Studies, 1987).

因此，舆地学在清代的发达不能仅仅视为士大夫经世取向的结果，在一定意义上，它更是帝国知识工程的有机部分。从康熙时代开始，清朝即开始了对全国的地理测绘工作，先后绘成《皇舆全览图》和在此基础上修订而成的《乾隆内府铜板舆图》，并纂修了《大清一统志》、《西域通志》（及清末在此基础上修成的《新疆通志》等）。这类研究均由朝廷主持，个人著述并不多见。康熙、雍正、乾隆三朝用了 70 年的时间平定新疆。乾隆以降，伴随对西域各部的收复，交通流畅，移民日增，人们对于新疆、回部和蒙古的研究兴趣大增。但嘉庆、道光之前，西北地理的研究并不发达，私人著述的水平也不高。[210] 从 17 世纪开始，俄罗斯帝国处于扩张过程之中，新疆、蒙古与俄罗斯的边界形势极为复杂，危机不断。《中俄尼布楚条约》签订后，张鹏翮的《奉使俄罗斯日记》、钱良择的《出塞纪略》和徐元文的《俄罗斯疆界碑记》先后刊行，同时刊行的戍边遣臣方式济的《龙沙纪略》、杨宾的《柳边纪略》、吴振臣的《宁古塔纪略》等也是对中俄边疆地理的描述。嘉庆中期，中俄在恰克图贸易问题上争端迭起，西北不靖成为士大夫经世思想内部的一个重要因素。强烈的边患意识（包括对于边界、边疆、人口、风俗和地理情况、管治范围的意识）促进了西北地理研究的研究。[211] 1806 年，曾经对西北地理作过研究的俞正燮发表了《俄罗斯长编稿跋》，次年著成《俄罗斯事辑》一文，对俄罗斯方隅、历史沿革和中俄争端的历史进行了详细说明，并指出雍乾之际"俄罗斯方西向用兵，故无南侵意也"，[212] 从而将中俄关系引向了更为广泛的战略视野。此后，张穆以松筠著于 1805 年的《绥服纪略图诗》补俞著之阙，著成《俄罗斯事补辑》一文。这些著作与嘉庆

---

[210] 如永贵的《新疆回部志》、沈宗衍的《蒙古沿革志》、马思哈的《塞北纪行》、殷化行的《西征纪略》、方观承的《从军杂记》、七十一的《西域闻见录》等等。其中以永贵的《新疆回部志》和《西域闻见录》成就较大。相关讨论参见郭双林《西潮激荡下的晚清地理学》，页 78。

[211] 如徐松的《西域水道记》卷五对于大清与俄罗斯的边界形势及其历史有详细的叙述，对于俄罗斯的情况也有所介绍。

[212] 俞正燮:《癸巳类稿》，卷 49，商务印书馆，1957。相关论述参见郭双林:《西潮激荡下的晚清地理学》，页 87。

第五章　内与外（一）：礼仪中国的观念与帝国

末年龚自珍、程同文辑录的《平定罗刹方略》都是对中俄边疆地理和中俄关系的研究。严格地说，这类研究不能简单归于地理学或舆地学的范畴，它们的描述包含了对于这一地区的广泛的民族、民俗、语言、宗教和各种文化的调查，极大地扩展了顾炎武开创的舆地学和风俗论视野。

清代士大夫对西域的研究成果累累，它们是清代帝国知识的重要部分，如梁份的《西陲三略》（即《西陲亥步》、《西陲图说》和《西陲今略》）、祁韵士的《外藩蒙古回部王公表》、《藩部要略》、《西域释地》、《西陲要略》及《新疆要略》、徐松的《西域水道记》、《新疆识略》及《汉书西域传补注》、洪亮吉的《塞外记闻》、《天山客话》、《伊犁日记》、《塞外录》、《天山纪程》及《万里荷戈集》、傅恒的《皇舆西域图志》及《西域同文志》、七十一的《西域闻见录》、《回疆风土记》、《新疆纪略》、《新疆舆地风土考》、《西域旧闻》及《军台道里表》、纪昀的《河源纪略》、《乌鲁木齐杂记》及《乌鲁木齐杂诗》、林则徐的《荷戈纪程》，以及魏源的《答人问西北边域书》等等。1807年，伊犁将军松筠命时在帐下的戍臣、前宝泉局监督祁韵士纂辑地志，经松筠厘定，庚宁增绘舆图，得《西陲总统事略》12卷，卷一至卷四总论新疆形势，五至七卷论伊犁境内事，八至十卷分论伊犁以外各城之事，十一卷记外裔，十二卷为杂文。1814年，松筠再次出任伊犁将军，再命时在幕前赎罪的前湖南学政徐松修订《伊犁总统事略》，后者经过实地考察，于1820年（嘉庆二十五年）纂成《伊犁总统事略》，由松筠进呈道光帝，道光作序，并赐名《新疆识略》，该书的《新疆水道总叙》和《新疆水道表》对新疆的十二条河流和湖泊做了记载。祁韵士、徐松等人的西北地理研究完成于效力伊犁将军期间，不能算作纯粹的私人著作。但他们的研究在清朝士大夫中影响广泛，也证明汉族士大夫已经将帝国及其疆域内部的危机视为经世的要旨。对于清代舆地学研究而言，1820年颇为特殊：就在这一年，徐松从新疆释还，围绕在他身边的学者（包括张穆、沈垚、程同文、魏源、龚自珍、杨亮、俞正燮、董佑诚、陈潮等）都是官位不高却关心朝政和社稷命运的人物，他们共同形成了一个研究舆地学的氛围。身居外省的李兆洛、姚莹、王鎏等也与这个圈子往来密切。[213]也在这一年,新疆回部张格尔在英国和浩罕势力支持下反叛抗清,攻击喀什噶尔边境。张格尔是回部首领大和卓木的孙子,1756年大和卓木在小和卓木的策动下起兵反清,宣布成立巴图尔汗国,1759年兵败后在逃往中亚的途中为巴达克山部落所杀。1820年的起事未获成功,但此后数年反叛从未停息,终于在1826年借浩罕国之兵攻克喀什噶尔、英吉沙尔、叶尔羌和和阗等地,控制了新疆的半数领土,直到1827年才为清军击溃。这就是19世纪20年代清代舆地学者高度重视西北的基本背景。

从内外观的角度看,这类舆地学或风俗学研究已经与帝国的视野完全相互重叠,由明代知识所塑造的内外夷夏观及其建立在这一内外夷夏观之上的"中国"图景在这里彻底地改写了:长城内外,而不是江南和运河流域,成为观察和理解中国问题的杠杆。清朝统治者倡导满汉一体、中外一家,这一观念是以帝国的疆域和管治范围为依据的。皇帝和大臣能讲满、蒙、汉语,甚至维语和藏语,这是少数民族王朝的重要特点。乾隆十五年(1750)庄亲王允禄等主撰了《同文韵统》六卷,"以印度(梵文)五十字母、西番(藏文)三十字母参考同异,而音以汉字,用清语(满文)合声之法为准。"二十八年(1763),大学士傅恒等主撰了《西域同文志》24卷,"分四大纲,……首列清文,次列汉字,次列三合切音,次列蒙古、西番、托忒、回(维文)字,使比类可求。"[214]类似的例子还可以举出若干。这些帝国文化建设与龚自珍的观点相互呼应,都对"夷夏大防"、"内中华而外夷狄"的观点给予有力的反击。参照龚自珍的其他奏议书疏,如《拟进上蒙古图志文》、《上镇守吐鲁番领队大臣宝公书》、《上国史馆总裁提调总纂书》、《拟上今方言表》、《北路安插议》、《御试安边绥远疏》等等,可以清晰地观察到一个幅员辽阔、层次复杂、无分内外却又文化多样的中华帝国的政治蓝图。这是一个完全不同于理学的夷夏之辨、不同于郡县制国家的内外差异、当然也不同于欧洲民族—国家的内部同质化的政治视野。

---

[213] 参见郭双林:《西潮激荡下的晚清地理学》,页80—83。
[214] 参看袁森坡:《康雍乾经营与开发北疆》,页565。

在这个视野中，"中国"只有组织在一种由近及远的礼序关系中才能构成内外呼应的政治秩序，它是历史渐变的产物，也是不断变迁的历史本身。从庄存与、刘逢禄到龚自珍，"中国"概念与"汉"或"汉人"等范畴相互区别。

与庄存与、刘逢禄的著述不同，龚自珍和上述经世著作基本上不再从满汉平等的角度讨论帝国内部的内外夷夏问题，相反，它们通过地理、风俗、军事、经济等方面的研究把这些区域纳入帝国视野内部。龚自珍对于西北史地、宗教和文化的研究与西北边务及徐松周围兴起的西北史地研究密切相关。他的著作中包括了大量有关蒙古、西藏、青海和回部的文字，视野远迈长城边墙，呼应了康、雍、乾三世统一北疆的军事征服和政治实践。其中最为著名的应该是《西域置行省议》、《御试安边绥远疏》、《上镇守吐鲁番领队大臣宝公书》以及《蒙古图志》（残稿）、《上国史馆总裁提调总纂书》等。龚自珍所谓"天地东西南北之学"中的"天地东南西北"不是一般的比喻，而是一种建立在严格的地理学和族群文化研究基础上的知识。按吴昌绶《定庵先生年谱》，"天地东南西北之学"始于道光元年龚自珍在国史馆任校对官期间，时馆中方重修《一统志》，"先生上书总裁，论西北塞外诸部落沿革，订旧志之疏漏，凡一十八条。先是桐乡程春庐大理同文修《会典》，其理藩院一门，及青海西藏各图，皆开斜方而得之，属先生校理，是为天地东西南北之学之始，而于西北两塞外部落，世系、风俗、山川形势、原流分合、尤役心力，洞明边事，雅称绝诣。自撰《蒙古图志》，订定义例，为图二十有八，为表十有八，为志十有二，凡三十篇，大兴徐星伯舍人松，精于西北地理，先成哈萨克、布鲁特二表，先生叹为当代奇作，遂沿用之。"[215] 从经学的角度看，龚自珍以舆地学方式在多民族王朝的视野内钩稽中国的面貌，拓宽了清初诸儒对文字、音韵和风俗的考据，使之扩展到有关边疆区域及其文化的研究，展示出极为开阔的历史视野。

清代中期的边疆研究是与清代前期对于边疆的重视和平定三藩、改

---

[215] 吴昌绶：《定庵先生年谱》，《龚自珍全集》，上海：上海人民出版社，1975，页604。

土归流的军事征服和政治改革密切相关的,但在嘉庆中期之后,这一边疆研究融汇了新的危机意识:对于西域的叙述包含了对于沿海危机的思考。陈澧序李恢垣《汉西域图考》云:

> 《两汉西域传》所载,最远者大秦、安息。今则大秦之外,西北海滨之人,已夺据天竺,距云南仅千余里,自中国罢兵,议款,增立互市,游行天下,而馆于京师。安息之外,西南海滨之人,入中国千余年,生育蕃多,散处各行省。近且扰乱关陇,用兵未休。呜呼!其为中国患如此,而中国之人,茫然不知所自来,可不大哀乎。……[216]

这里有两点值得注意:第一,作者在汉代西域的视野中谈论清代面临的西部问题,提示了清代学术对于汉代知识的兴趣包含了对汉帝国的历史视野的兴趣(如新疆在公元1世纪首次为汉代控制);第二,作者提及"西北海滨之人,已夺据天竺",说明重构两汉西域地图本身包含了对英国和其他欧洲国家占领印度并向西(新疆、西藏)及东、北扩张的回应;文中提及早已入中国的"西南海滨之人"以及内部紊乱,说明这一时代的西北舆地学内含的危机感不仅针对北方强邻,而且也涉及其他地区。[217]我们很难确证西北研究与南洋地理研究之间的直接联系,但西北舆地学包含了对其他沿海区域的敏感则是肯定的。事实上,与徐松圈子有所来往的李兆

---

[216] 陈澧:《东塾集》,关于龚自珍与清代史地学的关系,以及上述引文,均参见朱杰勤:《龚定庵研究》,上海:商务印书馆,1930,页109—162。

[217] 值得注意的是,在嘉庆时代,东南沿海各地的基督教会士也正在向中国内地输入西方地理学知识。除了招收南洋华侨子弟入英华书院(马六甲,1818)等学校学习外,他们还出版了《察世俗每月统记传》(马六甲,1815—1821)、《天下新闻》(马六甲,1828—1829)、《东西洋每月统记传》(先在广州、后在新加坡,1833—1837),其中发表了不少地理学文章。1806年,王大海的《海岛逸志》刊印问世,该书是对爪哇及附近岛屿的地理、物产、形势、华侨生活、风尚,以及荷兰、英国、法国的方位、人种、服饰、制作、贸易、性情和风尚的介绍。1820年,杨炳南记录整理了谢清高对南洋的叙述,刊行了95则《海录》,涉及了南洋和欧洲各国的地理、风俗、人情、宗教和国政。参见郭双林:《西潮激荡下的晚清地理学》,页88—89。

洛就曾对谢清高《海录》中的资料加以整理和附图,题名《海国纪闻》,又以《海国辑览》为题将辑录的资料附在书后。龚自珍的学术上承经学的史地传统,但他的舆地研究包含了全新的因素:第一,清初顾炎武等人通过典章、文物、语言、风俗和制度的研究提供了民族认同和道德判断的根据,而龚自珍等人则通过蒙、藏、回部的历史追溯"国朝"(满清)的渊源,构建出新的"大一统"图景和历史脉络;在前者的视野中,上述各部尚属"外国风俗"的范畴,而在后者的视野中,这已经是"中国"的有机部分。第二,清初学者关注明亡的教训,地理和风俗的考证密切地联系着他们在异族入侵的氛围中重构认同的努力,而龚自珍、魏源等人对西北的研究与帝国的视野完全一致,他们对西北边疆的研究已经渗透着东南沿海的危机。

"大一统"构想与帝国秩序存在着历史的呼应关系,它们的共同特点是取消内外差别,不断地将外部组织到内部政治和文化关系之中。在这个意义上,"大一统"把帝国征服的历史作为历史接受下来。事实上,在舆地学的范畴内,早期大一统观念内含的封建论和礼仪观正在为一种更为实用的经世主张所取代,从而大一统与帝国之间的紧张关系日渐消失。这并不是说今文经学的"大一统"观念是对帝国的种族(族群)主义、暴力倾向的认同。所谓至大无外,即承认中国是民族、风俗、语言、宗教、文化和地理极为复杂和多样的"中国",它的礼仪基础不应妨碍文化、语言、宗教和政治结构的多元性。这一特点与民族国家的高度的同质化倾向有着明显的差别。在朝贡礼仪的视野内,"中国"是一种政治秩序,也是一个礼仪秩序,它既不以种族(族群)为前提,也不划定明确的内外界限。王朝国家对基本礼仪的尊崇并不意味着必须按照某一种文化或宗教的价值统摄所有民族的文化及其价值,恰恰相反,礼仪是一种政治秩序的形式,它的伦理性质在多元帝国的政治关系中仅仅扮演了形式的因素。但清帝国的朝贡网络与条约确定的边界相互并存,帝国内部的"无外"并不意味着没有明确的边界。在这个意义上,我们也很难确定龚自珍的"中外一家"没有预设"外部"。

仔细研读龚自珍的经世作品,我们可以发现"大一统"观念正在发生微妙的变化:如果说原先的"大一统"观念与帝国政治的重叠集中表现在对文化多元性的保存这一点上,那么,在龚自珍这里"大一统"观念正在为一种内部同质化的取向提供合法性。这预示着"大一统"从一种对于帝国的批判观念向统一国家的合法性观念的转变。当然,对龚自珍而言,这一转变本身还是极不清晰的。在他看来,无论是今文经学的大一统理论,还是在这个理论指导下的经世知识——例如对这个多民族帝国的地理和风俗的描述和研究——都不是为了炫耀地广民众,而是以经世致用作为基本的目标。我们需要把这些文字与魏源的《海国图志》及《圣武记》联系起来阅读,它们从不同的方面回答时代的课题。龚自珍于嘉庆二十四年己卯春应恩科会试,不售,留京师,始从刘逢禄受《公羊春秋》,治西京之学,明周以前家法。一年后,会试仍下第,多习当代典制。就在这一年,他在写作《西域置行省议》、《徽州府志氏族表序》的同时,还写作了已经亡佚的《东南罢番舶议》,显示了他对西域内陆、东南沿海和长江流域及其相互关系的理解。这是《西域置行省议》开头的文字:

> 天下有大物,浑员曰海。四边见之曰四海。四海之国无算数,莫大于我大清。大清国,尧以来所谓中国也。[218]

在这里,大清虽然为最大,但已经被置于无数"四海之国"之间。按吴昌绶《定庵先生年谱》,《西域置行省议》成于道光元年,即1821年,该年觉罗文庄公(宝兴)任吐鲁番领队大臣,龚自珍上书,"备论天山南路事宜,及抚驭回民之策,并录《西域置行省议》献之,盖议迁议设,撤屯编户,尽地力以济中国之民,实经画边陲至计。"[219]在这篇经世之作中,龚自珍回应的不仅是西域的内外问题(回民或俄罗斯边界危机),而且也是整个中国的内外问题。他系统地阐述了大清各地方的经济和人口的变化,指出"今中国生齿日益繁,气象日益隘,黄河日益为患",如果对应之策依旧是增加捐赋、提高盐价等等,显然无济于事。因此,他建议在西部建立行省,

---

[218] 龚自珍:《西域置行省议》,《龚定庵全集类编》,页164。
[219] 吴昌绶:《定庵先生年谱》,《龚自珍全集》,页604。

从内地大量移民,开发西部。[220]这是以开发西部来回应内部的人口与土地的压力,但也是为面对"海洋时代"的新危机而构筑的战略构想。这一构想的核心是以郡县方式治理西域,即将皇权的管理范围直接地渗入边陲地区,通过改变内部的政治结构促进帝国的经济一体化,进而改变原有的以从俗从宜为特点的多元性的制度设置和以"西域治西域"的设想。该议因书法不中式而被搁置一边,但在晚清时代却为李鸿章所激赏。李氏称之为"定公经世之学,此荦荦大者",具体的建议则在光绪朝卒设施。[221]

　　帝国作为一种政治体系也是经济统治的手段。在朝贡体制基础上形成的政治体系包含了制度的多样性,但同时也削弱了中央权力直接支配经济和资源的能力。中国的国家组织是一种郡县制国家与多民族帝国的复合体,这两个方面以王朝国家的形式连接在一起。尽管中央集权的程度已经很高,但如果考虑到西北、西南等地区的制度形式的多样性及其与内地的差异,我们可以清楚地看到中国的政治统一建立在"王朝"延续这一政治形式之中。这也是为什么"三统说"在王朝继承过程中如此重要的原因。在这一政治统一之下,始终存在着中央与边陲、多数民族与少数民族、统治民族与其他民族的复杂关系及其制度形式,王朝形式提供了一种能够使其各种部分相互兼容的基本社会统一,并造成了一种特殊的混合型的国家类型。尽管存在着权力集中的趋势,但清朝国家始终没有能够将地域、民族和生产方式的多样性压缩在一个单一的政治架构之中,形成西欧绝对主义国家和日本、俄罗斯等近邻对手那样的更为紧密的国家结构,以致清末的革命者从革命的角度发现了专制国家与社会结构之间的这种松散关系:孙中山抱怨集权政治的中国是"一盘散沙",章太炎认为专制主义的中国是一个真正的"无政府社会"。近代民族主义的中心任务就在于用不同形式将这一多重社会组织到一种单一的政治架构内部。比较1800年以后中国与英国的内外关系,我们可以清楚地看到两者

---

[220]　龚自珍:《西域置行省议》,《龚定庵全集类编》,页165。
[221]　这是《龚定庵全集类编》所收《西域置行省议》中后人所加的文字,见该书,页164。

之间的差别,即清朝在名义上或礼仪上维系着朝贡关系,但这一关系缺乏实质性的经济意义;而英国的外交关系、军事征服和贸易往来构成了一个严密的体系,它的内部经济极大地依赖于印度的"贡品"。在内外压力之下,为了获取更多的中央税收、支配更多的资源、直接协调和处理区域性的移民问题、加强边疆的抗御能力和调节并控制各种权力中心,清朝政府趋向于更为集中的、同质化的政治制度和财政制度,力图将王朝国家内部的多重因素纳入一个更为单一的政治结构内部。正由于此,单一的国家结构的形成无法离开中国与外部的关系及其变化。

龚自珍的《西域置行省议》就反应了这一要求,从而可以视为清朝帝国转化为现代形式的中央集权国家的预兆。我们一般将中央集权的或绝对王权的国家视为传统国家,从皇权在政策决定中具有最后的裁决权而言,绝对王权的概念具有有效性。在中国历史中,包括在清代历史中,中央集权形式包含了财政、税收和军事等方面中央政府的支配权,关于这一点我在论述清初经学时已经进行了讨论。但是,在清代帝国的范围内,皇权或中央权力事实上受到各个方面的限制:除了帝国的礼仪系统对于皇权和中央权力的限制之外,边疆区域、朝贡关系和带有封建特点的制度形式(如西藏的噶厦制度、西南的土司制度、内外蒙古的八旗制度,以及西域回教地区的自治形式,等等)都使得中央权力无法直接行使对于地方事务的干预。从这个角度说,现代国家对于社会的组织和干预能力要比帝国体制强大很多,尽管从权力制衡的角度看,权力行使的过程必须受到法规化的制度、程序和道义的约束。随着内部社会危机和外部压力的增长,在鸦片战争之前,帝国体制内部已经开始了制度改革的压力,其主要特点是建立更为有机的、强大的中央集权国家,加强军事动员和税收的能力。权力的集中和军事工业的兴起都是这一过程的最为重要的因素,而西域置行省的建议及其数十年后的实践就是这一权力集中趋势和内部制度的同质化倾向的表达。恰恰是这一集权取向的国家建设从帝国内部铺设了通向所谓"民族—国家"的道路。中国作为一个共和国的形式是从帝国模式中直接脱胎而出,它的民族主义动员在民国建立后迅速地转化为"五族共和"的政治主张,说明新的"共和国"只是在民族—国家体系的成员的意义上才能被描述为民族—国家。这一语境中的民族自决是典型的"政治自决",而不是以种族为中心的认同政治。我在以后的讨论中将把这一过程称之为"帝国向主权国家的自我转化"。

龚自珍的构想预示了一种社会变革的组织方向,即为了确保中国的国家利益和解决内外危机造成的困境,必须在行政体制和税收方面更为一体化,从而将帝国的疆域与管治问题更为密切地联系起来。这是帝国体制向现代集权国家过渡的前提。作为一个少数民族统治的王朝,而且是地域如此庞大、人口如此众多、族群关系如此复杂、政治文化如此多元、扩张如此迅猛的帝国,清王朝不仅需要处理它的不断扩展的边疆事务,而且还必须在中国腹地解决满汉及其他民族关系带来的种种紧张。一旦外部威胁出现,内部立刻可能出现离心倾向,因此,它对外部威胁最为自然的反应势必是从加强内部的统一性开始。在龚自珍的时代,他的建议没有获得采纳。如果参照左宗棠《统筹新疆全局疏》(1878),龚的建议早了半个多世纪。清代晚期实施的一系列政策和改革可以说是对龚自珍的建议的遥远的呼应:新疆于1884年设立行省;理藩院于1906改为理藩部,1907年设立负责蒙古移民事务的特别机构;1907年奉天、吉林、黑龙江省成立,东北与内地形成一致的行省体制;1909年设立处理边疆事务的济边学堂,等等。更为重要的是:随着辛亥革命的成功和清朝帝国的瓦解,上述过程并未停止。革命没有沿着帝国内部民族自决的方向发展,相反,在殖民主义的氛围中,革命者创造的国家恰恰遵循着他们的论敌康有为等人的变革逻辑,即实现从帝国向主权国家的转化。作为一个传统帝国转化而来的主权国家,在民族—国家体制占据支配地位的世界体系中,中国不可能完全摆脱其帝国遗产造成的困扰。

今文经学的最为重要的任务之一,就是在理论的层面解决上述矛盾,以一种特殊的"内外"观在清帝国的政治框架内诠释满汉和其他少数民族的关系,缓解夷夏之辨带来的族群中心主义。清代公羊理论通过一系列复杂的义例阐释王朝的法律、礼仪和文化制度,在尊重历史演变和寻觅微言大义之间构成张力,为多民族王朝时代的政治实践提供了较为完善的理论。从清初儒学到今文经学始终关注如何将封建的精神、制度的多样性注入郡县制度内部,内外问题的思考因此和一种富于弹性的制度设置密切相关。然而,在龚自珍、魏源的时代,鸦片危机已经爆发,"内外"的含义正在发生变化:从长城两侧转向海洋,从满汉一体转向新的华夷之辨。今文经学的变法论从此被组织在新的内外、夷夏关系之中。龚自珍的构想实际上改变了今文经学传统内的"封建"与"大一统"的辩证关系,他开始寻求一种中央国家能够在全国范围内直接控制财政、税收和军事的政治架构,从而解决清朝帝国面临的内外挑战。鸦片战争之后,舆地之学从西北转向了"海国",内外关系从王朝内部的"中外一体"转向了欧洲殖民主义时代的华夷之辨。因此,我们需要追问:清代的华夷之辨究竟是儒学传统的遗存,还是欧洲殖民主义时代的政治条件和历史关系的产物,抑或内外交错的结果?

4. 西北规划与"海洋时代"

龚自珍的帝国规划以经略西北为中心,对于蒙古、青海及回部等地区的历史、地理、制度、风俗、语言和文化作出了深入的分析。这一"中国"图景取消长城作为内外边界的象征意义,淡化或消解宋明和清初时代盛行的夷夏之辨,因而也汲取了今文经学的内外观;但其间的差别是明显的:"西域置行省"是一种郡县制构想,它改变了清代初期从俗从宜的边疆政策,也改变了刘逢禄以来重视封建价值的取向。这预示着大一统观念与郡县构想之间的新的连接。它所勾勒的帝国蓝图与一个世纪之后西方历史学家所谓内亚洲的描述颇为接近,而战略意图恰好相反。龚自珍的边疆论重视西北而对东南避而不谈,但这并非因为他对东南沿海不加重视,恰恰相反,他的西北论是清代经世之学的典范,也是对于海洋时代或欧洲殖民时代的回应。这是他的西北论不同于同时代人之舆地之学的重要特点。

从地理学的视野来看,清代中期对于海洋问题的忧患不是直接表现为对于海洋贸易体系和霸权关系的认识,恰恰相反,士大夫们首先将视野投放到西北区域,这表明在士大夫和王朝统治者的心目中,西北及中俄两大帝国之间的关系是更为重要的关系,而海洋压力则是后来居上的问题。龚自珍的《西域置行省议》对于西域边防、移民政策、屯垦方略、设置行省等详加论述,但如前所述,他的看法包含了对于海洋威胁的敏感。这种敏感宛如一种挥之不去的烟雾,缭绕在这一时代敏感的士人对于世界的理解之中。魏源是龚自珍的好友,在《答人问西北边域书》中,针对时人所谓"捐西守东"的议论,他以汉唐历史和当代现实为参照给予尖锐批驳:"或谓地广而无用,官糈兵饷,岁解赔数十万,耗中事边,有损无益。曾亦思西兵未罢时,勤三朝西顾忧。且沿克鲁伦河长驱南牧,蹂躏至大同、归化城,甘陕大兵不节解甲,费岂但倍蓰哉!"他关于内地人口日孳、亟需移民塞外、开发西北的主张与龚自珍如出一辙。[222]早在康熙、雍正时代,清朝统治者即已意识到东/西、南/北之间的战略关系,1673年至1681年发生在西南诸省的三藩之乱对于西北边事的影响是激发这一战略意识的重要因素。道光二十二年(1842),《南京条约》签署,魏源深受刺激,于是勉力完成酝酿了十多年的著作《圣武记》,并自述其旨云:"晚侨江、淮,海警飚忽,军问沓至,忾然触其中之所积,乃尽发其椟藏,排比经纬,驰骋往复,先取其涉及兵事及议论若干篇,为十有四卷,统四十余万言,告成于海夷就款江宁之月。"[223]《圣武记》是对鸦片战争的直接回应,却几乎没有涉及东南沿海问题,它的主要内容是清代开国、平定三藩、康乾时代巩固统一的战争,以及对苗民、白莲教、天理教等起义的镇压,从而书的中心部分是西北和西南的战争与统一。但是,《圣武记》与《海国图志》之间存在着呼应关系,包含着对于日益逼近的来自海洋的威胁的敏感。收入光绪四

---

[222] 魏源:《答人问西北边域书》,见贺长龄辑:《皇朝经世文编》卷80。1870年代,李鸿章步曾国藩之后尘,主张"暂弃关外,专清关内",发展海防,左宗棠反驳说:"若此时即拟停兵节饷,自撤藩篱,则我退寸而寇进尺。不独陇右堪虞,即北路科步多、乌里雅苏台等处,恐亦未能晏然。"他在通筹新疆全局时所上《遵旨统筹全局折》抄录了魏源的全部主张(左宗棠:《复陈海防塞防及关外剿抚运粮情形折》,《左文襄公全集奏稿》,卷46);参见郭双林:《西潮激荡下的晚清地理学》,页94。
[223] 魏源:《圣武记》,上海:世界书局,1926,页1。

年(1878)上海申报馆铅印本内的《道光洋艘征抚记》[224]是第一部直接记录鸦片战争过程的著作,若干内容与《筹海篇》重叠。此外,在重辑本《海国图志》对于越南的描述中,收入了《圣武记》中有关越南在唐代、特别是明代以及清代的地位和相互关系的描述。魏源对于鸦片战争失败的总结首先是从帝国内部的视野(包括朝贡视野)展开的:英国等西方国家、甚至越南等从前的属国都曾利用被解散的中国兵勇或中国海盗作为向导,因此,抗御外敌的方法之一是用某种准军国民主义的方式加强帝国内部的统一,消除海洋威胁与促进内部统一具有连带关系:

> 故昔帝王处蒙业久安之世,当涣汗大号之日,必虩然以军令饬天下之人心,皇然以军食延天下之人材。人材进则军政修,人心肃则国威遒,一喜四海春,一怒四海秋。五官强,五兵昌,禁止令行,四夷来王,是之谓战胜于庙堂。[225]

这里明确地要用军令收拾人心、号令天下、招揽人材。在这一战略视野中,庄存与、刘逢禄处理的帝国内部的满汉、夷夏、内外关系没有简单地为海洋关系所取代,相反,龚自珍、魏源,以及更后来的康有为、梁启超等人对这一成果进行了转化、发展和利用,并将之运用于新的历史条件下的变法实践。[226]

在这个意义上,海洋与内陆的互动关系在这里有着无可忽视的作用。清代中期以降的西北论不是传统经世论的简单延续,它的出现与新的历史变动、特别是沿海的压力有着密切的关系。龚自珍以"西北不临海"揭

---

[224] 关于该文的祖本及作者曾经有过争论,参见姚薇元:《再论〈道光洋艘征抚记〉的祖本和作者》,见杨慎之、黄丽镛编:《魏源思想研究》,长沙:湖南人民出版社,1987,页278—291。
[225] 魏源:《圣武记叙》,《魏源集》,上,页167。
[226] 他们与章太炎等反满的民族主义者的论辩是建立在今文经学内外观的基础之上,也是建立在帝国处理内部民族关系的历史实践的基础之上。辛亥革命之后,孙文为民国提供的五族共和构想完全离开了他早期的反满的民族主义,反而与康、梁的内外观更为一致了。

第五章 内与外(一):礼仪中国的观念与帝国

示西北地理的特点,他的内心深处对于海洋时代的到来满怀忧惧。若把他的西北论与他的朋友魏源写于同一时期的文字相互比较,这一点格外清晰。在《明代食兵二政录叙》中,魏源说:

> 黄河无事,岁修数百万,有事塞决千百万,无一岁不虞河患,无一岁不筹河费,此前代所无也。夷烟蔓宇内,货币漏海外,漕艖以此日蔽,官民以此日困,视倭患尤剧也。……[227]

魏源揭示了漕运的衰落、国库和民力的凋敝与鸦片贸易之间的内在的联系。在中国内部经济危机与广泛的国际条件联系起来的背景下,用传统方式解决危机显然无济于事。正是在这个意义上,西北论不同于传统的经世论,它是面临海疆、背靠西北的构想,回应的是"夷烟蔓宇内,货币漏海外"及"视倭患尤剧"的新局面。龚自珍的《东南罢番舶议》已亡佚,我们无从窥其"罢番舶"的具体建议,但他对鸦片贸易、白银漏海外等危机深怀忧惧则有《送钦差大臣侯官林公序》(戊戌十一月)为证。他在信中为林则徐仔细分析了东南贸易、关税、民情、吏治、兵器(火器)等状况,并对海战与陆地作战的区别以及对应之策作出恳切建言。龚自珍对海防、贸易及其对于"中国十八行省,银价平、物力实、人心定"所起的作用,有着极为清醒的认识。[228]如林则徐所言,"责难陈义之高,非谋识宏远者不能言,而非关注深切者不肯言也。"[229]

但是,即使在所谓海洋时代,大陆力量对于国家的兴衰也是极为重要的因素。在这一前提下,我们重新回顾龚自珍在1821年有关西北论与海洋之间的曲折关系的论述,不能不感觉到他对历史形势的敏感:

> 西北不临海,……今西极徼,至爱乌罕而止;北极徼,至乌梁海总

---

[227] 魏源:《明代食兵二政录叙》,《魏源集》,上册,页165。
[228] 龚自珍:《送钦差大臣侯官林公序》,《龚定庵全集类编》,页224。
[229] 此引林则徐复龚自珍信,附于《送钦差大臣侯官林公序》,《龚定庵全集类编》,页224—225。

管治而止。若乾路,若水路,若大山小山、大川小川,若平地,皆非盛京、山东、闽、粤版图尽处即是海比。西域者,释典以为地中央,而古近谓之为西域矣。……世祖入关,尽有唐、尧以来南海,东南西北,设行省者十有八,方计二万里,积二百万里。古之有天下者,号称有天下,尚不能以有一海,……今圣朝既全有东南二海,又控制蒙古喀尔喀部落,于北不可谓隘。高宗皇帝又应天运而生,应天运而用武,则遂能以承祖宗之兵力,兼用东南北之众,开拓西边。远者距京师一万七千里,西藩属国尚不预,则是天遂将通西海乎?未可测矣。[230]

版图起辽海。濒海而西,置行省者十有八,尽版图以纪行役,相距至万有三千里而极。[231]

《西域置行省议》的直接动机是通过设置行省,促进内地往新疆的移民,稳定新疆内部的民族反抗,对抗沙俄的威胁,并寻找通往西海的道路。乾隆于1758—1759年间征服新疆,此后该地区持续了六十年的和平。这一局面的产生首先在于清朝强大的军事控制和对新疆各部的瓦解,其次则由于清朝从当地精英中找到了合作者,允许地方权力按照伊斯兰法进行统治。但是,1820年前后情况发生了重要的变化:白莲教起义对王朝权力构成了重大威胁,苗民起义重新萌发;1813年,天理教起义直接冲击了紫禁城;随着俄罗斯帝国重新向东扩展,清俄边界再度陷入危机。在这一背景下,新疆地区出现了严重的不稳定。[232]龚自珍从清代立国的过程追溯东南往西北的移民和开拓历史,关注的主要问题是西北地区的民族反抗、俄国的威胁,而对应的策略则是设置行省、促进移民、增强西北地区的纳税能力,等等。

然而,在他的描绘中,遥远的"海"始终是西北图景中的重要部分,海岸线在辽阔的亚洲腹地的衬托下清晰呈现出来了。中国历史叙事的基本

---

[230] 龚自珍:《西域置行省议》,《龚定庵全集类编》,页164。
[231] 龚自珍:《送广西巡抚梁公序》,《龚定庵全集类编》,页227。
[232] 关于这一时期清朝在这一地区的军事和政治统治和面临的反抗,参见 Fletcher, *Studies on Chinese and Islamic Inner Asia*, pp. 220-221。

脉络历来以黄河、长江和运河流域为中心,西北始终是含混而遥远的边疆;海洋贸易和交往在中国历史中是悠久的因素,但从未居于支配地位,清代尤其如此。现在,这个边疆区域及其历史地理的面貌呈现在由大陆和海洋的内在联系构成的历史的地平线上。西北轮廓的清晰化是海洋时代的军事和经济扩张的产物。龚自珍提及了打通"西海"的可能性,很可能是指横贯中亚地区通往印度洋的出海口。在这里,我们也许应该提到1820—1821年是清代鸦片进口的一个转折关头,鸦片进口量达到了5000箱(每箱65公斤,价值1000—2000鹰洋)左右,并以迅猛的态势持续上升。因此,我们仍然可以说,龚自珍的西北论与哥伦布对美洲的发现有着一种历史的关系。用拉铁摩尔的话说,哥伦布时代并不是天然的海洋时代,从一开始,它以海洋时代的面目出现,部分的原因就是因为它是对于以"大陆"的权力分布和结构为基础的利益关系的反应。[233] 与此相反,龚自珍的西北论既是对清朝社会危机的反应,也是对所谓"海洋时代"——以军事、工业和政治制度的扩张为实质内容的时代——的反应。如果说海洋时代以民族—国家体系的扩张为标志,试图通过赋予中国北方少数民族地区以民族—国家的性质来瓦解原有的朝贡关系和多元性的礼仪制度,那么,清帝国出于内部动员和免于分裂的局面,就不得不相应地改变内部的政治结构,通过加强内部的统一性,把自身从一种"无外"的多元性帝国转化为内外分明的"民族—国家"。民族—国家时代的统一与分裂的张力不同于帝国时代的分合趋势,前者涉及一种世界性的规则性变化,其核心的概念是形式平等的、以国际性承认为前提的单一主权。如果从帝国架构转向单一主权国家的架构是现代中国形成的历史前提,那么,帝国建设(empire building)过程中逐渐发展和深化的皇权中心主义与民族—国家建设(state building)的中央集权倾向就是一个相互重叠的过程。正由于此,作为一种王朝的合法性理论,今文经学在晚清国家建设过程中扮演了重要的角色。

---

[233] Lattimore, *Inner Asian Frontiers of China* (New York: American Geographical Society, 1940); *Asia in a New World Order* (New York: Foreign Policy Association, Incorporated, 1942), p.8.

第六章

内与外(二):
帝国与民族国家

> 曷谓道之器?曰礼乐;曷谓道之断?曰兵刑;曷谓道之资?曰食货。
>
> ——魏源

第一节 "海洋时代"及其对内陆关系的重构

如果把龚自珍、魏源的西北论放在中国历史的南北关系中考察,那么,这是一次历史的倒转:传统由北往南的迁徙、扩张、征服和贸易路线,现在开始转向了一个相反的方向,即由南往北运动。我们应该如何理解这一转向?在分析长城沿线的历史互动时,拉铁摩尔(Owen Lattimore)曾明确地区分出"前西方"(pre-Western)与"后西方"(post-Western)两种不同因素,并把这两种因素的交互作用看作是塑造新的边疆关系的基本动力。[1]在

---

[1] 1925年,拉铁摩尔(Owen Lattimore),一位美国商业公司的雇员,首次访问他称之为"中国的内蒙古边疆"(the Inner Mongolian Frontier)的西北地区,开始了一系列以长城

这一视野中,以往中国社会的持续变动——族群关系、国家制度、经济制度、风俗文化和移民结构等因素的变动——主要不是远洋贸易或跨海征服,而是一种"内亚洲"的运动,一种大陆内部由北向南的运动。与此相反,"海洋时代"(maritime age)是欧洲资本主义及其海外扩张的代名词:在西方和日本的侵略、占领和扩张之下,铁路、工业、金融等来自海洋的新因素把旧有的边疆关系扩展到更广阔的范围,以至如果不能找到新的范畴就无法描述这种既新又旧的历史关系。拉铁摩尔敏锐地观察到:

> 中国现代的边疆扩张事实上意味着在早期历史中形成的人口和权力的运动路线的明显转向。导致这一转向的最为重要的动力,始终是工业化的力量,这一力量是从外部、从西方和日本的工业、商业、金融以及政治和军事的活动中发展出来的,也是从海上强加到中国的身上,并在沿海区域发生作用。[2]

如果说由北往南的运动以战争、朝贡、贸易、移民、法和礼仪的重构为主要特征,那么,从沿海向内陆扩张的运动路线则伴随着下列概念的频繁出现:贸易、条约、边界、主权、殖民、工业、金融、城市化、民族—国家。在拉铁摩尔看来,17世纪的满洲入关是长城沿线的边疆力量向内冲击的最后

沿线为中心的长途旅行和内亚洲的研究。在哈佛大学人类学系、美国地理学会、《太平洋事务》(Pacific Affairs)杂志、太平洋关系研究所国际处(the International Secretariat of the Institute of Pacific Relations)的支持下,他先后完成了有关中国西北边疆和亚洲秩序的众多研究著作,开创了美国中国史研究的重要传统。拉铁摩尔的访问和研究本身是海洋力量深入到遥远的内陆边疆的证明,这一力量以极为迅猛的速度摧毁或削弱传统的中国机制和行为方式——朝贡关系、处理王朝内外事务的法律、礼仪和制度,等等。拉铁摩尔对于长城内外的历史关系具有敏锐的洞察力,对于西方殖民主义持批判态度,但在民族主义的视野内,他将近代帝国主义和殖民主义创造的国家关系模式用于观察传统帝国的关系,从而忽略了现代中国的制度、疆域、人口和民族结构与清王朝的内在连续性。see Owen Lattimore, *Inner Asian Frontiers of China* (New York: American Geographical Society, 1940); *Asia in a New World Order* (New York: Foreign Policy Association, Incorporated, 1942).

[2] Lattimore, *Inner Asian Frontiers of China*, p.15.

一波,从此之后,大陆内部的运动必须以新的时代即所谓"海洋时代"来加以界定。

拉铁摩尔对于西方殖民主义给予尖锐的抨击,他对以长城为中心的边疆区域的描述包含了深刻的历史洞见。但另一方面,他的"内亚洲"描述是美国中国研究中的"沿海—内地"模式的雏形,也是"海洋史观"的投射。在清代历史中,由南往北的迁徙运动并不始于欧洲的入侵或远洋贸易的发展,毋宁是清兵入关、建立统一王朝的必然产物。中国的南北关系的复杂互动有着较之拉铁摩尔的描述更为复杂、多样和内在的动因。综合地看,导致这一历史运动路线转向的基本条件包含了三个方面:第一,清王朝是从北方入主中原的帝国,它在一统全国、定都北京、平定三北之后,势必将内地的经济和文化关系带入它的发源地东北和西北地区;随着长城的边疆含义的消失和内地人口日孳,长城两侧的边疆区域成为清王朝的腹地。清初开始的沿着关内向关外发展的运动——移民、通婚、相互同化,以及相应的法律调整——都证明由南往北的运动源自清王朝的一统之势。随着边界的北移,清代士大夫势必把西北视为王朝国家的内部事务。龚自珍的西北论是清代经世传统的一个有机部分,我们在上一节讨论的大量的西北舆地研究就是这一帝国经世传统的表达。第二,清朝的帝国扩张和建设同时伴随着俄罗斯帝国的扩张,从而维护东北和西北的中俄边疆区域的安定成为清朝政治和经济的重要内容。围绕这一关系而产生的划界条约、贸易条约同时还联系着新疆、特别是准噶尔地区的战争和征服活动。随着外部边界的确定、跨国贸易和军事冲突的发展,不但清代士大夫对西北边疆的关注和研究日益发展,而且中央对这一区域进行有效控制的需求也日益强烈。清代对于西北和新疆的所谓"回乱"(如1862—1863年的伊斯兰起义)的镇压密切地联系着帝国边界的内外压力和联系。第三,清代后期开发西北的动议是在人口与土地的矛盾加剧、东南地区面临鸦片贸易和军事压力、白银外流和清政府财政入不敷出的背景下提出的。它既是清代初期开始的历史运动的延续,也是对于来自"海洋"的压力的回应。那种将清代南北关系的转折单纯视为海洋压力和工业化的结果——即西方影响——的看法需要修正。

海洋时代用贸易和条约的方式建立自己的法理基础,并将原有的贸易和政治体系——如朝贡体系——贬低为传统的、非现代的体系。海洋时代包含了丰富的内容,但在扩张主义的支配下,这一时代的中心主题变成了海洋霸权问题,从而人们通常把海洋军事力量支配世界政治、经济的权力关系视为海洋时代的主要特征。美国海军战略家马汉(Alfred Thayer Mahan)发表于1890年的著作《从历史看海洋霸权的影响》(*The Influence of Sea Power upon History*, 1660—1783)对海洋的影响给予了清晰的论述。该书以历史为例证明,自古典时代以来,无论战时还是平时,海洋关系都对国际斗争(通过海军角逐)和国家富强(通过海洋贸易)具有深刻影响。水路交通运输不仅便捷、便宜,而且也让各国在共同的海洋通道上竞争(而不是在各自国家的领土内),军事保护(对于商业运输)和军事存在(保障航运通道的畅通)变得不可避免。海洋霸权国家能够自由地将军队运在任何地区,在这一情境中,那些无力支配海洋的国家必将遭受军事和商业两个方面的巨大损失。[3]正是由于海洋力量对于民族—国家体系、现代贸易体系和民族—国家内部的权力构架均具有深远影响,马汉的著作才会被西奥尔多·罗斯福(Theodore Roosevelt)、威廉二世(Wilhelm II)等政治家、军事家和许多海军将领所引用。然而,许多民族—国家以获取海洋霸权为目标,但只有少数国家成功了,原因何在? 马汉指出这一竞争中的六个关键条件:地理位置;自然条件;疆域幅员;人口多寡;民族性格;政府的性质和政策。他的总的观察是:1.较之时刻准备在陆地抗拒外敌的国家,那些不用操心陆地防卫和扩张的国家更容易发展海洋力量;2.拥有良好的海港和通道的海洋国家更易于发展海洋力量;3.土地和气候条件恶劣的国家更倾向于海外拓殖,而人口对于远洋贸易和海军则是

---

[3] 这是他的第一部论述海洋霸权的著作,此后又有两部,一起被称为"影响三部曲"(three influence books):*The Influence of Sea Power upon History*, 1660-1783 (1st ed., Boston, 1890, repr. London, 1965);*The Influence of Sea Power upon the French Revolution and Empire* (London, 1982);*Sea Power in its Relations to the War of* 1812 (London, 1905)。

关键因素之一。[4] 参照上述六个条件,我们可以发现:清朝虽然拥有良好的海港和海岸线,内地人口和土地的矛盾也对海外拓殖提供了压力(民间移民从未终止),但这些条件并没有促成清朝的对外殖民政策。主要原因在于:1.清朝幅员辽阔,拓殖主要发生在帝国疆域内部(如对西北和西南的移民);2.由于在相当长的时期里,军事压力主要来自北方,清朝的军事重心始终放置在西北的防卫和扩张,从而王朝政策明显地向内陆倾斜;3.郑成功部的袭扰和沿海走私行为促使清朝在沿海实行封禁政策,中断了明朝充分发展了的航海能力和对海洋的兴趣,人口与贸易的海外扩展主要是私人性质或走私性质的。

直到鸦片战争之后,海洋时代的战争和军事关系才逐渐成为汉族士大夫论述的基本出发点,并促成了士大夫对清朝历史、文化认同、国家改革和中国的地缘政治关系的重新认识。从这一角度,我们可以发现清代后期至民国时期的民族主义存在着三个基本的面向:第一,在"海国"时代,以取消大陆的内/外、夷/夏的绝对差异为取向,在新的国际竞争中重构中国"内部的同一性",即以多民族帝国作为主权的民族——国家的政治、经济和军事前提。这是龚自珍思路的进一步发展,它把帝国的政治实践、今文经学的内外观和民族——国家时代的压力综合在一起。第二,改变重视大陆、轻视海洋的国家政策,以发展海洋军事工业带动民用工业和其他工业的发展,形成军民一体的社会格局。第三,通过重建海洋军事力量带动国家的工业化和商业机制,恢复对于南洋的控制力(尽管最终以甲午战争的失败告终)。新的夷/夏、内/外之分是在民族国家的内外观及其主权观念的基础上展开的,它把帝国视野作为这一内外观的"内"的部分,从而实际上重构了帝国关于自身和世界的知识。正是在这里,我们再次看到了晚清民族主义本身与今文经学视野的历史联系,也说明了为什么清末的反满革命论者——如章太炎——必须在经学上以古文经学反对今文经学。革命党人将西方的民族主义转化为夷夏之防、汉族中心主义

---

[4] 关于海洋霸权的影响和限制的讨论,参见 Paul Kennedy, "The Influence and the Limitations of Sea Power", *The International History Review* 10, no.1 (February 1998):2-17。

和中华道统观,以之作为汉民族动员的根据,进而与满汉一体和无分夷夏的帝国政治观和经学观相抗衡。康、梁等人则坚持清朝的法统,强调无分夷夏的政治视野,并以此作为新的民族主义的前提。梁启超称这两种民族主义为大民族主义(中华民族主义)和小民族主义(反满的汉民族主义)。值得注意的是,在民国成立之后,小民族主义重新让位于大民族主义,孙中山对他的民族主义的修改就是一个鲜明的例证:他把反满的民族主义变成了五族共和的民族主义,即一种反民族主义(种族主义)的民族主义。从一种历史的视野来看,这种反种族主义的民族主义与清代今文经学倡导的取消夷/夏、内/外的大一统观念相互重叠,从而证明了近代中国认同与帝国传统的内在的联系。

正由于此,龚自珍和拉铁摩尔(Owen Lattimore)一样都是从大陆与海洋的对立关系中理解新的历史运动,虽然他的表述远不像后者那样清晰。在发表于1940年的《中国的边疆》(*Inner Asian Frontiers of China*)一书中,拉铁摩尔以海洋为背景勾勒以长城为"中心"的"亚洲大陆",若以此与上引龚自珍的说法相互比较,我们可以看到他们之间的既相对立、也相呼应的关系:

> 在太平洋和曲折向南、分割中国印度的帕米尔高原之间,横亘着满洲、蒙古、新疆和西藏。这是内亚洲的屏障,世所罕知的边疆之一,它们一方面是中国地理和历史的边缘,另一方面也是海洋的边缘。[5]

拉铁摩尔两次使用了"边缘"概念,暗示"内亚洲"已经成为中国与"海洋"之间的边疆区域,这一修辞的含义在下文中会逐渐呈现出来。以长城为中心的内亚洲描述模糊了"内外"的绝对意义,从而与今文经学的"内外"观存在某种相似之处。但这一相似之处背后隐含着深刻的差异:"内亚洲"已经被置于"中国"与"海洋"之间的边缘地带或边疆区域。上述历史地理视野把清朝对于主权的捍卫看作是大陆力量与海洋力量的较

---

[5] Lattimore, *Inner Asian Frontiers of China*, p. 3.

量,把贸易、殖民、政治、工业等新的权力关系转化为普遍性的世界关系,把其他有关内外关系的法律和道德准则贬低为传统的、不合时宜的知识,从而为一种新的历史视野的出现提供了前提。[6]这一视野包含了两个表面相反而实际相成的方面:

第一个方面是地区(region)视野的建构。"内亚洲"和"远东"概念将中华帝国及其周边地区建构成为一个"地区",它忽略或贬低长城沿线边疆的内部复杂性及其与关内的互动历史,并把这一充满了特殊的"内外"关系的大陆按照战略目的切割成为一个统一的整体,从而使之与"中国"区分开来。"中国"在这里主要指汉人活动的中原区域。这个整体不是长时段历史的互动关系的产物,不是各民族人民日常交往的历史的产物,而是战略研究视野中的"远东地区",它的实质是西方殖民主义关系中的边疆区域和地缘政治的战略构想:通过将"内亚洲"建构成为一个独立的地区,将中国与中亚、西亚及欧亚大陆的传统联系分割开来。

第二个方面是"民族—国家"视野的建构。"民族—国家"范式是一种反历史的知识规划,它以反对传统帝国规划的名义切割长期的民间交往的历史,按照种族和地缘战略关系将历史区域分割成为不同的"民族—国家",否定或无视这些民族之间的长期的、制度性的和非制度性的(民间的)历史联系,从而无意之间将殖民主义建构"新边疆"的努力以

---

[6] 拉铁摩尔本人对于农耕社会与草原社会的历史关系有着极为深入的观察,但他的导论部分仍然以民族—国家模式来理解中国内地与北方的关系。我在上一章曾经提及拉铁摩尔批判传统的、以南方社会为中心的历史叙述,把"边疆区域"在中国历史演变过程中的作用凸现出来,从而以长城两侧农耕和游牧两种社会形态的互动关系为背景理解长城在内亚洲的中心地位。但是,拉铁摩尔没有能够将这一互动的历史关系贯彻到他对现代国家的理解之中,例如,从长城沿线的变化的历史关系出发,为什么还要将一种并不存在的政治结构(民族—国家)强加到这些地区呢?为什么仍然将长城作为清晰的内外边界、将三百年前的明代的版图作为"中国"的标准版图呢?这一视野在他发表于1945年的中国历史的标准读本中表现十分清楚,参见 Owen Lattimore and Eleanor Lattimore, *The Making of Modern China*, *A Short History* (London: George Allen & Unwin Ltd,1945), pp.18-20。

第六章 内与外(二):帝国与民族国家

"民族—国家"的模式合法化。"民族—国家"概念以民族作为基本范畴切割社会的内在结构(文化、宗教、种族和政治方面的传统联系),把其他历史关系和政治形式贬低为次要的、落后的关系和政治形式,并通过这一过程将自己建构成为普遍的政治法则。民族—国家观念建立在一种清晰明确的内外、主客关系之上,边界和主权观念就是这一新的内外观的主要表达。按照这一规划,连同清朝起源地在内的三北地区就被分割为外在于中国的、多个相互独立的"民族—国家",从而将近三百年来各民族之间的复杂关系以"民族—国家"的范式一刀切断。"地区"概念与"民族—国家"概念相互配合,将错综复杂的传统关系纳入殖民主义的世界体系之中。与传统帝国时代的军事征服和政治冲突及其平衡方式不同,现代中国所面临的统一与分裂的冲突已经被置入一种新的世界规划,冲突及其解决冲突的方式都已经被放置在民族—国家及其规则之中。在这个意义上的统一与分裂的问题恰恰是贬低和废黜传统政治关系和规则的结果。

但这一过程不是单向的。我在讨论龚自珍有关西域置行省的建议时已经指出:面对东南沿海的压力,清朝的帝国建设与国家建设存在着趋同的过程,即改变帝国内部的多元权力中心的格局而趋向于内部统一的过程。清代是一个扩张性的帝国,但它的扩张方式和内容因时、地和对象而存在极大的差别。以蒙古为例,早在清兵入关之前,满蒙关系已经极为密切,大部分蒙古部落自愿依附于崛起的满洲势力。1636年,南部蒙古(大致相当于今内蒙古)已经效忠满洲,而到1691年,喀尔喀蒙古也臣属清朝。臣服的直接原因不是武力征服,而是由于它想用清朝的力量排除准噶尔的威胁。西北各部中对清朝进行了最为持久的抵抗的是准噶尔,清朝对准噶尔的镇压也尤其严酷。17世纪20年代满洲与蒙古缔结的一系列条约为满洲入侵明朝提供了新的力量,也为蒙古在清朝内部的特权地位提供了条件。蒙古社会在清朝内部保存独特的和相对自主的政治和法律体制是以此为历史前提的。然而,在地位稳固之后,清朝采取了一系列的措施促使内部关系的同质化或权力集中趋势。促成清代中央集权形成的动力包括了如下一些方面。第一,在满清入关以后,适应着满人统治地位的稳固,处于特殊地位的满蒙关系从相对平等的关系向有利于满清的方向发展。根据蒙古法律的研究,这一过程事实上始于清兵入关之前,1631年至1632年以后,已经见不到满蒙双边共议法律的记载。[7]第二,康熙平定三藩、雍正改土归流、镇压苗民起义、发动对四川大小金川地区的藏族土司的战争等事件加强了清帝国在西南的统治,西南与内地的制度差别大大缩小了。但这一集中趋势尚未发展到完全同质化的程度:西北地区没有实行内地行政制度,西南少数民族地区——如四川藏区、凉山彝区等——仍然保持着部分自治特点。第三,从康熙到雍正时代,平衡满洲贵族势力始终是皇权必须面对的挑战。朝廷为此提高汉人官员的地位,实行了包括摊丁入亩等经济政策在内的新政策,试图改变满人贵族的特殊地位。第四,清朝中央集权国家的形成不仅源自王朝的内部因素,而且也来自外部。中国的农村土地占有关系和城市经济并不是迫使国家高度集权的主要动力,康熙、雍正以来宗族和乡绅势力在基层的扩张就是一个例证,它局部地分解了基层国家的权力,也在很大程度上平衡了满洲贵族对于社会的控制。如果没有康熙、雍正时代针对西北和西南的战争,满洲贵族就难以如此紧密地被组织在皇帝周围,并强化中央政权对地方权力的支配力。清朝前半期的主要压力来自中国与俄罗斯边境以及相互连接的区域,如准噶尔的持续不断的战争和回族的反抗。

清帝国的扩张、征服和稳固始终与俄罗斯帝国的扩张、征服和稳固相伴随:15至16世纪,莫斯科公国吞并了诺夫哥罗德、喀山和阿斯特拉罕,疆域扩张了十一倍;17世纪,俄罗斯吞并了西乌克兰以及白俄罗斯的一部分;到18世纪,它已经夺取了波罗的海沿岸、乌克兰的其余部分以及克里木。18世纪后叶,中英鸦片贸易持续上升,东南沿海的压力急剧发展;而俄罗斯又重新东扩,中俄边境陷入危机,并促成了西北地区的反抗运动。贸易、战争和内部危机的多重压力迫使清帝国加强中央权力,从而为帝国向民族—国家的转化提供了前奏:一方面,备战的局面势必导致对于

---

[7] Dorothea Heuschert, "Legal Pluralism in the Qing Empire: Manchu Legislation for the Mongols", *The International History Review* 20, no. 2 (June 1998):313.

更高税收的需求,而税收的提高有赖于一定的制度框架;另一方面,增加税收依赖于相对集中的权力机制,从而极易导致地方精英的对抗情绪和少数民族地区(主要是那些改变原有的统治结构而设置统一行政体制的地区)的军事反抗。在上述压力之下,王朝试图建立更为统一的行政体制和单一的主权源泉。龚自珍要求在西北设立行省的动议就是一个明确的——但尚未付诸实施的——征兆。在这个意义上,在欧洲殖民主义扩张与帝国的权力集中化之间存在着一种互动的关系:贸易和战争不仅通过军事、工业和市场的活动直接地改造原有的大陆关系,而且也通过这一历史形势迫使王朝进行制度改革,将原有的多元性帝国的制度格局改造为或自我改造为"民族—国家"。如果说殖民主义用一套完整的知识(配合着武力的征服和商业的渗透)对这个大陆进行重新规划,那么,龚自珍和他的追随者则在今文经学、经世之学和王朝一统的视野中重建对西北的理解。考虑到清初以降持续发展的由关内向关外的人口迁徙,龚自珍"西域置行省"的建议在提出移民规划的同时,也把郡县制度扩展到了西域地区。这一构想是对清代边疆政策的重大修改,它势必强化中央政府对于西域地区的行政管理,在制度上使得清代帝国具有更为统一的或者同质化的特点。如果把他的这一建议放置在俞正燮等人有关俄罗斯边境的讨论的语境之中,我们可以对中国在东(内陆)西(海洋)两侧面临的挑战得到一个更为全面的理解。

  龚自珍的建议与欧洲殖民主义的到来恰好发生在同一时刻,它们共同发现并促成西北意义的根本性的变化,但视野和立场则尖锐对立:欧洲人将传统帝国的含混的边疆区域视为主权明确的边界,把由贸易、迁徙、战争和统治而形成的大陆看成是相互孤立的民族—国家,以民族—国家的族群、主权和边界观念重新界定内与外,从而为新的夷夏之辨提供前提;龚自珍的西北论恰好相反,他的设置行省的建议试图将西北与内地在制度上统一起来,从而为清朝帝国蜕变为统一的"民族—国家"(事实上从来不是以民族为单位的国家)或绝对国家提供前提。这两个截然相反的方向均以建立内部同质化的国家结构为取向,区别只是在于前者把民族作为建构这种同质性的国家的前提,而后者则以多元性帝国作为新型国家的前提。这一视野从两个不同的方向构成了对今文经学和帝国秩序的内外观的挑战。在这个意义上,即使龚自珍的西北论是对内地社会危机的直接回应,这一结论也不应否认问题的另一方面:西方—海洋—资本主义权力—东南沿海的危机是推动西北论产生的最为深远的动力和促使帝国内部实行更为同质化的制度的根本动因。在这一基本动力之下,今文经学的"大一统"观念遭遇了极为严峻的挑战,它所内含的对于民族平等的呼求、对于多元性的政治制度的构想、对于夷夏之辨的批判势必向一种新的历史关系转化。对于今文经学者而言,积极面对这一形势并构想新的方案,正是"行权"义旨的最好表达。西域置行省的构想暗示了现代发展过程的基本逻辑,即如果中国要在世界经济和贸易的网络中扮演一个独立的角色,它就绝不能是相互分离的或过分松散的经济单位,而要维持这一经济单位的整体性,同时就有必要进行行政制度的改革,在皇权之下实行准民族国家的组织架构。戊戌维新运动和康、梁的政治实践可以说是这一思路的自然的延长。

现在我要回到内/外、夷/夏的关系上来,追问如下问题:上述新的变化是如何被感知的,又是经由何种方式获得理解的?在什么时候,又是经由何种方式,夷/夏、内/外关系被抽离了帝国的礼序关系,进而成为所谓"外交事务"?在什么时候,又是经由何种方式,这一经学主题被组织到晚清变法论的框架内?

第二节 作为兵书的《海国图志》与结构性危机

1. 从东汉回向西汉

在鸦片战争和不平等条约签订之后,新的国际关系并没有立刻取代帝国处理"内外"关系的原则和法律;相反,朝廷和士大夫力图通过改造旧有的"内外关系"的原则和法律以适应新的国际关系，进而为面向西方的政治改革和知识重组提供礼法的根据。通过相互承认关系形成的主权是一种平等的形式，但这一平等的主权形式恰恰必须以不平等的条约来建立。因此，中国士大夫必须在这一形式主权之外发掘自己的合法性资源，从而在世界范围内确立自己的安全和繁荣的前提。魏源的思想实践就是这一努力的表现：他一方面主张学习西方的工艺技术，强化自己的防卫能力，倡导"师夷长技以制夷"；另一方面则重构自己的历史传统和世界图景，将中国置于这一世界图景内部加以概括。不平等条约的签订是军事实力对比的产物，因此，对于主权国家地位的论证势必产生于一种极为浓厚的军事关系之中。《圣武记》、特别是《海国图志》中展现出的内外层次复杂的世界图景就是这一努力的明确表达，前者通过帝国征服史的叙述为鸦片战争后的历史形势进行铺垫，后者则在一种世界性的地理学视野中为中国的军事、经济和文化政策提供蓝图。这两个方面构筑了鸦片战争前后清代士大夫对于合法性和主权问题的最为深刻的理解。今文经学的内外观在重构这一世界图景及其权力关系的过程中扮演了重要的角色。

在分析魏源的内/外、夷/夏观之前，我首先说明几个基本论点：第一，今文经学的相对化的内外观为龚、魏、康、梁等今文学者以较为开放的姿态面对西方提供了根据，正是在这一过程中，他们的内外概念本身发生了根本的变化，即从帝国内部的礼序关系转化为主权国家之间的内外关系。第二，内外关系的新模式不是对欧洲民族—国家模式的简单移植，而是对朝贡关系的传统脉络的重构，即将帝国的政治、军事和经济实践从西北内陆扩展到沿海和南洋，从而规划出一种新的内外关系的模式。第三，内外关系的相对性不仅表现在重建帝国范围内部的中心—边缘关系，而且也表现为在传统朝贡区域内部来把握中国与西方国家的关系。但这一内外关系的相对化与其说是代表了"夷狄进至于爵，天下远近大小若一"的儒者理想，毋宁说是体现了内外关系的重大紊乱，今文学者据此认定中国正在从升平世向据乱世的方向滑动。一方面，传统内外观和帝国政治视野在建立新的世界观的过程中发挥了重要的桥梁作用,它们将截然对立的夷夏关系建构为层次复杂的内外关系;另一方面,夷夏关系的紊乱为重新拟定内外关系提供了根据。在这个意义上,内外关系的演变并不意味着今文经学的内外观被彻底抛弃了,恰恰相反,在制度改革和创造新的民族认同的过程中,这一内外观以曲折的方式为多民族主权国家的框架提供了历史前提。第四,新的夷夏观包含了对于殖民主义时代的深沉忧虑,但这种深沉忧虑不是直接表现为对外抗拒的激进姿态,而是转化为加强内部同一性的努力。在这一民族主义逻辑的推动下,内部的夷夏之相对化与清晰的内外关系相互照应,满汉矛盾和族群平等问题让位于一种新的夷夏之辨。汉族知识分子俨然以帝国天下为己任,从而早期今文经学与帝国视野之间的那种紧张几乎完全消失了。从这个角度说,无论自觉与否,阐释新的时代危机的过程恰恰成为汉族知识分子将自身从从属地位提升为社会主体的方式和途径。

魏源(1794—1857)是上述演变的一个重要环节。作为清代经世之学的重要倡导者,魏源的学术渊源遍及汉宋,很难简单地被归结在今文经学的范畴内。他29岁中举,后屡试不第,捐资为内阁中书。52岁始中进士,分发江苏,历任东台、兴化知县、两淮盐运司海州分司运判、高邮州知州。在1814年入京后从刘逢禄治公羊学之前,他已经向胡承珙学习汉学,从姚学塽学习宋学。从经学历史的角度来看,魏源是推动清代今文经学从尊崇何休转向尊崇董仲舒的关键人物。魏源在1829年前后著述了《董子春秋发微》(七卷),从尚存的序言中,我们可知他对孔广森、刘逢禄"止为何氏拾遗补缺"有所不满,认为应该阐发董仲舒的著作,"其书三科、九旨灿然大备,且弘通精淼,内圣而外王……"[8]在此之前,孔广森、刘逢禄的公羊学以疏释何休为主,自魏源起,贬低东汉、崇仰西京、踵武《繁露》、批评《解诂》成为重要的经学方向(虽然他的解经方法仍然遵循三科九旨之说),从而一定程度地恢复了庄存与对董氏学术的兴趣。这一转变意味着西汉经学的改制论逐渐成为清代

---

[8] 魏源:《董子春秋发微》,《魏源集》,上册,北京:中华书局,1976,页135。

今文经学的中心问题。[9]杨向奎、孙春在均论述过魏源在今文学历史转变中的意义,并认为这一向西京之学的偏斜与他对宋学的研究有关。[10]魏源之学本有理学的因子,他对宇宙论和义理问题有着强烈兴趣。西汉之学的复兴与魏源对宋学的态度很可能有着某些关联,但这种关联仍然以如下差异为前提:清代中期以后的宋学思潮带有森严的夷夏之防的观念,明显地与魏源的"师夷"思想相抵牾,[11]而夷夏相对化的观念并不是《春秋》和《公羊》的主旨,而是董仲舒《春秋繁露》的创新之一。

随着这一阐释重心的转化,魏源重新解释了三统、三世说,其中"三世"观尤为特殊。这是清代今文经学以内外例为中心向以三世说为中心转化的征兆。我们先看他以进化的观点解释三代:

> 后世之事,胜于三代者三大端:文帝废肉刑,三代酷而后世仁也;柳子非封建,三代私而后代公也;世族变为贡举,与封建之变为郡县何异?三代用人,世族之弊,贵以袭贵,贱以袭贱,与封建并起于上古,皆不公之大者。虽古人教育有道,其公卿胄子多通六艺,岂能世世皆贤于草野之人?……春秋诸卿,有公族,有世族,其执政之卿,谋国之大夫,无非此二族者。……单寒之子无闻焉。秦人崛起,乃广求异国之人而用之。……由是六国效之,……气运自此将变,不独井

---

[9] 魏源在《董子春秋发微序》中说:"《汉书·儒林传》言'董生与胡毋生同业治春秋',而何氏注但依胡毋生条例,于董生无一言及;近日曲阜孔氏、武进刘氏皆公羊专家,亦止为何氏拾遗补缺,而董生之书未之详焉。……其书三科、九旨灿然大备,且弘通精淼,内圣而外王,蟠天而际地,远在胡毋生、何邵公章句之上。……故抉经之心,执圣之权,冒天下之道者,莫如董生。"《魏源集》,上册,页135。
[10] 杨向奎:《绎史斋学术文集》,上海:上海人民出版社,1983,页377。
[11] 魏源对此给予严厉抨击:"三代以上,天皆不同今日之天,地皆不同今日之地,人皆不同今日之人,物皆不同今日之物……岂独封建之于郡县,井田之于阡陌哉?故气化无一息不变者也,其不变者道而已,势则日变而不可复者也。……宋儒专言三代,三代井田、封建、选举必不可复,徒使功利之徒以迂疏病儒术。……"魏源:《默觚下·治篇五》,《魏源集》上册,北京:中华书局,1976,页47—49。

田、封建之将为郡县、阡陌而已。孔子得位行道,必蕃有以大变其法,举四科以代豪宗,……秦、汉以后,公族虽更而世族尚不全革,九品中正之弊,至于上品无寒门,下品无世族,……自唐以后,乃仿佛立贤无方之谊,至宋、明而始尽变其辙焉,虽所以教之未尽其道,而其用人之制,则三代私而后代公也。[12]

"三代私而后代公"的观念是儒学历史观的倒转,它对魏源理解三统、三世说提供了新的因素。魏源论三统并没有特殊之处,[13]但他的三世说却渗透了上述历史演变的理论:"今夫赤子乳哺时,知识未开,呵禁无用,此太古之无为也。逮长,天真未漓,则无窦以嗜欲,无芽其机智,此中古之无为也。及有过而渐喻之,感悟之,无迫束以决裂,此末世之无为也。"[14] 又曰:"三皇以后,秦以前,一气运焉;汉以后,元以前,一气运焉。"[15]这一三世观"在一个个'气运'之中又分为数个阶段",[16]是后来康有为在三世的每一世中再分三统的先声。它所内含的进化和退化观——与龚自珍的三世说一道——为政治变革提供了理由。

与龚自珍的任意发挥相比,魏源的经学研究更为严谨。在今文经学的重心从东汉向西汉转变的过程中,他"以辨伪的态度来批判古文学,一方面促成了今文学的全面研究,另一方面也形成了今古文学的鲜明壁垒。"[17]他的《书古微》、《诗古微》等著作是辨明《毛传》、《大小序》、《古文尚书》和《孔传》为伪书的代表作,提示了此后廖平、康有为等人的经学方向。但是,我们不能因此将魏源的思想束缚在纯粹经学的框架中来理解,也无法离开他的与时俱进的思想特点说明其经学研究的内涵。龚自

---

[12] 魏源:《默觚下·治篇九》,《魏源集》上册,北京:中华书局,1976,页60—61。
[13] 如云:"君子读三颂而知圣人存三统之谊……三统之谊,更相嬗者更相师,故后王之于前王,犹弟子之于先师……道一而文质一、统一而王国侯邦一、治一而孙子功臣与胜国嗣一。"魏源:《书古微》,《皇清经解》卷一三〇七,页22。
[14] 魏源:《老子本义》,页3。
[15] 魏源:《古微堂内集》卷三,页10。
[16] 孙春在:《清末的公羊思想》,页55。
[17] 同上,页55—56。

第六章 内与外(二):帝国与民族国家

珍在《乙丙之际著议》、《壬癸之际胎观》、《古史钩沉论》、《尊隐》等著述中描述了一个风雨飘摇的末世图景，呼吁"一祖之法无不敝，千夫之议无不靡，与其赠来者以劲改革，孰若自改革"；[18]魏源则从经学内部对此作出了有力的回应。他在漕运、盐政、河工等问题上的策论与经学思考密切相关。他对经学内外观的发挥联系着复杂变化的世界关系，无论在规模和内含上都超出了传统经学的藩篱。

2. 从西北到沿海

内外问题仍然是魏源思想的重要主题，但其含义开始发生变化。《默觚》一书刊于魏源逝世后二十一年，并非经学著作，很可能代表了他早期的思想。书中的若干命题明显地上承刘逢禄的公羊观点，保留了早期今文经学在针砭帝国的征服政策和族群等级制过程中形成的取向。魏源批评宋明郡县制度的狭隘性，表彰封建的好处，并将之归结为礼乐之天下与"夷狄与中国为一"等两个方面，弥漫着一种关于春秋以前无分内外的想像。从儒学的发展来看，批评郡县并无新意，而主张无分内外则是今文经学的独特观点。《默觚下·治篇三》云：

> 三代以上之天下，礼乐而已矣；三代以下之天下，赋役而已矣。……春秋以前之诸侯，朝聘而已矣；春秋以后之诸侯，攻战而已矣；……春秋以前，有流民而无流寇；春秋以后，流寇皆起于流民……读《诗》则《硕鼠》"适彼乐郊"、《黄鸟》"复我邦族"、《鸿雁》劳来中泽，未闻潢池揭竿之患，此封建长于郡县者一也。春秋以后，夷狄与中国为二；春秋以前，夷狄与中国为一。读《诗》与《春秋》，知古者名山大泽不以封，列国无守险之事，故西戎、徐戎、陆浑之戎、赤狄、白狄、姜戎、太原之戎，乘虚得错处其间。后世关塞显要，尽属王朝，而长城以限华、夷，戎、狄攘诸塞外，此郡县之优乎封建者一也。由前三说观之，五伯者，

---

[18] 龚自珍：《乙丙之际著议第七》，《龚自珍全集》，上册，中华书局，1959，页6。

三王之罪人,中夏之功臣;由后一说观之,七雄、嬴秦者,罪在一时,功在万世。[19]

以五伯为中夏之功臣,七雄、嬴秦为万世之功臣,这是公然地将庄存与《春秋正辞》隐含的义旨宣示为政治宣言。从政治制度的角度看,他对封建的仰慕并不意味着他真的要恢复封建,否则他就不会对五伯、七雄、嬴秦给予如此敬意。"是以忠、质、文异尚,子、丑、寅异建,五帝不袭礼,三王不沿乐。况郡县之世而谈封建,阡陌之世而谈井田,笞杖之世而谈肉刑哉?"[20]三统、三世说均包含了历史变迁的意识,从而即使"郡县之世而谈封建"也不能等同于回到封建的礼仪关系。封建不可以恢复,后人能够做的是将封建之礼带入历史的变化之中,此即顺时或维其时,亦即复礼。魏源断言:"君子之为治也,无三代以上之心则必俗,不知三代以下之情则必迂。"封建变而为郡县,井田变而为阡陌,租、庸、调变而为两税,两税变而为条编,兵甲变而为府兵,府兵变而为犷骑、营伍,这是宇宙和世界的合法则的运动。夷夏的相对化是历史发展的产物,今天还有谁能够分别"淮、徐孰戎、夷之种?"同样,沿海地区的"茶黄互市,为制夷之要",[21]绝不能再以夷夏大防为由加以拒绝。

上述"封建"观与其说是对三代的恢复,毋宁说是以历史变化为前提,以礼制为基础,力图将封建的精神注入郡县制度之中,进而达成包含内在多样性的大一统政治秩序。"夷狄与中国为一"是三代之理想,没有一定的转化的过程,不考虑历史本身的变化,这一理想无法落实为具体的实践。今文经学中包含着反对严分中国与夷狄,尊重不同民族的文化、宗教和制度,力图在礼仪的基础上形成远近和合的礼乐秩序的内在脉络。但如果认为这真是对三代的恢复未免过于幼稚,因为"内外"秩序是以帝国及其礼制秩序作为前提的。在新的语境中,"夷狄与中国为一"必须有

---

[19] 魏源:《默觚下·治篇三》,《魏源集》,上册,页42。
[20] 魏源:《默觚下·治篇五》,《魏源集》,上册,页48—49。
[21] 同上,页47—49。

一个基本的前提,即所谓"中国"与"夷狄"均已被置于帝国的政治架构内部,从而夷夏之相对化成为——也只能成为——帝国内部的平等要求。在今文经学中,变法改制最终成为中心问题是有着自己的逻辑前提的:无论是夷夏之相对化,还是"内诸夏而外夷狄",都要求以帝国的疆域、人口、朝贡关系、多民族状况为前提。这是对帝国内部政治秩序的重构,其特点是在平等的名义下达到内部统治关系的同质化。从最终的结果来看,这一取向与今文经学的封建观恰好相反,却适应着置身于民族—国家体系内部的帝国的自我转化。在抗拒殖民主义侵略的过程中,这一趋向变得更为明显。

我们不妨从经学内外两个方面观察这一点。魏源的《公羊春秋论》可以作为经学内部的例子。在这篇论文中,魏源根据孟子的说法,把孔子之王鲁改制视为禹抑洪水、周公兼夷狄之后的"第三治",因此"孔君之书,避《春秋》当新王之名,而未尝废其实也。……《春秋》因鲁史以明王法,改周制而俟后圣,犹六书之假借,说《诗》之断章取义"。既然"《春秋》立百王之法",那么,变法改制的基本内容就可以用《春秋》的义例给予说明。魏源说:

> 其言曰:"《春秋》有变周之文,从殷之质。"非天子之因革耶?甸服之君三等,藩卫之君七等,大夫不氏,小国之大夫不以名氏通,非天子之爵禄耶?上抑杞,下存宋,褒滕、薛、邾娄仪父,贱谷、邓而贵盛、郜,非天子之黜陟耶?内其国而外诸夏,内诸夏而外夷狄,非天子之尊内重本耶?避王鲁之名而用王鲁之实,吾未见其不倍上也。[22]

孔子重新拟定礼序,明辨是非标准,并把"内其国而外诸夏,内诸夏而外夷狄"这一"尊内重本"的法则置于新制度的重要地位。内外的次序问题在这里重新被突显出来了。

《道光洋艘征抚记》则可以视为经学外部的例子。李慈铭《越缦堂日

---

[22] 魏源:《公羊春秋论下》,《魏源集》,上册,页133—134。

记》光绪六年六月初二日质疑《道光洋艘征抚记》的作者归属,其中一段以春秋公羊学之家法说明此文可能是魏源的作品。他说:"《夷舶入寇记》上下篇……传是魏默深作,即《圣武记》目录所载《道光征抚夷艘记》,或又云张亨父作。观文笔殊沓拖,不及前记之叙次简老;惟上下篇之论似默深所为。上篇之论颇引《春秋》、《公羊》,亦默深家法。……"[23]《征抚记》详细地叙述了鸦片战争的始末和失败的原因,分析形势,功过人物,但这些历史经验也被作者纳入春秋之义、尤其是内外观之中加以解说。李慈铭不敢断然否认《夷舶入寇记》为魏源所做者以此。以下两节是最为明确的例子:

> 论曰:《春秋》之义,治内详,安外略。外洋流毒,历载养痈。林公处横流溃决之余,奋然欲除中国之积患,而卒激沿海之大患。其耳食者争咨于勒敌缴烟;其深悉详情者,则知其不由缴烟而由于闭市。其闭市之故,一由不肯具结,二由不缴洋犯。然货船入官之结,悬赏购犯之示,请待国王谕至之禀,亦足以明其无悖心。且国家律例,蒙古化外人犯法,准其罚牛以赎,而必以化内之法绳之,其求之也过详矣。水师总兵奏褫审讯,而仍以掣肘免罪,曷不以外洋没产正法之律惩之乎?……西洋之长技,尽成中国之长技,……夫是之谓以治内为治外,奚必亟亟操切(外洋)从事哉?[24]

> 曰:《春秋》之谊,不独治内详于治外,亦责贤备于责庸。良以外敌不足详,庸众不足责也。吾曰勿骤停贸易,世俗亦言不当停贸易。世俗之不停贸易也,以养痈。曰英人所志不过通商,通商必不生衅,至于鸦片烟竭中国之脂,何以禁其不来,则不计也。设有平秀吉、郑成功枭雄出其间,藐我沿海弛备,所志不在通商,又将何以待之,则亦不计也。与吾不停贸易以自修自强者,天壤胡越。望之也深则求之也备,岂暇与囊瓦、靳尚之徒,较量高下哉?……始既以中国

---

[23] 李慈铭:《越缦堂日记》,第 36 册,页 8。
[24] 魏源:《道光洋艘征抚记上》,《魏源集》,上册,页 185—186。

之法令,望诸外洋;继又以豪杰之猷为,望诸庸众;其于救弊,不亦辽乎![25]

一方面,魏源揭示了鸦片战争失败的内部原因,主张改革内政、善用人材,从而符合《春秋》详内略外的原则;另一方面,他又主张利用外洋法律和技术以扼制鸦片输入,同时开通贸易,利用西方国家的利益冲突阻止英国的霸权。"尽收外国之羽翼为中国之羽翼,尽转外国之长技为中国之长技,富国强兵,不在一举乎?"[26]这是所谓"夷狄入中国则中国之"或"夷夏之相对化"原则的灵活运用。

魏源之内外观已经与庄、刘之学相去颇远。鸦片战争迫使中国在一种军事关系中确立自己的主权地位、捍卫自己的利益和疆域,从而重新调动帝国时代武力征伐的军事经验成为魏源等人面对新的历史形势的基本方式之一。如果说庄、刘的内外观的核心是礼,那么,魏源的内外观的基石则是兵。但这二者并非截然对立:礼以兵(帝国之霸权)为前提,兵以礼为指归(以军事实力重构礼制秩序)。龚自珍、魏源时代的变革思想是中国近代民族主义论述的滥觞,而这一民族主义论述恰好直接表现为对于帝国历史和文化的叙述。民族主义叙述与帝国叙述之间存在着相互重叠的关系。从主导的方面看,帝国与民族—国家的这种重叠关系决定了中国民族主义论述不是以种族差异、而是以消灭内/外、夷/夏的绝对差异作为基本的出发点。这与欧洲民族主义以种族、语言、文化的特殊性和单一性抗拒帝国的多民族、多语言、甚至多宗教的特点存在重大的差别。魏源的内/外、夷/夏观是对新的外部威胁的反应,它承续了早期今文经学以取消内/外、夷/夏的绝对差别为特点的"中国"观,但主要目的不是以这一"中国"概念(及其内含的族群平等的诉求)对抗帝国的武力征服和族群等级制(以礼克兵),而是从对外军事战略的角度来看待内/外、夷/夏关系,力图恢复帝国武力征伐时期的视野和精神。这是以兵为礼的历史

---

[25] 魏源:《道光洋艘征抚记上》,《魏源集》,上册,页186。
[26] 魏源:《道光洋艘征抚记下》,《魏源集》,上册,页206。

前提。

军事和战争不仅塑造了欧洲国家体系,而且也对国家的内部制度产生了重大影响。对于非欧洲国家而言,军事建设及其制度对于民族建设、制度改革和边界划分具有更为决定性的影响。[27]儒学从来就是与特定的政治结构和权力关系密切相关的,它绝不仅仅是一种"心性之学",现代国家与暴力的内在联系对于儒学的演变势必产生重要的影响。在魏源那里,儒学(特别是今文经学)有关内/外、夷/夏的礼仪叙述已经转化为一种军事战略和策略的叙述,以致早期今文经学与帝国之间的紧张关系几乎完全消失了。现代世界的军事性质决定了礼仪关系与军事关系的紧密联系。在魏源的著作中,不但《圣武记》(包括《道光洋艘征抚记》)、《元史大理传叙》、《关中形势论》、《王蓟苻坚论》、《书金史完颜元宜完颜元宜传后》等史学著作可以视为兵书,而且《海国图志》本身就是一部兵书。这部著作第一次以较为翔实和准确的地理学知识(以及有关全球各区域和国家的政治、经济、风俗、物产的知识)确定了中国在殖民主义时代的位置,把内陆帝国置于海洋时代的复杂网络内部,从而为大陆帝国向海洋时代的主权国家的转变提供了知识上的根据。这不是一本单纯的地理学著作,而是——首先是——一部军事著作。[28]"地理学"在现代知识体系中的重要性是由近代世界体系的军事性质确定的,或者说是由近代贸易对于军事及其技术的依赖确定的。英国殖民主义的贸易不是自然

---

[27] 参见 Morris Janowitz, *Military Conflict: Essays in the institutional Analysis of War and Peace* (Beverly Hills: Sage, 1975)。

[28] 对于《海国图志》的兵书性质,反而是正在致力于民族—国家建设的日本人看得更清楚一些。盐谷世弘在《翻刻〈海国图志〉序》中说:"此编则原欧人之撰,采实传信,而精华所萃,乃在筹海、筹夷、战舰、火攻诸篇。夫地理既详,夷情既悉,器备既足,可以守则守焉,可以款则款焉,左之,右之。惟其所资。名为地志,其实武备之大典。"(盐谷世弘:《宕阴存稿》卷四)南洋梯谦在《〈海国图志〉序》中说:该书是"天下武夫必读之书",应广为刊布,为国家所用。吉田松阴说:"清魏源筹海篇,议守、议战、议款,凿凿中窍,使清尽用之,固足以制英寇而取鲁(俄)佛(法)矣!"(吉田松阴:《西游日记》,《野山狱文稿》,页23)均见萧致治:《评魏源的〈海国图志〉及其对中日的影响》,《魏源思想研究》,页344。

的、自发的、私人性质的贸易,它是一种置于国家军事保护——尤其是具有远洋能力的海军——范畴内的贸易,并起着整合以英国为主导的世界经济的作用。魏源论东印度公司的职能云:

> 方其通商他国之始,造船炮,修河渠,占埠头,筑廛舍,费辄巨万,非一二商所能独任,故必众力易擎,甚至借国王赀本以图之,故非公司不为功。[29]

这是对英国殖民贸易的准确概括。英国对华鸦片贸易不但具有在军事保护下的走私贸易的性质,而且还是一种将英中贸易纳入资本主义贸易结构的强制行动。[30] 如果没有将远洋贸易置于军事保护之下,如果没有贸易往来、军事占领与国家保护的相互联系,英国就不可能建立自己的经济霸权,而这一经济霸权反过来又加强了英国的海上军事力量对其他地区的渗透能力。

3. 以"守"为攻

《海国图志》从最初的五十卷本(1842)、六十卷本(1847),发展到一百卷本(1852)。关于该书最初的成书年代曾有不同意见。据吴泽、黄丽镛考证,魏源自道光二十一年(1841年)六月在京口(镇江)受林则徐嘱撰《海国图志》后即开始撰写,至道光二十二年(1842)冬成书。从卷一、卷二《筹海篇》中的若干事例来看,他们的推断完全成立。[31]《筹海篇》共计收入《议守》(上、下)、《议战》、《议款》等四篇文字,检讨鸦片战争时期的军事经验和教训,详细说明海洋时代抵御外敌的战略、战术和长远方

---

[29] 魏源:《海国图志》卷二《筹海篇议款》,《海国图志》,陈华、常绍温、黄庆云、张廷茂、陈文源共同点校注释,长沙:岳麓书社,1998年11月1版,页38。
[30] 魏源在《道光洋艘征抚记》中对此已经有了清醒的认识,他对英国鸦片贸易的非私人性质和军事后果具有深刻的洞察。这是他制定应对方略的基本前提。
[31] 吴泽、黄丽镛:《魏源〈海国图志〉研究》,《魏源思想研究》,页292—333。

略,其核心是以"守"为中心,展开守、战、款等不同的战术或策略。在现代化理论的框架内,《海国图志》的"兵书"性质几乎完全被"改革开放"或"向西方学习"的叙述所掩盖,以致"师夷长技以制夷"的军事主张成为了向西方学习的经典表述。在《圣武记》中,魏源坦陈这其实是祖宗制敌之法。"先朝近事,典在府册",为今之计,无非是推而广之,以御外侮。[32]《道光洋艘征抚记》所引林则徐奏议中更有"可以敌攻敌,中国造船铸炮,至多不过三百万,即可师敌之长技以制敌"之语,[33] 清楚地说明这一主张是从林则徐的克敌制胜的"兵法"中引申出来的。该书六十卷本的原叙中明确地说:

> 是书何以作?曰:为以夷攻夷而作,为以夷款夷而作,为师夷长技以制夷而作。……然则执此书即可驭外夷乎?曰:唯唯,否否!此兵机也,非兵本也;有形之兵,非无形之兵也。[34]

区分兵机和兵本、有形之兵和无形之兵的动力源自一种自觉的认识,即在海国时代,中国与西方的对抗不是简单的军事问题。

针对鸦片战争以来"非战即款,非款即战"的舆论和策略,魏源提出了"以守为战"和"以守为款"的战略和战术。从战术上说,"守"的要诀是"一曰,守外洋不如守海口,守海口不如守内河;二曰,调客兵不如练土兵,调水师不如练水勇。"[35] 这一战略取决于两个条件:首先,欧洲国家(特别是英国)拥有先进战舰的优势,敌我双方武器、装备和战斗人员的质量差别悬殊;其次,大陆帝国善于陆战,而海洋帝国善于海战。中英战

---

[32] 首先注意到这一点的是徐光仁《试论魏源向西方学习的思想》,《华南师范学院学报》,1981年第2期,又见杨慎之、黄丽镛编《魏源思想研究》,长沙:湖南人民出版社,1987,页125。
[33] 魏源:《道光洋艘征抚记上》,《魏源集》,上册,页177。
[34] 魏源:《海国图志》原叙,《海国图志》,页1。
[35] "以守为战,而后外夷服我调度,是谓以夷攻夷;以守为款,而后外夷范我驱驰,是谓以夷款夷。"魏源:《筹海篇·议守上》,《海国图志》卷一,页1。

争必须以"守"为中心，从地缘战略上说，所谓以守为中心也是陆战对海战的基本方式。[36] 在《议守上》的末尾，魏源将这一战术验之于历史，发现了许多以守为攻的战例。[37] 1616 年，东印度公司驻大莫卧儿皇帝宫廷的大使劝告英国负责人说："你们如果想获利，就应坚守这条规则：在海上的和平交易里寻求利润；因为维持驻军并在印度的陆地上作战无疑是大错特错。"[38] 对照魏源以陆战对付海战的策略与西方战略家的看法，立刻可以发现他抓住了中西军事斗争的要害。只要有机会，欧洲人不会放弃攻城略地的机会，如他们对南亚和东南亚地区的侵略、掠夺和领土占领，但从战略和战术上看，魏源以鸦片战争为根据所作的战略分析是恰当的。

4. 以陆战对海战

以陆战应对海战的方式决定了魏源的用兵策略，这是他在《议守下》中论述的就地练兵之法：以军民联合的方式回击来犯之敌。他反对劳民伤财、劳而无功的往来调兵之法，强调就地招募兵勇。陆战需要"服水

---

[36] 中国火炮列岸排列，方向固定，如果在外海迎敌，英国兵舰不但进退灵活，而且规模和硬度都很大，很难击中要害（桅和头鼻）。因此，只有引入内河，从旁击之，方能奏效。同样的道理也适用于火攻。在宽阔的海面上，以火舟袭击成功的可能性极小。魏源举了三个战例作为自己的战略和战术的参照：第一是安南诱英国兵舰于内河并大举击溃的过程，其次是梁化凤以陆战方式在长江沿岸力挫郑成功水师的例子，最后则是三元里区区义兵"围夷酋，斩夷帅，歼夷兵"克敌制胜的条件。它们都是"步步为营，以守为战之法"的具体战例。

[37] 如清朝因缅甸守备严谨而攻占未果，俄国诱敌深入、利用天时地利先后打败英军和法军，又如缅甸、安南"一胜以陆兵之节制，一胜以水战之诱伏"击退英军，后者提供了中国的传统属国抗击侵略的例子（这为魏源以重建传统朝贡关系对抗西方军事征服的战略思想提供了伏笔）。这些例子的基本内含是以弱胜强、以内陆为依托击退外来攻击和侵略的历史经验。魏源：《筹海篇·议守上》，《海国图志》卷一，页 15。

[38] *The Embassy of Sir Thomas Roe to the Court of the Great Moghol*, 1899, II, p. 344, cite par G. M. Cipolla, op. cit., p. 117, 转引自费尔南·布罗代尔 Fernand Braudel：《15 至 18 世纪的物质文明、经济和资本主义》，北京：三联书店，1993，第三卷，页 569。

土"、"熟道路"和"顾身家"的"土著之兵",内河作战或近海作战也以招募熟悉水情的当地水勇为上策。鸦片战争期间,英军雇佣了大批被清军解散的水勇。他们熟悉当地情况和军事设施,为英军提供了重要的情报来源。因此,魏源建议就地练兵,即把那些械斗之民、烟盐私贩、海盗枭匪统统纳入到地方武装的行列之中,一方面可以节约军饷,另一方面也避免这些人为英国人所收买,并附带解决地方治安问题。[39]魏源的上述思想是从东南亚、印度的历史经验和鸦片战争的实际情况出发的。在各国的印度公司蓄养的军队里,绝大多数兵员是本地人。在1763年左右的巴达维亚,每1000到1200名"各个国籍"的欧洲士兵配有9000至10000名马来辅助人员和2000名中国兵。[40]招募印度人(所谓土著雇佣军)征服印度是欧洲殖民者的重要发明,也是鸦片战争中英国人(以及后来抗日战争时期日本人)对付中国人的基本方法。如果没有本地商人和官员的合作,鸦片贸易无法顺利进行,这是林则徐禁绝鸦片时碰到的最大难题。布罗代尔谈论南亚和东南亚的商业活动时提到:成千土著经纪人包围欧洲人,主动提供服务,其中有埃及的摩尔人、无所不在的亚美尼亚人、婆罗门商人、莫卡的犹太人、广州、澳门和万丹的中国人,还有古杰拉特商人、科罗曼德尔沿海商人以及爪哇人。"随着时间的流逝,帮助、合作、勾结、共处乃至相依为命,逐渐成为理所当然。"[41]截然分明的夷/夏、内/外概念根本无法描述如此错综复杂的关系。如果不从内部开始改革,则无法抗御外敌。

正由于此,魏源论"兵"既关注具体的战略战术,也关注长治久安的方略。在他的视野中,"兵"的含义远比单纯地谈论攻防之术广泛,所谓"兵列五礼,学礼宜及",[42]它本是礼的一个重要组成部分。魏源

---

[39] 魏源:《筹海篇·议守下》,《海国图志》卷二,页16—22。
[40] 费尔南·布罗代尔:《15至18世纪的物质文明、经济和资本主义》,第三卷,页564。
[41] 同上,页565。
[42] 魏源举例说:"'有文事者必有武备','好谋而成','我战则克','学矛夫子,获甲三百'。特兵危事而括易言,正与兵书相背故也。"见《孙子集注序》,《魏源集》,上册,页227。

的一系列著作揭示了礼仪秩序背后的军事关系,他不仅把理或道作为礼仪来理解,而且还把礼仪的实践落实为用兵之策和经济筹划。在《孙子集注序》中,他精确地概括了《周易》、《老子》等著作内含的军事思想和兵法:

> 《易》其言兵之书乎!"亢之为言也,知进而不知退,知存而不知亡,知得而不知丧",所以动而有悔也,吾于斯见兵之情。《老子》其言兵之书乎!"天下莫柔弱于水,而攻坚强者莫之能先",吾于斯见兵之形。《孙武》其言道之书乎!"百战百胜,非善之善者也;不战而屈人之兵,善之善者也。故善用兵者,无智名,无勇功",吾于斯见兵之精。故夫经之《易》也,子之《老》也,兵家之《孙》也,其道皆冒万有,其心皆照宇宙,其术皆合天人、综常变者也。[43]

《易》、《老》为言兵之书,《孙武》为言道之书,这一论断揭示了道与兵的辩证关系。对照《海国图志》原叙中一段叙述,我们可以清楚地看到言兵之书如何与言心、言道、言治之书合而为一:

> 明臣有言:"欲平海上之倭患,先平人心之积患。"人心之积患如之何?非水、非火、非刃、非金、非沿海之奸民、非吸烟贩烟之莠民。故君子读《云汉》、《车攻》,先于《常武》、《江汉》,而知《二雅》诗人之所发愤;玩卦爻内外消息,而知大《易》作者之所忧患。愤与忧,天道所以倾否而之泰也,人心所以违寐而之觉也,人才所以革虚而之实也。……寐患去而天日昌,虚患去而风雷行。[44]

修撰《海国图志》的主要动机是提供具体的对策和方略,同时通过地理学的形式重新拟定世界的内外关系,并把"内诸夏而外夷狄"的礼仪视野转

---

[43] 魏源:《孙子集注序》,《魏源集》,上册,页226—227。
[44] 魏源:《海国图志》原叙,《海国图志》,页1—2。

化为自我改造的动力,力图将近代军事关系转化到社会体制内部。[45]军事胜利的获得还必须诉诸外交手段和朝贡关系,分化敌人,联合友军,构筑复杂的御敌网络。《议战》和《议款》两篇将外交关系、朝贡礼仪和贸易往来与退敌之术密切地结合起来,从而把《议守》上下篇的具体战术放置在宽广的战略关系之中。这最好的说明了礼与兵之间的错综关系。

《议战》一篇以"以夷制夷"为基本战略,以陆攻与海攻为攻击方法,在广阔的历史地理图景和错综复杂的战略利益关系中展开论述。英国与俄罗斯、佛兰西(法国)和弥利坚(美国)存在利益冲突,同时又与中国传统的朝贡国廓尔喀(尼泊尔)、暹罗(泰国)、安南(越南)存在矛盾斗争。因此,魏源断言:陆路的进攻应该联合俄国和廓尔喀,争夺的焦点在印度。康熙曾经利用荷兰以款俄罗斯,又联合俄罗斯以逼准噶尔,这一历史经验提示人们可以利用英俄矛盾,抗拒英国入侵。1691年,英国以兵舶东、南、中三印度,俄罗斯则由黑海、里海间取游牧诸部,与西、中二印度接壤,因此,围绕东南印度的鸦片生产,英俄之间构成了对抗的形势。廓尔喀(尼泊尔)地处后藏之西,印度之东,与英属印度存在矛盾。1815年,英属印度入侵廓尔喀,并最终形成《苏格里协议》,获取了不少廓尔喀国土。1841年廓尔喀因英国罢市而向清朝驻藏大臣表示愿意出兵攻击印度。以此为根据,陆攻的办法应该是让廓尔喀攻击印度东部,俄罗斯直捣印度西部,两相夹击,英属印度可告瓦解。[46]海路的进攻则需要利用法国、美国与英国的矛盾。美国殖民地曾经发起反抗英国统治的独立运动,英国

---

[45] 魏源之去弊之议可视为变法的前奏,他曾说:"君子不轻为变法之议,而惟去法外之弊,弊去而法仍复其初矣。不汲汲求立法,而惟求用法之人,得其人自能立法矣。"(《默觚下·治篇四》,《魏源集》,上册,页46。)按照上述宗旨,一方面,有效的军事行动必须以"去伪、去饰、去畏难、去养痈、去营窟"即去"人心之寐患",以及"以实事程实功,以实功程实事"即去"人才之虚患"为前提(《海国图志》原叙,《海国图志》,页2)。

[46] 魏源:《筹海篇·议战》,《海国图志》卷二,页24—25。

与荷兰、法兰西曾为争夺印度而斗争。[47]在中国的对外贸易中,英国与其他西方国家存在着利益冲突,从而联合其他西方国家共同对付英国的战略具有现实的可能性。[48]上述构想体现了一种变通的夷夏观。在中华帝国悠久的军事历史中完全可以找到类似的例证,如汉用西域攻匈奴,唐用吐蕃攻印度、用回纥攻吐蕃,康熙用荷兰夹板船攻台湾,又联合俄罗斯威逼准噶尔,用南怀仁制火炮以剿三藩,取西洋人入钦天监以司历官,等等。

5. 知识、军事与贸易

中国与英国之间早已存在广泛的贸易关系,如果单纯从市场的角度说,中国市场的自由度和某些方面的发达程度较之英国也许更为宽广。构成两者之间的实质性差别的是贸易与国家军事保护的关系:由于郑成功势力的袭扰,清代对沿海实行了封禁政策,从而大多数沿朝贡路线发展的贸易是民间贸易或者走私贸易,得不到国家的有组织的军事保护;英国的海洋贸易正好相反,它们完全置于英帝国的军事保护之下。《筹海篇》的重要结论之一是贸易问题必须同时作为军事问题来理解。魏源的军事战略以"守"、以陆战为中心,但他非常清楚地了解海战之不可避免:长途贸易的高额利润、航海技术的迅速发展、西方国家的扩张政策、英国税收和金融体制对于鸦片贸易的依赖、西方贸易与军事的紧密结合、中国作为物产丰富的大国——所有这些因素决定了一个海洋角逐时代的到来,"非海战不可矣"。他的这一看法对其后洋务运动的海军建设有着重要的影响,1910年清朝设立海军部可以说是这一看法在政治制度上的体现。欧洲对亚洲的贸易建立在两重力量之上,第一是美洲出产的大量白银,第二是操纵自如、装有多种帆具从而

---

[47] 魏源误将《明史》中的佛郎机(葡萄牙)当作法兰西(法国),因此,在历史叙述方面有些错误。
[48] 魏源:《筹海篇·议战》,《海国图志》卷二,页25—26。

能够顶风行驶的战舰。当前者出现短缺现象,后者随即以军事力量保护鸦片走私以换取新的进出口平衡。因此,解决鸦片贸易争端必须通过"师夷长技以制夷"的"强兵"之策,实质性地加强军事实力,制度性地完善贸易与军事保护的关系。[49]

"师夷之长技"的首要条件是了解"夷情"。是否知悉对方内部情形并设法保护自己的军事和商业秘密,正是中西之间在处理贸易等问题时的主要区别之所在。中国茶叶等明码标价,而洋商公司严禁雇员泄漏商业秘密。[50]正由于此,"欲制外夷者,必先悉夷情始。欲悉夷情者,必先立译馆、翻夷书始。欲造就边才者,必先用留心边事之督抚始。"[51]根据调查的结果,"夷之长技三:一战舰,二火器,三养兵、练兵之法。"[52]前两个方面涉及军事技术,而最后一点则涉及制度及其方法。魏源据此建议:一、在广东虎门外之沙角、大角二处设置造船厂和火器局各一,聘请法国和美国技师和工匠,司造船械,再请西方的柁师司教行船演炮之法,同时改革贸易方法,取消技术垄断。二、形成军民和军商两用的制造网络,一方面准许西方国家以军舰、火炮折抵贸易出超额,即以转让进出口利益来购置船械武器,另一方面准许沿海商民自愿仿造厂局以造船械,自用或出售均听其自由,从而构筑民间与国家在外贸和军事斗争中的联盟关系。民间船只平时用于商业用途,战时可以改造成军舰。[53]军事技术可以转向商业用途,例如造船厂不必单造军舰,也可以制造商船,以此促进中国沿海商人与南洋的贸易联系,扩展远洋贸易。三、以军事化、特别海军建设为中心改造现有的政治、经济和教育体制,从而为有效的军事动员提供

---

[49] 魏源:《筹海篇·议战》,《海国图志》卷二,页26—29。
[50] "故洋商遇地方官询以夷事,皆谬为不知,而中国用人、行政,及大吏一举一动,彼夷翻无不周知。"魏源:《英吉利国广述中》,《海国图志》卷五十二,页1437。
[51] 魏源:《筹海篇·议战》,《海国图志》卷二,页26。
[52] 同上。
[53] 自造的和购买的船炮和培养的兵士分布沿海各省,最终达到自造船炮、培训水师、裁汰冗员、节约兵饷、"中国水师可以驶楼船于海外,可以战洋夷于海中"的目的。魏源:《筹海篇·议战》,《海国图志》卷二,页27。

第六章 内与外(二):帝国与民族国家　　637

体制保障,即在漕运、交通、科举及军队建设中提高水运和海战能力。[54]

如果仅仅探讨军事战略和战术、总结鸦片战争失败的经验教训,为什么魏源要在一种极为广阔的地理学视野和世界史图景中展开他的战略思考呢?为什么一部"兵书"需要用一种历史地理学的方式来呈现呢?魏源以世界史或地理学方式展开军事战略体现了他对危机的理解和把握,即鸦片贸易不是简单的中英两国之间的纠纷,中国面临的危机是一种结构性的危机,从而具体的军事战略和战术必须置于结构性的视野之中。鸦片、白银、税收以及围绕对华贸易而产生的西方国家之间的冲突是一种新的世界关系的产物。种植印度鸦片的土地是官地,种植和走私鸦片是英国最大的利源,没有任何可能在闭关的条件下禁绝鸦片贸易。因此,除了对内管理和限制之外,唯一的方式是以贸易方式让英国和其他西方国家获得足够的利益,使之达到所谓"上无缺税,下无缺财"的状况。魏源建议减免洋米的进口税,增加湖丝、茶叶等中国出口货物的出口税,以合法的放权让利换取西方国家取消走私性质的鸦片贸易。这是基于新的国际贸易关系和中国处理朝贡关系的一贯做法而采取的"款夷"之策。[55]鸦片贸易对中外贸易关系和各自内部金融平衡具有重要影响,它反映了英国、印度和中国之间的白银与其他商品(棉花、棉制品、绢、茶、陶瓷)的交换关系的变化。魏源问道:茶叶出口和鸦片进口均始自康熙时代,为什么道光时候发生了重大的变化呢?以道光十七年(1837)广东与英国的贸易为例,英国从广东购出的湖丝、茶叶、白矾、串珠、樟脑、桂皮、瓷器、大黄、麝香、赤布、白糖、冰糖、雨伞等,合价银约21816000元,而出口中国的

---

[54] 魏源的具体建议如下:1. 改漕运为海运并由战舰护航;2. 水师提镇大员进京必乘海船;3. 商人运货可以申请官方战舰护货;4. 改变国家武生、武举人、武进士等考试科目专重陆营科(弓马技勇)的情况,在闽粤增设水师科,并承认熟悉船炮技艺者为科甲出身;5. 水师将官必须由船厂、火器局(或舵工、水手、炮手)出身,改变传统的评价标准。魏源对英军、葡军的严明纪律和绝无反顾的勇气留有极为深刻的印象,深知西方之长技不仅在于技术方面,而且还在练兵、养兵得法。因此,他建议清军师法西洋养兵、练兵之法,汰其冗员,增补精锐,保证足够的兵饷,利用缉捕海盗和烟贩、追剿寇贼和护航水运以及增加出洋机会等方法训练水师和绿营。

[55] 魏源:《筹海篇·议款》,《海国图志》卷二,页40—41。

棉花、洋米、大呢、羽纱、哔叽、羽缎、洋布、棉纱、水银、锡、铅、铁、硝、檀香、乌木、象牙、珍珠、胡椒、沙藤、槟榔、鱼翅、鱼肚、花巾、洋巾等合价银14478000元,少于进口货价银7000000余万元。[56]这方面的状况基本上是康乾以降进出口贸易的延续。鸦片入中国始自康熙时代,初以药材上市,到乾隆三十年(1765)每年进口不过200箱。然而,英国东印度公司于1557年获得了它在孟加拉的最早领土权,又于1765年将其领土权扩大到了比哈尔(Bihar),在1773年,它获得了向中国走私鸦片的垄断权。到嘉庆末年,每年走私鸦片已经达到3000箱。道光十七年(1837)一年间英国销售到中国的鸦片达到四万箱,合价银22000000元,从而导致了中英贸易进出口差额的逆转。同年,美国从中国进口的货品合价银13277000元,出口到中国的货品合价银3670000元,逆差9600000元,但同样没有补银,因为美国的逆差数额从出口中国的土耳其鸦片中扣去了。魏源因此说:"故知洋钱流入内地,皆鸦片未行以前夷船所补之价,至鸦片盛行以后,则绝无货价可补,而但补烟价,洋钱与纹银皆日贵一日矣;漕务、盐务、边务,皆日困一日矣。"[57]这是一笔极为精确的计算。如此巨大的经济利益一旦无法调和,必然转化为军事力量的较量,从而对于政治、经济和其他问题的探讨最终都必须回到军事力量的对比之中。

  18世纪末至19世纪初,英国的以棉工业为中心的产业革命促进对原棉市场和棉制品市场的需求,进而引发了世界市场的总体变化。英国产业资本家对于以往垄断印度贸易的东印度公司表示了强烈的不满,并于1814年废止了该公司对于印度贸易的垄断。针对日益扩大的中国茶叶出口,18世纪后叶(1780年以后),英国开始大规模地向中国输出鸦片,从而不再以输出本国白银的方法购买中国货物。滨下武志将这一转变归结为"构筑起向印度出口棉制品、向中国出口印度鸦片、从中国进口茶叶的对亚洲三角贸易结构。这是将英国在亚洲必须获得的三要素——

---

[56] 魏源:《筹海篇·议款》,《海国图志》卷二,页36。
[57] 同上,页37。

棉制品市场、茶叶、统治印度的财源,与牺牲强制种植鸦片的印度农民和强制消费鸦片的中国人民结合在一起的结构。作为鸦片和白银交换而产生的印度—中国贸易对英国本土经济具有重要作用:东印度公司预先将资金贷给印度或广东的地方贸易商人,在他们将所得之银两汇往伦敦之际,以偿还贷款的形式让其购买公司商业票据,纳入公司向本国的汇款(Home Charge)及分红汇款这种掠夺殖民地的汇款渠道,最后通过伦敦金融市场的吸收,将中国贸易的结算(公司对中国贸易的垄断于1834年停止)组成殖民地汇款制度的一环。"1784年,美国的"中国皇后号"货船抵达广东,中国对美国的茶叶出口自此大幅度增加,大量白银随之流入。"从18世纪末到19世纪初,由于产业革命的发展,这一时期英国和原棉供给市场美国的关系更加紧密,伴随于此,伦敦金融市场于19世纪20年代完成了向国际市场发展必须实现的向公开市场的转化。其结果,伦敦金融市场得以向世界贸易提供大量的资金和信贷,促进了贸易的扩大,中国茶叶的对美出口也构成了其中的一环。也就是说,在华的美国商社在美国持有的对英棉花出口的债权基础上,发行汇往伦敦的商业票据,以此确立进行美国贸易的结算方法,这正是实用于茶叶贸易的方法。这一美国—中国—印度三国间的贸易关系及结算关系,就是中国结成的贸易关系的另一半。"上述两种贸易均在伦敦金融市场结算,"其背后都存在着英国棉工业的世界市场,即国际性金融网和殖民地掠夺的结构性连接。中国作为其中的一环,被转嫁了对印度殖民地的掠夺。"[58]鸦片战争之后,欧洲和美国分别以生丝和棉花贸易为由,加速了航运交通的革新。1844年,中美《望厦条约》签订,预示着跨太平洋贸易的迅速增长。1848

---

[58] 滨下武志:《资本主义殖民地体制的形成与亚洲——十九世纪五十年代英国银行资本对华渗入的过程》,《日本中青年学者论中国史》(宋元明清卷),上海:上海古籍出版社,1995,页614—616。(译文略有改动)作者以19世纪中期中国的金融贸易为例,指出资本主义列强向亚洲特别是向中国金融渗透的深化,是与美国、澳大利亚的黄金发现所导致的国际金融市场的扩大过程密切相关的。从金融的角度观察,中国近代经济被编织在以伦敦为中心的整个世界一元化国际结算构造之中。在这个意义上,亚洲的"近代"是在经济上逐渐被包容进以欧洲为中心的世界近代历史的过程,其特征就是金融性统治—从属的关系。

年,美国海军事务委员会的成员 T·波特勒·金(T. Butler King)向国会众议院提交了一份报告,建议在美国的太平洋沿岸修建一条通往中国的航线,目的是垄断中国的棉花市场,在向中国销售棉纺织品的贸易中与英国竞争。这一建议在 1865 年获得批准。[59] 宋代以后的财政在土地课两税之外,也对商品课税(其中盐税一直是重要的项目),商人的集税份额在国家税收中的比例越来越大。但晚清以降,由于海外贸易的发展,新的关税收入大增,据清朝末期的统计,中央户部的年收入中,海关税所显示的数字是 72%,而盐税仅占 13%。[60]

因此,结构性的危机是:鸦片贸易以极为不平等的、强制的(军事保护下的走私贸易)方式将中国纳入以伦敦为中心的国际贸易网络内部。强制实施的对象不是贸易(它早已存在),而是贸易中的不平等的、甚至是非法的关系。它的主要特点是将中国作为进出口的主体贬低为殖民贸易体系的边缘区域。沃勒斯坦把这一"现代世界体系"描述为"有异于帝国、城邦和民族国家"的体系,"因为它不是一个政治实体,而是一个经济实体。……它是一个'世界体系',并非由于囊括了整个世界,而是由于它大于任何从法律上定义的政治单位。它还是一个'世界经济体',因为这个体系各部分之间的基本联系是经济的,尽管这种联系在某种程度上是由文化联系而加强的,并且终于(我们将会看到)由政治安排甚至联盟而加强的。"[61] 沃勒斯坦特别强调资本主义世界经济的特征是政治与经济的分离,即资本主义以前的世界经济以帝国的形态加以控制,而"现代资本主义的技巧和现代科学技术……使这个世界经济体得以繁荣、增殖和扩展,而没有出现一个统一的政治结构",从而可以看作是多中心的。但正如帝国"能凭借暴力(贡品和赋税)和贸易中的垄断优势来保证经济

---

[59] 德捏特:《美国人在东亚》,纽约:1922,页 4;马文涣:《国会辩论中显示的美国对华政策》,上海:1935,页 39。均见 M·G·马森(Mary Gertrude Mason):《西方的中华帝国观》(Western Concepts of China and the Chinese),北京:时事出版社,1999,页 171。
[60] 宫崎市定:《东洋的近世》,《日本学者研究中国史论著选译》第一卷,页 178。
[61] 伊曼纽尔·沃勒斯坦(Immanuel Maurice Wallerstein):《现代世界体系》(The Modern world-System),第一卷,北京:高等教育出版社,1998,页 12。

从边缘向中心流动",[62]上述资本主义体系也同样具有——甚至更为依赖——军事暴力的性质。在欧洲的历史中,中心国家是那些强大的绝对主义国家,它们的特征是发达的中央集权的官僚体制和大量常备军,而边缘国家的特点则是缺少强大的国家。在将其他经济和社会贬低为边缘区域的同时,西方国家以走私、殖民、强制贸易和军事征服的形式向其他地区扩张,但这一取向同时又促成和鼓励那些传统帝国向主权国家的形式转化。

由于这一经济体系的运动依赖于军事暴力和高度同质化的政治结构,它也势必鼓励其他地区和国家为协调和处理贸易问题而加强军备、强化国家的政治架构和运转能力。魏源说:"武备之当振,不系乎夷之款与不款。"[63]贸易、条约和其他国际关系完全依赖于军事的平衡状况,这是一个结构性的而不是局部性的问题。上述历史条件提供了贸易问题转化为"师夷长技以制夷"的军事策略的动力,而"师夷长技以制夷"的军事策略又转而成为变法改制的国家建设的动力。作为一部言兵之书,《海国图志》引人注目地采用了地理学、甚至世界史的方式,以军事、贸易、政治结构和地域关系为纽带构筑了复杂的互动网络。魏源显然相信:中国面临的挑战是一种体系性的、结构性的挑战,因而无法局限于具体的战争和贸易来理解和回应这一挑战。他对美国和其他西方国家的民主制度的介绍适应着一个基本的目标,即强化国家的组织力量和动员力量,形成举国一致、令行禁止、能够进行有效的国际竞争的统一制度。[64]从魏源开始,晚清士大夫对于民主政体和教育(大学)体制的介绍、倡导和建设不是源

---

[62] 同上,页12。

[63] 魏源:《筹海篇·议战》,《海国图志》卷二,页26。

[64] 大谷敏夫在《〈海国图志〉对"幕末"日本的影响》一文谈到阿部正弘政府中臣僚如川路圣谟、佐久间象山等均受到《海国图志》的影响。这个政权是在幕府宣布放弃专制地位、朝廷与包括诸藩在内的各种势力相结合之后,以建立联合政权为目标的政权。它的口号是"公武合一论",形态则是要形成全国统一体制,以应付国难。在对外方面,阿部政权与列强签订通商条约,成为走向开国的一个起点;在对内方面,又坚决贯彻实行了幕政改革。此后的天皇绝对主义政权遵循了阿部制定的方向。《魏源思想研究》,页361—362。

于理性、自由或者民主的理念,而是源于对军事动员、军事工业和军事能力的关注。[65]所谓社会体制的理性化或者现代化的最初动力是社会体制的军事化。现代国家及其制度的形成与军事化有着更为内在的历史联系。

第三节　朝贡体系、中西关系与新夷夏之辨

1. 以谁为中心:西方,南洋,还是中国朝贡体系?

在《海国图志》原叙中,魏源以"彼皆以中土人谭西洋,此则以西洋人谭西洋也"概述该书"异于昔人海图之书"的特点。[66]咸丰二年(1853)撰写的《海国图志》后叙引述明万历年间利马窦的《坤舆图说》和艾儒略之《职方外纪》,以及清代在钦天监供职的南怀仁、蒋友仁之《地球全图》,说明西人著述的极端重要性。葡萄牙人玛吉士的《地里备考》、美国人裨治文的《美理哥合省国志略》、英国人马礼逊的《外国史略》、德国传教士郭实腊的《贸易通志》(以及《万国地理全图集》)、[67]美国传教士祎理哲(魏源误为英国人)的《地球图说》、美国传教医师培瑞的《平安通书》等外国地理学著作是《海国图志》的主要参考书,引用率极高,提供了较之

---

[65]　中国的现代大学体制首先产生于北洋水师学堂等军事院校的设立就是一个典型的例证。王韬在讨论英国的议会制度的时候明确地将这一民主体制与军事动员联系起来。他在收录于《漫游随录》(岳麓书社,1985)中的《纪英国政治》一文中议论说:"国家有大事则集议于上下议院,必众论佥同,然后举行。如有军旅之政,则必遍询于国中,众欲战则战,众欲止则止,故兵非妄动,而众心成城也。"
[66]　魏源:《海国图志》原叙,《海国图志》,页1。
[67]　魏源没有注明此书出处,据熊月之的考证,很可能就是郭实腊的《万国地理全集》的另一版本。见熊月之:《西学东渐与晚清社会》,上海:上海人民出版社,1994,页260。

以往的地理学著作准确得多的地理学知识。长期以来，中国学者大多沿着魏源本人提示的两点（即"以西洋人谭西洋"和"师夷长技以制夷"）发展他们对《海国图志》的论述，即一方面从方法论上说明《海国图志》把实地考察与版本考证相结合，参照西方近代地理学的成果，使得中国的西方地理学达到了空前的高度，另一方面则把这部书看作是近代中国人学习西洋、摆脱华夏自我中心观的开始。《海国图志》对于洋务运动和变法维新运动均有重要影响，而人们对这两个运动的意义也主要是从"师夷"（从工艺技术到制度文化）的角度展开的。

但是，如熊月之已经统计的，《海国图志》引述了一百多种中外著作，其中历代正史占二十多种、中国古代有关域外地理的著作和相关著述约七十余种，西人著作仅二十种。"以西洋人谭西洋"或"师夷"说明了《海国图志》异于其他著作的特点，却不能概括该书提供的总的世界图景和战略思想。大量中国文献的存在说明传统视野对于魏源建构新的世界图景起着极为重要的作用。《海国图志》对"海洋时代"的地理和地缘关系的叙述隐含了对于中国周边地区的关系理解。作者没有采用侯、甸、男、采、卫、蛮、夷、镇、蕃的传统九服之说，也没有像后来的薛福成、廖平那样采用九大州的分类法，而是采用了欧洲通行的五大洲说作为叙述各地区的基本架构（尽管他明确地批评了五大洲说），但是，这一世界图景遵循着一种由近及远的叙述策略，我们仍然可以感觉到这一世界图景的内在的或隐含的结构。南洋在叙述中的相对中心的地位只有在这一视野中才能成立。从百卷本《海国图志》体例来看，卷一、卷二为《筹海篇》（计四篇），卷三、卷四是各种地图，其中卷三为海国沿革各图、地球正背面图和亚细亚洲各图，卷四为利未亚洲各图，欧罗巴洲各图、亚墨利加洲各图。亚细亚洲各图放在卷三各总图中而不是安排在卷四各洲地图中，突出了亚洲在海洋时代的世界体系中的重要地位。卷五至卷十八为东南洋各国历史及其沿革，卷十九至卷三十二为西南洋各国历史及其沿革，卷三十三至卷三十六为小西洋各国历史及其沿革，卷三十七至卷五十三为大西洋各国历史及其沿革，卷五十四至卷五十八是有关俄罗斯和北欧的叙述（置于北洋的范畴内），卷五十九至卷七十是关于外大西洋即美洲的叙述。余各卷分论教门、历法和其他各种策略和资料。上述安排遵循了由内及外的传统内外观。对南洋内部的错综交织的夷夏关系的探讨服从于一个更为基本的目的,即有效地恢复帝国朝贡体系的传统地位。

《海国图志》重构了世界图景,它既不是单纯谈论西方地理的学术著作,也没有将海洋时代视为与大陆时代截然区分的时代。这是一部以中国及其朝贡体系为中心展开的有关世界地理、社会沿革和各民族风俗、文化、制度的人类学著作。从地理学的角度说,这部著作与清代西北地理研究在方法上和动机上有着许多重叠,它的纂修方法和目的与稍早一些俞正燮的《俄罗斯事略》等著作对于北方边疆的研究一脉相承,只是随着侧重点转向殖民时代的国家关系,海洋的地位明显上升了。清代有关东南沿海的地理研究远不如西北地理是一个基本事实,清初赵翼的《平定台湾述略》、林谦光的《台湾纪略》和《澎湖纪略》、张汝林的《澳门形势篇》和《澳番篇》,以及七十一的《番社采风图考》均极简略,真正像样一点的研究要到嘉庆中期以后才开始出现。[68]《海国图志》无疑是这一时代记述和图录东南沿海和海洋时代的最为完备的著作。[69]从该书对明代资料的引述来看,魏源对海洋的理解与明代海洋观之间存

---

[68] 如1806年问世的王大海的《海岛逸志》详细记载了爪哇及附近岛屿的地理、物产和华侨生活,甚至还粗略地描述了荷兰、英国、法国等欧洲国家的方位、人种特点、服饰、语言、制作、贸易、性情、风尚等等。又如1820年由谢清高口述、杨炳南记录的《海录》计95则,记述了南洋、印度、欧西诸国(尤其是英国、葡萄牙)的地理、风俗、物产、国政、宗法、水陆路程等。郭双林:《西潮激荡下的晚清地理学》,页88—89。

[69] 谈论魏源的贡献并不能掩盖他的著作与前人和同时代人的著作之间的交叉重叠,例如郭双林即指出:"在叙述世界各国地理情况时,《海国图志》基本上是按照陈伦炯的《海国闻见录》之例,以中国为起点,按中西交通中帆船西行途经各地的顺序为先后,先亚洲,次非洲,欧洲,最后是美洲。可以说,《海国图志》在体例上基本上是对传统编纂方法的一种继承和发展。"(《西潮激荡下的晚清地理学》,页113)这里有两点值得提出来讨论:第一,传统中国地理学及其蕴含的历史观对魏源仍然有着重要的影响,在分析《海国图志》时必须将这一潜在的传统视野放置在重要的位置,而不是忽略这一视野;第二,按我在上一节的论述,《海国图志》本身具有"兵书"的性质,因此,这一传统视野事实上是一种帝国战略的视野。魏源关于西洋的看法正是在这双重视野中展现出来的。

第六章 内与外(二):帝国与民族国家

在密切的联系。

简·凯特·列昂娜德(Jane Kate Leonard)的《魏源与中国对海洋世界的再发现》(*Wei Yuan and China's Rediscovery of the Maritime World*)一书是最近二十年来有关魏源及其《海国图志》的研究中最具创见的作品,该书在中国与南洋国家传统的朝贡关系的背景上,分析了《海国图志》以南洋为中心的海洋世界观(Nan-yang-centered perspective on the entire maritime world)。作者认为这一以南洋为中心的海洋观修正了以日本和印度洋为东西两极的传统描述方法,批判了清代忽略南洋的国家政策,突出了加强海军力量以保持中国与南洋的战略关系的重要性。[70] 列昂娜德认为《海国图志》是对明代海洋观的恢复,从而把南洋和朝贡关系问题引入对该书的论述。这是一个重要的贡献。但这部著作在分析了南洋问题之后就停止了,以致很容易导致一个结论,即《海国图志》仅仅是以南洋关系为中心的著作。近代中国史研究、尤其是经济史研究中的海洋中心论不是孤立的现象,[71] 这是因为有关近代世界体系的讨论是以海洋贸易为网络建立起来的。布罗代尔是这方面的最有影响的人物,他认为中国是一个巨大的整体、一个原始经济体系的中心。中国的周围存在着若干与之相互联系的原始经济——西藏、日本(到 16 世纪为止)、南洋群岛、印度支那。他提及了西藏,但论述的重心是南洋。与其说南洋是中国的边缘区域,毋宁说它构成了以中国为中心的经济体系的例外:马六甲是印度通往中国的交通枢纽,货币不求自来;苏门答腊的西端盛产香料,有若干因为开采金矿而兴起的城市;爪哇岛人口众多,已经存在初步的货币生活。[72] 这是欧洲人最感兴趣的地区,也是欧洲进入中国经济区的主要通道。宫

---

[70] Jane Kate Leonard, *Wei Yuan and China's Rediscovery of the Maritime World* (Published by Council On East Asian Studies, Harvard University, and distributed by Harvard University Press, 1984), p. 3.

[71] 浜下武志的著作《近代中国的国际契机——朝贡贸易体系与近代亚洲经济圈》虽然以朝贡贸易为中心展开对亚洲经济圈的论述,但他的重心显然在海洋方面。他的后叙论述更显示出对海洋理论的强烈兴趣。

[72] 费尔南·布罗代尔:《15 至 18 世纪的物质文明、经济和资本主义》,第一卷,北京:三联书店,1992,页 535。

崎市定、浜下武志均从不同方面运用"海洋理论"观察中国及其周边关系,从而将论述的重心转移到日本、朝鲜、东南亚及其与中国大陆的关系方面。从总的倾向来说,海洋论述以欧洲资本主义的长途贸易及其推动下形成的贸易网络为中心,从而以不同方式贬低了内陆关系在现代世界体系中的作用。

确认《海国图志》的"兵书"性质对于我们理解这部著作的思想宗旨极为重要。从一种军事的思考出发,魏源强烈反对"捐西守东",主张以陆战对付海战,高度重视大陆在海洋时代的意义,力图在海洋与大陆的双重关系中展现中国朝贡体系的内在网络及其面临的危机。因此,尽管他高度重视南洋问题,但《海国图志》提供的是一个中国及其陆、海朝贡网络为中心的世界图景。与《圣武记》和原先的西北地理学著作不同,《海国图志》将内陆关系置于海洋关系之中加以讨论。海洋中心论、尤其是以民族—国家为中心的海洋时代论述是殖民主义时代的产物,它贬低其他地区——尤其是大陆——在近代历史中扮演的极为重要的角色。对于魏源来说,这是一个不得不面对的挑战,他的以守为攻的基本战略决定了他以大陆为依托抗拒海洋压力的取向。中国朝贡体系的形成和变化是帝国网络从内陆关系向沿海扩展的结果。如果我们把《海国图志》与《圣武记》及魏源稍后对于元帝国历史的研究(尤其是他的《元史新编》95卷)结合起来看,那么,他显然视中国为大陆帝国和海洋帝国的复合体。《圣武记》以大清国的文治武功为经纬,《海国图志》试图恢复明代以前海洋帝国的历史网络,而元史的修纂更直接地将欧亚大陆和太平洋沿海的关系连接起来。这些著述范围各异,基本的出发点却较为一致,即把传统帝国的视野和西方地理学知识结合起来,建立对于"海洋时代"的内外关系的总体理解。居于这一总体理解之核心的,是重建帝国对于自己的朝贡网络和贸易关系的军事保护。从现实的角度看,西洋现在不是一个有限的地理区域,而是深入世界各地的殖民和贸易关系。这是以大陆为依托抗击海洋力量这一战略的依据。因此,上述战略构想本身是现实形势和帝国视野的双重关系的产物。魏源举了三个古代军事斗争的例子说明"西南洋"的重要性,每一个例子中涉及的军事路线都与鸦片战争时代的军事形势和路线有关:第一,唐太宗贞观中,王元策用吐蕃之兵攻击印度——这是廓尔喀攻击孟加腊时的行进路线。第二,元太祖兵至北、中二印度而返,及宪宗命诸王旭烈先攻取西印度(魏源误以为西亚的伊朗、阿拉伯、土耳其均为西印度),而后回取五印度——这是俄罗斯侵逼温都斯坦之路。第三,明代郑和以舟师破锡兰山,俘其国王归献诸朝——这是粤夷兵船赴南印度之路。魏源说"志西南洋,实所以志西洋也",[73]不了解上述军事构想是很难确切地理解这句话的含义的。

魏源多次提及廓尔喀和俄国等内陆国家在抗击英国方面可能具有的重要作用,把西北朝贡关系与南洋朝贡关系共同视为维持中国稳定和安全的重要方面。在《海国图志》中,"西南洋"指与中国西部存有陆地边界的印度大陆,"北洋"指与中国北部存有大陆边界的俄罗斯,魏源对于这两个大陆及其与中国的战略关系有专门论列。正如龚自珍关于西北的论述一样,在魏源的视野内,与中国西北和西南相连接的西亚、印度和俄罗斯是通向遥远的海洋的大陆地带,大陆关系(如中俄关系)与海洋密切相关。值得注意的是,《海国图志》以西方近代地理学的五大洲说为基本的叙述框架,但《国地总论·释五大洲》篇根据佛典有关四大洲的论述批驳了"西洋图说"中的五大洲说。[74]魏源以《说文》"水中可居曰州"为据,反对将陆地上仍然可以连贯的部分强行区分。按照这一标准,欧洲、非洲和亚洲应该被视为一洲(相当于释典中的南赡部洲),南北美洲亦应被视为一洲(相当于释典中的西牛贺洲),至于释典所说的其他两洲(北具庐洲和东胜神洲)应该在北冰洋和南冰洋。光绪年间,金希甫、薛福成等人对上述看法进行了反驳。[75]他们以西方近代地理科学的成就为据,批评魏源的四洲说过于"闳大不经",但均没有将魏源的上述看法与他对海

---

[73] 魏源:《五印度国志》,《海国图志》卷十九,页666—667。
[74] 魏源在浙江杭州曾从钱伊庵(东甫)学习释典,"求出世之要,潜心禅理,博览经藏。延曦润、慈峰两法师,讲楞严、法华诸大乘。"魏耆:《邵阳魏府君事略》,《魏源集》,下册,页848。
[75] 关于清代地理学中五大洲说的普及、大九洲说的重新"发现",以及有关四洲之说的论辩,参见郭双林:《西潮激荡下的晚清地理学》,页258—267。

洋/大陆的战略关系的看法联系起来观察。对于魏源来说,大陆是抗拒海洋压力的腹地,也是迂回包抄海洋势力的通道。

我们可以从重构帝国历史的努力来观察魏源关心的大陆与海洋的关系问题。元史的研究在清代士人中蔚成风气,稍早的有邵远平的《元史类编》、钱大昕的《补元史·艺文志》、《补元史·氏族表》和《二十二史考异》等,魏源时代则又有汪辉祖的《元史本证》和徐松的《元史西北地理附注》。元史的修订与西北地理学的兴起属于同一潮流,它与清帝国西北疆域的扩展以及中俄边境区域的动荡存在着历史联系。魏源是这一潮流中的人物之一,他的95卷《元史新编》完成于他在高邮知州任上被免职(1853)之后,但资料收集工作早在纂修《海国图志》时期即已开始。元帝国横跨欧亚,罗马帝国深入非洲和亚洲,魏源对帝国的规模、幅员和统治方式有着根深蒂固的看法。他论罗马帝国云:"是时欧罗巴、利未亚二洲,及亚细亚西境,周回数万里,尽入版图,惟罗马国独立行政于天下,四国之使云集于罗马,皆纳款献赋焉。"[76] 又论亚洲对欧洲的扩张云:"忽有中国东北方游牧之匈奴族类,举兵西向,戮杀男女老幼,而日耳曼又渡河据其国,瓜分其地,裂土操权。于唐玄宗时,回回人来侵,佛国并力击退。"[77] 从帝国视野来看,欧洲、亚洲和非洲之间存在着经由战争、贸易、占领和文化传播构成的历史联系,使臣、耶稣会士、商人、军队和移民是进行跨帝国旅行的主体。即使哥伦布的远航也是追溯帝国的传统路线的产物,它的最初目标不是美洲,而是东方的亚洲。魏源对于欧、亚、非之间的历史联系的洞察是通过重构帝国历史来完成的,它的目的是建立跨越国界、合纵连横的战略关系。

西南洋不是孤立的大陆,它的重要性来自与南洋的历史和现实关系。南洋是印度对中国和日本贸易的重要通道,在世界贸易关系中居于重要地位,而荷兰和英国的东印度公司正是掌握和控制这一交叉路口的主要机器。布罗代尔在分析荷兰人进入印度的过程时评论说:"如果没有与

---

[76] 魏源:《大西洋各国总沿革》,《海国图志》卷三十七,页1112。
[77] 魏源:《佛兰西国总记下》,《海国图志》卷四十二,页1221。

印度的联系,任何人在南洋群岛都不能立足,因为印度控制着从好望角到马六甲和马鲁古的南洋经济世界。"[78] 反过来,只要了解南洋在世界经济中的枢纽地位,就无法忽略印度的极端重要性。下面这段话说明了"西南洋"(南亚和西亚地区)在魏源的战略构想中具有重要地位:

> 东印度为英夷驻防重镇,凡用兵各国,皆调诸孟加腊,每卒月饷银约二十元,又与我属国缅甸、廓尔喀邻近,世仇。故英夷之逼中国,与中国之筹制英夷,其枢纽皆在东印度。南印度斗出南海,有佛兰西、弥利坚、葡萄亚、荷兰、吕宋各国市埠环列,而英夷之市埠曰曼达萨喇,曰孟迈,皆产鸦片烟,与孟加腊埒,各国不得分其利,恒外睦内猜,故我之联络佛兰西、弥利坚,及购买船炮,其枢纽皆在澳门与南印度。中印度为英夷与俄罗斯相拒之所,中惟隔一兴都哥士大山,俄罗斯逾山则可攻取温都斯坦,英夷设重兵扼守之,故我之联络俄罗斯,其枢纽在中印度。不悉东印度之形势,则不知廓夷,虽有犄角捣批之策,而不敢信也。不知南印度之形势,则不知用佛兰西、弥利坚,欲行购造兵船之策,而未由决也。不知中印度、北印度之情形,则不知联俄罗斯,方询俄罗斯国都与英夷国都远近,不知其相近者在印度边境,而不在国都也。[79]

魏源清楚地了解印度在世界经济和贸易中的地位,但他更关注的是如何才能利用欧亚大陆内部的地缘关系和历史联系构筑对抗英属印度的战略形势和军事联盟。

西南洋叙述中最为重要的内容包括两个方面。首先是西方国家在这个地区的相互关系及其军事、贸易网络,这是鸦片贸易的根源。在最初的版本中,魏源扼要地介绍了印度的历史、物产,尤其是英国对印度的军事征服、统治范围,以及麻尔洼地区的鸦片生产。在后来重辑的《五印度总

---

[78] 费尔南·布罗代尔:《15 至 18 世纪的物质文明、经济和资本主义》,第三卷,页 234。
[79] 魏源:《五印度国志》,《海国图志》卷十九,页 666。

述》版本中,他追溯了明万历时代荷兰商船进入印度并设立公司(公班衙)的过程,以及荷兰、法国和英国为争夺南洋和印度贸易利益而发生的一系列斗争。作为群商捐资共作贸易的商会,英国的"公班衙"(即东印度公司)与英国政府之间存在密切的关系,具有垄断的性质,它购地开埠、开衅战斗,进行殖民统治,不是一个纯粹的商业机构。魏源用"开垦愈广,钱货益增,船舶满海,筑城建邑,商变为君"来描述荷兰人对台湾的占领,同样说明了商业与政治之间的密切联系。[80] 在战胜了荷兰、法国之后,英国据地极广,但"不尽贸易,惟务治国",以致赴广东采购茶叶的商船在道光十四年(1834)时竟然"不利于市"。这一状况促使英国人利用非法的鸦片贸易获取超额利润。[81] 其次是印度与中国西北和西南边疆——尤其是西藏和新疆——的地缘联系。东印度的东面是缅甸,北印度的东面是廓尔喀(即今尼泊尔)及西刻等国。这几个国家均靠近西藏,并与清朝保持着朝贡关系。到魏源撰修《海国图志》的时期,西刻、廓尔喀等被英国人攻服,东印度的孟加拉已经与西藏互市。北印度与俄罗斯接壤,并因争夺鸦片贸易利益而战争不休。出于战略的考虑,魏源认为中国应该联合曾经入侵西藏的廓尔喀,目的是外抗英国,内稳西藏,重建稳定的朝贡关系。[82] 乾隆时代清军攻击廓尔喀时,英国人曾从南面攻击其边境,导致廓尔喀献宝求和、遵约班师。由于廓尔喀与英国存在着仇衅,道光二十年(1840)英国兵舰入侵中国沿海时,廓尔喀曾入禀驻藏大臣,表示愿意出兵"往攻底里属地,以助天讨",但驻藏大臣搞不清楚"底里"即指英国而贻误兵机。这是魏源建议联合廓尔喀攻击英国的背景。与此同时,俄罗斯"与我互市,则有陆而无海",而英国"与我互市,则有海而无陆",如果让俄罗斯海船到广东进行贸易,就有可能利用美、法等国与英国的矛盾,实现所谓"以夷攻夷"之策。[83] 这一建议的背景是:乾隆时代开放洋禁,但惟独禁止俄罗斯船开舱,因为清朝早已在蒙古边境与俄罗斯

[80] 魏源:《五印度总述上》,《海国图志》卷十九,页671。
[81] 同上,页671—672。
[82] 魏源:《东印度各国》,《海国图志》卷二十一,页727。
[83] 同上,页729—730。

互市，担心对俄开放东南市舶会影响蒙古的经济。

　　魏源对于南洋的描述具有深刻的预见性。1860年前后，英国人对印度、缅甸和中国西部之间的地区重新产生强烈的欲望。太平天国导致了缅北八莫镇的一条商业路线无法起用，但在1860年这条线路重新畅通。英国人办的一份叫作《周六评论》的报纸上曾经发表文章，清晰地论述了联系印度、缅甸和中国西部的重要性。他们希望改善从上海和中国其他沿海城市到仰光或孟加拉湾港口之间的海上贸易航线，目的是能够在战争条件下保障仰光及其他毗邻港口与公海之间的航线。如果英国与中国之间的航线缩短三分之一，运输费用和其他花费也会大幅度减少。1868年，英属印度政府派遣探险队开赴云南，但因缅甸国王希望垄断与中国的贸易而没有成功；此后英国人又从别的路线深入缅甸，试图打通去往中国西南的贸易路线。为了探明沿着长江和西藏抵达印度的路线，他们从云南丽江出发前往雅鲁藏布江上的萨地亚，并从这里前往加尔各达。[84]由于路途艰险，探查活动没有获得预想的成功，但这些构想涉及了殖民时代的大陆与海洋之间的密切联系，从而也证明了魏源的战略构想包含了深刻的洞见。

　　《五印度国志》中提及俄罗斯与英国争夺印度利益的斗争，说明西南洋与俄罗斯（即魏源所谓"北洋"）具有内在的关系。在《俄罗斯国志》中，魏源引用《康熙平定罗刹方略》的材料问道：当年俄罗斯驻守雅克萨、尼布楚二城者，每城仅数百，而清朝在黑龙江的军队多达数千，攻破这两座城市非常容易，但为什么康熙不是以兵克之，而是两次致书察罕，又寄书荷兰，然后确定疆界？这里的关键是：联络俄罗斯的目的是扼制与俄罗斯接壤的准噶尔和廓尔喀，维护中国西北的稳定。这一御边柔远的历史事件寓含着丰富的意义，所谓"志北洋，亦所以志西洋也。"[85]俄罗斯横跨欧亚大陆，族群复杂，曾击败波兰十部落、土耳其、瑞典和法国十三万之众。它的重要性更在于这是一个与满洲、蒙古等中国边疆接壤的帝国。俄国与清朝早有划界条约，并在北京设有馆舍，

---

[84] M. G. 马森：《西方的中华帝国观》，页172—173。
[85] 魏源：《俄罗斯国志》，《海国图志》卷五十四，页1479。

对俄关系是清代对外关系的重要内容。在魏源看来,如何联合俄罗斯以稳定内部边疆、共同对抗英国对远东地区的渗透就成为中国重要的战略选择。从魏源对康熙平定罗刹的分析和态度来看,他显然希望以共同利益为基础、以互利条约为形式,在欧亚大陆腹地形成反击英国和其他海洋力量的防线。

2. 南洋内部的中西关系

借助于西方近代地理学的成就,魏源订正了传统地理学的许多讹误,扩展了明代和更早时期中国对于海洋的理解和看法;但正如"师夷长技以制夷"这一主张所暗示的,《海国图志》的真正动机仍然是考察中国与西方的关系。这部著作的独特之处是把中西关系视为深入中国朝贡体系内部的关系,以叙述东南洋、西南洋和其他地区的方式来叙述中国与西方的关系。宋明时代中国的海上扩张和稍后欧洲对亚洲的征服构成了这一叙事的遥远的历史背景。明朝于1368年赶走了蒙古人,中国帆船远航锡兰、霍尔木兹海峡乃至贞治人的非洲东海岸,驱赶或扰乱了穆斯林贸易。远东成为"幅员最大的经济世界",其中伊斯兰、印度和中国构成了远东的三大经济世界。"伊斯兰以红海和波斯湾为基地,控制着从阿拉伯到中国的一系列沙漠地区,横亘亚洲大陆的腹地;印度的势力遍及科摩林角以东和以西的全部印度洋;中国既是内陆国家(其影响直达亚洲的心脏),也是海洋国家——太平洋的陆缘海以及沿海各国都在它的势力范围之内。"[86] 布罗代尔感叹说:"东方的嗓门从此比中央或西方更高。……正是在这个时期,这一广阔无边的超级经济世界的极点将稳定在南洋群岛,那里出现活跃的城市,如万丹、亚齐、马六甲以及晚起的巴达维亚和马尼拉。"[87] 但这个世界并不单纯是一个亚洲世界,从1498年5月27日华斯哥·达·伽马抵达卡利卡特起,葡萄牙人、荷兰人、英国人、

---

[86] 费尔南·布罗代尔:《15至18世纪的物质文明、经济和资本主义》,第三卷,页558。
[87] 同上,页559—560。

法国人以及其他一些欧洲国家的人先后进入亚洲地区。"三个经济世界说来已经不少,但随着欧洲的入侵,第四个经济世界又挤了进来。"[88]

魏源在19世纪中叶准确地把握了南洋的上述特点,并以此为基点展开对于中西关系的讨论。他以"志南洋实所以志西洋"概括《海国图志》的宗旨,说明中西关系在一定程度上可以被理解为帝国朝贡网络内部的关系。在《海国图志》中,构成"南洋"这一区域的特点的,不是亚洲与欧洲作为两个各自独立的地缘单位的关系,而是在南洋区域内部存在的错综复杂、犬牙交错的内外关系。南洋是一个区域,同时又是一个四通八达的枢纽。西方国家及其经济和军事力量进入了南洋朝贡体系内部,以致传统的内外概念无法表达复杂的历史关系。因此,一方面,魏源通过"师夷"与"制夷"的辩证法重新界定夷夏范畴〔即把朝贡关系的中心区域视为统一的整体("夏"),而把在此之外的区域视为"夷"〕;但另一方面,他又叙述了印度、伊斯兰文化以及"西洋"在南洋朝贡区域内的强大存在。这是内/外、夷/夏关系出现紊乱的征兆。《叙东南洋》开篇说:"志海国莫瑱于《明史·外国传》",但该传"西洋与南洋不分","岛国与岸国不分","同岛同岸数国不当分而分"。接着又指出:

> 天地之气,其至明而一变乎?沧海之运,随地圜体,其自西而东乎?前代无论大一统之世,即东晋、南唐、南宋、齐、梁,偏隅割据,而航琛献赆之岛,服卉衣皮之贡,史不绝书。今无一登于王会,何为乎?红夷东驶之舶遇岸争岸,遇洲据洲,立城埠,设兵防,凡南洋之要津已尽为西洋之都会。地气天时变,则史例亦随世而变,志南洋实所以志西洋也。故今以吕宋、荷兰、佛郎机、英吉利、布路亚五国纲纪南洋,其越南、暹罗、缅甸、日本四国,虽未并于洋寇,亦以事涉洋防者著于篇,而朝鲜、琉球,洋防无涉者不及焉。[89]

---

[88] 费尔南·布罗代尔:《15至18世纪的物质文明、经济和资本主义》,第三卷,页562—563。
[89] 魏源:《叙东南洋》,《海国图志》卷五,页347—348。

在这里,魏源以五个欧洲国家"纲纪"南洋:荷兰、英国、吕宋(西班牙)、佛郎机(法国)、布路亚(葡萄牙)。

恰恰是在这种追溯失落的帝国视野的过程中,"海洋时代"的世界图景逐渐露出了它的真实面貌:"海洋时代"是"西方"深入亚洲朝贡网络内部的时代,从而中西关系、南北关系、甚至西方国家之间的关系均成为帝国网络的内部关系。荷兰人于明万历年间进入中国人口较多的爪哇,随后法国在清代嘉庆年间征服荷兰,取而代之成为爪哇的总管。几乎同时,英国与法国大战,并帮助荷兰人再攻呀瓦洲,重新获得统治权。[90] 朝贡体系的内/外、夷/夏关系怎么可能准确地描述这类冲突和斗争的性质呢?因此,不是单纯地英国入侵或鸦片贸易,而是朝贡网络本身的紊乱,构成了中国安全的真正威胁。在这个意义上,头痛医头、脚痛医脚无济于事,最为重要的是审时度势、合纵连横,重建朝贡体系的内/外、夷/夏网络,为中国的安全构筑有效的保护地带。这就是为什么作为兵书的《海国图志》同时又必须是一部关于全球地缘关系的人种、风俗、宗教、文化、贸易和政治的百科全书。

在《海国图志》对东南洋的描述中,越南、暹罗、菲律宾、缅甸、日本、爪哇等国家和地区居于重要地位,而越南首当其冲。魏源说:"越南自汉、唐、明屡隶版图,列郡县,事灿前史,惟其与西洋交构,则皆在本朝,于中国洋防最密迩。雍正初,红夷兵舶由顺化港闯其西都,而西都以水攻沉之;嘉庆中,复由富良海口闯其东都,而东都以火攻烬之。鸷鸟将击,必敛其形。未闻御大洋横行之剧寇,徒以海口炮台为事者。越南之禁鸦片,与日本禁耶稣教同功,与酒诰禁群饮同律。咄咄岛邦,尚能令止而政行。"[91] 在这一传统帝国视野中,越南具有特殊的重要性:第一,越南是邻近中国的藩属国(魏源引徐继畬的《瀛环志略》云:"安南至五代时,乃列外藩。"),但内部纷争,并对中国在该地区的地位造成过威胁。魏源引述了《圣武记》中有关安南部分的讨论,特别突出了明嘉靖和清乾隆时期越南

---

[90] 魏源:《英荷二夷所属葛留巴岛》,《海国图志》卷十三,页526。
[91] 魏源:《越南》,《海国图志》卷五,页359。

的内部纷争和朝廷的对越政策。第二，越南以一小国而战胜了强于自己的大国，除了前面引及的对西方殖民者的军事胜利外，它还曾"大胜中国之舰"，如乾隆五十四年（1789）阮惠击溃两广总督孙士毅军，并以兵篡国，招募中国海盗，入寇闽、粤、江、浙等地。越南在军事上以小胜大、以弱胜强的经验足资借鉴（魏源还引徐继畬《瀛环志略》、郁永河的《裨海纪游》、叶钟进《英吉利夷情纪略》、余文仪《台湾志》等书中的有关记载，详细说明越南水、陆战的经验）；第三，越南因内部冲突而引入外来势力，导致西方对这一地区的渗透。

百卷本《海国图志》卷七、卷八都是对暹罗历史及其演变的概述，作者将中国与暹罗的关系看作是中国朝贡体系的典范关系。法国对安南和英国对缅甸的控制威胁了中国的安全，而暹罗恰恰与安南、缅甸相接。因此，清廷于乾隆和嘉庆年间先后册封暹罗，起到了西制缅甸、东制越南的效用。从地缘政治来看，暹罗是中国与南洋群岛之间的重要通道，南洋群岛则是欧洲人进入亚洲的枢纽，稳定了与暹罗的关系也就获得了抗御西方的屏障。魏源从朝贡贸易和闽、粤沿海的民间迁徙两个方面说明中国与这些地区的关系。卷九《暹罗东南属国今为新嘉坡沿革》对马六甲、太呢国、吉兰丹、丁加罗、彭亨、柔佛等东南亚地区进行了广泛描述，中心问题是东南洋内部的中西关系。魏源引述《明史》等资料说明马六甲等地与中国的藩属关系，以及葡萄牙人对这一地区的早期渗透。早在明正德时期，当中国沿海的移民开始他们下南洋的历程之时，葡萄牙人因互市争利而兴兵攻击马六甲，获得了大量的利益。这一区域形成了复杂的华洋杂处的局面。每年有上百艘中国商船到暹罗运送货物，五万华人常驻此地，并与英国人、美国人互市，每年货价约价银5000000元，而中国与暹罗之间的官方朝贡关系也维持良好。魏源例举大量的例子说明新嘉坡、吉兰丹等地区的贸易与华人移民的关系。"以上数国，闽粤人多来往贸易者。"[92]

西方国家在东南亚的成功不仅取决于武备、贸易和狡计，也取决于这

---

[92] 魏源：《暹罗东南属国今为英吉利新嘉坡沿革》，《海国图志》卷九，页439。

个地区的内部纷争和中国在对东南亚政策上的一系列失误。没有内部的配合或紊乱,西方不可能如此迅速地获取成功。明万历二十八年缅甸兴兵攻占秘古,康熙三十九年(1700)秘古联络荷兰等一同攻占缅甸。此后缅甸部落复起,灭秘古,攻占了若干地区。由于缅甸占领的区域麻尔古与英属孟阿腊接壤,英国遂于道光六年(1826)攻击缅甸。缅甸军队与英军几度作战,留下可观的战绩。这是南洋朝贡体系的内部纷争引入外敌的一个例子。当欧洲国家利用军事和政治力量保护自己在南洋的商业利益的时候,清朝却专注于西北事务,放弃了保护南洋地区的中国商人和华裔居民的责任。驻守爪哇的荷兰人在战争后将流戍西陇的流人撤回,调遣无辜的汉人往代,汉人拒绝后遭到当地番目的袭击和迫害。福建总督得闻后以"被害汉人,久居番地,屡奉招徕,而自弃王化,今被其戕杀,孽由自作"为由,拒绝承担保护责任。[93] 与此相似,大量居住在吕宋(菲律宾)、爪哇等地的华人和商贩遭受残害,中央政府反应迟缓,束手旁观。荷兰以鸦片烟引诱爪哇人,使其丧失反抗能力,而中国置若罔闻,以致多年之后,鸦片流毒中华,造成了极大的困境。中国朝贡体系的紊乱是区域内部贸易、西方入侵、朝廷政策失误并主动放弃责任等多重因素促成的结果。正由于此,恢复唐、宋、特别是明代的海洋观也是在重构王朝对于朝贡体系的基本责任。一个正面的例子是:康熙时代台湾初定,有人廷议放弃台湾,专守澎湖,后经施琅力争,认为如果台湾不归中国,必归荷兰,康熙听从了他的建议,于是在台湾设官置戍。

　　清帝国的政治、军事保护与民间的海外商业活动完全分离,而欧洲国家、尤其是英国却建立了兵商合一的贸易体制。早在明嘉靖年间,葡萄牙人控制了马六甲,荷兰人稍后在天启、崇祯年间战胜了葡萄牙,也进入了这一区域。清嘉庆年间,英国先是以其他地区交换对马六甲的控制权,而后又在嘉庆二十三年(1818)袭而据之,并置城戍兵、开垦土地、招集商民,形成新的州府和商业都会。清道光十四年(1834),西方各国、中国、越南、暹罗等国家在新加坡的交易货物达到了价银10000000元。魏源对

---

[93] 魏源:《英荷二夷所属葛留巴岛》,《海国图志》卷十三,页157。

贸易的关注总是密切地联系着军事战略的考虑。他不仅注意到新加坡开埠与马六甲衰落的联系，而且也注意到新加坡在战略上的重要性——这是从印度绕至中国的中间站。英、美等国，尤其是英国在这一区域设立书院，聘请华人教师教授汉语，出版中国经史子集、图经地志，洞悉中国国情，而中国却对彼方毫无洞察。魏源认为这是一个极大的危险，它从另一方面说明了"师夷"的重要性以及"师夷"与"制夷"之间的辩证关系。

3. 世界范围内的夷夏问题

《海国图志》勾勒的是一个世界性的图景，而不是帝国内部的图景。魏源必须发展一种新的内外观才能把握这一新的现实。因此，他的内/外、夷/夏观与早期今文经学之间存在重要差别：

> 于是从古不通中国之地，披其山川，如阅《一统志》之图，览其风土，如读中国十七省之志。岂天地气运，自西北而东南，将中外一家欤？[94]

我们可以将这段话与前一节论及的龚自珍《御试安边绥远书》（清帝国开拓边疆之后的"内外一家"观）加以对比：同样谈论"内外一家"，龚自珍以帝国幅员为一家，而魏源谈论的已经是一种全球的历史关系。康熙皇帝制作《皇舆全览图》的目的是将帝国的辽阔疆土全部收入他的视野，龚自珍的论述可以说与此密切配合。魏源则试图以地图的方式把世界收入眼底，让人如阅《一统志》。如果说帝国的内外一体、夷夏无别论是以至大无外的帝国政治和文化作为前提的，那么，在新的全球图景中，以中国为本位来谈论"无外"是很难做到了。这一新的历史视野为康有为四十年后构想"异日大地大小远近如一"的大同世界提供了知识上的前提。

魏源因此不得不重新定义夷夏概念，其特点是：1. 沿袭庄存与、刘逢

---

[94] 魏源：《海国图志》后叙，《海国图志》，页70—71。

禄以来的夷夏论述,抹去这一对概念的地理和种族含义;2. 庄、刘等今文家在帝国范围内展开夷夏论述,而魏源则将这一论述推向更为广阔的范围,从而事实上承认了"中国礼仪"外部存在着"礼仪之邦"。新的"中外一家"论以对外部的承认或者说一个多元文明的世界(而不是文野之别的世界)为前提。《西洋人〈玛吉士地理备考〉叙》云:

> 夫蛮狄羌夷之名,专指残虐性情之民,未知王化者言之。故曰:先王之待夷狄,如禽兽然,以不治治之,非谓本国而外,凡有教化之国,皆谓之夷狄也。且天下之门有三矣,有禽门焉,有人门焉,有圣门焉。由于情欲者,入自禽门者也;由于礼义者,入自人门者也;由于独知者,入自圣门者也。诚知夫远客之中,有明礼行义,上通天象,下察地理,旁彻物情,贯串今古者,是瀛寰之奇士,域外之良友,尚可称之曰夷狄乎?圣人以天下为一家,四海皆兄弟,故怀柔远人,宾礼外国,是王者之大度;旁咨风俗,广览地球,是智士之旷识。彼株守一隅,自画封域,而不知墙外之有天,舟外之有地者,适如井蛙蜗国之识见,自小自菩而已。[95]

为了获取内部的平等和承认帝国的合法性,早期今文经学采取了通过泯灭内/外、夷/夏的绝对界限来重新定义中国的策略。魏源将这一策略扩展到世界的范围之内:夷狄等称谓不单指中国周边的民族或地区,也不仅用于本国与他国的区别。夷狄概念是在教化与非教化的差别中建立起来的,也即是以帝国及其周边地区的关系为中轴建立起来的。这一看法事实上切近于欧洲人的历史观:古代欧洲的地理划分并非以欧洲为界,而是由希腊和罗马人开化了的地中海流域为界的。在很大程度上,欧洲本身还属于希腊人和罗马人所称的"蛮族世界",即外部世界。欧洲的中心筑有一条与中国长城功能相似的、沿着莱茵河与多瑙河的长城,这是罗马帝国用以抵御蛮族的工事。欧洲的个性只是在中世纪才以基督教的形式确

---

[95] 魏源:《西洋人〈玛吉士地理备考〉叙》,《海国图志》卷七十六,页1888—1889。

定下来。魏源描述罗马帝国及其周边的关系说:"初罗马征服各国之后,其边外夷狄尚未收服,后嗣遂欲穷兵绝域,深入沙漠,穷追至北海,犁庭扫穴,伏尸百万,始能征服。"[96]在这个意义上,夷夏与内外这两组概念开始发生分离,即外部不能简单地被定义为夷狄,夷狄未必在外部。"天下一家"以承认内外的现实界限为前提,同时也就承认了帝国外部存在礼仪教化之邦。这是帝国向民族国家转化的征兆,也是康有为声称九大洲各有教主、泰西亦为诸夏(具有不同的"统"的诸夏)的先声。威斯特伐里亚和会之后,欧洲民族—国家形成了一种以相互承认为特征的国际法关系,但这种相互承认的主权关系以"文明国家"或基督教国家为前提,所有欧洲之外的国家并不在这一相互承认的范畴之内。只是在鸦片战争时代,为了让中国以主权身份签订不平等条约,这一民族—国家的承认关系才开始扩展至其他地区。关于这一问题,我将在下一节中详细讨论。

但是,夷夏内外的文化意义并没有彻底地相对化,儒家教化仍然居于这一夷夏观的中心。我们不妨以《海国图志》关于"西印度"的描述来观察这一点(魏源将西亚地区错误地放置在西印度的范畴内)。在介绍西南洋诸国时,除了讨论西亚国家的地缘重要性〔如"东、西、南皆界海,北界都鲁机(土耳其)……形势亦居要害",以及欧洲人和美国人在这一地区的贸易和军事存在,等等〕之外,魏源辟专卷分别论述了回教、天主教等起源、特点和相互关系,显示了他对宗教问题在西亚社会和世界关系中的作用的高度重视。在卷二十四《西印度西阿丹国沿革》的结尾,魏源把

---

[96] 魏源:《大西洋各国总沿革》,《海国图志》卷三十七,页1112。同卷又引《欧罗巴各国总序》下云:"自罗马西都陷于夷狄之后,迨当唐中宗嗣圣年间,英吉利南边膏腴之地归于萨索尼亚夷国,奥卢地归于法郎古夷国,西班亚归于厄都夷国,……于是罗马国之……政事、律例、风俗、衣冠、言语、人名、国号,尽变夷俗。……"(同上,页1113)。在这类用法中,夷狄包含未开化的意思。一个更为明显的例子是,在《佛兰西国总记下》中,魏源引用《外国史略》的说法,云:"佛兰西国,古时亦山林之蛮夷,久渐向化,然性好勇,……"(《海国图志》卷四十二,页1220)。这里的夷概念是贬义的(即归于文明与野蛮的框架内),但却不能说是中国中心的,因为在这里,夷是在与罗马帝国及其文明的关系中被界定的。

西亚宗教与佛教问题联系起来：

> 佛教兴于印度，以慈悲寂灭为归，中土士大夫推阐其说，遂开禅悦一派。《摩西十诫》虽浅近，而尚无怪说，耶稣著神异之迹，而其劝人为善，亦不外摩西大旨。周孔之化，无由宣之重译，彼土聪明特达之人，起而训俗劝善，其用意亦无恶于天下，特欲行其教于中华，未免不知分量。摩哈麦本一市僧，忽起而创立教门，其礼拜与天主教同。……乃自李唐以后，其教渐行于西域，今则玉门以西，尽亚细亚之西土，周回数万里，竟无一非回教者？鸱枭嗜鼠，蜈蚣甘带，孰为正味乎？正难为昧任侏僬者深求也。惟腥膻之俗，蔓延中土，刚狠毒鸷，自为一类，非我族类，实逼处此，终贻江统忧尔。[97]

在卷二十五《各国回教总考》的开头，魏源更明确地说明了考证回教源流的动机：

> 今天山以南，玉门以西，环葱岭东西南北，延及咸海、里海之左右，分亚细亚洲之半，蔓延及于内地各府、厅、州、县，无不有清真寺、礼拜寺者，中土士大夫之无识者或从之。其人率阴鸷，寡廉耻，甘居人下，而中怀叵测，自为一族。海宇承平，可无大患，然其凶狠猛烈之气，固难化也。考回回教。[98]

仔细地推敲魏源对于伊斯兰教、犹太教和基督教的讨论，我们可以概括出一些基本的特点。

首先，在面对种族问题时，魏源的夷夏观显得较为开明，但一旦面对文化和宗教问题，"非我族类"的观念重新被提了出来。为什么会如此呢？这是因为清代今文经学的夷夏观和清帝国的所谓"满汉一体"论都

---

[97] 魏源：《西印度西阿丹国沿革》，《海国图志》卷二十四，页785。
[98] 魏源：《各国回教总考》，《海国图志》卷二十五，页791。

是对内部族群关系的讨论,其核心在于服从圣人王化,而不在区分种族。这种反种族主义的夷夏观取消夷/夏、内/外的绝对差异,但所谓"取消差异"是以儒学礼仪这一普遍的文化同一性为基础或前提的。因此,较之种族差异,文化差异是更为根本的差异。魏源在信仰和习俗问题上时时露出偏见,与他在族群问题上的开明观点恰成对照。例如,在《天方教考》的结尾,他议论说:"删经定制,集群圣大成而所定之制若此,所自援之儒教仅如此,又何暇与议五伦?何暇与议六合?"[99]在分析天主教时,他又认为天主教法大多剽窃释氏,其中涉及的儒书也无非"因缘假借以文其说,乃渐至蔓衍支离,不可究诘,自以为超出三教上矣"。[100]他对天主教的研究很大程度上依赖于明代传教士利玛窦、庞迪我、艾儒略、毕方济、高一志、溥泛际等人的著作,但基本态度也好不了太多:

> 西洋人之入中国,自利玛窦始。西洋教法传中国,亦自此三十五条始。大旨多剽窃释氏,而文词尤拙。盖西方之教,惟有佛书欧罗巴人取其意而变换之,犹未能甚离其本。厥后既入中国,习见儒书,则因缘假借以文其说,乃渐至蔓衍支离,不可究诘,自以为超出三教上矣。
>
> 西域三大教,天主、天方皆辟佛,皆事天,即佛经所谓婆罗门天祠。其教皆起自上古,稍衰于佛世,而复盛于佛以后。然吾读福音诸书,无一言及于明心之方,修道之事也。……印度上古有婆罗门事天之教,天方、天主皆衍其宗支,益之谲诞,既莫尊于神天,戒偶像,戒祀先,而耶稣圣母之像,十字之架,家悬户供,何又歧神天而二之耶?……[101]

魏源不但将天主教溯源于亚洲,而且还溯源于印度婆罗门传统和佛教。为什么如此?第一,如果天主教、天方教均可以溯源于佛教,那么,儒教与

---

[99] 魏源:《天方教考》,《海国图志》卷二十五,页803。
[100] 魏源:《天主教考》,《海国图志》卷二十七,页835。
[101] 同上,页835,838—839。

这些宗教的关系也就可以视为中国内部的关系(自明代以来,天主教问题的确包含了"内部性")。第二,以此为前提,儒学处理内部差异的方式和方法也可用于处理这类"外部"关系。清代经学传统本有以儒归儒、以释氏归释氏、以老庄归老庄的考证传统,在这个意义上,严格区分儒学与西亚、欧洲宗教的方式也可以被看成是在儒学传统中严格区分儒释的方式。因此,魏源对西方宗教和文化的探讨实际上恢复了清代经学——特别是古文经学——以考证方法严分儒、释、道的宗旨。在谈论天主教与印度传统的关系时,他议论说:"董子曰:'道之大,原出于天',故吾儒本天,与释氏之本心,若冰炭,乃天方、天主,亦皆本天,而教之冰碳益甚,岂辨生于末学,而本师宗旨,或不尽然欤?"[102]如果我们了解了上述逻辑,他的这种议论也就毫不足怪了。

其次,即使如此,反对严分内/外、夷/夏的取向仍然在魏源的宗教观中留下了痕迹。他对异教持有相对宽容的态度,力图从各种宗教中找到一些可以普遍认可的信念:

> 周孔语言文字,西不逾流沙,北不暨北海,南不尽南海,广谷大川,风气异宜,天不能不生一人以教治之。群愚服群智,嚚讼服正直。文中子曰:"西方之圣人也,中国则泥。"庄子曰:"八荒以外,圣人论而不议,九州以外,圣人议而不辨。"或复谓,东海西海,圣各出而心理同。则又何说焉?[103]

其他地区的人民没有尊奉儒教有其现实条件(交通阻隔,很难要求远方的人民也信仰儒教),但不同宗教和信仰之间也必定存在沟通的可能性。例如,伊斯兰教的基本宗旨意在劝善惩恶,并无大错。宗教问题各有信仰,很难以单一的标准判断"孰为正味"。这不是一种原教旨主义的态度。上引第一节谈及佛教东传,中原士大夫推阐其说,实际上暗示了各种

---

[102] 魏源:《天主教考》,《海国图志》卷二十七,页839—840。
[103] 同上,页840。

宗教之间存在重叠的部分。但是，无论是对其他宗教的宽容，还是谈论各宗教之沟通，基本尺度仍然是儒教："天方教之事天，同于儒之事上帝，而吸取释教礼拜斋戒、持诵施舍、因果浅近之说以佐之，大旨亦无恶于世教。其以天地日月为上祭，山川水土为中祭，宗庙坟墓为下祭，不废神祇人鬼，亦胜天主教之偏僻。"[104]他对基督教中耶稣代神天以主造化之说持有怀疑，同时认为《神理论》近于儒学上帝造化之说（以及《易经》所谓"阴阳不测之谓神，妙万物之谓神，不疾而速，不行而至之谓神"之说）。

《海国图志》对宗教的关注与其说是宗教的，毋宁说是俗世的。魏源对西亚、非洲和宗教问题的关心与他对南洋的关注一样，也来自对西洋以及中国与西洋的关系的理解。《利未亚洲总说》对亚洲、欧洲和非洲之间的交通枢纽和文化联系作出了说明：英国火轮递送文书的路线是从印度洋驶至亚丁，入红海至苏伊士，行旱路至地中海东南隅，而后再用火轮接递西驶，出直布罗陀海口，约五十天可达英国首都。自明以前，欧罗巴通中国，皆由此路。[105]魏源对摩洛哥、阿尔及利亚、利比亚、突尼斯等国家和地区的描述意在说明非洲与欧洲、特别是罗马的历史关系。《天主教考》特别说明耶稣教义起源于亚洲，西行至欧洲，而后又随殖民路线流传到美洲。《旧约全书》"半是亚细亚之西希伯来人所录，半是欧罗巴之东希腊人所录"。[106]在这个意义上，我们能够清楚地区别欧洲和亚洲吗？在他看来，欧洲统治的中心是意大利，它不仅是中国与欧洲的关系的起源，而且也是现代欧洲文明的根据。我们很难确证魏源是有意地还是无意地误解了中世纪帝国与欧洲民族国家的关系，尤其是政教分离的情况，他比附说：西方各国国王即位需要教皇册封，从而教皇的地位犹如西藏之政教合一的达赖喇嘛，罗马教廷任命的各国大主教犹如住持蒙古各部之胡土克图。[107]按照这一判断，尽管中西冲突是利益的冲突，但在这一利益关系背后隐藏着更为深刻的文化差异。这一叙述提供了新的夷夏之辨

---

[104] 魏源：《天方教考》，《海国图志》卷二十五，页802。
[105] 魏源：《利未亚洲总说》，《海国图志》卷三十三，页989。
[106] 魏源：《天主教考》，《海国图志》卷二十七，页833。
[107] 魏源：《大西洋欧罗巴洲各国总叙》，《海国图志》卷三十七，页1092。

和内外之分的合理的和合法的根据。在魏源对于各宗教起源的论述中,文化差异被压缩在一个极为有限的范围内。当夷/夏、内/外的差别被置于宗教、伦理和文明程度的框架中加以界定的时候,借鉴和学习西方国家的制度、技术和方法也就无损于上述差别的清晰界定。这是"师夷长技以制夷"这一命题得以成立的基本前提,也是魏源对欧美制度和技术进行广泛的、肯定性的介绍的基本前提——从船炮技术和贸易方式到政治制度和法律体系,从民主实验到殖民经验,所有这一切都是无关夷/夏、内/外的实质差别的"用"的范畴。这是晚清时代中体西用论的滥觞。魏源对西方各国"自国王以及庶民皆奉天主耶稣之教,纤毫异学不容窜入"[108]的狭隘态度持有明显的贬斥和批判。在他看来,英国、法国等民族国家与罗马帝国的根本差别在于:帝国关心宗教和文化价值,而民族国家对此并不在意,它专注于贸易和商业活动,即以军事的方式保障互市的顺利进行。"兵贾相资"构成了英国称霸世界的根本秘密。魏源告诫说:"善师四夷者,能制四夷,不善师外夷者,外夷制之。"[109]

4. 英国经济或欧洲资本主义崛起的秘密

鸦片战争明确地提示了中国面临的主要威胁来自欧洲,特别是英国。所谓"师夷"之"夷"也即指英国和其他西方殖民国家。它们构成了帝国的真正的"外部"。康熙于五十年(1711)十月壬子诏谕说,"海外如西洋等国,千百年后,中国恐受其累,此朕逆料之言。"魏源把康熙的上述预言展开为历史和地理的叙述。他的欧洲叙述有两个特点:第一,他把欧洲视为充满了利益冲突、文化差异(语言、宗教和政治制度)和变化的权力关系的世界,从而订正了明代以前中国人将意大利(大秦)或葡萄牙(佛郎机)等同于欧洲各国的错误看法。如果与晚清和"五四"时代流行的"东西文化"的总体描述方式中的"西洋"相比,魏源的欧洲观要丰富得多。

---

[108] 魏源:《大西洋各国总沿革》,《海国图志》卷三十七,页1097。
[109] 魏源:《大西洋欧罗巴洲各国总叙》,《海国图志》卷三十七,页1093。

他叙述了罗马帝国的崩溃与分立的民族国家的产生,[110]叙述了伊斯兰帝国与罗马帝国的战争,叙述了天主教与新教的冲突,叙述了欧洲的地理环境、国家制度、学校和知识、赋税和刑政,等等。最为重要的是,他叙述了葡萄牙、西班牙、荷兰、俄国和英国等欧洲国家的权力消长,从而为中国人理解欧洲的崛起、构思应对的策略提供了重要的视野。第二,他把欧洲内部的冲突及其军事和贸易扩张放置在世界各区域的广阔舞台中观察,从而欧洲的工业化和对外扩张不再是一个单向的事件,欧洲内部的社会、政治和军事关系的改变密切地联系着其他地区发生的变化。魏源在欧洲、尤其是英国的崛起与地缘关系、生态环境、内部压力、海外贸易,以及诸如中国等地区的对外政策和贸易政策造成的结果之间建立起了历史联系。

英国是作者关注的重心。《大西洋欧罗巴洲各国总叙》云:"今志于英夷特详,志西洋正所以志英吉利也。塞其害,师其长,彼且为我富强。"[111]鸦片战争期间,魏源深入浙江前线,并根据英国俘虏的口供撰写了《英吉利小记》。百卷本《海国图志》卷三十七至卷五十三均为有关欧洲国家的介绍,其中卷五十至卷五十三是英国部分,叙述周详。《英吉利总记》简略介绍了英国的法院、议会、内阁、枢密院、军队、政治生活、税收及其国家财政、银行,等等,[112]显然将英国内部制度的改革看作是它的霸权地位的有效支柱。但是,英国内部政治制度与中国发达的官僚制度存在着相似之处,从而很难被看作是直接的决定因素。[113]更重要的是,英国是一个"割据他洲之藩属国甚多"的帝国,其特点是在互相远离的地区大量殖民,通过造船业和设商埠的方法构筑贸易网络。[114]因此,英伦三岛的内部制度不足以说明英帝国的特点。魏源最为关心的问题是:为什么别的

---

[110] 他引徐继畬《瀛寰志略》云:"前五代之末,罗马衰乱,欧罗巴遂散为战国。"魏源:《大西洋各国总沿革》,《海国图志》卷三十七,页1104。
[111] 魏源:《大西洋欧罗巴洲各国总叙》,《海国图志》卷三十七,页1093。
[112] 魏源:《英吉利总记》,《海国图志》卷五十,页1380—1383。
[113] "……外有国帑、银库、律例、国玺、国内事务、藩属地、水师部、印度部、商部、兵部各大臣,有要务则国王召议事百十三员会议,与中国军机、都察院无异。"《英吉利国广述上》,《海国图志》卷五十一,页1422。
[114] 魏源:《英吉利国广述上》,《海国图志》卷五十一,页1405。

国家没有发展成为英国式的帝国呢？或者说，究竟是哪些因素使得英国从一个海洋岛国转变成为控制世界贸易和拥有如此多藩属国的世界霸权？我们从他的叙述中可以得出一系列相互关联的、综合性的结论：

第一，英国人口和土地的矛盾促使了技术革新，形成了工商业人口大于农业人口、长途贸易远盛内部贸易的格局。英国人口的相当部分转化为移民，但岛内人口仍然不断增加，从魏源写作《海国图志》往前推算四十五年，英国本土人口增加了八百万以上。"人烟稠密，户口繁滋，田园不足于耕，故工匠百有三十五万户，多余农夫三之一。不止贸易一国一地，乃与天下万国通商也。"[115] 人口的高速增长、土地资源的限制和海外长途贸易共同造成了新的劳动分工，彻底转化了原有的农业社会的基本结构。魏源收集到的数据是：英国总人口中农业占百分之三十，矿业占百分之十，制造业占百分之十，商业占百分之二十，其他人口为教师、律师、医生、武士、水手，等等。

第二，英国工业的主要内容是纺织业，它以羊毛和棉花为原材料，同时需要工业和能源支持，即机器和它的动力——煤炭。[116] 幸运的是，英国的国内资源和美洲、印度的资源恰好提供了纺织业的必要的和方便的条件。苏格兰拥有大量的草场，足资游牧，提供羊毛，美洲则是棉花的源源不断的供应者。东北藏有富饶的煤矿、锡矿和铁矿，每年出铁价银二千万余两、锡价银三十四万余两，铅价银八十三万余两，而煤炭最多，达到每年合价银二万四千余石。"每年出煤五万二千五百余万石，矿深一百三十九丈。每年以一千二百万石制火炮、刀剑，约价银五千一百万两。作工者三十万。棉花多运自花旗，每年约三百四十五万石，价银四千二百八十万两。……绵羊毛，每年产九十三万石，由外运入者四十二万石。"[117] 换言之，英国的自然物产及其与美洲的联系使得它获得了工业发展的优越条件。魏源在一段按语中说："英吉利……所以骤致富强，纵横于数万里

---

[115] 魏源：《英吉利国广述上》，《海国图志》卷五十一，页1407。
[116] 魏源说："制造之匠，纯用火机关，所藉以动机关者，煤炭。"同上，页1420。
[117] 同上，页1420。

外者,由于西得亚墨利加,东得印度诸部也。"[118]英国的发展是国内条件与国外条件——尤其是它对美洲和印度的殖民——恰好吻合的偶然结果。[119]

第三,英国经济对于长途贸易的依赖,以及大量的海外殖民,促成了英国造船和军事技术的长足发展,也形成了军事与商业的密切联系,而这两个方面又反过来加强了英国在海外进行拓殖的能力。英国商业不同于传统商业的最为重要的特征不是自由市场或自由贸易,而是军事保护,即军事与商业的紧密联系。英国"推广贸易之法,有火轮船,航河驶海,不待风水。"[120]但是,丹麦、荷兰、西班牙、法国等国家均有海外扩张的倾向,并与英国先后存在重要冲突,从而贸易的争夺势必带动军事的抗衡。在计算了英国海军的船只和大炮数量之后,魏源注意到一个基本事实:英国的海上活动超出欧洲范围是在明万历年间,当时西班牙垄断着海洋贸易。英国首先战胜西班牙,而后又击败荷兰、法国,最终获得了通商的主导权。因此,通商权实际上产生于治海权。

---

[118] 魏源:《英吉利广述中》,《海国图志》卷五十二,页 1436—1437。

[119] 彭慕兰(Kenneth Pomeranz)对 16 至 18 世纪的长江中下游经济与英国经济进行对比,他认为在这个时期中国与英国的经济指数极为接近,中国市场中的资本配置、劳动力和土地可能比英国更为自由,但为什么工业革命在英国发生了? 他的解释是:中英之间的真正差异产生于 1800 年以后的英国经济的飞跃:英国具有方便的煤炭供应和美洲的丰富资源。工业革命并不是从欧洲的长期优越条件中平稳地发展出来,英国的飞跃产生于下述条件:它的煤炭供应靠近水源和海港,从而使得蒸汽机的运用较为经济。但中国的煤炭主要集中在西北,距离手工业发达的江南非常远,若要用西北的煤炭来支持江南的早期工业将是极为昂贵的,因此也没有产生相应的技术更新。此外,作者认为长途贸易和军事竞争也是普遍的现象,但欧洲的特点是对海外贸易进行军事和政治保护。这一看法来自近代中国人(从魏源到王赓武)对于中西关系的比较研究和观察。See Kenneth Pomeranz, *The Great Divergence: China, Europe, and the Making of the Modern World Economy* (Princeton, NJ: Princeton University Press, 2000). 另参见王赓武的文章《没有帝国的商人》(see Gengwu Wang, "Merchants without Empire", in *The Rise of Merchant Empires*, ed. James Tracy (Cambridge: Cambridge University Press, 1990), pp. 400-421。

[120] 魏源:《英吉利国广述上》,《海国图志》卷五十一,页 1408。

自嘉庆十九年,西方列国大臣会议结和戢兵以后,兵船惟巡海护货而已。[121]

其在东印度各国采买,亦设大班诸人,遇有可乘隙,即用大炮兵舶占踞海口,设夷目为监督,以收出入税。先后得孟剌甲、新埠及新加坡等处。……其用兵饷费出于公司各港所征收税,公司得收三十年,期满始归其国王。凡用兵只禀命而自备资粮,以故到处窥伺。[122]

航海技术和军事力量是英国贸易发展、广泛通商和在全球各地殖民、开埠的基本条件。[123]正是根据上述观察,魏源建议以造船业为中心加强民间商业与国家军事保护之间的联系。从军事工业发展到民用工业的洋务运动遵循的正是这一路线。

第四,与贸易与军事的内在联系有关的是:英国的贸易并非自发的民间贸易,而是一种以东印度公司(大公班衙)为组织形式的垄断性的和转口性的贸易。这是获取超额利润的制度条件。与中国帆船的自发贸易极为不同,英国商人"所市皆非本国土产,皆采买他国,犹以万达剌沙暨东印度各国采买最众,易茶丝等货以归,各国及俄罗斯西境皆就近至彼国转贩。"在这里,垄断是以高利润为目的的长途贩运活动的有效的组织形式。英国于乾隆四十几年在中国创立公司,"公司者,国中富人合本银设公局,立二十四头人理事,于粤设总理人,俗谓大班、二班、三班、四班……"它开始进口的茶叶、生丝有限,但随后数量大增,"其茶叶收赋极重,约埒中国买价,又禁他人不得置,即船主、伙长等人置者,到日交公司酌领价值,由是富强日盛,有大、二、三、四等头人以治政事。"[124]公司的股份性质并没有影响其垄断性。这种垄断性不但促成了走私贸易的大规

---

[121] 魏源:《英吉利国广述上》,《海国图志》卷五十一,页1409。
[122] 魏源:《英吉利国广述中》,《海国图志》卷五十二,页1436—1437。
[123] 例如,道光三四年间,公司因为缅甸西南的必姑港土产丰盛,因而立刻派兵船占据。虽然后来为缅甸击败,但这一以军事带动贸易的方式是始终一贯的。见魏源:《英吉利国广述中》,《海国图志》卷五十二,页1439。
[124] 魏源:《英吉利国广述中》,《海国图志》卷五十二,页1435—1436。

模发展,而且能够影响政府决策、支配军事力量对有组织的走私活动进行保护(在自由贸易的名义下)。无论是公班衙或是公司的译名均突出了"公"的特点,这里所谓"公"概念与"官"的概念、合伙的概念有着微妙的关系。事实上,即使在东印度公司解散之后,英国政府仍以军事方式保护商业运输。没有组织和垄断,商人就很难借助于军事力量强行打开市场,也很难把商业力量转化为殖民地的政治力量。正因为如此,魏源认为必须解散公司,瓦解对方势力,否则很难制御英国的对华侵略和渗透,包括鸦片贸易。

第五,长途贸易的风险和对货币交换的依赖促成了英国保险业的发展、金本位制的形成和税收结构的完善化。由于担心货船存失不定,船主或货主约人担保,如果货船平安抵达,每银百两保价三四元,如果货船不幸沉没,则保人赔偿船主银二万两。这类与海外贸易直接相关的体制伴随着英国国内和国外发达的税收制度,造成了国家能力的空前提高。魏源引述道:"英人所收税饷,五印度居其大半。……岁入税饷,除还商民利息外,每年约得二千余万两,所出亦二千余万两。"税收的增加使得英国能够养兵:它不仅拥有驻扎本国的军队,还有驻扎殖民地的军队,以及着招募的当地"土兵"。[125] 魏源对于以英国为中心的金融体制重构世界经济的过程没有作出清晰的说明,但他简略地提到了金本位制的确立:英国以金为硬通货,每金三两,分作银价二十二块,其银再分铜钱,兼用银票、钱钞等货币,与金银同价。由于发达的贸易、健全的系统和金本位制的确立,英国银行享有最好的信用,也奠定了英国作为金融中心的地位。参照魏源在《道光洋艘征抚记》和《筹海篇》中关于鸦片贸易和白银危机的关系的讨论,以及《海国图志》有关美洲盛产黄金的叙述,这里关于英国的金融、保险和金本位制的叙述显然是在广阔的世界史背景中建立起来的。魏源对鸦片贸易与白银外流问题有着清晰的认识,但对银本位制的衰落与美洲黄金生产及其在以伦敦为中心的金融体系中的作用之间的联系似乎缺乏认识。魏源关注的基本问题是:英国殖民主义创造了一种

---

[125] 魏源:《英吉利国广述中》,《海国图志》卷五十二,页1447—1448。

以军事、垄断、占领、转口贸易、工业和金融信贷为纽带的世界市场,它的内部分工和制度发展与世界市场之间存在着密切的互动关系。这是英国称霸和富强的真正基础。正由于此,他力图摆脱头痛医头、脚痛医脚式的方案,从南洋、俄罗斯、西亚等各个方面展开"中国问题"的脉络,进而勾勒了一个中国置身其间的相互联系的、互动的世界图景。

5."合省国"的政治结构与大一统的想像

魏源对于英国的政治制度作了介绍,但与他对美国独立的历史经验和民主制度的重视相比,我们看不出他对英国制度的特别热情。在《墨利加洲总叙》的开头一节,他一连用了六个儒学传统中最高的褒词赞扬美国奋起反抗(武)、远交近攻(智)、联邦政治(公)、选举制度(周)、平等贸易(富)、不凌小弱(谊)的精神、制度和政策。魏源叙述了哥伦布、麦哲伦、德·伽马对美洲的发现,却几乎没有提及欧洲殖民者对印第安人的种族屠杀。居于他的描述中心的,是美国独立运动及其对英国的反抗,以及美国政治制度的独特性。从夷夏观的角度,我们不妨提一个问题:美国人口主要由英格兰、苏格兰、荷兰、西班牙、德国、法国、瑞典等欧洲移民(尤其是英国移民)构成,与欧洲人并没有种族上的区别("新国人物规模、体制,皆不异于英吉利"[126]),但为什么魏源对美国的态度明显地区别于他对欧洲国家的态度?首先,鸦片战争时期,美国政府和多数的领事、商人均对英国的野心持反对态度,驻华公使马夏尔(Humphrey Marshall)支持中国保存领土主权,从而在中美之间产生了一种亲近气氛。其次,魏源关心的是政治方面,即不同国家的对外态度及其内部制度,种族问题显然不在中心地位。从前者看,美国反抗英国的殖民统治、建立独立的新兴国家,它在贸易和外交方面不像传统殖民国家那样咄咄逼人;从后者看,美国放弃了奴隶制度,黑人的地位有所提高,采用了联邦政治,体现了种族平等的取向。这些都是魏源对美国表现出较大热情的原因。

---

[126] 魏源:《弥利坚即美里哥国总记上》,《海国图志》卷五十九,页1627。

美国的吸引力不仅来自它与欧洲国家的差别,而且还来自与中国的相似性。魏源从来没有简单地将中国与欧洲民族国家进行对比,相反,他对以族群为中心的分离倾向持有贬斥态度。在论述夷狄与中心的关系时,他暗示了罗马帝国与周边的关系与中国及其朝贡体系的关系存在着相似之处。在魏源看来,美国是一个文化和族群多元但却统一的帝国,它与欧洲民族—国家的模式完全不同(稍有相似的是瑞士)。美国的多民族状况没有影响国家的统一,这对以维护帝国的内在完整性为前提的晚清知识分子来说是一个极其重要的暗示。在谈到美国富饶的矿业资源、发达的交通时,魏源特别提及美国与中国的一个相似之处,即在多元民族状况下拥有统一的语言,从而构成了与欧洲复杂的语言状况的重要区别。因此,那种以语言、种族和宗教为主要内含的欧洲民族主义模式既不适合于中国的情况,也不适合于美国的情况。他引用《美里哥国志略》的材料证明说,美国与中国的地理位置"东、南、北皆无异",[127]在幅员、种族、文化和语言状况方面均存在相似性。

美国的另一吸引力来自其政治体制与中国的极大差异,即民选总统制。英国、德国等国家仍然是君主国家,从政治结构的角度看,似乎与中国皇权中心的政治制度差别不大。[128]美国的各州(即他所谓部落)设有州长位置,但没有国王(如同英国),起统帅作用的是"别公举一大头目总理之",这是美国称为"合省国"(United States)——译为"兼摄邦国"——的原因。[129]魏源反复提及总统由各部和人民公选,任期四年、两任以后不得连任,以及完全铲除世袭制,等等,对于"公选、公举之权,不由上而由下"的民主制度显然存有极大的热情。[130]值得一提的是:如何解决世

---

[127] 魏源:《弥利坚即美里哥国总记》,《海国图志》卷五十九,页1622。
[128] 半个世纪之后,康有为也曾就此作过比较,他说:"考之地球,富乐莫如美,而民主之制与中国不同;强盛莫如英德,而君民共主之制,仍与中国少异。惟俄国其君权最尊,体制崇严,与中国同。"康有为:《译纂俄彼得变政成书可考由弱致强之故折》,见故宫博物院藏内府抄本:《杰士上书汇录》卷一。
[129] 魏源:《弥利坚即育奈士迭国总记》,《海国图志》卷六十一,页1676。
[130] 魏源:《弥利坚即美里哥国总记》,《海国图志》卷五十九,页1635。

袭制度带来的弊端始终是清代有识之士关心的重要课题,"讥世卿"和"不拘一格降人材"更是自庄存与到龚自珍的今文经学传统的基本主题之一。对于魏源来说,总统制及其选举制度与中国世袭皇权和贵族制度构成了鲜明对比,提供了解决避免"世卿"擅权的重要途径,为选贤与能的理想的人材任用制度提供了可能性。

上述两个方面均与美国的联邦体制密切相关。从今文经学的视野来看,联邦主义的政治观与融合封建和郡县的大一统构想有着某种相似性,它们都是能够将帝国理想保存在一种平衡的政治结构之中的政治架构。"大一统"的含义是在郡县框架下恢复封建的精神,形成融分权与集权为一体的制度结构。在清代特殊的历史条件下,这一制度构想包含着对于"中国"的再定义,即在尊重各民族文化和制度的前提下,以某种普遍伦理(如"孝")为基础形成统一的政治关系。在魏源看来,美国联邦制正是这样一种融会中央集权和地方分权的政治结构。"美理哥有都城之官,有各部落之官。各部落内,一首领,一副领,议拟人员无定数。……统领每年收各省饷项,除支贮库不得滥用外,每年定例享禄二万五千元。……"[131]陆续成立的新州保持着自己的自治权,但并未如同欧洲国家那样采取民族—国家的独立模式,而是加入联邦,成为联邦政治体系的一个具有自主权和独立特色的部分。

因此,联邦政治体系是一种内外分明又相互联系的政治秩序。从多元政治的角度看,"新国制例有五,一曰国例,为二十六部所通行;二曰部落例,各部不同;三曰府例,每府亦不同,惟生于斯者守之;四曰县例,各县自立其规,各民自遵其制;五曰司例,亦由司自立,惟所属者遵之。此五例中,又小不能犯大,如司则不得犯县例焉。"[132]这是强调联邦政治中的分权或封建方面。从统一国家及其行政制度的角度看,"立一国之首曰统领,其权如国王;立各部之首曰首领,其权如中国督抚;一部中复分中部落若干,如知府;再分小部落若干,如知县。其国都内立六政府,如六部尚

---

[131] 魏源:《弥利坚即美里哥国总记》,《海国图志》卷五十九,页1632。
[132] 同上,页1633。

书,惟无工部,而有驿部。"[133]这是强调联邦政治与郡县制度的相似之处。魏源以儒学的语言翻译《独立宣言》的各条款云:

> 上帝生民,万族同体,各畀性命,使安其分。又恐民之强凌弱,众凌寡,蠢顽之无教,故又立国主,以范围之,扶植之,非使其朘削之也。我国旧无渠长,及英吉利来王我地,臣我民,我民亦欢然而奉之。……[134]

这里有两个要点,一是万族同体和各安其分(即多元一体的政治结构),二是英王无道,各部才告独立。独立战争结束后,君长立,法制定,确立新统,文武分立,安内攘外,通商各国。一个崭新的帝国诞生了。魏源对美国的兴起及其内部制度的描述让我们听到了春秋公羊学的韵味:"故虽不立国王,仅设总额,而国政操之舆论,所言比施行,有害必上闻,事简政速,令行禁止,与贤辟所治无异,此又变封建、郡县官家之局,而自成世界者。"[135]魏源从美国的联邦主义政治中看到了一种大一统的现实,或者说,他对美国联邦主义政治采取了一种"大一统"的理解。魏源这一在政治统一的前提下构思政治制度的态度为后来的今文经学者所继承,但联邦主义的制度设计却为康有为所明确拒斥,后者试图把地方自治(裁撤行省,保留府以下的自治单位)与中央集权相结合,避免在分权的名义下造成国家分裂和军阀政治。[136]魏源和康有为在联邦主义问题上的不同看法部分地应该归咎于各自所处的政治和社会环境的差异:魏源写作《海国图志》的时代内忧外患正在浮现,但太平天国运动尚未席卷中国,国家权力尚有自我改革的权威和能力;而康有为的时代风雨飘摇,经过太平天国的打击,地方势力空前发展,中央政府的权力明显下降。根据他的判断,在国家能力极度衰落的环境中,骤然实行以省为单位的分权行动,

---

[133] 魏源:《弥利坚即美里哥国总记》,《海国图志》卷五十九,页1635。
[134] 同上,页1624。
[135] 魏源:《弥利坚即育奈士迭国总记》,《海国图志》卷六十,页1662。
[136] 参见康有为:《废省论》,《不忍》,一期,页5—11;《废省议》,《不忍》,二期,页21—29;《存府议》,《不忍》,二期,页43—47。

无异于分裂和动荡的开始。

魏源对于三权分立的政治结构没有显示出对总统选举制和联邦主义的那种热烈态度。他称议会为"议事阁"或"选议处",重视其议事功能(如谓"凡国中农务、工作、兵丁、贸易、赏罚、刑法、来往、宾使、修筑基桥之事,皆此时议之"),却几乎没有提及它是一个立法机构,具有罢免总统的权力。[137](他在谈论法院的功能时涉及了"会议制例",显然将立法与司法的问题放在一起了)就行政权力而言,他认为美国制度与中国制度之间相隔并不那么遥远。例如,他将美国行政权力及各部称之为"吏政府"、"户政府"、"兵政府"、"水师兵部"、"礼政府"、"驿政府"等六部,完全按照中国的六部的结构进行叙述,唯一的差别是没有工部,而代之以驿部。至于司法问题,魏源将之比喻为都察院,其中特别提及了法官不能兼任立法的议员的回避原则。[138]他对法制问题关注较多,对于量刑的标准、条例和罪名均有详细介绍,远远超过他对立法问题的关心程度,这与中国法律体系专重民法或刑法有关。此外,他对美国的济贫制度、特别是教育制度颇有好感,认为这种教育制度注重专科的实用知识。在叙述教育制度时,他以中国的秀才、举人等制给予比附说明。

6. 历史预见与现代性的逻辑

魏源有关联合俄罗斯、美国等等的策略在当时均告失败,但这与其说是一种策略性的错误,毋宁说是实力对比的结果。无论是"以夷制夷",还是"师夷长技以制夷",都需要相应的国家能力和灵活的政治策略。晚清时代清廷内部以及知识分子中间曾有联俄还是联英、日等争议,但没有一次不是以交割或租借土地、赔款或出让利权为代价。郑观应说:"所谓势均力敌,而后和约可恃,和约可订,公法可言也。"没有实力,即使理全

---

[137] 魏源:《弥利坚即美里哥国总记》,《海国图志》卷五十九,页1633。
[138] 同上,页1633。

在我,"公法亦不可恃。当今之世,智取术驭,甘言难凭。"[139]在《海国图志》问世之后的数十年间,欧美各国在世界各地展开了空前激烈的竞争,以亚洲为例,1878年至1880年英国发动第二次对阿富汗的战争,逼迫阿富汗成为英国的保护国;1884年至1885年,俄国拥兵西亚,与阿富汗发生军事冲突;1874年至1887年,英国侵略马来亚地区,使之正式沦为殖民地;1885年至1886年,法国和英国分别入侵越南和缅甸,使之沦为法属和英属殖民地;暹罗为英国与法国瓜分。随着瓜分进程的发展,帝国主义国家之间的冲突也日益加剧,1898年美国与西班牙的战争是重新瓜分世界的开端,但这种冲突并没有使得其中任何一国决定与中国结盟,恰恰相反,西方国家之间在划分势力范围方面达成了某种默契,战争在中国本土多次爆发。伴随着1857年英法联军入侵、1884年中法战争、1894年中日战争、1900年八国联军入侵,一系列不平等条约相继签订。1897年至1898年间,德国占领胶州湾,山东成为其势力范围;英国占领威海卫,其势力扩张至长江流域;法国占领广州湾,与英国协议把广东、广西、四川划为两国势力范围;福建则成为日本的势力范围。1899年,美国在"门户开放政策"的名义下要求"机会均等"地瓜分中国利益。

然而,上述事件与其说证明了魏源的战略构想的失败,毋宁说证明了他的深远的历史预见和清朝国家能力的严重衰败。即使在19世纪,魏源的战略构想也部分地获得了实现。参照日本的近代化,这一点就更为清楚。1850年至1853年,相继有四部《海国图志》传入日本,但当时的日本奉行锁国政策,并颁布了天保镇压西学令,《海国图志》被禁止发行。1854年3月日本被迫与美国签订神奈川和亲条约,允许美国船只在下田、函馆两个港口采购食品和加煤,又相继与英国、俄国、荷兰缔结和亲条约。恰在此时,15部《海国图志》再次传入日本,七部御用,八部市面发售。1854—1856年间,翻刻的版本达到20多种,出现了许多翻译、训解和刊刻,对日本的开港、款夷、师夷、改革和国家军事化的近代化路线产生了

---

[139] 见《郑观应集》,上,页801—802。

重要的影响。[140] 1854年,日本的吉田松阴在阅读了《海国图志》后批评说,"清之所应虑者,非在外夷,而在内民也。何以默深于此不及一言耶?"[141]又说,魏源的"以夷制夷"(即联合俄、美、法之力用以遏制英国)之策"知其一未知其二。凡夷狄之情,见利不见义。苟利则敌仇亦成同盟,苟害则同盟亦成敌仇,是其常也。"[142]但是,1850年至1860年间,清政府的师夷之策就是从两个方面展开的:一方面是借助于"夷力"镇压太平天国运动,另一方面酝酿兴办军事工业和民用工业,目的是培养国家力量。研究者们已经从曾国藩、李鸿章、左宗棠、冯桂芬、薛福成等洋务派的言论和实践中找到了他们与魏源思想的直接联系,也从郑观应、康有为、梁启超、严复等改良派那里发现了魏源思想的延续和发展。自《海国图志》行世以来,为洞察夷情而设立的报刊、译书局、学会等等更是层出不穷。[143]

从长期的视野来看,魏源的预见性更为明显:第一,他发现了现代世界的商业、经济、政治与军事之间的相互依赖关系,从而试图以军事战略和军事工业的方式带动国家建设和民间工商业的发展,同时试图通过内部制度改革促进军事、经济的发展。1860年至1890年间,清政府创办了二十多个军工企业,而后又向交通、运输、采矿、冶炼和纺织等民用工业方面发展。在中国早期工业化阶段,民间资本主义工商业举步维艰,几乎难以生存,而官办或官督商办成为中国早期资本主义工业发展的垄断形式。(这并不是说魏源主张官督商办的垄断形式,从他鼓励民间参与船炮制造的主张来看,他是支持私营企业介入现代工业——包括国防工业——的)洋务运动对新学、机器、制造、商业的推动与魏源的想法一脉相承,它的"以商敌商"、以政

---

[140] 萧致治:《〈海国图志〉及其对中日的影响》,《魏源思想研究》,页350—351。
[141] 吉田松阴:《野山狱文稿·读筹海篇》,转引自大谷敏夫:《〈海国图志〉对"幕末"日本的影响》,《魏源思想研究》,页364。
[142] 吉田松阴:《野山狱文稿·读甲寅伦敦评判记》,同上,页364。
[143] 1862年,总理衙门附设京师同文馆,以培养精通外国语言和其他知识的人材为目的。1863年,上海同文馆成立(亦称广方言馆),同年,广州同文馆(广方言馆)成立,1868年起,江南机器制造总局附设的翻译馆开始译书,1873年,该局主办的《西国近事汇编》创刊,大量介绍西方国家的情况。这一大潮经百年而未衰。关于西学东渐的描述,参见熊月之著《西学东渐与晚清社会》,上海:上海人民出版社,1994。

府支持私人企业、以股份公司形式推动贸易等重商主义政策也与魏源的主张前后呼应。第二，他发现了现代世界体系内部的联系，反对以孤立的方式对抗外敌，主张以"师夷"和合纵连横的战略改变总体的形势。从长期的历史视野来看，孙中山的联俄联共，蒋介石的与美国结盟，毛泽东的倒向苏联和第三世界理论，邓小平时代媾和美日以及在苏美之间建立战略平衡关系，直至当代中国以亚洲大陆为腹地与中亚和西亚国家建立广泛联系，同时面向海洋，积极参与东盟论坛，都可以说是对魏源勾勒的国家战略的一种印证。更为重要的是，国家能力与世界形势和军事策略的关系提供了晚清的对外认识最终转向内部变革的基本逻辑。魏源的经世实践和批判精神在《海国图志》中以"师夷"的方式呈现，他对西方国家的内部制度在推动和维持富强或霸权方面所起到的作用高度重视。《海国图志》对英国、美国和其他欧洲国家的行政、司法、立法、财政、商业和军事等制度的详加介绍，其目的盖出于此。因此，在民族—国家竞争的时代，兵书的含义发生了变化，即从一种较为单纯的用兵之策转化为一种更为复杂的治国方略。现代国家制度可以被看作是一种准军事动员体制。魏源通过对西方、尤其是英国的研究洞察了现代资本主义经济发展与国家力量的联系，从而不但揭示了殖民主义的内在动力，而且也复制了其发展逻辑。

欧洲殖民主义促使中国向民族—国家的方向转化，但这一过程是以帝国遗产为历史前提，同时又是通过恢复帝国的历史遗产和视野的方式展现出来。海洋时代及其国家关系为新的夷夏观的产生提供了历史条件，但恰恰是在建构这一新的夷夏观（"师夷长技以制夷"）的过程中，魏源重新发现了明代以及更早时期中国与南洋的关系，重构了中国的朝贡网络，并以此为中心展开他对欧洲、美洲等其他地区的地理学描述。在这个意义上，他把恢复明代或更早时期朝廷处理朝贡关系的礼仪和法律准则视为中国的重要任务。从朝贡关系的视野展示新的世界图景意味着：国家主权的源泉可以追溯到《周礼》、春秋公羊学所描述的那些历史关系之中，朝贡体系和条约体系的关系不是截然对立的。面对外来的压力和愈益强烈的变革要求，龚自珍、魏源、康有为、梁启超等今文经学者不断把对外来力量的回应转化为内在制度的变革，这一事实证明国家间关系或秩序的确立与内部制度和礼仪原则的重组之间具有深刻的互动关系。当国家建设被置于世界民族国家体系的范畴内部的时候,国际范畴中的内外关系的绝对化同时也被转化为国内关系中的内外关系的相对化和同质化。中国的洋务派、改良派和日本的近代化运动均建立在一个前提之上,即只有建立统一的内部政治权威才能最为有效地获取国际承认。民族主义、军国主义、国家主义、帝国主义和制度改革的构想之间的联系建立在一种新的全球关系之中。无论实际结果如何,加强国家的内部权威恰恰成为国家获取国际承认的前提条件。经学处理内外夷夏关系的那些原则逐渐运用于国际关系,这一转变恰当地说明了近代主权原则如何瓦解了那种相对化的内部社会关系和富于弹性的制度条件。在《海国图志》对于世界关系的叙述中,早期今文经学内含的那种对于帝国暴力和等级关系的批判在这一语境中逐渐地消失了,我们几乎无法区分它的批判性视野与帝国视野之间的真正差别。

第四节　主权问题:朝贡体系的礼仪关系与国际法

1. 朝贡、条约与对外关系

在欧洲霸权的入侵和支配之下,中国和日本等东亚国家出现了民族主义浪潮。这一民族主义浪潮的第一波是在夷夏内外之防的框架内展开的民族主义,我们可以将之称之为"官方民族主义"。本尼迪克特·安德森(Benedict Anderson)在《想像的共同体》(*Imagined Communities*)一书中将"官方民族主义"形容为民族与王朝制帝国的刻意结合,以之区别于民族主义的其他三种类型(即美洲殖民地的民族独立运动、欧洲大众民族主义、殖民地民族解放运动)。在欧洲的语境中,这种"官方民族主义"是对1820年以降蔓延欧洲的群众性的民族主义的反动,其表现之一即王朝制帝国(英国、俄罗斯等)在其统治范围内建立强制性的教育,将主体民族的方言作为普遍的民族语言。[144]安德森对"官方民族主义"的观察是在帝国与大众民族主义(语言民族主义或方言民族主义)的对立的和天然矛盾的关系中展开的:将帝国与民族强制地结合为一体的官方民族主义是对地方性的和分离型的民族主义的反应。

但是,在亚洲尤其中国的语境中,分离型民族主义对于促进帝国与民族之间的结合仅仅起到了部分作用,我们可以看到这一民族主义的另外两个根源。第一,帝国建设与国家建设之间始终存在着并行和重叠的关系,从而近代民族建设的过程是以帝国的国家传统为前提的。从政治形态上看,在清朝内部发展起来的大众的和革命的民族主义虽曾采取反满的历史姿态,但最终形成的仍然是五族共和型的帝国型民族—国家;从文化形态看,近代语言民族主义从未以方言为主导的取向,大众民族主义重新激活的是在帝国传统内部的、相对于贵族文言的白话文。[145]这一语言民族主义以民族建设的框架整合多元文化传统,形成了近代"国语";但它主要是以大众的、平民的和现代的价值为取向替代文言的正宗地位,作为一种书写语言系统,这一以口语相标榜的白话文在任何意义上都不是方言民族主义的范本。第二,王朝制帝国的民族主义是对欧洲的国家体系及其规范的反应,这个反应不能简单地归结为单一帝国体制对民族—国家的国际体系的反应。清朝与欧洲列强之间的冲突不是一般的国与国之间的冲突,而是两种世界体系及其规范之间的冲突,即两种国际体系及其规范的冲突。安德森曾以丸山真男所分析的日本的尊皇攘夷论为例,将日本民族主义的特征放置在儒学的"华夷内外观"与欧洲国际法所确认的相互承认的主权原则的对比关系之中,其结论是:"欧洲的"民族意

---

[144] 本尼迪克特·安德森(Benedict Anderson):《想像的共同体》(*Imagined Communities*, London: Verso, 1983),上海世纪出版集团,2003,页100—111。
[145] 抗日战争时代(1937—1945)曾经出现过大规模的有关地方形式和方言土语的讨论,但其内部的取向仍然以"全国性的民族形式"为主导。参见本书附录之一《地方形式、方言土语与抗日战争时期"民族形式"的论争》一文。

识以国际社会的意识为前提,而受制于"夷夏之辨"的东亚国家却不能了解"国际"的含义。除了安德森引用的相关段落之外,丸山真男在解释福泽谕吉的《唐人往来》和《劝学篇》时还曾评论说:

> 在这里(指《劝学篇》中有关国际间应通行的"权理通义"时的一段话。——作者注),"中华—夷狄"的傲慢态度受到了挑战,而代之以"于正理面前,非洲黑奴亦应敬畏。于正道面前,英美军舰亦不足恐"的新型国民的自尊态度。[146]

在这里,"中华—夷狄"被视为缺乏平等的国际面向的儒教主义的和帝国体制的自我中心论,本·安德森进而将这一国际意识的匮乏解释为日本民族主义与帝国主义模式之结合的根源之一。[147]这一看法在中国研究领域中同样存在,例如费正清断言中国的朝贡体系和"夷夏之辨"缺乏平等尊重的概念,从而阻碍了中国政治民族主义和国际贸易体制的形成。

近代中国的民族建设是否包含"国际性的面向"是一个值得思考的问题。首先,在讨论中国民族建设的"国际面向"之前,有必要说明一个基本事实:在少数民族统治的清代社会,夷夏内外的概念并不居于主流地位,它在晚清的再度兴起其实是对欧洲入侵的思想回应。这里有两点值得提出:第一,在18世纪,今文经学学者主张夷夏相对化和内外无别论,在承认满清统治的合法性同时,蕴含了民族平等的观念。第二,朝贡体制与条约体制的规范性对立事实上并不能说明清代社会的内外关系,因为这一体制本身包含了多种关系模式,其中条约关系或国际关系即是重要的内容之一。今文经学对于内外、夷夏以及大一统问题的探讨是对清王朝政治合法性的研究,它不但提供了有关帝国内部关系的极为丰富的思考,而且也涉及了王朝与外部世界的关系及其规范。因此,对今文经学及其政治实践的研究也能够帮助我们理解清王朝的内外关系及其演变。

---

[146] 丸山真男:《福泽谕吉与日本近代化》,区建英译,上海:学林出版社,1992,页150。
[147] 同上,页113—114。

在讨论今文经学如何转化为晚清改革的主要思想源泉之前，我们不妨观察一下如下现象：一、清代士大夫如何挪用儒学经典重建自己的世界观和权利意识，以适应魏源描述的这种新的世界关系及其变化；二、西方传教士、法学家和中国知识分子如何从不同的角度挪用儒学经典进而为国际法的合法性和国家主权提供论证。民族国家时代的基本特点是以严格的相互承认的主权关系划定内外界限，在原则上确立不干涉内政的原则。这种以承认主权为特点的主权观为晚清时代重申内/外、夷/夏之防提供了背景。如果说早期的公羊学致力于处理王朝国家内部的不同民族之间的关系，在作出礼仪区分的过程中，强调夷夏、内外之间的灵活的、变通的、等级与平等相互交织的交换关系，那么，现在它必须考虑民族国家之间的现实的政治、经济、军事、外交等关系。晚清时代的"华夏中心主义"论述与今文经学取消内/外、夷/夏的严格分野的传统恰好相反，它以严格的夷夏之防为前提。夷夏大防的观念与一系列丧权辱国条约所体现出的那种严格的内外差异（主权关系）有着内在的呼应关系，它对清代今文经学长期倡导的取消内/外、夷/夏的绝对差异的大一统观念提出了挑战，反而呼应了理学传统中的夷夏之防的保守言论。正是在这一背景之下，西方化的民族主义思潮与内含着强烈的攘夷色彩的理学同时活跃起来，激发起一场尖锐的思想冲突。因此，我们需要追问：这一"华夏中心主义"是从哪里产生出来的呢？在清代的历史语境中，这一新的"夷夏之辨"是中国历史传统的必然产物，还是新的历史条件的结果？

其次，晚清时代，满汉大臣和士大夫中以锁国方式对抗外患的议论不绝如缕，1900年更出现了以义和团运动和反教运动为标志的排外浪潮，[148]

---

[148] 从阮元主持修撰的《广东通志》混同美国与非洲等情况来看，即使博学的士大夫阶级对于西方世界的知识也是极为贫乏的。在魏源的《海国图志》之前，清代政治和知识分子对于海洋时代缺乏深刻的理解。这应该归因于两个因素：第一，满洲起源于长城以北地区，它的地缘政治视野和对外政策经常集中在长城沿线的边疆区域；第二，由于郑成功在沿海地区的袭扰，清代统治者对于海洋或沿海地区的策略一直以控制反叛力量为主要导向。因此，清朝与海洋世界之间的关系从来不居于中心地位，它的注意力主要集中在沿海区域对于维护帝国内部安全中的作用之上。

从而那些对于西方有所接触、主张变法改革和文化革新的知识分子对中国社会的"天朝心态"进行了尖锐的和富于历史洞见的批判。但是,这并不证明清代社会对于外部世界毫无所知,更不证明清代社会对于外来文化完全拒斥。除了我们已经讨论过的有关帝国内部的族群关系之外,清朝在处理与西方传教士和其他帝国的事务方面有一定的经验。例证之一:17世纪60年代,新安人杨光先编写的《辟邪论》和《不得已》两书对于天主教在中国的活动(除传教外,也卷入对中国山川形势、兵马钱粮的描绘)表示忧虑,在汤若望被罢斥后任钦天监正,以回回历排斥西方历法,但因推算历法不验而被康熙罢免。[149]康熙重新安排南怀仁(比利时人)接任钦天监正,大批传教士因南怀仁的举荐和引进,出入北京和宫廷。例证之二:在同一时期,清朝将对俄战争中俘虏的俄罗斯人妥善安置,其中一些在盛京和北京安家落户,后因人数增多,遂在镶黄旗下专编一个俄罗斯佐领,住在东直门内。清政府还赐给庙地作为教堂,即尼古拉教堂,俗称"罗刹庙",又称北馆或北堂,由俘虏中的东正教司祭列昂捷夫主持,并允许俄国政府更换教士。例证之三:《中西纪事》三《互市档案》中记载了康熙二十二年(1683)平定台湾之后,东南各省请开海禁,二十四年设广东澳门、福建漳州、浙江宁波、江南云台山四榷关与外国通商的情况,并宣布对荷兰、暹罗和其他国家实行免税和减税的政策。例证之四:雍正五年(1727)年6月25日签订的《中俄恰克图条约》以恰克图为两国贸易的商场,允许俄国向北京派遣教士的权利。耶稣会士的活动经常带有盗窃情报的性质,如他们参与了绘制《皇舆全览图》的工作,此后不久巴黎就出现了副本;位于东郊民巷的"南馆"(及圣玛利亚教堂)的东正教布道团由俄国的外交部管辖,实质上是俄国政府的一个间谍机关。[150]同样的情况也出现在中国方面,例如耶稣会士曾经将俄国地图和情报传送给清朝。在帝国体制内,王朝根据具体的远近亲疏关系确定朝贡的

---

[149] 见《清史稿》卷二百七十二,列传五九《汤若望,杨光先,南怀仁》,北京:中华书局,1977,页10019—10025。

[150] 戴逸主编的《简明清史》对此有更为详细的描述,见该书页119—122。

性质,以礼序的观念和王朝政治的方式处理内外关系。因此,无论朝贡关系还是礼序观念均不应被理解为一种纯粹自我中心的、完全封闭的统一模式。

第三,清代的内外、夷夏关系层次极为复杂,从满汉、满蒙到其他各种后来被视为外交事务的关系,都被纳入到这一"朝贡关系"中理解。朝贡制度至少在公元 5 世纪已经形成,从形式上看它是一种以中国为中心向外扩展的体系,如果与欧洲国际法所表达的、运用于民族—国家之间的法律规范相比较,朝贡体制没有国内法与国际法之间的形式差异。中央王朝与朝贡国的关系既不能按照现在的国际关系来理解,也不是不存在与国际关系重叠的部分。朝贡体系的独特性和含混性造成了理解上的困难,这是因为人们总是这样或那样地将朝贡体系放置在民族—国家的条约体系的背景中加以理解。例如,费正清将朝贡体系看作是影响中国顺利进入条约体系的障碍,[151] 而滨下武志等则正好相反,他强调近代条约关系对朝贡体系的颠覆本身在若干方面继承了朝贡体系的历史关系。[152] 但是,如果把朝贡关系与条约关系以一种明确的方式区分开来,我们也就无法解释《中俄尼布楚条约》、《中俄恰克图条约》等条约的含义:这些条约与朝贡体系是重叠的。另外一些学者在比较中国与西方的文化区别时,使用了礼仪与法律的二分法,并将这一二分法用于解释朝贡与条约的区分。然而,从一种历史的视野来看,这一区分仍然是含混的,因为如上所述,中国朝贡网络内部包含了条约体系和贸易。[153] 从康熙时代起,清朝形成了一整套有效处理夷/夏、内/外关系的理论、礼仪和法律。在政治构架的层面,伴随清朝帝国的扩张,它设立了处理内外事务的多重政治架

---

[151] John K. Fairbank, ed., *The Chinese World Order: Traditional China's Foreign Relation* (Cambridge, Mass: Harvard University Press, 1968).

[152] 滨下武志:《近代中国的国际契机——朝贡贸易体系与近代亚洲经济圈》,朱荫贵、欧阳菲译,北京:中国社会科学出版社,1999。

[153] 费正清本人就使用了条约体系一词,见 Fairbank, *The Early Treaty System in the Chinese World Order* (Cambridge, Mass: Harvard University Press, 1968)。在另一著作中他也探讨了中国的沿海贸易和外交:*Trade and Diplomacy on the China Coast: The Opening of the Treaty Ports, 1842-1854* (Cambridge, Mass: Harvard University Press, 1953)。

构,如为管理蒙古事务而设的理藩院(1638年)、承续前朝而设的礼部、处理内外事务的特殊机构军机处。直到咸丰时代,为了适应西方国家的外交礼仪,清政府设立了总理各国事务衙门,用以主持和处理中国与西方国家之间的条约关系。这些多重的机构设置反应了帝国的内外关系的多重性和复杂性,朝贡性的礼仪关系与帝国之间的条约关系以制度的方式存在于帝国体制内。

早在顺治、康熙时代,清统治者已经以礼仪与法律形式分别与俄国、英国、法国、荷兰、日本、暹罗、朝鲜、越南等国缔结条约或调整关系。当"朝贡"概念运用于这类国家关系时,我们很难用后来的国际关系的范畴来区分礼仪与外交的实质性差别,这是因为所谓现代国际关系是在欧洲国际法的规范性体系之中加以界定的。朝贡关系本身是一种由朝贡国与中央王朝之间的亲疏关系和力量平衡所塑造的关系,没有预设形式平等的主权国家概念,从而在国家之间并不存在一种规范性的法律系统加以调节。然而,尽管中国处于朝贡体系的中心地位,但各朝贡国在礼仪关系上存在着各自表述的情形。朝鲜和日本同被看成清朝的朝贡国,但它们在与清朝的关系中享有完全不同的地位。朝鲜是明朝藩属国,曾派兵援助明朝对后金及清作战;后来清军攻入朝鲜,逼迫朝鲜国王去明年号,奉清正朔,称臣纳贡,从而在征服的基础上建立了朝贡关系。1875年,朝鲜女王要求清朝册封她的儿子为王位继承人。[154]但即使如此,在19世纪西方和日本的外来压力到来之前,清朝并不干涉朝鲜的任何内部事务,朝鲜也没有长驻北京的使臣(越南、琉球的国王也经清朝册封,同样没有常驻使臣)。日本与清朝的正式关系始自康熙十二年(1673),主要是贸易往来,但由于德川幕府采取锁国政策(包括禁止日商来华、禁止金银外流、限制双边贸易额、限制华商自由处置货物、没有固定的贸易法、进口税名目繁多、单方面操纵货价),两国关系不很密切。[155]在这个意义上,朝

---

[154] Key-hiuk Kim, *Korea, Japan, and the Chinese Empire, 1860-1882* (Berkeley: University of Colifornia Press, 1980), p.249.

[155] 《清史稿》卷一百五十八,志一百三十三,邦交(六),"日本",页4617—4644。

贡关系不是一种同质的关系。即使以朝鲜、越南、琉球、老挝等纳贡国为例,朝贡关系也并不相同。根据1818年清廷的记载,朝鲜一年中四次纳贡,老挝十年中一次纳贡,暹罗三年中一次纳贡。但纳贡次数并非一成不变,而是因时而异的。

朝贡关系可以表述为一种等级性的礼序关系,但它并不必然意味着中央王朝有权干预朝贡国的内部事务;清廷的官方记载与其他国家或政治实体对这一关系的理解存在着极大的差异。[156]在这个意义上,朝贡关系不是由单方面确定的等级体系,而是由多重关系的实践和参与而形成的一种历史性的关系。清朝绝不是一个没有外部关系的帝国,它与朝贡国的双边关系经常具有国家间关系的性质。值得注意的是:清朝的对外关系(尽管在朝贡的名义下)包含了与其他帝国(俄国)和西方国家的交往,从而朝贡关系与条约关系并不是两种截然相反、无法兼容的关系。韦伯根据现代社会的特征界定了国家的三个条件:第一,固定的行政官员;第二,这些官员能够坚持合法地垄断暴力工具;第三,他们能够在既定的地域内维持这种垄断。简单地说,他将行政权力、暴力工具和领土权视为现代国家的主要特征。[157]上述三个特征均可以描绘清代帝国与现代中国的国家特征,从而这一概括无法清楚地区分民族—国家与早期帝国的差异。通常被描述为民族—国家特征的主权概念同样如此,因为"这些概念在产生之时,就并不仅仅是对统治进行描述的新颖语汇"。[158]民族—国家论述以民族认同、主权观念、关税、清晰的边界作为自己的标志,从而它的自我界定总是建立在与"外部"的关系之上,带有强烈的内部同质化和外部异质化倾向。内外差别与严格分野是民族国家的必要前提,但在一定程度上也是清朝统一帝国的特征。按照有些学者的看法,清朝对于西北地区的统治完全具备现代国家的所谓领土主权内容:

---

[156] See Joseph F. Fletcher, "China and Central Asia, 1368-1884", in *Studies on Chinese and Islamic Inner Asia*, pp. 206-224, 337-368.
[157] 参见安东尼·吉登斯(Anthony Giddens)的有关讨论,见《民族—国家与暴力》(*The Nation-State and Violence*),胡宗泽、赵力涛译,北京:三联书店,1998,页19。
[158] 安东尼·吉登斯:《民族—国家与暴力》,页22。

一、有效的行政区划和行政管理;二、定期定额征收赋税的制度;三、加强边防建设,包括驻军、屯垦、设置驿站、卡伦、鄂博,定期巡边,等等。[159]这是疆域与行政管理密切联系的例证。边疆或边陲(frontier)与国界或边界(border)的区别也被视为帝国与民族—国家的主要区别。边疆或边陲指某国家的边远区域(并不必然与另一国家毗邻),中心区域的政治权威会波及或者只是脆弱地控制着这些地区,而国界则是区分两个或更多国家的明确的地理分界线。吉登斯论证说,"国界只是在民族—国家产生过程中才开始出现。"那些在国界地区生活的群体常常具有混合的社会和政治特征(这一点与早期帝国并无差别),但他们从属于特定国家的行政管辖。[160]

按照民族—国家产生的标准叙述,直到18世纪,边疆才发展成为国界,即彼此公认的边界。克拉克(G. N. Clark)在讨论欧洲边疆与边界问题时特别指出:直到1718年佛兰德斯条约才出现了文字上的第一次划定国界。[161]然而,这一判断是错误的。1670年至1690年间,清朝与俄国的关系出现了长期的危机,主要原因是西伯利亚地区少数民族的归属问题。在平定三藩(1681)、征服郑氏家族控制的台湾(1683)之后,清朝终于腾出手来处理北方问题,并于1689年9月7日与俄国缔结了《中俄尼布楚条约》。该条约的主要内容之一是控制边界地区的少数民族的流动,因为双方均担心边疆区域的少数民族逃往对方领土,从而损害帝国利益。划界问题和贸易问题的确定与此密切相关。条约以拉丁文本为正式文本,同时附有满文本和俄文本,并在界约订立之后,以满、汉、俄、拉丁文刻之于石,作为永久界碑立于清俄边界。它的实质内容——如以外兴安岭和额尔古纳河划定中俄东段边界、毁雅克萨城和迁俄人出境、禁止越界侵略和双方随时交换逃人、清俄修好并发展双边贸易,等等——证明国界概念、主权观念(包括相互承认的主权)以及贸易准入问题均不是"海洋时

---

[159] 袁森坡:《康雍乾经营与开发北疆》,中国社会科学出版社,1991,页558。
[160] 安东尼·吉登斯:《民族—国家与暴力》,页60。
[161] G. N. Clark, *The Seventeenth Century* (Oxford: Clarendon Press, 1947), p. 144.

代"的特产，也不能被看作是民族—国家的排他性特征。东段边界划分涉及各自行政权力在明确边界范围内的管理权，逃人法涉及国籍和行政权力对拥有本国国籍的人的排他性的管理权（从而意味着边疆区域的居民已经被定义在中央行政管理划定的国界范围内），双边贸易协定（即使沿用朝贡的概念）涉及以国家作为分割市场的单位的商业交换。《中俄尼布楚条约》反映了这一地区对于国界、国籍和行政统治范围的明确意识，界约明确规定边境之民过往边界必须持有"文票"和"路票"，其作用相当于现在的"护照"。[162]

《中俄尼布楚条约》的签订并没有保障中俄之间一劳永逸的和平关系，清俄之间的领土和人口的归属争议是通过一系列条约逐渐确立的。满人、蒙古各部和西藏存在着极为错综复杂的纠葛，在康熙和雍正时代，准噶尔的扩张和反抗成为清代最为重要的战争和边事。事实上，清俄之间的一系列边界条约总是受到边界内部民族关系的影响。1721—1722年，俄国沙皇彼得一世曾派人劝诱准噶尔部的策妄阿拉布坦臣属俄国，但策妄"拒绝转入俄罗斯国籍，并且没有接受翁科夫斯基所提出的关于在汗国领土上修筑要塞并派俄军驻防其中的建议"。[163] 1733年，在准噶尔为策旺阿拉布坦和噶尔丹策凌服务了16年的瑞典人（前俄国战俘，后在流放西伯利亚时为准噶尔俘虏）回到瑞典，他随身携带了两幅准噶尔地图，其中一幅为噶尔丹本人所绘，另一幅则是中国朝廷原件的复制品。据说噶尔丹不仅是一个武士，而且还是一个学者，对于武器制造、交通路线、城市和邻近的统治者有强烈兴趣，其政治目标是统一喀尔喀和准噶尔蒙古，对抗康熙的清朝帝国。他的地图是元朝以来第一幅蒙古草原部落自己绘制的地图（虽然许多部分不准确，并没有确定清晰的边界），显示出

---

[162] 按照何星亮的研究，"文票"和"路票"在19世纪40年代为"牌照"取代，而到19世纪50年代，"执照"一词代替了"牌照"，1885年后"护照"一词基本上代替了"执照"一词，成为固定名词。见氏著：《边界与民族》，北京：中国社会科学出版社，1998，页6。
[163] 兹拉特金：《准噶尔汗国史》，页354，转引自戴逸主编：《简明清史》，北京：人民出版社，1991，页164—165。

对于地理位置及其命名的敏感。[164]在击败准噶尔和大小和卓木之后,乾隆朝于 1762 年设伊犁等处将军及其相关机构,沿边界驻军,设卡巡逻;嘉庆年间,仅伊犁地区一处,就有卡伦 83 处。但在太平天国起义和第二次鸦片战争时期,俄国宣称西部疆界未定论,并于咸丰八年五月初三日(1858 年 6 月 13 日)迫使清政府签订《中俄天津条约》,后又续定《中俄北京条约》(1860),重新拟定清朝西部地区两国边界走向。[165]此后,非法的《中俄里瓦机条约》(1879,即由崇厚擅自与俄签订的《中俄条约十八条》)、《中俄改订条约》(1880,即由曾纪泽代表签订的《圣彼得堡条约》)以及随后的五个子约(即 1882 年 10 月 28 日签订的《中国伊犁界约》、1882 年 12 月 8 日签订的《中俄喀什噶尔界约》、1883 年 8 月 12 日签订的《中俄科塔界约》、1883 年 10 月 3 日签订的《中俄塔尔巴哈台西南界约》、

---

[164] John Baddeley, *Russia, Mongolia, China*: *Being Some Record of the Relations between Them from the Beginning of the XVIIth Century to the Death of the Tsar Alexei Mikhailovich AD 1602-76* (London, 1919), pp. 166-217; Paul Pelliot, *Notes critiques d'hisstoire Kalmouke'*, *Oeuvres Posthumes* (Paris, 1960), p. vi; Maurice Courant, *L'Asie Centrale aux 17e et 18e siecles*: *Empire Kalmouk ou Empire Mantchou*? (Paris, 1912); G. Henrik Herb, "Mongolian Cartography", in *Cartography in the Traditional East and Southeast Asian Societies*, vol. 2, book 2 of *The History of Cartography*, eds. J. B. Harley and David Woodward (Chicago: University of Chicago press, 1994), pp. 682-685. Peter C. Perdue 根据上述资料和研究对这一过程进行了叙述,参见 Perdue, "Boundaries, Maps, and Movement: Chinese, Russian, and Mongolian Empires in Early Modern Central Eurasia", *The International History Review* 20, no. 2 (June 1998):279-280。有意思的是,在诸多西方学者对清朝征服西北的历史的论述中,基本上用中国人(Chinese)这一概念描述康熙、雍正与准噶尔及俄国的军事冲突,多少将民族国家的视野带入对西北和西南少数民族区域的历史描述。但从另一个角度看,这一修辞事实上承认满清这一征服王朝作为"中国"的合法代表,模糊了汉人与满蒙贵族的冲突和征服关系,重新在清的合法统治的范畴内确定了"中国人"的范畴。从一种历史视野的角度说,这一修辞(不论其政治含义如何)与清朝统治者的"满汉一体"和今文经学的"夷狄入中国则中国之"似乎一脉相承,区别只是他们将满汉之外的少数民族地区看作另一种情形。民族—国家论述在有关"中国"的讨论中明显地具有内在矛盾。

[165] 参见何星亮:《边界与民族》,页 12—13。按作者的研究,清朝失去土地的原因之一是条约俄文本与汉文本在"中国现有卡伦"和"中国常住卡伦"的翻译错误;另一原因则是约文的含糊不清。同上书,页 13—16。

第六章 内与外(二):帝国与民族国家　　689

1884年6月3日签订的《中俄续勘喀什噶尔界约》)相继签订,俄国占据了大片清朝统治的领土。值得注意的是:这些谈判涉及了分界之后边境人民的归属问题(如中俄科塔谈判中涉及的边境两侧的哈萨克居民的归属问题),并由于中方的坚持而决定尊重当地人民的归属意愿。何星亮在1983年发现的哈萨克察合台文书之一《光绪九年七月初六日之札》C条为中俄两国分界线的规定,E、F、G、H各条为"给予这些地方居住的哈萨克特别的札谕",分别是:"E.愿归大清国之哈萨克来大清国属地;愿往大俄国之哈萨克到大俄国属地。大俄国之人不得阻拦愿来大清国之哈萨克;大清国之人也不应阻挡要往大俄国之哈萨克;哈萨克人可以自由选择。""F.此种随意迁移的自由,仅限一冬,在入冬牧场之前有这一自由。""G.此后,欲归原地,或仍有愿由此国移入彼国常住者,以及逃离者,概不准允,不予收留。且一经捕获,即送交所属国斩首。""H.两国之民进出边界,若无证书,捕获治罪。"[166]清俄双方对双方交界地区的统治领域、边界和臣属范围有着清晰的意识,并力图通过双边承认关系将领土和人口的归属权确定下来。勘界技术的运用、勘界过程的复杂性和条约的多种语言文本的形式都表示双方需要一种客观的、能够被双方或第三方评估的标准,这一点与民族—国家间的条约形式没有区别。如果把中俄划界问题放置在同一时期的国际条件下,我们可以观察到各大帝国相继在17世纪开始以条约形式确定边界:1639年,奥特曼帝国(Ottomans)与萨法维兹(Safavids)为确定有争议的边界而签订条约;1683年和1699年,奥特曼与哈布斯堡帝国签订条约并确定双方边界;从17世纪中期到18世纪早期,俄国与周边国家签订了一系列划界条约。这类划界工作需要新的技术和被认为客观公正的知识,从而测绘和制图技术获得了发展。[167] 上述新的发展正是帝国时代向民族—国家时代转化的征兆。

　　清朝帝国的对外关系被赋予了礼仪的性质,即所谓朝贡关系。这里

---

[166] 何星亮:《边界与民族》,页69。此处使用的是作者提供的哈萨克察合台文书的汉译文。

[167] 普尔度认为帝国划界及其技术的发展的主要目的是控制人口流动,参见Perdue, "Boundaries, Maps, and Movement",页264—265。

所谓礼仪既是一种道德/政治关系,也是一种法律/经济关系,它的内含的复杂性依存于实际的历史关系的复杂性。拉铁摩尔以长城为中心详尽地描绘了中国边疆区域的状况,西方理论家们也经常以此作为区分古代边墙、边疆与现代国界的根据。但是,如果把17世纪的中俄划界考虑在内,进行比较的尺度就不一定在帝国与民族—国家之间,而且也在帝国范畴内部了。中俄划界条约及其确立的边界与长城具有不同的性质,它所蕴含的主权观念与现代国家没有根本差别。[168]无论是朝贡关系,还是帝国间的交往,清朝都发展了丰富的礼仪和法律规范,也发展了与外国政府进行谈判的技巧、技术和程序,而不只是随机地处理它的对外关系。为了适应不断变化的内外关系,通过丰富和发展既存的礼仪和法律规范,在鸦片战争之前的历史时期里,清朝成功地处理了区域内部的朝贡关系和帝国之间的条约关系。经学所处理的礼仪问题——尤其是它所涉及的内外关系及其相应的礼仪规范——就包含了相关的思考。《春秋》义例或《周礼》不仅是学者研究的对象,而且也是礼仪或礼法的根据,这些儒学经典处理家庭继承权的纠纷、死者是否应著丧服到君臣之礼、朝贡关系、对外事务等各个层次的问题。清朝统治者自觉地援用《周礼》和儒家学说处理边疆事务,形成了一种具有弹性的制度结构和规范性的理论。

那么,究竟是哪些因素构成了帝国之间或宗主国和朝贡国之间的关系模式与民族—国家的关系模式的基本区别呢?首先,早期帝国之间的条约或朝贡关系的礼仪协定并不奠基于一种"国际法"之上,它们或者是力量对比、文化交往的产物,或者是内部关系的扩展。当涉及帝国之间的关系时,帝国之间的缔约是力量对比和对相互规范的认可的产物。条约本身并不建立在一种超越国内法或国内礼仪系统的规范性法律体系之

---

[168] 吉登斯论证说,"在非现代国家中,围以城墙的边界依然是边陲地区,它们远超出了中央国家机构的日常管辖范围,国家越大,则情况越是如此。无论罗马还是中国,就'民族主权'这一术语的当代含义来说,其城墙均无法对应于'民族主权'的界线。"相反,"国界作为主权的分割线,它必须获得与之相关的所有国家的一致同意。"(同前,页62)可惜的是,"长城"的历史和象征性过于巨大,以致《中俄尼布楚条约》及其划界协定完全被忽略了。

上。其次,朝贡体系内部的某些政治实体具有国家的各种特征,如朝鲜、越南、琉球等等,而另一些则很难用国家来形容,如西南土司。无论属于哪一种情况,它们与帝国瓦解的产物或民族自决的产物的民族—国家有着重要的区别。朝贡体系内部的协定或条约不是形式上平等的国家间的条约,毋宁是特定礼仪关系的产物。从中国方面看,这一礼仪和规则的体系以中国为中心,从而有人将这一体系视为中国中心的朝贡体系。这一观点认为清朝和朝贡国按照特定的礼仪规范建立外交关系,中国在其中享有明确的中心和优越地位,朝贡关系基本上是中国国内关系的延伸,在这个意义上,朝贡体系并不存在国际与国内的明确区分。滨下武志将朝贡关系概括为:"朝贡国以接受中国当地国王的承认并加以册封,在国王交替之际以及庆慰谢恩等等之机去中国朝见;是以举行围绕臣服于中央政权的各种活动,作为维系其与中国的关系的基本方式。"根据他的划分,朝贡关系中的宗属关系包含了各个不同的层次,大致可以区分为六种类型:1. 土司、土官的朝贡;2. 羁縻关系下的朝贡(明朝时期的女真及其东北部,清朝时期的西藏和新疆等);3. 关系最近的朝贡国(朝鲜、越南等);4. 两重关系的朝贡国(琉球等);5. 位于外缘部位的朝贡国(暹罗等);6. 可以看成是朝贡国,实际上却属于互市国之一类(俄罗斯、欧洲诸国)等。[169]在互市类型中,朝贡关系最接近于后来所谓外交关系和对外贸易关系,而在朝贡圈内部,居于中心的中国并不依赖朝贡国的贡品维持自己的经济运行,在大多数情况下,中央国家为了维持礼仪上的崇高地位,必须对朝贡国进行回赐。这种朝贡—回赐的关系或者是等价的,或者是回赐超过朝贡的价值,从而朝贡关系具有经济贸易往来与礼仪往来的双重性质。在这一情况下,礼仪形式上的不平等与实质上的对等关系、朝贡关系的礼仪性质和朝贡贸易的实质内容相互重叠。

但是,从朝贡体系的其他参与者的角度看,这一等级化的朝贡关系也包含了相对性的关系,我们可以将这一相对性的关系概括为从其他国家的

---

[169] 滨下武志:《近代中国的国际契机——朝贡贸易体系与近代亚洲经济圈》,朱荫贵、欧阳菲译,北京:中国社会科学出版社,1999,页35—36。

立场出发展开的对于朝贡体系的不同于中国的解释空间。朝贡礼仪的等级性主要是从中国的视野展现出来的,但朝贡国也可能对这一朝贡等级关系作出另外的解释。作为两个帝国之间的条约,《中俄尼布楚条约》和《中俄恰克图条约》同样可以说明朝贡关系中的另一种对等模式:两国之间有关划界、逃人、贸易的条约采用了特定的平等条约形式(如以拉丁文作为文本的正本,俄文和满文为副本),从清朝管理机构的角度看,这一平等条约关系仍然可以纳入朝贡的等级体系之中。在这个意义上,尽管朝贡礼仪体系本身并不提供国际与国内的明确区分,但在具体的实践中仍然包含着清晰的差异,否则我们就很难解释中俄之间的划界条约了。滨下武志曾以《中日辛未条约》(《日清修好条约》)为例,说明即使在中国占主导地位的情况下,条约也体现了两国关系的平等关系,"可以说已经达到了相互承认领事裁判权等具有近代国际关系平等性特征的条约。……但是,从日本方面看到的这个条约的平等性,假如从中国方面看的话,是否也具有同样的平等性还依然存在疑问。……因为在中国对外认识的前提中,中国的对外秩序(对国内秩序亦然),其基础是建立在'礼'之上的尊卑秩序,皇帝位于这个秩序的定点……"[170]在滨下武志之前,佛莱彻(Joseph F. Fletcher)以明朝皇帝与西藏达赖喇嘛的关系说明朝贡关系的各自表述和修辞策略中隐含对等关系的可能性,从而表明朝贡关系中的对等性因素不仅存在于海洋朝贡网络之中,而且也存在于大陆朝贡网络之中。[171]在民族—国家成为主导性框架的条件下,这一礼仪关系不是被理解为分离主义的根据,就是被证明为主权不可分割的根据,却几乎没有人说明:与朝贡关系的上述种种因素相比,民族—国家体制是一种全新的体制。这里的真正问题是:礼仪的等级性与各自表述和解释的自主性之间的确有可能构成一种实质性的相对平等关系,而这种对等性是在一个与民族—国家范式截然不同的历史范畴中展开的。因此,我们需要进一步追问:朝贡关系的等级性与对等性

---

[170] 同上,页49。
[171] Joseph F. Fletcher, "China and Central Asia, 1368-1884," in *Studies on Chinese and Islamic Inner Asia*, pp. 206-224, 337-368.

存在于怎样的政治/经济/文化条件之下？它们的平衡是如何被破坏的？

朝贡体系的成立以参与这一体系的国家共享某种特定的世界图式和礼仪规则为前提，传统王朝体制或帝国体制为此提供了支持。我们以艾尔曼已经论述过的清朝与越南的朝贡关系来说明这一点。1824 年，道光皇帝在致越南国王敕令中称越南为"外夷"，引起越南使团的不满。他们建议使用"外藩"取代"外夷"。由于产生了礼仪/外交冲突，朝廷令时在礼部任职的刘逢禄处理此事。作为一位礼部官员和经学学者，刘逢禄根据《周礼》关于夷服与藩服的区别，对越南使团作出了礼仪解释：首先，夷服较之藩服距离京畿地区近两千里（夷服在 7000 里之外，藩服为 9000 里之外）；其次，据《说文解字》，"夷"字不像"物"部首的字那样具有轻蔑的含义。他还援引 1770 年乾隆帝《满洲源流考》及《孟子》中有关舜为"东夷"、文王为"西夷"的说法，说服了越南使团。[172] 在朝贡关系面临新的困难的时代，为什么刘逢禄能够援用经学视野和方法处理这类"外交事务"？第一，从刘逢禄个人来说，他承续了清代今文经学破除内/外、夷/夏绝对界限的看法，进而以六合一家、华夷一体的观念解说王朝的内外政策、处理朝贡关系中的纠纷；在这次外交纠纷中，刘逢禄对夷字的解释清楚地说明了这一点。第二，从清朝帝国的内外关系来说，《周礼》和王朝礼序提供了一种普遍主义的礼制和法律规范，这一礼制和规范在当时得到朝贡体制内各国的认可。朝贡礼仪系统被视为普遍有效的礼仪系统，大清可以作为这一等级体系的最高部分获得承认，从而并不需要超越王朝或国家的国际组织作为这一国际关系规范的代表机构；但如果清朝缺乏对于邻国的尊重以及邻国之间的相互尊重，则朝贡礼仪就无法真正维持。从历史的角度看，如果越南与中国并不共享同一世界关系的图式和礼仪系统，那么，无论如何解释夷这一概念，两国之间仍然不可能达成协议，从而表明朝贡体系具有"相互间的"性质。刘逢禄向越南使团解释一

---

[172] 台北故宫博物院藏刘逢禄《传稿》no. 4455（1）。在讨论清代中期的今文经学时，艾尔曼根据刘逢禄《传稿》的资料，叙述了刘逢禄在礼部对外事务方面的贡献，见艾尔曼：《经学、政治和宗族》，页 151。

事发生在著名的马嘎尔尼(George Lord Macartney)使团访华(1787)之后37年、鸦片战争爆发之前16年。

2. 国际法与主权

19世纪的一个全球性现象是欧洲国家与亚洲、非洲等地区的政治实体签订了一系列双边或多边条约,并通过这些条约将后者的领土、主权和利益以"合法的"形式转移到欧洲国家手中。在以后的很长岁月中,有些欧洲学者声称:这一过程基于合法的双边条约、多边条约或协定,从而是"平等的"。这里有四个问题需要追问:第一,在整个19世纪,欧洲国际法的律师们把国际法定义为文明国家间的法律,从未承认亚洲和非洲等地区的政治实体是国际法的主权单位,那么,我们应该如何将这一观点与他们"合法转让"亚洲和非洲国家的主权、领土和财富的实践相互吻合?第二,亚洲和非洲的许多国家和社会拥有自己的法律和礼仪规范,在上述"转让"过程中,这类法律和规范起着怎样的作用?第三,在这一过程中,如果亚洲和非洲国家与欧洲国家并不共享同样的规范性意识和规范性的制度,那么,一种"双边的"或"多边的"协议或条约是如何"合法地"产生的?第四,在欧洲列强与中国等亚洲国家签订条约的过程中,原有的欧洲国际法被推广到了欧洲之外,从而为国际法的普遍主义创造了历史前提,那么,我们应该如何理解国际法及其所代表的国际秩序的普遍主义性质?民族—国家及其主权是欧洲国际法的普遍主义的产物,还是欧洲国家与世界各地区的战争、交往和互动的产物?正如大沼保昭(Onuma Yasuaki)所说,要回答这样的问题,首先必须回答一个基本问题:什么是国际法?[173]

欧洲国际法把主权建立在独立国家之间的相互承认之上,从而构成了对于传统主权概念的挑战。在16和17世纪,面对欧洲的宗教战争,伯

---

[173] Onuma Yasuaki, "When was the Law of International Society Born? – An Inquiry of the History of International Law from an Intercivilizational Perspective", *Journal of the History of International Law* 2 (2000):1-66.

丹（Jean Bodin）和霍布斯（Thomas Hobbes）认为建立政治秩序的最佳途径就是法的单一性或单一源泉（即以国家主权为中心的政治一元论）。根据这一法的单一性的解释，内部的反抗被规定为非法，因此主权概念与国家权威机构存在着相互依存的关系。在这个意义上，主权首先意味着国家内部的权威组织及其有效控制的范围，它是创制新法律并使其臣民无条件服从的权力。但是，对内主权本身包含着内部事务的排他性的处置权，它势必与外部发生关系。在威斯特伐里亚（Westphalia）和会的影响下，上述对内主权概念逐渐被替换为相互承认的主权概念，它把对主权源泉的追诉从内部统治的合法性转向了外部的承认关系，[174]在法理上与帝国统治权和封建领主制划出了重要的界限。[175]

从历史的角度看，国际法产生于欧洲绝对主义国家向民族—国家体系的过渡过程之中。"虽然常设性外交在封建时代就已有一些先例，但是，绝大多数外交仍只是在16世纪及以后才开始发展起来的，这最为简洁地说明了这样一个事实：新型的国家体系刚刚开始形成。在这种新型的国家体系中，战争如同它在传统国家中那样，占据主导地位，但与此同时，新的体系的形成也依赖于国家之间相互承认对方拥有合法的自主性领土。"[176]在西

---

[174] 这一合法性原则本来是以国内权威的合法性为前提的，因此这一主权原则可以发展为主权不受干涉的原则。
[175] 霍布斯对主权的论述是以欧洲封建制度的主权分裂为背景的。欧洲封建制度是经济剥削和政治权威的一种法律融合体，它的分封性的权力结构包含了多元的权力中心。农民归属于领主的司法权下。但是，封君领主又通常是一个更高的封建领主的封臣。佩里·安德森指出："这种依附性的、与军役相联系的土地使用权链条，向上扩展到这个体系的最高峰（大多数情况下是君王），对他来说，对所有土地最终在原则上拥有最高所有权。……这样一种体系的结果是，政治主权从未集中在一个单一的中心。国家的职能被分解为垂直向下配置的，在每一层水平上，政治与经济的关系在另一方面是整合的。这种主权的划分与分配是整个封建生产方式的要素。""君主是他封臣的一个封建宗主，他与他们以互惠的忠诚纽带约束在一起，而不是位居他臣属之上的最高君主。……整体而言，他与人民没有直接的政治接触，因为对他们的司法是通过无数层的分封制而归附施行的。"佩里·安德森（Perry Anderson）：《从古代到封建主义的过渡》（*Passages from Antiquity to Feudalism*），郭方、刘健译，上海：上海人民出版社，2001，页151—155。
[176] 安东尼·吉登斯：《民族—国家与暴力》，页107—108。

方国际法学界和国际关系学界,欧洲国际法的产生通常可以追溯到17世纪荷兰神学家葛罗秀斯(Grotius)的《战争与和平法》,见用于威斯特伐里亚和会,欧洲学者将之溯源于古希腊之近邻同盟规约及罗定海法(Rhodian Sea law)。威斯特伐里亚和会因此被视为权力重叠的中世纪(the medieval world of overlapping authorities)与民族—国家的分野。在17世纪以前,欧洲某几个国家的代表也会在某个地点聚会,但"威斯特伐里亚会议(30年战争的结果)在各方面都与这些聚会十分不同,它类似于欧洲全局会议,因为它的关切点在于安排和解决欧洲不同国家之间的关系。……要明确地承认其他国家的合法性,承认凡是国家都无权以其他国家为代价来普遍推行自己的行政原则和法律。不过,与此同时它又是'无政府'的原则,因为每一个国家在其自身的主权获得承认时,也须承认其他国家具有独立的主权领域。"[177] 主权国家体系以条约体系(treaty system)为形式,对传统主权概念进行了转化。

在殖民地民族解放运动对欧洲国际法进行重新界定之前,主权国家概念主要局限于欧洲国家之间。当欧洲国家与其他地区的国家签订条约时,它们也预设某种主权国家的存在,但在这一时刻,主权概念完全是形式主义的,它根本不能描述实质的国家关系。[178] 但是,为什么这一典型

---

[177] 同上,页109。
[178] 斯蒂芬·克莱斯纳(Stephen Krasner)指出:从威斯特伐里亚和会到代顿协议,几乎所有主要的和平协议均出现过违背威斯特伐里亚主权的现象。他举了几个例子:1. 作为一个权威机构,欧盟违反了威斯特伐里亚主权有关成员国主权的自主性概念,但这一制度安排符合国际法律主权的概念,即它的合法性建立在成员国和平协商同意的基础之上;2. 香港是中国的一部分,但它在国际法律主权的意义上又有权加入国际组织,拥有不同于大陆的护照和独立的签证系统。这一情况接近于中国朝贡关系内部的权力架构。在当代的政治语境中,主权概念又开始发展出新的含义,即相互依赖的主权(interdependence sovereignty),即国家控制跨边界活动的能力(如产品、技术、资本、观念和人口的跨国流动),以及国际司法的主权,即法律独立和领土化的政治实体必须获得承认的原则(每一国际法律主权有权进入任何非强制性协约)。所有这些方面都说明了威斯特伐里亚主权概念的自我矛盾。因此,借用瑞典社会学家尼尔斯·布朗松(Nils Brunsson)的概念,国际法所创造的关系是一种"有组织的虚伪"(organized Hypocrisy)。引自Stephen Krasner于2000年11月7日在Wissenschaftskolleg Zu Berlin所做的报告"The Rules of Sovereignty: How Constraining?"以及他惠赐的论文"Globalization and Sovereignty"和"Organized Hypocrisy in 19th Century East Asia"。

的欧洲国际法能够转化为一种"国际法",即一种在欧洲之外也获得认可的规范体系?对此,我们可以做出两点初步的回答。首先,启蒙运动的历史视野及其自然法观念为形式主义的主权概念提供了普遍主义的基础,它把国际法看作是人道主义在国际关系领域的表现(所谓人道和互尊原则的实现),从而认定这是一种纯粹的现代现象。[179] 这一典型的规范式叙述把实质的不平等关系替换为形式的对等关系,并以这一形式的对等关系与朝贡体系等其他地区的规范体系相对立,从而为帝国主义的行径提供了借口。[180] 其次,19世纪以来,许多被殖民或被侵略国家接过了上述启蒙主义的普遍权利的口号,通过民族解放运动和反殖民斗争,实行民族自决,建立主权国家,从而在一定程度和范围内赋予上述形式主义的主权概念以某些实质的内容。在后一个意义上,当代世界的"主权"范畴已经不能简单视为欧洲国际法规定的产物,它还包含了在反对殖民主义、寻求被压迫民族的民族自决过程中的历史经验和成果。因此,对于国际法体系包含的欧洲中心主义的批判不能简化为对于当代主权概念的全面的否定。

在19世纪的语境中,欧洲与亚洲、非洲国家间的条约是欧洲推行帝国主义政策的产物,从而作为这些条约的规范基础的国际法其实只是欧洲的国际法。如果我们把目光从启蒙主义的普遍主义观点移向更为主流的欧洲中心主义叙述,这一点更为清晰。按照这种更为主流的观点,"国际法"并不包含不同文化和社会在处理国际关系时所取的原则之间的对话和商榷,它是彻头彻尾"西方的"或者"欧洲的"。英国法学家劳伦斯(Lawrence)在他的《国际法原理》(*The Principle of International Law*)中说:

> 国际法产生于古代西方的希腊、罗马,而后逐渐扩展实行于那些在欧洲领土之外但采用了西方文明的国家。[181]

---

[179] F. de Martens, *Traité de Droit International*, trans. Alfred Leo (Paris, 1883-1887), p. 34.
[180] 例如,日本把对朝鲜的侵略和条约的签署视为一种解放,即从中国与朝鲜的朝贡等级关系中解放出来,从而把朝鲜纳入了形式上平等的条约体系。这一看法至今仍有市场。
[181] T. J. Lawrence, *The Principles of International Law* (Boston: Macmillan, 1923), p. 26.

这句话包含了两层含义:第一,国际法不但是欧洲人的独创,而且也实行于欧洲之外,前提是"采用西方文明之国家";第二,国际法不是民族—国家的产物,而是早期希腊和罗马帝国的法律秩序。劳伦斯还提及了欧洲领土之外的国家为什么,以及如何采用了西方文明。另一些西方学者则明确地说:国际法是基督教的产物,其他文明如中国文明不可能出现国际法。[182] 1905 年,拉萨·奥本海默(Lassa Oppenheim)在他的《国际法》(International Law)中论证说:

> 作为主权的和平等的国家之间的法律,建立在这些国家的共同认可基础上的国际法是现代基督教文明的产物。[183]

按照他的看法,国际法产生于独立国家和独立国家的共同体的出现这一17世纪的欧洲现实之中。国际法规则的确立与基督教之间的确存在着历史联系。中世纪欧洲并不是由具有同一性的政治单位组成的,它的政治版图犬牙交错,存在着不同的臣属关系、不对称的主权和不规则的飞地。这一情境无法产生正式的外交关系,因为不存在伙伴之间的一致性或对等关系。"由所有人组成的拉丁语基督教世界的概念为各种冲突与决断提供了一个普遍主义框架。这是各种异质的极端特殊主义的政治单位必不可少的对应体。"这种封建的金字塔结构在文艺复兴时期并入了中央集权化的君主国,从而产生了国家间施加压力、进行交流的正规体系,如定点大使馆、常设外事机构、秘密外交通道,等等。[184] 由于出现了众多的平等的和独立的国家,"民族法(Law of Nations)现在成为一种必要。""既然这一法律的许多原则已经或多或少地组织或出现在葛罗修斯的原理之中,既然葛罗修斯的体系提供了当时国际关系的大部分的法律基础,……葛罗修斯的著作获得了

---

[182] W. E. Hall, *International Law* (Oxford: Clarendon Press, 1880), and T. D. Woolsey, *Introduction to the Study of International Law* (London: Sampson Law, Marston, Searle & Rivington, 1879).

[183] Lassa Oppenheim, *International Law* (London: Longmans, Green, and Co., 1905), p. 44.

[184] 佩里·安德森:《绝对主义国家的系谱》(*Lineages of the Absolutist State*),刘北成、龚晓庄译,上海:上海人民出版社,2001,页 22—23。

一种世界性的影响,以致他被正确地视为'民族法之父'。"[185]独立国家体系的出现伴随着传统欧洲帝国的瓦解,这一过程也被看作是欧洲"现代"的发生,从而欧洲内部政治关系的演化被视为一种现代进程。在这个意义上,以相互承认为标志的实证主义的国际法观念事实上与启蒙主义的国际法观念存在着内在的历史联系,[186]它们在基督教文明或欧洲启蒙主义的框架内共同为国际法构筑了一种欧洲现代性的视野。

正由于此,在19世纪,这一普遍主义的国际法体制仍然是一种地区性的法律体制,全球范围内的大多数人口和地区并不认同这一体制。事实上,直到1844年,美国人还以一种否定性的方式承认中国司法权的自主性和西方法律的边界。就在这一年,《望厦条约》的美方谈判代表顾盛(Caleb Gushing)曾经处理过一桩美国人与中国人的斗殴事件,他拒绝向中方交出凶手,并坚持按照美国法律审判。这一案件成为对有关被中国人控告的美国人进行法律审判的先例。在1844—1845年的美国《上议院文件》(第2届议会第28次会议文件第58号)中载有顾盛的下述评论:

> 无论什么情况下,美国对自己的一个公民的人身和自由进行的法律审判都不应向任何外国作出让步,除非这个国家是我们的民族大家庭中的一员,换句话说,是一个基督教国家。
>
> 基督教国家要通过条约紧密地团结起来,这个条约必须规定彼此的权力、相互的义务。他们熟悉在他们当中得到广泛认可和普遍接收的一些基督教信条和惯例,这些可以被称之为基督教国家共同的法规,然而这些法规事实上只能是基督教国家的法规,因为它们不可能为任何一个伊斯兰或者异教国家所熟悉和认识,而这些国家却

---

[185] 同上,页58。
[186] 在欧洲法学界,围绕葛罗修斯的地位问题存在长期的争论,例如有人将现代国际法的产生溯源于以Francisco de Vitoria为代表的西班牙学派。See Onuma Yasuaki, "When was the Law of International Society Born? – An Inquiry of the History of International Law from an Intercivilizational Perspective", *Journal of the History of International Law* 2 (2000):1-66.

占据了地球上的大部分地盘……[187]

　　顾盛承认中国和其他地区并不承认基督教国家的国际法规,并注意到这些非基督教国家占据了地球上的大部分地区。因此,基督教国家之间的条约和法规建立在一个内外分明的世界关系之上,亦即基督教世界与非基督教世界或异教世界的区分之上。治外法权的概念正是以此为前提的,它包含了对欧洲基督教国家的法律规范的边界的理解。只是在漫长的20世纪里,欧洲国际法才逐渐地从一种"欧洲的"或"基督教的"国际法扩张为一种世界秩序,它所预设的规范性的平等的国家体系成为支配性的秩序。构成这一转化的两个政治条件是:第一,欧洲国家与其他地区的主权单位建立了广泛的条约关系,从而为将实质不平等的国家关系转化为形式平等的国家关系提供了历史条件;第二,伴随着殖民主义和资本主义在世界范围内的扩展,亚洲、非洲、美洲各地的反殖民运动开始向民族自决运动和建国运动转化,从而欧洲国际法所确定的相互平等的主权国家概念开始扩展为可以运用于全世界的国际关系准则。当代世界的主权概念可以说是上述双重运动的结果。在这里需要提出的是民族解放运动在重构欧洲主权概念过程中的作用:它把这一概念与各个地区的传统的主权形式联系起来,从而我们不能将当代世界的主权概念完全等同于殖民主义的主权概念,也不能将当代世界的主权概念完整地回溯至威斯特伐利亚主权概念。

　　与以中国为中心的朝贡体制、伊斯兰世界的法律体制,以及其他规范性体系一样,16—18世纪的欧洲国际法也是一种区域性的普遍主义体系。在这一视野内,19—20世纪形成的新世界秩序的确是一种特殊的例外。如果我们把魏源的《海国图志》中收录的带有经线和纬线的全球地图与传统地图相互比较,这一点尤为清晰:这些地图之间的差别不是中国地图与世界地图的差别,而是传统的天下与今天的世界的差别。没有这一特定的全球形象,康有为就不会在经线、纬线的框架内构筑大同的世界和儒学的普遍主义。《大同书》对于世界的构想极为强烈地和典型地显示了知识的转变与

---

[187] 引自 M. G. 马森:《西方的中华帝国观》,页180。

理想蓝图的转变之间的互动关系。对于亚洲国家来说,欧洲国际法的推行与其说是国家之间的相互约定,毋宁说是殖民主义政策的强制结果。

我们不妨以19世纪的清朝为例。首先,清朝是一个自主的政治实体,它的主权或统治权来自于内部统治的合法性,并诉诸于历史关系的演变和传承。儒学(包括朱子学和经学)及其指导下的法律体系构成了王朝的合法性理论。其次,作为世界上最为强盛的王朝之一,清朝和其他国家从未怀疑过中国的主权合法性。清代帝国具有复杂的行政权力、法律系统、领土权和国际关系,后者不仅指许多学者提出过的东亚朝贡体系,而且也是指17世纪以来它与俄国和其他欧洲国家缔结的一系列双边条约。因此,当欧洲国家利用欧洲国际法来推销它们的主权概念时,确认主权的含义既不是指清代是否是一个合法的统治实体,也不是指它是否是一个获得西方国家承认的、具有签署条约能力和权威的主体。在鸦片战争之后的历史语境中,欧洲国际法的真正功能是以"承认关系"作为逼迫清朝臣服于欧洲主导的世界秩序的根据,并将传统东亚区域的规范体系——朝贡体系——贬低为落后的、不平等的体系。在这个意义上,形式平等的主权概念与军事征服和不平等贸易密切相关,最终以不平等条约的形式确定下来。换言之,中国作为主权国家的地位必须以一种扭曲的形式——即不平等条约的形式——才能建立。这里的悖论是:一方面,西方国家强迫中国设立海关、通商口岸,割地赔款,极为严重地损害了中国的内部主权(霍布斯意义上的),但另一方面,这一对于内部主权的损害同时赋予中国作为一个独立国家的司法主权,亦即对中国的国际司法主权的承认以破坏和贬低国内主权为前提。这是一个历史的讽刺:臣服关系的形成等同于主权的确立,"自由贸易"或割地赔款成为现代主权概念的历史前提。[188]

---

[188] 不平等条约以承认严格的主权分割为逻辑前提,但这一严格的主权分割又以侵犯和损害主权为历史前提。如《南京条约》以签约的形式确认清朝在国际政治关系中的主体地位,但这一条约本身恰好"是中国丧失关税自主权的第一步,这个过程一直发展到委派一名英国公民(R. Hart)担任海关总监的地步,此人从1863年至1908年一直在任。"保罗·贝罗奇:《经济学与世界史》,见许宝强、渠敬东编选《反市场的资本主义》,北京:中央编译出版社,2000,页132。

因此,我们可以把欧洲殖民主义时代的特征概括为如下两点:第一,它要求以国际法为准则建立一种霸权的国际关系的结构,并以此为基础推行有利于殖民者利益的贸易、殖民和外交关系;第二,为了达到这一目的,它必须按照自己的准则将正在剥夺的对象建构成为形式上平等的主体。所谓不平等条约的含义就包含了上述两个相互矛盾的方面:一方面,按照条约关系,缔约双方均为主体,从而参与缔约的王朝、城邦和政治实体在这个意义上都是主权国家;另一方面,将这类政治实体建构成为主体(主权国家)的唯一目的是赋予它们以转让内部利益的合法前提。承认关系中的主权并不是主体间的平等关系,而是以契约形式合法地剥夺边缘地区的资源和劳动力的合法条件。如果没有15世纪末期开始的欧洲殖民扩张和殖民统治,没有伴随殖民主义在世界范围引发的反抗和欧洲新型国家之间的冲突和杀伐,就不会出现"欧洲国际法"向普遍主义的国际法的过渡。殖民主义史学曾经把鸦片战争解释成为自由贸易与闭关锁国的冲突,但大量的研究证明:鸦片战争是列强试图把中国纳入由其操控的国际贸易关系之中时发生的,而触发这一战争的条件之一恰恰是中国法律与英国法律在国际交往中的冲突,[189] 从而鸦片战争可以从贸易与法律的双重关系中给予解释。从贸易的角度看,西欧国家尝试用本国的工业产品替换白银作为等价物与中国进行茶叶和生丝贸易,缓解中欧贸易中白银流出的问题。它们的尝试未获成功,因而转而利用多角贸易关系和多角结算的方法来达到目的。滨下武志说:

> 构成英印中三角贸易关系重要一环的鸦片贸易,其实质却是一种走私贸易,在中国沿海进行的鸦片交易必须采用白银支付的手段才能进行,从而导致了中国白银需求量的增加和白银价格的上升。……在观察亚洲和西欧主要通过茶叶和白银进行的对应的贸易历史过程时,可以说鸦片战争是处于这两者关系的延长点上,并因西欧习惯在

---

[189] 鸦片战争爆发的触发点之一是围绕如何处置一个在中国杀人的英国水兵的法律争端:林则徐坚持以清律论处,而义律认为应该按英国法律处理。

多角贸易中把鸦片贸易合法化和扩大茶叶采购市场的企图而引起的。……"自由贸易"这一主张并非是英国近代产业资本家阶层独自垄断的名词,同时也是地方贸易商人为实现自身利益时使用的时髦口号。[190]

但这一贸易冲突的结果最终显现在法律和主权范畴之上:在1839—1840年之后的多次战争和谈判期间,欧洲列强力图用"国际公法"将走私贸易以及对于中国领土和主权的侵犯合法化。1842年8月29日签署的《南京条约》将鸦片战争(1839—1842)的实际目的(迫使中国疆域向英国贸易开放)和长远后果(将中国纳入欧洲国际法规范下的不平等的主权体系之中)揭示得清楚不过。

鸦片战争以后中国与欧洲国家缔结的各项条约不仅是对中国的主权和利权的侵犯,而且还是对以中国为中心的朝贡体系及其规范的无情打击。英国对泰国、缅甸、西藏的侵略、操纵和渗透,法国对越南、柬埔寨的控制,俄国对新疆和东北的渗透,不仅构成了对原有的朝贡网络的破坏,而且也鼓励了朝贡国或地区内部的分离倾向。在欧洲条约体系的扩张中,条约体系所内含的形式平等的国家关系为朝贡地区内部的民族主义提供了理论的前提。值得注意的是,1884年中法战争和1894—1895年甲午战争对于晚清士大夫的心理刺激甚至超过了鸦片战争,这是因为后两场战争涉及的不仅是中国与法国、中国与日本的双边战争,而且还涉及中国朝贡体系及其规范的彻底瓦解,前者涉及中国与最为接近的朝贡国越南的关系,后者涉及另一最为接近的朝贡国朝鲜的地位,以及处于朝贡圈内却又地位特殊的日本与中国的关系。按康有为的自述,《大同书》的构思始于1884年中法战争的刺激,他涉足政治的第一个文本《上清帝第一书》对中国危机的表述是:"琉球灭、安

---

[190] 滨下武志:《近代中国的国际契机:朝贡贸易体系与近代亚洲经济圈》,北京:中国社会科学出版社,1999,页11—12,168—213(译文略有改动)。Stephen Lockwood, *Augustine Heard and Company 1858-1862*; *American Merchants in China* (Cambridge, Mass. : East Asia Research center, Harvard University, 1971)。

南失、缅甸亡,羽翼尽剪,将及腹心。……日谋高丽……英启藏卫……俄……迫盛京……"[191]可见重构世界秩序的动力与朝贡体系的危机存在着密切的关系。早在1882年,朝鲜李朝政府与英美各国缔结通商条约一事即已引起清朝政府的不安。马建忠为此出使朝鲜,在他的出使记录中,我们可以看到他对朝鲜避开清朝私自与英美等国缔约的愤怒。马建忠要求朝鲜在对外条约中明确申明"为中国属邦,则在我既存藩服之名,在彼亦无碍平行之体"。[192]中法战争期间,中国使节郑观应责备暹罗多年不对中国朝贡,同时又对华商征收人头税,他希望暹罗能够在中法战争中援助越南,承担朝贡体系内部的责任。由此可见,欧洲国家在亚洲的殖民战争和渗透的结果不是孤立的战争胜负问题,而且也是原有的朝贡体系和规范秩序的瓦解问题。

中日甲午战争和随后签订的《马关条约》在晚清思想史中更是极为重要的转折。首先,中日冲突始于日本对朝鲜的侵略和中国作为宗主国对朝鲜的行使保护权的冲突,从而战争的失败不仅打击了中国本身,而且也破坏了原有的朝贡关系网络。参照明万历二十年至二十六年(1592—1598)的援朝御倭(丰臣秀吉为首的军事封建主领导下的日本)战争,我们可以清楚地发现清朝援助朝鲜抗击日本入侵遵循着一贯的朝贡模式,从而对于清朝而言,战争本身是维持朝贡体系的必要步骤。其次,尽管日本在所谓朝贡关系中地位极为特殊,享有完全的主权国家地位,但从中国礼仪秩序的角度说,中日战争不仅是两个平等国家间的战争,战争的结果也不仅是两个国家之间的输赢问题,它也是整个朝贡体系的象征性能否继续维持的问题。康有为在《上清帝第二书》(即著名的《公车上书》)中描述了《马关条约》公布后的社会震动:"窃闻与日本议和,有割奉天沿边及台湾一省,补兵饷二万万两,及通商苏、杭,……阅《上海新报》,天下震动;闻举国廷诤,都人惶骇。又闻台湾臣民不敢奉诏,思戴本朝。"他特别警告说:"窃以为弃台民之事小,散天下民之事大,割地之事小,亡国之事

---

[191] 康有为:《上清帝第一书》,《康有为政论集》,上册,北京:中华书局,1981,页52。
[192] 马建忠:《适可斋纪言纪行》,参见滨下武志:《近代中国的国际契机》,页284。

大……何以谓弃台民即散天下也？天下以为吾戴朝廷，而朝廷可弃台民，即可弃我；一旦有事，次第割弃，终难保为大清之民矣。"[193] 割让台湾不仅是朝廷军事失败的象征，而且也意味着合法性的危机。这是一种由外及内的危机感、一种体系性的崩溃的预感。随着中法战争、甲午战争等一系列失败，不仅中国在朝贡体系中的地位彻底动摇了，而且朝贡体系本身也随之土崩瓦解。欧洲国际法预设的形式平等的主权概念一方面为区域内部的朝贡国提供了民族主义的新的规范，另一方面又帮助日本等国家以形式平等的主权概念与原有的朝贡国缔结不平等条约，进而为它对亚洲国家的殖民战争和侵略提供根据。"欧洲国际法"通过直接缔结不平等条约和鼓励原朝贡国脱离朝贡体系的双重形式将自己确立为普遍的法则，从而原有的朝贡关系及其普遍规范不再被承认为"普遍规范"。正由于此，朝贡体系的崩溃是内外互动的产物。

从1884年到1895年，尽管清朝尚未瓦解，但中国的帝国体系却趋于崩溃。这一体系的崩溃同时也是一种普遍认可的法律和礼仪规范的终结，它提供了重构儒学普遍主义及其世界秩序观的基本动力和必要性。欧洲的扩张不仅是军事和贸易的扩张，而且也是一种新型的国家体系的扩张，一种调节和控制这一新型国家体系的规范的扩张，一种有关这一体系的合法性知识的扩张。正是在这个意义上，清朝面临的危机不仅是军事、经济实力对比中的危机，而且还是一种道德体系和知识体系的危机，一种规模深广的合法性危机。如果说欧洲国际法及其形式平等的主权国家等概念为欧洲国家对亚洲和其他地区的殖民和控制提供了合法性，那么，没有一种新的、超越旧有的朝贡等级体系的普遍主义视野，也就无法对抗和拒绝这一欧洲霸权的法律和礼仪规范。因此，超越帝国时代的不合时宜的朝贡模式与超越欧洲特殊主义的普遍主义，成为相互重叠的问题。在这一双重困境之中，清朝国家需要形成的是两重结构的制度体系：一方面，通过进入民族—国家体系将原有的帝国体制改造成为主权国家的模式，另一方面，承认原有朝贡国的主权国家的身份和平等地位，将中

---

[193] 康有为：《上清帝第二书》，《康有为政论集》，上册，页114。

国置于国家体系之中。前者要求帝国内部体制的合理化和同质化,后者要求修改原有的朝贡规则,修订自我中心的世界图景。

3.《春秋》、《周礼》与国际法

对于中国而言,威斯特伐里亚主权概念与干涉和侵略密切相关,但恰恰是这一依托于干涉与侵略的主权概念把主权承认(即不干涉内政)预设为主权的前提。由于缔约过程经常发生在殖民国家与尚未获得承认的主权单位之间,因而缔约本身有一个基本前提,即承认以内部政治权威和持久的历史传统为根据的实质性的主权概念。威斯特伐里亚主权概念无法完整地解释中国(和其他地区)的主权含义。部分地是为了让中国自愿地服从于国际法的秩序,部分地出于对西方社会内部的种族偏见的批评,一些协助西方政府工作的传教士力图在国际法的承认主权与中国传统法律和礼仪资源之间建立桥梁,通过将中国主权纳入殖民主义的世界体系之中来确立新关系。[194] 从 19 世纪后期开始,一些西方传教士和法律史家开始运用一个新的概念,即"中国古代国际公法"。

为什么这些传教士要以重新解释中国传统的方式来普及国际法呢?在 19 世纪以前,耶稣会采用了服从中国法令、遵循中国风俗、学习中国语言和文化,及传播科学知识的方式吸引中国官吏和士大夫。这一过程产生了几个不同于武力传教的后果:第一,把西方知识与中国文化和习俗联系起来,从而以儒学或其他传统方式诠释宗教教义、西方法律和文化及自然知识;第二,逐渐形成传教士与中国朝廷和士大夫的密切关系,通过内部的转化达到将教义和其他欧洲知识普遍化的效果。第三,一些传教士从中国的文化中体会到这个文化的某些魅力和传统之悠久,感觉到了欧

---

[194] 传教士卷入国际法问题的翻译和讨论并不奇怪,在 15 世纪末期之后,欧洲传教士经常伴随欧洲远征军或所谓海外征服者一道活动,在传教的同时,"管理归教的居民,征收货币税或实物税、香料税。"德·穆朗:《在华法国耶稣会士的功勋》,页 15,巴黎:1928,转引自戴逸主编:《简明清史》,页 123。

洲社会内部的种族和文化偏见,试图在欧洲文明与中国文化之间建立联系,进而呼应启蒙主义的普遍主义信念。第四,随着欧洲的世界性扩张,欧洲国际法的运用范围已经超出了欧洲国家之间,从而如何解释"基督教国家间"运用的国际法的普遍适用性——亦即为什么欧洲国际法可以用于那些并未采用"文明国家"(基督教国家)形式的国家或地区呢?——构成了欧洲社会有关国际法问题的讨论的重要问题。正是在上述背景下,在17—18世纪,许多欧洲传教士对中国法律知识做了大量介绍,例如,托马斯·斯当东(George Thomas Staunton,1781—1801)在他年仅12岁时(1792年)随父跟随马嘎尔尼使团访华,从1800年起,他开始翻译《大清律例》,并于1810于伦敦出版;当时的《爱丁堡评论》发表多篇评论对这一翻译工作给予高度评价。这表明:在传教士文化和启蒙运动的知识传统的影响下,近代欧洲对于中国的法律传统存在着一定的认识。1894年,在为《翰林论文第二辑:中国人的历史、哲学和宗教文集》(Hanlin Papers, Second Series, Essays on the History, Philosophy, and religion of the Chinese)所写的序言中,美国长老会传教士丁韪良(W. A. P. Martin)用建立中国与西方古代——特别是罗马和希腊——的联系的方式来说明自己的研究目的,除了论证罗马帝国和其他欧洲地区与中国长久交往的历史之外,他还以马克斯·穆勒(Max Müller)的比较文献学为例(后者论证了印度人和欧洲人在种族上的联系),试图说明中国语言和印欧语系的更早的、更为基本的联系。[195]这是另一种夷夏之相对化的观念。这本论文集不仅收录了《柏拉图与孔子》、《笛卡尔之前的笛卡尔哲学》等论文,而且还包括有关中国古代的国际法和外交的论文。[196]另一位欧洲传教士,

---

[195] 丁韪良本人对中国文化、特别是哲学和文学均非常爱好,深为仰慕。参见 Esson MacDowell Gale, *Salt for the Dragon: A Personal History of China, 1908-1945* (Ann Arbor and East Lansing: Michigan State College Press, 1953). 参见萧公权:《近代中国与新世界:康有为变法与大同思想研究》,汪荣祖译,南京:江苏人民出版社,1997,页340。

[196] W. A. P. Martin, *Hanlin Papers, Second Series, Essays on the History, Philosophy, and Religion of the Chinese* (Shanghai: Kelly & Walsh. The Tientsin Press, 1894), pp. x, 199-206, 207-234.

比利时神父、比利时中国学会会长、南洋大学教授望海（Ven Hee）曾经在中国居住了20年之久。他在题为《春秋国际公法》的法文著作的序言中认为中国存在国际法，基本证据如次：第一，中国古代不但具有国际公法之学说，而且具有实质的法规；第二，春秋时期提供了丰富完善的国际法思想及例证，如各国设有外交官吏，以之管理外来商人及接受他国要求设立友好通商等条约之使节；第三，中国古代具有国际法产生的根本原则，既有实质的正式的独立平等之国家，又有共同遵守之国际法规。[197]上述看法在欧洲法学领域中显然有一定的影响，例如，巴黎大学的法学教授路易斯·勒·佛尔（Louis le Fur）认为国际法源于自然法则，任何地区都可能出现国际法，中国也不例外：

> 中国古代已具有许多国际公法之高尚原则，此种高尚原则，在欧洲15世纪之后，方始兴盛。例如非议国家绝对自主说，国家平等说，国家互助说，战争正义及排除战争、掠夺说等是。因实行国家互助，各国且创立一种特别税则，以备救助他国饥荒、水灾、地震等患难之用。然而由此等国际公法之高尚原则观之，则中国古代之国际公法，固甚完美矣。[198]

上述看法利用了儒家礼仪、道德与制度、法规的内在联系，从不同方面注意到《周礼》、《春秋》和其他历史典籍中有关处理邦国和朝贡关系的一些原则和特点。

"中国古代国际公法"的观念与鸦片战争后西方殖民者的逻辑并不一致。在第一次鸦片战争之后24年的1864年，由惠顿（Henry Wheaton）原著、时任同文馆总教习的丁韪良以及多位中国人翻译为中文《万国公

---

[197] 洪钧培编著：《春秋国际公法》，台北：台湾中华书局，1971，页9—10。洪氏对于"春秋国际公法"的讨论即受上述传教士的影响，在该书开篇有关中国是否存在国际公法的讨论中，他引用了丁韪良、佛尔、望海和葛尔斯（Geles）等人的看法。

[198] Louis le Fur, *Précis de Droit International Public* (Paris: Dalloz, 1939, pp. 20-21)，译文见洪钧培《春秋国际公法》，页6。

法》的《国际法原理》(Elements of International Law)一书出版。1858年,丁韪良曾在《天津条约》谈判期间为美国公使列卫廉(William B. Reed)担任翻译官,此后还曾受聘在英法联军与满清政府就大沽口军事冲突的外交谈判中担任翻译。[199] 由美国人充当国际法的翻译和介绍有一定的必然性,因为鸦片战争时期美国没有直接卷入英国的军事行动,并支持保持中国主权。丁韪良担任同文馆总教习的时期正值蒲安臣(Anson Burlingame)担任驻华公使期间(1861—1867),后者与清廷有着密切的关系,清朝和普通中国士大夫并不了解美国国内已经开始了排华浪潮,而美国传教士对中国文化的偏见正是这一浪潮的始作俑者。《国际法原理》(《万国公法》)的翻译是继林则徐于1839年组织翻译瑞士法学家滑达尔(Emmerich de Vattel, 1714—1767)的《国际法》(Le Droit des Gens)之后又一将国际法翻译为中文的尝试,但两者的目的是截然有别的。丁韪良自称的动机之一是"注意到中国缺少这样的著作",但这一动机背后当然还有更为深刻的动机:第一是实际的,即以欧洲国际法为准则确立中国与西方之间的交往规范;第二是理念的,即力图将欧洲的自然法原理普遍化,从而让中国人在这一普遍主义原理的前提下接受欧洲"国际法"的合法性。这位传教士对于国际法与"中国人的精神"的解释更带有欧洲启蒙主义的思想特点。[200]

4. 丁韪良的"古代中国的国际公法"

然而,在翻译了《万国公法》之后的第17年,丁韪良提出了中国古代的国际公法概念,1881年,他在德国柏林的东方学者协会(the Congress of

---

[199] 关于晚清国际法的翻译及其政治,丁韪良参与英法联军与清政府谈判的情况,请参见王健:《沟通两个世界的法律意义——晚清西方法的输入与法律新词初探》第四章,北京:中国政法大学出版社,2001,页138—186;Lydia H. Liu, "Legislating the Universal: The Circulation of International Law in the Nineteenth Century", in *Tokens of Exchange*, ed. Lydia H. Liu (Durham: Duke University Press, 1999), pp. 127-164.

[200] 丁韪良译、惠顿著:《万国公法》,译者序,北京:京师同文馆,1864,页1。

Orientalists)以《古代中国的国际公法》为题(International Law in Ancient China)发表演讲,参照惠顿(Wheaton)、沃尔赛(Woolsey)、伯伦知理(Bluntschli)和其他西方法学和政治理论家的理论,以数万言的篇幅论述"古代中国的国际公法"。这篇演讲于1883年发表于《国际评论》一月号(*the International Review*, January, 1883),后来又与《古代中国的外交》("Diplomacy in Ancient China")一文一道收入《翰林论文第二辑》。他的演讲从中国与西方的条约开始:

> 近来的各条约已经将中国政治家的注意力转移到国际法的主题上来,经由这些条约,尤其是诸如永久使馆等交往形式的确立,中国已经被带入了与西方国家的更为接近的关系之中。
>
> 对于他们来说,这是全新的学习,其中涉及在过去两千年的历史过程的任何阶段中,他们的先辈完全难以想像的观念。然而,正如我们努力要证明的,在他们的早期历史中,他们拥有对这一问题的某些回答。[201]

他在北京东方学会所作的另一演讲《古代中国的外交》几乎以同样的态度开始:

> 对于中国人来说,国际外交是一种新的艺术,但又是一种他们表达了奇异的倾向的艺术。我认为,我们将要开始的这一探索表明:对于他们来说,这毋宁是复活一种失落的艺术,——在创造这一艺术的过程中,他们能够声称他们拥有比所有现存国家早得多的有关这一艺术的优先权。
>
> 在著名的周代,随着圣人的出现,它们的著述支配了帝国的思想,外交也由此产生。……外交可以被定义为国家间交往的艺术。

---

[201] Martin, "International Law in Ancient China", in *Hanlin Papers*, *Second series*, *Essays on the History*, *Philosophy and Religion of the Chinese*, pp. 111-113.

它预设在平等前提下进行相互交往的国家的存在。这既说明了为什么它能够在周代流行,而在随后的两千年中消失殆尽,以及为什么今天又重新复活,如同一条河流,穿越地下,而后又上升到地面。正如礼仪是由个人组成的社会的产物,外交产生于由国家组成的社会。鲁宾逊·克鲁梭在孤岛上度过了他的一生,几乎很难能够产生良好教养的规则,尽管他是"所有他探索过的地方的君主",但他从未使用过外交。秦朝的胜利,导致了许多国家在这一地区消失……这是外交的死亡打击。帝国从此成为不可分割的存在,从鞑靼的沙漠到缅甸的边界,从喜玛拉雅山麓到东海沿岸。没有竞争者,在地球的表面没有平等的对手。信使不必从一个朝廷到另一朝廷执行他们的秘密使命。联盟不再形成,……[202]

问题是清楚的:作为一个一统天下的帝国,中国没有外交、没有国际法,它像荒岛上的鲁宾逊一样,是一个孤独的君主。只是在鸦片战争之后,在中国与西方国家签订了一个又一个条约之后,中国才被带入这个"被公平地称之为文明世界的公法之剑下"。"这是引导中国接受与其他国家平等相处的步伐,在过去的三个世纪里,中国总是习惯于按照朝贡的方式对待它们。"[203]

究竟以何种方式才能引导中国人进入这一"文明国家间的"相互承认的国际公法体系,究竟以何种理由让中国愉快地签订、确认和落实中国与欧美国家之间的条约?丁韪良首先勾勒了一种能够将中国历史纳入欧洲历史的历史叙述:

> 他们的现代历史肇端于基督教时代两个世纪。按照我们的目的,它(指中国的现代历史。——笔者注)可以划分为三个时代。

---

[202] Martin, "Deplomacy in Ancient China", in *Hanlin Papers*, *Second series*, *Essays on the History*, *Philosophy and Religion of the Chinese*, pp. 142-144.

[203] Martin, "International Law in Ancient China", in *Hanlin Papers*, *Second series*, *Essays on the History*, *Philosophy and Religion of the Chinese*, pp. 111-113.

第一,从古罗马与迦太基间的三次布匿战争时期到经由好望角通达印度的路线的发现;第二,包括三个世纪半有限的贸易交往时期;第三,始于 1839 年的所谓"鸦片战争"以降的六十年的条约时代。[204]

在第一个时期,中国几乎丝毫未受那些震动了西方世界的事件的影响,仿佛置身于另一个星球;在第二个时期,中国人意识到了主要的现代欧洲国家的存在,但对欧洲国家的多样性和这些遥远的强权的重要性没有足够的认识;在第三个时期,苏伊士运河和西伯利亚铁路的开通将中国与它的危险的强邻连接起来,终于迫使他们认识了欧洲国家的军事力量。这就是中国步入起点平等的国家体系的过程。在这一历史形势之下,欧洲人应该如何对待中国,中国人又应该如何适应这一新的时代呢?丁韪良在柏林和北京的两篇演讲指明了道路:国际法、外交等与其说是欧洲人强加给中国的,毋宁说是在新的时代里重新复活的中国传统。在他的笔下,不仅孔子成为鲁国的外交部长,而且列国的纵横家们也扮演着职业外交家的角色。"后封建的欧洲"与"前帝国的中国"两者在时间上相隔两千年、在空间上相隔数万里,但却被建构成为具有家族相似的国家体系。几乎与晚清以降所有的主流论述一样,秦汉以降的统一帝国时代被理解为一个与"现代"相互对立的历史存在。

按丁韪良的看法,在过去的两千年中,中国是一个一统大国,缺乏形成国际法和国家间外交的双重条件,即独立国家的存在与平等基础上的交往。这个看法不是将中国看作一个国家,而是一个自足的、没有外部的世界体系。至少从汉、唐、宋、元、明、清诸朝丰富的外交实践来看,这一看法并不具有坚实的历史依据。丁韪良的上述论点实际上是为了论证另一个论点,即在秦汉之前,尤其是在东周列国的形势中,中国有着丰富的"国家"文化:第一,如同从罗马帝国中分解出来的欧洲国家一样,周代的分封国家是帝国分化的产物和独立的国家;第二,这些国家不同于希腊周

---

[204] Ibid., p. 113.

边的野蛮部落,它们继承了帝国的法律和文明,从而是文明的、平等的国家。[205]第三,尽管他没有明确说明,但通篇贯穿的是:战国时代的动荡、战争和分立是一种具有形式平等的理性的国家体系。孔子将礼乐征伐不由天子出的局面看作是礼崩乐坏的标志,而在欧洲和美国著作家的视野中,这一局面恰恰孕育着"理性化"的秩序。

在这个意义上,丁韪良的阐释不仅是策略性的,而且也是理论性的,它深深地扎根在欧洲近代理性主义的预设之中。马克斯·韦伯将他阅读的各种传教士有关中国的描述放置在更为完整的理性化视野中观察,从而在《儒教与道教》中,我们不难找到从周代列国竞争的形势中归纳出的政治理性主义——正如基督教国家之间的战争与理性的关系一样,周代的政治理性也被归因于国家间的竞争、战争、协商、结盟等权力关系。在他看来,周帝国的统一主要表现为"文化的统一",而不是表现在偶尔举行的诸侯集会之中。作为最高祭司的皇帝拥有仪式上的特权,但这并不能防止军事叛变的发生。"就像罗马帝国的主教声称在宗教会议上具有主座地位一样,中国的皇帝或其使节,也要求在诸侯的集会上享有主座地位,这在史书里屡见不鲜。然而,当个别大的封臣成为强有力的王室大管事(庇护者)的时候,对此权利则视若无睹(可是这在经典理论上仍是一种违犯礼仪的行为)。此种诸侯的集会颇为频繁。"[206]在这个意义上,诸侯国之间的关系的构成正如基督教国家之间的关系一样,是以一种特殊文野之别为前提的。这些文明国家之间的战争成为政治理性主义的根源。韦伯论述道:

> 列国政治所显示出的实际上不是这么回事,而毋宁是大小封臣间的无情的争斗。小封臣随时伺机争取独立,而大诸侯则一心一意地想趁机吞并邻国。结果,据史书所载来判断,整个时代充满空前血腥的战争。尽管这样,理论(上)并非毫无意义,确切地说它是文化

---

[205] Ibid., pp. 113-115.
[206] 马克斯·韦伯(Max Weber):《儒教与道教》(*Konfuziamismus und Taoismus*),南京:江苏人民出版社,1993,页50。

统一性的重要表现。此种统一性的代表者是文人,亦即能够断文识字的人,诸侯利用他们合理地进行统辖以增强国力,这和印度王侯之利用婆罗门、西方的诸侯之利用基督教的教师,如出一辙。……

战国诸侯为争夺政治权力的竞争,导致诸侯的经济政策的理性化。文人就是政策的执行者。商鞅,文人的一个代表,被认为是理性化内政的创始者;另一个文人魏冉,则创建了理性的国家军队制度,使秦国后来得以凌驾于他国之上。[207]

丁韪良的观点与此可以互相参证:他们实际上都是在19世纪欧洲理性主义的视野中、在由理性化观念所构筑起来的帝国—国家二元论的框架中看待中国的历史。

如果说欧洲国际法预设了"文明国家之间的"法律的概念,那么,周代的公法也不适用于"蛮夷"的范畴,诸侯国之间的法律建立在内外夷夏的划分之上。很明显,丁韪良在周代与罗马帝国、诸侯国家与欧洲民族—国家之间成功地建立了联系,为将"文明国家之间的"和"平等的"这两个特征赋予战国时代的列国提供了前提:

> 因此,如果我们转向这一时期的历史,寻找这样一种本土的制度,我们将会发现,如果不是制度本身,也至少是这一制度存在的证明。正如我们已经说过的,我们发现了一组国家,它们中的许多就好像是西欧伟大国家的延伸,用种族、文学、宗教将自己凝聚在一起,进行积极的贸易和政治交往。如果没有一种国际法(ius gentium),这些交往实践是很难实现的。我们发现了按照一定礼仪的使节的交换,一种精致的文明的象征。我们发现了庄严签订的并存放于称之为"盟府"之地的条约。我们发现了经过仔细研究和实践的权力的平衡学,它对强者的侵略进行控制和对弱者的权利进行保护。我们发现了在一定程度上受到承认和尊重的中立的权利。最后,我们还

---

[207] 同上,页51,53。

发现了一种致力于外交的职业阶层,虽然,说实在的,他们的外交与马基雅维利时代的意大利国家的外交实践并不一样。[208]

通过仔细地阅读孔子、孟子、诸子百家、稗官野史,尤其是《周礼》,丁韪良发现了国际公法的踪迹:使节的交换、条约的签订与保存、战争与和平的法规、中立的地位和权利、职业外交的出现,等等。参照他在别的段落中的讨论,我们可以作出若干补充:

  一、领土权和边界:周王朝的十二个诸侯家的领土划分对应着天的神圣秩序,从而在特殊的天文学和地理学视野中建立起划分边界、确立领土不可侵犯的原则;

  二、诸侯国与卫星国:如同在"神圣罗马帝国"统治下的存在于德国境内的复杂多样的政治组织一样,十二个分为五等爵位的国家下属若干更小的政治实体,但它们均尊崇天子的崇高地位;

  三、盟约:《春秋》和《左传》所描述的盟会具有促进国际友好关系的功能,这一合法的盟会制度构成了这一时代国际公法的基础;

  四、国际公法是文明国家间的法律:蛮夷不在《周礼》管治的范围之内,它们是"我们的天敌"("our natural enemies");

  五、特使制度:存在着大量的在各诸侯国之间传递信息、谈判条约的外交官员。[209]

丁韪良还特别从古代典籍中总结出"战争法"的若干规定:

  一、非战斗人员的生命和财产应该得到尊重;
  二、合法的战争必须宣战,并让对方有应战的准备;

---

[208] Martin, "International Law in Ancient China", in *Hanlin Papers*, *Second series*, *Essays on the History, Philosophy and Religion of the Chinese*, pp. 116-117.
[209] Ibid., pp. 118-120. 上述关于古代国际公法的归纳,参见注[197]。

三、师出有名；

四、保持权力平衡始终被承认为战争的理由；

五、国家存在的权利；

六、中立的权利。

经过上述论证，丁韪良预言这样一个时代已经到来了："一些中国的葛罗修斯仔细地收罗这些散乱的暗示，就如同那个卓越的荷兰人在希腊和意大利的国际关系中寻找痕迹一样。"[210] 不过，最终来担任这个"中国的葛罗修斯"的人似乎正是丁韪良本人："我们已经向你们证明：古代中国的国家有一部成文的或不成文的、发达的或不那么发达的法律，这是诸侯国在和平与战争中承认的法律。《周礼》和这一时期的其他历史著作证明了这一点。"[211]

在为古代中国存在国际公法这一论断欢欣鼓舞之前，我们应该考虑在怎样的情境中、出于什么理由、由谁将《周礼》、《春秋》以及其他古代遗产看作是"国际法"。首先，丁韪良对中国历史中的"国际法"的承认是在鸦片战争发生之后的年代，即在英国等欧洲国家按"国际法"规则强制中国接受众多不平等条约之后。问题是：为什么丁韪良在决定翻译《国际法原理》和担任谈判翻译的过程中没有直接引用《周礼》、《春秋》义例、《大清通礼》或《大清律例》？其次，丁韪良曾经留心明代耶稣会传教士的著作，特别推崇利玛窦的那种"合儒、补儒、超儒"的翻译策略，即把西方思想包装上中国外衣再作为普遍真理传播给中国人。在这个意义上，把《周礼》及其他中国遗产理解为"国际法"不过是为了将"国际法"本身作为一种植根于自然法原理的普遍知识和秩序推广到中国和亚洲地区。发明古代中国的国际公法的目的，旨在让"他们在自己的历史记载中找到了与我们的现代国际法相通的惯例、言辞、观念；由于这一事实，他们更倾向于接受基督教世界的国际法，后者没有那种地球上所有国家最终达致

---

[210] Ibid.，p.118. 上述关于古代战争法的归纳，参见注〔197〕。

[211] Ibid.，p.141.

和平与正义的乌托邦观点",[212] 从而以古代中国的法律来否定当时中国的法律,以周代、甚至战国的逻辑否定过去两千年的帝国一统的逻辑。在这一逻辑之下,承认中国历史中存在"国际法"既不是要以中国的方式处理中国的事务,也不是要参照中国的法律遗产修订国际关系的一般原则。丁韪良的目的无非是:在把中国纳入欧洲"万民法"秩序之后,通过论证这一欧洲法律与中国古代遗产的"不谋而合"将这一强制过程自然化和合法化。

"国际法"的合法性建立在两个基本前提之上:世界各地的政治实体转化为形式平等的主权单位,从而落实"国际"关系的含义;世界各地人民对于支配国际关系的规范的普遍承认。从这样的视野来理解丁韪良所谓中国古代的"国际公法"概念,我们可以清楚地看到这一套用包含的实质含义:

第一,在周代封建制的范畴内,诸侯国之间的关系无法等同于主权国家之间的关系;按照封建礼仪,这些诸侯国均臣属于按照宗法封建原则居于最高地位的周王,从而并不是形式上平等的主权单位,亦即缔结盟约的主体不具有"国际法"所预设的作为相互平等的主权单位的国家的含义。以"外交"概念为例,鲁隐公元年(前722年)祭国君出访鲁国,《春秋》记作"祭伯来朝",《春秋谷梁传》隐公元年解释说:"寰内诸侯,非有天子之命,不得出会诸侯,不正其外交,故弗与朝也。"作为周天子畿内的诸侯,祭国未得王命而私自出访,故不记"来朝"而仅记作"来",表示这是违背礼仪的对外活动。这里的"外交"即非礼的"境外之交"。[213] 丁韪良将秦汉以后的一统帝国视为中国"外交"传统的中断,这一判断从周代外交的性质与秦汉以后是否存在外交这两个方向上都需要加以质疑。按照黎虎的研究,恰恰是汉唐时期,中国第一次打开大门与外部世界发生外交关系,并拥有了真正国际意义的外交。他把汉唐时代的外交格局和体系区分为三个层次:一、中原王朝与地处后来的中亚、西亚的贵霜帝国、大宛、

---

[212] Ibid., p.141.
[213] 参看黎虎:《汉唐外交制度史》,兰州:兰州大学出版社,1998,页1。

康居、安息等,地处后来的欧洲的大秦,地处后来的南亚的身毒、天竺、黄支、掸国等,海东的三韩、日本等,以及中南半岛诸国;二、中原王朝与周边少数民族政权之间的外交,如汉代的匈奴、南北朝时代的柔然和突厥、唐代的回纥、土蕃、南诏、渤海等;三、中国境内各独立政权之间的外交,如三国时期、东晋十六国、南北朝时期的国家间关系。在他的分类中,先秦时期仅仅是古代外交的萌芽期,汉唐时代才是古代外交制度的确立和成型时期,而宋元明清时期则是古代外交制度持续发展和转型的时期。[214]

第二,在清朝与周边国家签订的各项法律责任和义务中,双方按照具体的情境、互相认可的(传统的)礼仪规则对互市、朝贡和互信的各项条款进行阐释。这些协议的根据是历史形成的制度、礼仪、规则、外交惯例,以及中国与缔约对象的关系的性质和缔约的具体情境。这些关系按照一定的礼仪等级关系进行解释,但这种礼仪等级关系并不意味着缔约双方不具有任何对等的性质。无论是《周礼》和《春秋》义例,还是刘逢禄在处理夷夏观念时所表达的经学思想,虽然不能在欧洲的自然法或成文法的意义上进行理解,但的确是一种从中国传统和历史情境中产生出来的外交实践。《春秋》、《周礼》以及经学家们对这些典籍的解释既是对古代典制的记录,也提供了重新解释这些典制的线索。

第三,在儒学和中国历史的语境中,实际的历史关系对于这些原则是如此重要,以至一旦将这些原则抽象化,就失去了理解这些原则的可能性。《春秋》、《周礼》等典籍中谈及的"国"或"邦国"与欧洲国际法中的国家(主权国家或民族国家)是两种不同的概念,从属于不同的关系模式。丁韪良在欧洲国际法的视野中条列中国古代典籍中的所谓"国际公法诸原则",从而将这些原则抽离了它们的具体历史语境。在他对"中国古代国际公法"阐释中,最为重要的部分是对"国"和"国际"这两个概念的普遍运用:主权的、形式平等的国家单位变成了贯穿古今中外的普遍存在,从而用以约束形式平等的主权国家体系的法律规范也就成为古今中外概莫能外的普遍法则。欧洲国家的海外殖民同时伴随着一种新型的国

---

[214] 同上,页10。

家体系及其规则的扩展,没有这一背景,丁韪良就没有将《周礼》《春秋》中的"国"附会为主权国家、将诸侯国之间的关系附会为国际关系的动力和必要性。

丁韪良将周代诸侯国之间的战争与和平关系视为形式上平等的邦国之间的关系,将分封制度下的"礼乐征伐"等同于民族国家关系,从而势必混淆周代分封体制下的礼乐制度与欧洲国际法的实质差异。不止一位学者对国际法术语与中国的语词之间的关系进行研究,指出这些语词的相关性是翻译过程的产物,并不具有天然的联系或本质的一致性。例如,丁韪良等人曾经为将 Right 一词翻译为汉语"权利"颇费踌躇,因为汉字"权"具有"权力"、"特权"、"权势"等贬义,而这些含义与国际关系没有任何内在的联系。[215] 在翻译过程中,他从不同的意义上对"权"概念加以运用和修饰,如制定律法之权(Rights of civil and criminal legislation)、平行之权(Rights of equality)、掌物之权(Rights of property)、国权(National right)、私权(Private right)等。"但译本里的'权(利)'并非概指原著中的 right;实际上,英文里的 authority,sovereignty,power,privileges 等语词,也都视不同情形而被译成中文的'权''权利'。"[216] 我在此要补充的是:春秋公羊学的术语中的确包含处理"国"与"国"关系的"权"概念,它表示的是在特定情境中主体所作的权变、权衡,这种权变、权衡是在礼仪原则和具体情境之间的往复协调。在儒学礼仪和法律的构想之中,内外的区分是礼仪的区分或者说内外本身就构成了礼仪的前提。清代公羊学力图消除内外夷夏的严格区分,把礼仪关系由内及外地展现出来,否认礼序关系的绝对性,重视具体的情境、条件和行为的动机。因此,对于国际法的运用也是在原则与权宜之间作出的平衡。刘逢禄把《春秋》视为万世法,即具有普遍意义的法典,但这一万世法的核心是强调判断是非与具体情境的关系,从而反对将某一原则视为永久不变的普遍法则。这就是今文经学如此

---

[215] See Lydia H. Liu, "Legislating the Universal: The Circulation of International Law in the Nineteenth Century", *in Tokens of Exchange*, pp. 127-164.
[216] 王健:《沟通两个世界的法律意义——晚清西方法的输入与法律新词初探》,页168,以及221—229。

强调经与权的辩证关系的基本原因。在这个意义上,"权"这个概念与成文法意义上的权利条款有着重要的区别,也没有自然法意义上的自然权利的含义。"权"指的是在主体意志、具体情境与"礼"之间进行协调、变通的行为方式,离开了具体情境无法"行权"。前引刘逢禄所谓"刑反德而顺于德,亦权之类"就是一个例证,它把刑与德、权与道组织在一种辩证的历史关系之中。今文经学的春秋观与国际法的最为重要的差异是:后者把某些原则和规则作为普遍的法律,而前者却强调应该在具体的、变动的历史关系中判断是非、形成断案,从而拒绝将某一规则当作永久不变的成文法典。

5. "列国之势"、民族—国家与重建儒学的世界图景

上述讨论证明:《周礼》、《春秋》的确处理诸侯国之间的战争与和平关系,但它们与所谓"国际法"并不具有法理上的共同基础。那么,丁韪良为什么会作上述论断呢?我在此姑且抛开他个人的动机问题,转而从诠释的可能性着眼来理解这一问题。在一定意义上,《春秋》、《周礼》和欧洲国际法都是在特定情境中加以灵活运动的原则和规则,从而它们都包含着被灵活解释的可能性。清朝在缔结条约过程中对于"国际法"采取的是一种实用的态度,即在情境与礼仪的相互协调过程中作出选择。值得注意的是:一方面,丁韪良明确地以《春秋》作为古代中国国际公法的法典,另一方面,在举证的过程中,他主要援引《周礼》作为早期国际公法的资源。那么,为什么他要"以《周礼》济《公羊》之穷"来解释古代的"国际公法"?为什么他对《周礼》具体条款的论证本身带有公羊学的特点,却主要用《周礼》与欧洲国际法进行相互比较?更有趣的问题是:作为外国传教士,丁韪良当然不需要恪守经学的家法,但为什么类似的情形也出现在清代经学学者的论述之中?以刘逢禄为例,他在处理越南事务时援用《周礼》而不是《春秋》,与今文经学排斥《周礼》而崇公羊的特点恰成对照。

这里的基本原因包含两个方面:从欧洲国际法的角度说,葛罗修斯的《战争与和平法》在自然法与万民法之间作出区分,把国际法视为各个国家在交往中共同遵守的规则,而不是自然法论者所理解的理性规

则,[217]这一点得到了此后国际法学者的认可。自然法与万民法的区分将国内法与国际法明确地区分开来,即在国际关系的原则中贯彻一种成文法的立场。从中国古代典籍的角度说,《春秋》文字简短,寓褒贬之义,而《周礼》收录周王室官制和战国时代各国制度,并在增减排比中体现儒家的政治理想;公羊学对《春秋》的解释必须诉诸于具体的语境,解释过程过于曲折,而《周礼》记载的典章制度具有某种程度的成文法典的特点。在讨论庄存与的《周官记》对《周礼》的运用时,杨向奎说:"以《周礼》济《公羊》之穷,这也可以说是刘歆的传统……公羊学在政治上只能是理论方面的发挥,它是一部历史哲学,不是一部政治纲领,它不具备可运用的典章制度,只是空洞议论,因之要借用《周礼》'以因明监'。"[218]在实际的政治实践中,《周礼》是不断被加以灵活运用的礼仪规则(而不是成文法),但在形式上最接近成文法。汉代王莽变法、宋代王安石变法均以《周礼》作为根据。在董仲舒和清代公羊家的阐释中,《春秋》义例表述的国与国之间的关系包含了中国与夷狄之间的差别,但它们之间不存在绝对的内外之别,而《周礼》对于甸、服、夷、藩等概念却有着较为明确的规定。因此,在国际法的意义上挪用《周礼》更为顺理成章。从经学的内部分野来看,今文经学本来可以区分为两个不同的传统,蒙文通将之归纳为以《谷梁传》为起点的汉代鲁学(廖平属此传统)和以《公羊传》为起点、依赖纬书解

---

[217] 这一区分对当代万民法和国际法的讨论仍然起着重要的作用。例如罗尔斯在《万民法》中将万民法严格地限定在政治的范畴之内,从而万民法(law of peoples)概念指的是适用于国际法及其实践的原则与规范的一种权利和正义的政治观念。值得注意的是,罗尔斯也用这一概念表达各民族人民的法律中那些共同的东西,但他排除了在自然法的基础上或以特定正义观为前提形成万民法。他以这些法律为中轴,并用正义的原则对他们加以综合,使之成为各民族人民的法律。用他的话说:"这种正义观念将指导各民族的行为趋向另一方向,趋向为其共同利益而考虑的普遍制度的规划。"(John Rawls,"The Law of Peoples",*Critical Inquiry*, Autumn 1993:60)鸦片战争之后,欧洲殖民者强行推行"国际法",目的是达到进入和占有其他国家的市场和资源,罗尔斯的万民法关注的是人权、主权和文化多样性的关系问题。关于罗尔斯的万民法理论的讨论,参见汪晖:《承认的政治、万民法与自由主义的困境》,见《死火重温》,北京:人民文学出版社,2000,页325—336。

[218] 杨向奎:《清代的今文经学》,《绎史斋学术文集》,页328。

经的齐学(康有为属此传统),前者主要依赖《周礼》来解释今文经。[219]《周礼》有方三万里、九服诸说,较之《王制》方三千里在疆域上要开阔许多。因此,循鲁学路线的廖平就曾以此为据将《周礼》看成是全球的法典。[220]

清代的帝国建设与国家建设之间存在重叠关系,从而清王朝也具有主权国家的若干特征。事实上,汉唐以降的帝国体制本身体现了一种较为成熟的国家形式,并有成熟的古典外交的法律、礼仪和制度与之相配合。用周代封建制来贬低秦汉以降的中国传统本身是欧洲近代国家的历史视野的产物——欧洲民族—国家的自我确认是在与基督教帝国和奥斯曼帝国的对立关系中确立起来的,按照这一国家与帝国的对比,竞争性的国家关系总是优于大一统帝国的模式。从经验的层面来观察,欧洲国际法是在合法条约中不断被违反的法典,与其说它提供的是一种至高的、普遍认可的原则,毋宁说它从来就是实用主义的或者说依赖于权力关系才能实际运用的话语,这是为什么在17和18世纪欧洲国家也能够在自己的法律规范与清朝的礼仪规范之间找到合适的空间,缔结双边条约。正如《周礼》、《春秋》等处理帝国内部事务、朝贡关系和对外关系的礼仪法则可能被用于国际关系的实践一样,国际法也经常被用于国内关系。在国际法介绍到德国时,它主要不是用于在神圣罗马帝国的范围内建立主权自治,而是用于阐释宗教宽容的原则以解决德国的宗教冲突。在19世纪,巴尔干地区的主要国家关心的是少数民族权利的问题,这在拿破仑战争之后的和平协议中有着明确的表达。1999年北约根据国际法干涉主权国家内政,并将威斯特伐里亚主权概念运用于解决民族—国家内部的民族自治权。在这个意义上,国际法的历史是不断被挪用的历史,如同《春秋》和《周礼》不断被挪用一样。因此,丁韪良所解释的古代中国的"国际法"、"外交"与欧洲"国际法"和近代"外交"的关系还应该给予更为复杂的历史考察。

欧洲国际公法的霸权是外在力量与内在力量互动的产物。在国际法与《春秋》、《周礼》以及清代礼仪和法律之间建立的联系是一种重要的策

---

[219] 蒙文通:《井研廖季平师与近代今文学》,参见萧公权:《近代中国与新世界:康有为变法与大同思想研究》,汪荣祖译,南京:江苏人民出版社,1997,页59。
[220] 参见黄开国:《廖平评传》,南昌:百花洲文艺出版社,1993,页64。

略,它为国际法在中国语境中的合法化提供了传统的前提。但这种普遍主义的公法观并不仅仅是丁韪良和其他传教士的创造物,它也是中国士大夫自觉努力的结果。如果将丁韪良对《春秋》和《周礼》的挪用与晚清今文经学者对于儒学典籍的再解释加以对比,我们可以看到许多相似和吻合的部分,如:用夷夏相对化的原则来处理国与国的关系,即将原先的"夷"视为文明国家;在春秋或战国的列国之势与欧洲民族—国家体系之间建立联系,否定大一统的帝国体系和朝贡关系;建立形式平等的外交,取代等级化的礼仪关系;用真正的"古代"否定秦汉以来的"古代",颠覆后者的权威性和合理性,等等。从这个角度说,将《春秋》、《周礼》或《大清通礼》在国际关系中的运用视为西方霸权的直接投射同样存在问题,因为这是多面互动的产物。一方面,在清朝的历史中,从17世纪开始,这些儒学典籍和法律系统已经用于处理外交事务,从而朝贡体系本身包含了条约关系的内容;另一方面,恢复《周礼》和《春秋公羊》的意义是晚清思想的一个重要方面,它并不是丁韪良等传教士的发明。例如在《春秋董氏学》中,康有为引用说:

《春秋》之所恶者,不任德而任力,驱民而残贼之;其所好者,设而勿用,仁义以服之也。……《春秋》爱人,而战者杀人,君子奚说善杀其所爱哉?故《春秋》之于偏战也,犹其于诸夏也。引之鲁,则谓之外;引之夷狄,则谓之内。比之诈战,则谓之义;比之不战,则谓之不义。故盟不如不盟,然而有所谓善盟;战不如不战,然而有所谓善战。不义之中有义,义之中有不义。辞不能及,皆在于指,非精心达思者,其孰能知之?(《竹林》)[221]

---

[221] 康有为:《春秋董氏学》卷一,《康有为全集》(二),页647。从春秋之世的观点看待国际关系是清代中期以降逐渐形成的一种思想方式,《万国公法》翻译发表之始,张斯桂在序文中就曾将"春秋之世"的儒学视野与欧洲列国之势相比拟,晚清时代郭嵩焘、郑观应、薛福成、王韬、马建忠、梁启超、唐才常、朱克敬、宋育仁等等均曾以公法通《春秋》;而自"中国古代的国际公法"的观念盛行之后,许多人更直接地将国际法与《春秋》、《周礼》做比较。本章主要在今文经学的范围内展开讨论,故主要论述限于魏源、康有为、廖平等人。有关晚清国际法的输入,田涛的近著《国际法输入与晚清中国》(济南:济南出版社,2001)已有详细介绍和研究。

从汉代以来,《春秋》常常被视为刑书,它也处理国家间的冲突、判断战争的性质。

我们把上面这段引文与丁韪良在《古代中国的国际公法》的末尾一段话加以对比,可以清楚地看到《春秋》被定义为"国际公法"的内在逻辑:

> 在所有这些历史著作中,有一部著作被公认为国际法。我指的是孔子编辑的《春秋》……当地的作者认为这部著作的褒贬是一种不能上诉的断案,它所具有的约束力比陆军和海军还要强大。中国的政治家已经指出了那一时代与现代欧洲的分立格局的相似之处。他们在自己的历史记载中找到了与我们的现代国际法相通的惯例、言辞、观念;由于这一事实,他们更倾向于接受基督教世界的国际法,后者没有那种地球上所有国家最终达致和平与正义的乌托邦观点。[222]

这就是丁韪良在欧洲国际法的意义上挪用《周礼》和《春秋》的基本背景和动机,也是今文经学力图将传统的夷夏范畴相对化,从而造成一种对等的关系结构的基本背景。在鸦片战争、《中英南京条约》,以及随后发生的一系列战争和签订的一系列条约之后,晚清社会的"内外"范畴发生了根本变化,它们不再是帝国内部的内外关系或者朝贡关系中的内外关系,而是民族—国家间的内外关系。中国必须把自己看作是列国并争时代的一个主权国家。在这一情境中,清代士大夫不得不问自己:中国处理各种内外事务的礼仪和法律遗产是否还具有作用和意义?在刘逢禄的时代,他可以用儒学的遗产处理对外事务,但在龚自珍、魏源之后,这样的机遇不复存在。这是一个新的时代、一种新的关系、一种新的危机,以及一种新的知识霸权。传统帝国的礼仪模式无法有效地处理对外关系,必须改

---

[222] Martin, *Hanlin Papers, Second series, Essays on the History, Philosophy, and Religion of the Chinese*, p. 141.

变内外政治架构才能适应这一新的现实。这一情境将今文经学的内外观推向了一个新的领域,即国际关系的领域,不仅为重构内外范畴的内涵创造了条件,而且也与其他因素一道促成了经学本身的变化。事实上,变革的思想与对外部世界或者更准确地说对外部世界的压力的理解是不可分割的,晚清变法自强运动的根本动力是通过内部改造获得国际竞争中的平等的主权地位。

中国的世界图景和礼仪系统建立在中央与边缘、内与外的关系模式之上,从而中国的危机不但表现为一种国家危机,而且表现为一种"系统"危机。如果说鸦片战争可以被视为两个国家之间的战争,那么中法战争和甲午战争却意味着中央与边缘、内与外的范畴彻底动摇,朝贡体系及其礼仪规范陷入崩溃境地。前者激发了以军事工业为中心的洋务运动,而后者却促使晚清士大夫重构新的世界图像,再造儒学的普遍主义。康有为《万木草堂讲义》中即有《春秋万国公法补正表》、《中国律例出于〈春秋〉考》、《中国律例号政出于〈春秋〉考》的条目。[223] 此后中国的国际法观念的形成与这一思路有着密切的关系。[224] 康有为清楚地看到传统的世界网络正在为全球性时代所取代,从而力图在儒学的基础上综合各种知识为这个时代提供规范与说明。晚清士大夫强烈地意识到,如果孔子学说仅仅是为中国立万世法,那么,在列国竞争的时代,中国只能划疆自守,以海为限,最终丧失自己立足的法理的和实际的根据。[225] 因此,当务之急不是强调中国传统的独特性,而是重新结构新的世界图景,以儒学

---

[223] 康有为:《万木草堂讲义》,《康有为全集》(二),页574—575。

[224] 陈顾远著《中国国际法溯源》(上海:商务印书馆,出版时间不详)和徐传保编著《先秦国际法之遗迹》(中国科学公司,1931)等著作是在同一思路下展开的有关"中国国际法"的讨论。这些著作将国际法之主体、国家之要素、国际法主体之序列等问题放置到"中国国际法"或"先秦国际法"的范畴内,并以此为前提考订"先秦国家之数目"、"先秦国家之性质考"等。

[225] 廖平在《井研县志·艺文志·地球新义提要》中说:"使圣经囿于禹域,则袄教广布,诚所谓以一服八者矣。……苟画疆自守,以海为限,则五大洲仅留尼山片席,彼反得据彼此是非之言以相距,而侵夺之祸不能免矣!"成都巴蜀书社1992年《中国地方志集成·四川府县志辑》第四十册影印《光绪井研志》卷十三艺文志三,页22ab。

的内在脉络作为建立普遍主义世界观和公法的依据。没有这种建构普遍主义公理观和公法观的思想氛围,儒学就不可能实现自己的真正转化;没有这种普遍主义,中国就必须屈从于一种外来的规则。

在今文家中,以《周礼》为"全球万世法"的最为重要的例子是廖平。他恰于戊戌前后经历自己的经学第三变。为了把孔子放置在全球关系之中,他不惜改变尊今抑古的经学态度,转而将古文经学看作是孔子学说的大统学派。在《地球新义》、《周礼新义》、《皇帝疆域图》和《续知圣篇》等标志这一转变的著作中,他发展了一种广泛的舆地学视野,疆域问题突显为大同之学的前提。"皇帝王伯之分,由疆域大小而出,欲明三(皇)五(帝)大同之学,不得不先言舆地,盖风土政治,皆由舆地而出,欲明皇帝之学,不得不先考疆域。"[226] 廖平将孔子的学统区分为小统(即中国万世法)和大统(即全球万世法),并以一种舆地学的关系对此作出具体解说:经传中凡以"小"字标目者为"小统"(如《诗经》中的"小雅"、"小共",《周易》中的"小畜"、"小过",《礼记》中的"小戴礼"、《礼运》中的"小康"、邹衍的"小九州"等);经传中凡以大字标目者则为"大统"(如《周礼》的"大行人"、《诗经》中的"大雅"、《周易》的"大畜"、《礼运》中的"大同"、邹衍的"大九州"等。[227])区分大小统的主要标志是:第一,疆域大小的区别。[228] 他用《商颂·长发》中的"大球小球"比附大九州和小九

---

[226] 廖平:《治学大纲》之"渊源门"(另有"世界门"、"政学门"、"言语门"、"文学门"、"子学门"等节目),见《六译馆丛书》,第42册,成都:四川存古书局,1923年版,页129。

[227] 参见《道家儒家分大小二统论》(旧题井研施焕撰)如下语:"按六经三传有帝王二派。王统五洲,地仅五千,风俗政教,大抵相同,故可以王制之法划一而治。至于帝统,地合全球,时尚不同,文质相反,……不可以一隅刊定之法治之。故老庄之说在于自然任人,而不持一定之见。中国之化不能治全球。"《地球新义》,卷下,1935年刻本,页45。出版地不详。按"大九州"系战国齐人邹衍之说,指中国以外的大陆。《史记·孟子荀卿列传》:"儒者所谓中国者,于天下乃八十分居其一分耳。中国名曰赤县神州。赤县神州自有九州,禹之序九州是也,不得为州数。中国外如赤县神州者九,乃所谓九州也。于是有裨海环之,人民禽兽莫能相通者,如一区中者,乃为一州。如此者九,乃有大瀛海环其外,天地之际焉。"

[228] 廖平:《书经周礼小大分统表》,见《书经周礼皇帝疆域图表》卷42,《六译馆丛书》第33册,四川存古书局刊印,民国十年版,页109。

州、用大九州和小九州指称全球和中国；又以《诗经》和《周礼·大司徒》中的词句为例，认为其中已经包含了五大洲之说，[229]西方地理学的五大洲说是对孔门经传的推衍和发挥。第二，空言（即孔子寓于六经而未尝实现的理想）与行事（中国历史中已经付诸实践的事情）之区分。根据廖平的划分，"小统说"以《春秋》为经，《王制》为传，从而今文学所宗之《王制》不过是小统之学，其适用范围在地域方三千里的小九州；"大统说"以《尚书》为经，《周礼》为传，并囊括所有的经史子集，从而为古文所宗、为今文所排拒的《周礼》成为大统之学，其适用范围在地域方三万里的大九州，亦即中西交通的全世界。在《周礼新义》中，廖平根据"《周礼》十一言'周知'，郑注云：'周，犹徧也'，论定《周礼》为大统皇帝，周知天下之书。"[230]

为什么廖平一反他经学二变严分今古的路子，转而把《周礼》定为"大统"的经典呢？在《书经周礼皇帝疆域图表》之《跋》中，廖氏受业弟子黄镕有云："西汉博士识其小者以适时宜，一切远大之规，阙如不讲。迨汉季发得《周礼》，竟莫知'辟雍'、'巡守'之仪，乃欲以泥远之小道，出应大敌；降而愈趋，又欲以修身以治天下。"[231]廖平认为汉代博士因为汉代疆域适用于小统规模，遂以《春秋》、《王制》说经，师弟传授，相沿日久，以致遗忘皇帝师说。而汉代以降的两千年，前贤囿于《禹贡》区域，把用于全球范围的六经缩小为适用于中国的法典。在这个意义上，《周礼》不是全球万世法又能够是什么呢？[232]廖平认为：西方入侵恰恰为"大一统"的实现提供了条件，因为它打通了五洲，"外国日强，即圣经版图日廓之

---

[229] 廖平：《地球新义》单册，《释球》（资阳任峄撰），光绪戊戌（1898），资阳活字排印，页1。参同书廖氏撰《易说·八卦分中外九有图》，及1935年二卷本之《齐诗六情释》等。另，"大球小球"为《诗经》中的说法。

[230] 廖平：《周礼新义凡例四十七条》之"'周'字名义"，见《周礼订本略注附周礼新义》；《六译馆丛书》第34册，四川存古书局，民国六年版，页1。

[231] 廖平：《书经周礼小大分统表》，见《书经周礼皇帝疆域图表》卷42，《六译馆丛书》第33册，页117。

[232] 关于廖平大统小统及其皇帝疆域的推衍，参见黄开国：《廖平评传》，页168—178。

兆也。"[233]上述讨论已经将传统的由内及外、由近及远的帝国视野组织到新的舆地学和政治架构之中。在著于1897年的《五等封国说》《三服五服九服九畿考》等以古代舆地和礼仪范畴为基础的著作中,廖平建立了一种将经学视野与西方地理学知识融为一体的新世界观。他说:"海外九州即禹州之推广,由小化大,其道不改,故海外之实法,即在《王制》,而不必别求新奇也。同而不同,不同而同,所谓损益可知,百世不惑者,其道不远矣。"[234]当舆地学的视野从"中国"转向了"世界",即使仍然遵循"王化由近及远,由小推大"的规则,[235]内外、远近和大小的含义已经随之演变了。从近代地理学和欧洲政治理论的视野来看,廖平的上述看法无异于痴言谵语,但如果我们将这些怪异的讨论放置在世界关系重新组合的历史语境之中,仍然可以找到这些论述得以发生的动力和取向。

今文经学者在郡县/封建的关系之中理解历史的演变,他们把殖民主义时代主权国家间的冲突和斗争看成了春秋战国时代诸侯相争的局面。与廖同时代的康有为以儒家"大同"思想为背景构想新的世界关系、规则和管理。从经学的角度说,如果不能将世界纳入儒学框架中进行解说,儒学也就无法成为普遍"公理"或"公法"。那么,康有为是如何将世界关系纳入三统之内,从而用三世、内外或其他义例讨论世界关系的呢?他说:

> 孔子以元统天,与佛氏之言三十六天无异。印度三时:春、夏、冬,以四个月为一时。缅甸二时,每时六月。俄十二月为正。欧洲英、法等俱十一月为正,皆在孔子三统之内。……春秋时,鲁之于周,犹高丽之于我清。汉人黑服,即本朝之天青褂,孔子制也。欧洲俱尚黑,且以一打锺为第二日。外国行吉礼,全是用白,俄则用红。[236]

---

[233] 廖平《地球新义》卷上《书出使四国日记论大九州后》(威远胡翼撰),光绪戊戌(1898),资阳活字排印,页58。
[234] 廖平《地球新义叙》,见《地球新义》卷上,1935年刻本,页1。出版地不详。
[235] 廖平《重订谷梁春秋经传古义疏》之《凡例》,光绪26年(1900),日新书局刻本,页4。
[236] 康有为:《万木草堂口说》"春秋繁露"条,《康有为全集》(二),页426—427。

从今文经学的角度说，只有在世界关系均被纳入三统之内时，大同或世界之治的问题才具有合法性。康有为的大同构想同时伴随着对以民族—国家为基本政治形式的世界关系的思考。[237] 他以春秋列国比喻民族—国家并列的格局，以战国相争说明礼序的紊乱。"方今列国并争，必千数百年后乃渐入大同之域"，中国显然处于"据乱世"的环节之中。[238] 正由于此，中国必须以一种区别于大一统帝国的态势进入这一世界格局：

> 夫中国二千年来，以法治天下，而今国势贫弱，至于危迫者，盖法弊致然也。夫祖宗法度治天下，数百年矣，岂敢谓法之不可行哉？以国朝法度，皆因沿明制故也。……窃以为今之为治，当以开创之势治天下，不当以守成之势治天下，当以列国并立之势治天下，不当以一统垂裳之势治天下。……[239]

这一描述修订了庄存与、刘逢禄等人以夷夏相对化来暗喻中国处于升平向太平过渡的阶段的做法，所谓"列国并争"暗示世界正在据乱阶段，必须以严格的内外区分为前提建立法度，以军事化的方式进行社会动员。内部关系的强化或同质化伴随着一个相反相成的趋势，即外部关系的严格区分或异质化，而这一异质化的目的不是为了孤立于世界，恰恰相反，是为了确立中国在新的世界关系中的主权地位，承认形式平等的和主权的国家体系的合法性。然而，"列国并争"的概念不仅说明了古代国家的

---

[237] 早期今文经学中谈论郡县、封建和大一统，而此时最为常见的概念则是"列国"。它以春秋战国时代的纷争局面比喻民族国家时代的基本格局。1895 年，康有为将李提摩太翻译的《列国变通盛衰记》和《列国岁计政要》二书与《泰西新史揽要》一并上呈光绪皇帝。

[238] 康有为：《大同书》，北京：古籍出版社，1956，页 117。戊戌失败之后，康有为游历欧美，对先前认为欧美已经达到升平世的说法作出修正，其根据之一便是各种欧洲的新理论仍然以民族国家的竞争为中心。在《意大利游记》中，他说："今观孔子三世之道，至今未能尽其升平之世，况太平世大同世乎！今欧洲新理，多皆民争之具，其去孔子大道远矣，……吾昔者视欧美过高，以为可渐至大同，由今按之，则升平尚未至也。"

[239] 康有为：《上清帝第三书》，《康有为政论集》，上册，北京：中华书局，1981，页 140。

分封关系的实质,而且也暗示民族—国家体系的特点:"战国之诸侯,为今之属国,强则服之,弱则叛焉。"[240]

"国际法"及其规范下的国际关系以主权国家为单位,它必须预设严格的内外关系和以清晰的边界为轮廓的统治范围,军事问题的中心地位密切地联系着主权和边界的明确化。清代帝国的满汉一体政策和今文经学的夷夏之相对化提供了内部同质化趋向的合法性,进而为在新的国际条件下把帝国转化为统一的主权国家提供了历史的和理论的前提。清代中期禁绝鸦片贸易的实践、随后签订的各种不平等条约,以及各种抗击侵略的运动,从不同方面将中国带入到一个以相互承认主权为特点的条约体系之中。在一个以强权的公法作为法理基础的国际关系中,要想获取平等地位,唯一的办法是把中国放置在列国纷争的环境中、以改变原有的"一统之法"来实现变法图强。正是在这个时刻,《春秋》大义与国际法的关系才得以建立。康有为说:"古者不盟,结言而退,即《谷梁》'诰誓不及五帝,盟诅不及三王,交质子不及二伯'之意。约言之,即今之立和约。宋朝以后,道、咸以前,多主不得与外国立和议,祇行得尊周室攘夷狄之义,然近今立和议不用杀牲歃血。"[241]今文经学的义例为"和约"提供了合法性。

在上述条件下,传统经学的内外观必然发生变化。这一变化包括两个方面:第一,通过帝国内部的内外关系的相对化,力图将适用于内地体制的政治架构转移到原有的边疆区域,从而使得内部朝贡关系向直接管理的政治形式转化,建立帝国政治权威的单一源泉;第二,把中国作为一个总体置于新的世界关系或海洋关系之中,从而在国际关系的范畴内严格区分内外,将中国从一个无分内外的多元民族和文化的帝国转化为一个主权国家。上述例证说明,内外观的转变并不意味着传统朝贡体系及其礼仪系统丧失了意义。在寻找自己的主权源泉的过程中,清代士大夫恰恰是通过恢复朝贡体系的视野来重构"中国"的历史基础,这个基础不

---

[240] 康有为:《南海师承记》卷二,《康有为全集》(二),页498。
[241] 康有为:《南海师承记》卷一,《康有为全集》(二),页484。

在"中国"本身,而在广阔的世界关系之中。正是由于"关系"本身的意义大幅度提高了,清朝处理内外事务——朝贡关系、条约关系等等——的经验才变得如此重要。为了维护帝国的内部同一性并抵御外部威胁,清朝政府将朝贡、互市、条约等关系均纳入礼序关系之中,从而一方面以礼仪的微妙差异取代严格的内外界限,另一方面又用复杂的制度设计处理具体的利益关系,[242]为建立更为统一的内部统治秩序提供条件。从洋务运动到戊戌维新,军事化始终是变革的基本内容,所谓内外夷夏的礼序关系首先是一种军事关系。康有为说:

> 三代仁政,寓兵于农,唐代盛强,府兵之力。近者发逆之难,各省团练,咸能保卫桑梓,以报国家。今环球数十国,皆以民为兵,我当此时,亦宜复古,请令各行省二十丁而抽一,除官人及士人外,年自十八至四十,皆列尺籍以为团兵,以五年选为战兵,余皆留团,有事则调遣,无事则归耕,岁月之暇,随营训练,统以绅士,给以军械,每月三操,终岁大校,命中者赏以功牌。中国民籍四万万,可以得二千万有勇知方之兵团,退可以守,进可以战,声威之盛,冠于四海,是谓起民兵而立团练。[243]

他还就重建八旗、绿营、海军、军械、武备学堂等做出具体建议。如果早期今文学的中心在于重建礼仪,那么现在礼仪问题同时也是军事问题。"三代仁政,寓兵于农",以及民间起兵的思想,是对儒学传统的重新发现。古代的井田制度是礼仪的一个部分,也是兵制的一个部分。用徐中

---

[242] 在这个意义上,《周礼》或《春秋》义例的运用应该被看作是在特定历史条件下对历史经验的继承。这类关系是依据具体情境确定的,它们不应被理解为纯粹的对外关系。事实上,即使在更早的时期,这些儒学经典也已经不是单纯地处理家庭、宗族和朝廷的礼仪关系的法典,它是有效地处理国家事务和国际事务的根据,从而也可以成为现代主权的根据。

[243] 康有为:《上清帝第三书》,《康有为政论集》,上册,北京:中华书局,1981,页142—143。

舒的话说:"田之初义为田猎,为战阵,两千余年学者已罕知此义。"[244]这是有大量历史根据的说法,康有为显然也持此观点。《左传》"隐公五年"云:"故春蒐、夏苗、秋狝、冬狩,皆于农隙以讲事也。三年而治兵,入而振旅,归而饮至,以数军实。"《公羊》"桓公四年"何休注云:"田者蒐狩之总名也,古者肉食衣皮服,捕禽兽,故谓之田。"《谷梁》"昭公八年"云:"古者蒐狩以习武事。"《周礼》"大司马"云:"中春教振旅,司马以旗致民,平列陈为战之陈……遂以蒐田。"[245]周代封建及其制度本身均带有军事化的特点。康有为在民族—国家竞争的新形势下恢复了三代封建的军事含义,这一点对于我们理解民族—国家的动员机制具有重要的意义。

正如葛罗修斯的《战争与和平法》标题所示,国际法处理的是战争与和平的法则,军事关系是国家关系的重要内容。对于康有为、廖平而言,如果葛罗修斯的个人的著作可以作为"公法"运用于民族—国家的竞争关系,为什么《春秋》就不可以作为列国竞争时代的基本法则、孔子的"礼运"或"大同"思想就不可以作为超越列国并争之世的万世法?"天下无王,斯赖素王",[246]这是康有为对素王的表述。素王处理的问题不限于中国问题,而且也涉及天下问题。在这个意义上,《春秋》从孔子有关周制的著述变成了世界的公理和公法,孔子本人因此成为素位而行的"制法之王"。孔子和葛罗修斯以个人著述而为世界的法则,但不同的是:孔子以制"义"为主,而葛罗修斯则以制"例"为主;孔子关注的超越竞争之世的"公理",而葛罗修斯关注的是竞争过程的"公法"。清代今文经学者对于《周礼》既吸收又批判、对于《春秋》义例进行灵活的再解释,部分的原因在于,他们需要的不是一套现成的规则,而是在具体的、变化的历史情境中处理各种事务的能力和变革的根据,从而能够让自己以经典为根据实行前所未有的变革。

晚清之际,改革的士大夫在列强之间的纷争中看到了利用"公法"的

---

[244] 徐中舒:《井田制度探原》,《徐中舒历史论文选辑》,下,北京:中华书局,页713。
[245] 均见徐中舒《井田制度探原》,《徐中舒历史论文选辑》,下,页713—714。
[246] 康有为:《孟子诗亡然后春秋作解》,《万木草堂遗稿》卷一,台北,成文出版社,1978,页7。

可能性,试图将列强之间相互承认的"公法"援引到中国与西方的关系之中。薛福成以日本的经验为例论证说,"近闻日本与美议立新约,美许归复日本之权利,日本许增两口通商以酬答之。夫此有所增,彼有所答,是各为相让,实无所失也。而有事时可得合纵连横之助,又何惮而不为哉!"[247]但"公法"的实际运作依赖于国家力量的大小。郑观应和康有为的两段话把这个简单的道理说得再清楚不过。郑观应云:

> 欲公法之足恃,必先立议院,达民情,而后能张国威,御外侮……中国户口不下四万万,果能设立议院,联络众情,如身使臂,如臂使指,合四万万之众如一人,虽以并吞四海无难也。何至坐视彼族越九万里而群逞披猖,肆其非分之请,要以无礼之求,事无大小,一有龃龉动辄称戈,显违公法哉![248]

康有为说:

> 祖宗之法,以治祖宗之地也,今祖宗之地不能守,何有于祖宗之法乎?即如此地为外交之署,亦非祖宗之法所有也。因时制宜,诚非得也。……今为列国并立之时,非复一统之世,今之法律官制,皆一统之法,弱亡中国皆此物也,诚宜尽撤,即一时不能尽去,亦当斟酌改定,新政乃可推行。[249]

在这里,康有为明确地将一统之制与列国之制区分开来,但其重心并不是改变"一统"的疆域及统治权,而是从改变官僚行政制度和法律入手。内部制度的改造以"列国并立"的局势为根据,以国家的军事化和经济发展

---

[247] 薛福成:《敌情》,《皇朝经世文三编》卷54,页20。
[248] 郑观应:《议院上》,《盛事危言》卷四,夏东元编《郑观应集》上卷,上海人民出版社,1982,页313。
[249] 康有为:《康南海自编年谱》光绪二十四年戊戌正月初三,北京:中华书局,1992,页37。

为中心，[250]这是帝国向民族—国家实现自我转化的基本条件。康有为几乎接受了所有欧洲国家的价值和制度，尤其是国际公法、国际外交、宪政改革、市场制度等等，但他始终坚持的一个基本价值是"大一统"，即保持帝国的基本架构，不是退回春秋战国的分立格局，而是以"中国"作为一个国家单位进入新的世界秩序。他的政治思想和经学观念的各个方面均密切地联系着这一基本立场。

"大一统"的价值、礼仪中国的观念与近代中国的国家建设明显地存在着重叠关系，但前者提供的理想模式与民族—国家的构想存在着深刻差异：民族—国家以建构民族性（及其与它者的关系）作为基本的前提，而"大一统"和礼仪中国的观念却反对严分内外和夷夏之防、反对族群隔离政策和我族中心意识。这是一种文化多元、无分内外的"天下"的想像和规划：以礼仪关系（或称文化）作为多元性的政治共同体的基础，以不同族群和地区之间的边疆区域（而非边界）作为联系的纽带。在民族—国家的时代，清末今文经学一方面顺应变化的形势，为以民族—国家为导向的变法改革提供思想源泉，但另一方面却力图重构儒学的普遍主义，为一种以大同为导向的世界治理（the world governance）提供价值和规范。在欧洲国际法日益成为普遍秩序的基础的过程中，廖平、康有为依据儒学礼仪规划的"万世法"几乎没有获得任何实质的成果。但是，他们从这一重构世界图景的活动中逐渐展开的"大同"构想，对资本主义世界关系的分析，尤其是这一世界关系所依赖的国家、边界、阶级、性别等等级关系的尖锐批判，却带有深刻的预见性和洞察力。在这一现代性批判中，我们可以清晰地看到公羊学的历史观及其儒学视野与新的世界图景和知识的冲突与交织。

---

[250] 在1895年5月29日的《上清帝第三书》中，康有为说："治体既举，则兵备宜修，然近之言事者，莫不知言器械军兵矣。然兵无一能练，器无一能用，则以有末而无本故也。昔战国之世，魏有苍头，齐有武骑，秦有百金死士，楚能投袂伐宋。近者德、法之役，十三日失和，十七日即移兵二十四万，度礼吴河而压法境矣。盖列国并争，无日不训讨军实，戒惧不息，国乃可立。"（《康有为政论集》，上册，页141）从这个角度说，国家军事化是制度改革的主要推动力之一。

我们从上述各个层面的分析得出的一个基本结论是：清代中期开始的冲突不仅是国家间的冲突，而且也是两个世界体系及其规则系统的冲突。欧洲人建构的帝国与国家的对比关系、中国士大夫建构的一统之势与列国并争之势的历史图景，以及后来在学术研究中形成的朝贡与条约的二元论，都是这一世界性的规则冲突在知识上的表现。正由于此，这一冲突在知识上的反应并不局限于军事策略的讨论，而是自我改革的总体构想：在两种不同的世界图景的对抗、互动、渗透之中，以对方及其规范系统为参照，重新安排自身在一个新的世界图景之中的位置，确定自身与其他国家的关系，并决定内部改革的方案。在这个意义上，中国现代民族主义从一开始就带有清晰的国际性的面向。当大众的和革命的民族主义取代王朝制帝国的民族主义而成为主流之际，正在转型的帝国传统与一种世界主义的（康有为、梁启超）和国际主义的（孙文、毛泽东）取向的结合，构成了近代中国民族建设的最为重要的特征。这一民族主义的世界主义特点与丸山真男所描述的缺乏国际面向的"尊皇攘夷论"截然不同。正是从这里出发，我们现在可以转而讨论康有为所代表的思想取向：皇权中心主义的帝制改革与大同主义的未来方向是如何综合在一起的？

第七章

帝国的自我转化与儒学普遍主义

> 盖孔子立天下义,立宗族义,而今则纯为国民义,此则礼律不能无少异,所谓时也。
>
> ——康有为

第一节 经学诠释学与儒学"万世法"

儒学的变化产生于它的经典原理与社会变化之间不断出现的矛盾和张力。为了适应社会变迁对儒学义理和命题的挑战,各代儒者发展了丰富的经学诠释学(从而能够将新的社会关系组织到经学的视野之中),用以在变化的历史情境中维持儒学的"万世法"地位。可以说,恰恰是维持儒学的普遍适用性的努力本身导致了儒学形态的不断变化。儒学普遍主义产生于儒者立场、社会情境与儒学经典之间的往复协调、随机变化和弹性诠释。为了适应帝国体制的建立和礼仪、风俗的嬗变,以及随着地域扩张而产生的新的族群关系,今文经学发展了极为复杂的诠释经典的方式。作为一种经学诠释学,今文经学在清代中期、特别是后期异军突起,再次通过三统、三世、内外及改制等经学主题解释和协调历史情境与儒学原典之间的内在矛盾,重构儒学的普遍主义。

为了论证新教伦理与资本主义的内在联系,韦伯曾在一种对比的关系中讨论儒教伦理的一般特征。在他看来,由于儒教伦理中缺乏自然与神之间、伦理要求与人的缺点之间、罪恶意识与救赎需要之间、尘世的行为与彼世的报答之间、宗教义务与社会政治现实之间的任何紧张性,从而也就谈不上以不受纯粹的传统与习俗约束的内在力量去影响生活方式的问题。儒教社会的内在凝聚力起源于家内孝道。"真正的中国经济组织能够达到何种强大的程度,大致相当于孝道所调节的这些个人团体所能达到的程度。……伦理的宗教——尤其是新教伦理的、禁欲的各教派——之伟大成就,在于冲破了氏族的纽带,建立起信仰共同体与一种共同的生活伦理,它优越于血缘共同体,甚至在很大程度上与家庭相对立。从经济上看,这意味着商务上的信赖是以个人在实际职业工作中经受考验的伦理品质为基础的。"[1]这里仅就韦伯关于儒教理性主义的基本论点作一些分析,以便展开对于近代儒教普遍主义的论述。[2]韦伯认为儒教与家庭伦理的稳固联系导致了儒教对于"客观理性化"的一种限制,即它力图以氏族方式将个人一再地从内心上与其氏族成员牢固地联系在一起,从而缺乏一种介于伦理与市民生活方式之间的中间环节。韦伯着重讨论的是经济生活方式问题,从另一个角度看,这一家庭伦理也难以发展出一种理性化的国家及其相互关系的伦理。然而,韦伯的论点与其说是对儒家伦理的精确论述,毋宁是基督教世界的现代性的自我理解。在王朝演变的历史中,儒学以富于变化的方式处理政治、经济和各种社会问题,并将其伦理落实在一系列无法用家庭来加以概括的社会构造之中。正如我对庄存与、刘逢禄、魏源、龚自珍等清代儒者的思想视野的讨论所显示的,儒学的伦理及其历史观是一种不断适应变化的伦理和历史观,反血缘和地缘的思想因素完全可能被组织到儒学的形式内部,那种将儒学伦理限制在家庭伦理或血缘共同体范围内的论点是一种过于狭隘的看

---

[1] 马克斯·韦伯:《儒教与道教》,洪天富译,南京:江苏人民出版社,1993,页265—266。
[2] 关于韦伯有关中国宗教的讨论及其局限,我在别处已经有专门的讨论,兹不赘述。汪晖:《韦伯与中国的现代性问题》,《汪晖自选集》,桂林:广西师范大学出版社,1997,页1—35。

法。但为什么韦伯所概括的这一欧洲现代性的自我理解恰恰成为晚清变革运动的问题框架？在民族主义的潮流中，改革者和革命者将他们面临的困境解释为血缘和地缘关系的限制，从而将创造新型的社会共同体的努力与摆脱地缘、血缘关系的过程联系起来。在这里值得一提的是两个要点：第一，欧洲民族主义的普遍特征同样是超越地缘、血缘等地方性因素，创造作为"想像的共同体"的民族—国家。因此，韦伯描述的伦理差异不能被解释为儒教或中国传统与基督教或西方传统的冲突，而是民族主义、工业化和城市化过程所产生出的伦理冲突。第二，儒学并不缺乏构造超越家庭孝道的伦理诉求，例如，康有为就在儒学的背景上重构古代的天下概念，为新的国家政治结构和全球关系创造一种普遍主义的儒学伦理。他的儒学普遍主义不但以跨越家内伦理为特点，而且包含了否定家庭制度的思想内涵，但对康有为而言，这两个特点并不构成对他所信奉的儒学或孔教的解构。

列文森（Joseph R. Levenson）对东西方关系的讨论深受韦伯的影响。他用语汇的变化（vocabulary change）与语言的变化（language change）来描述两种不同的中西交往的情境。"语汇变化"指并不伴随社会整体变化的纯粹知识上的接触，外来文化只是丰富了原有的"语言"（文化的规则）；而"语言变化"是指外来知识的变迁伴随着深刻的社会变迁，从而重构、更新或替换了原有的"语言"（文化规则）。在17世纪，欧洲的造船技术和哥白尼天文学传入中国，丰富了中国有关航海和天文的知识，顾炎武以一种平静而坦然的态度接受这一新的知识；但在19世纪、特别是鸦片战争之后，西方知识的闯入伴随着社会关系的总体变化，人们无法像顾炎武那样平静地谈论西方天文学的长处。在列文森看来，前者是语汇的变化，后者则是语言的变化。[3] 把19世纪的"巨变"理解为整个社会规则转变是一个复杂的论题，我在这里不能详细评论。然而，据此认为中国历史中的各种变化仅仅是"语汇的变化"大概只能视为欧洲现代性的"自我

---

[3] Joseph R. Levenson, *Confucian China and Its Modern Fate: The Problem of Intellectual Continuity* (Berkeley: University of California Press, 1966), pp. 156-163.

确证"。唐宋转变、元帝国和清帝国的建立都在不同的方面改变了原有的社会体制,儒学普遍主义表像下包含了极为深刻的规则的变化(或"语言的变化")。晚清时代重构儒学普遍主义的努力既是一种语汇的变化,也是一种语言的变化,但这两个方面均可追溯到比19世纪更早的时期。汉代儒学、宋代儒学和清代儒学是基于不同情境、以不同方式重构儒学普遍主义的结果。这是儒学发展的基本样态。清朝通过残酷的征服建立了少数民族王朝,对于那些生活于王朝内部的儒者而言,怎样才能将儒学的普遍主义落实在一个"外来王朝"的体制内呢?庄存与、刘逢禄等人以一种相对化的夷夏观重新定义"中国"概念,一方面在承认清朝少数民族统治合法性的前提下表达汉族士大夫的平等诉求,另一方面也在变化的历史条件下维持儒学的正统地位和普遍意义,重构政治和文化认同的基础。

鸦片战争以降,内外关系发生了深刻变化,如何确定"中国"的位置和儒学的适用范围成为儒者无法回避的挑战。魏源对"外部"有深刻的了解,但仍然试图以佛典的四洲说对各洲进行描述;廖平承其后,以大小九州的地理学含义维持儒学的"普遍主义"。他们的努力与最为保守的官僚和士大夫的取向截然相反,但在维持儒学普遍主义方面却颇为一致:维新者力图将新的变化和知识组织到儒学视野中去,从而通过扩展这一视野重构儒学的普遍主义,而守旧者或者宣称"古已有之"以排挤新知,或者断言新知均为异端邪说以抵制新知,他们力图将"外部"纳入传统知识视野之中来处理,进而维持儒学普遍主义的幻觉。普遍的知识如果不是"无外的",也必须是"正统的"。今文经学内外观的演变密切地联系着族群关系、地域幅员和制度结构的变化。清朝纵贯内陆和海洋,是一个族群关系极为复杂的多元性帝国。它打破了宋、明时代郡县制国家的历史局面,以恢弘的气势建构了一套适应疆域变化和族群关系的知识体系。四库全书的编纂、清代经学的发达、舆地学的空前发展、礼仪和法律的多样性,构筑了完全不同于宋明时代的知识图景和帝国视野。今文经学有关内/外、夷/夏关系的相对化的诠释策略(及其在清代舆地学中的表现)清楚地说明了新的帝国疆域和族群关系对儒学形态产生的影响。没有对于清帝国内外关系的诠释也就不能维持儒学"万世法"的地位。

然而,在"海国"时代,"至大无外"的帝国视野不再是一种"无外的"视野。所谓"天朝"帝国的崩溃首先是一种世界观的崩溃:无论帝国的视野如何恢弘,无论帝国对文化和族群的包容力多么强大,以帝国为中心和边界建立起来的知识无法提供一种关于世界总体的知识。如何诠释那些起源于西亚并传播于世界各地的各种宗教的特殊价值?如何解释罗马帝国的灿烂文明、大英帝国的船坚炮利、美国社会的进步与繁荣?如何解释清帝国在军事上的明显失败和技术上的明显落后?近代欧洲的惊人发展、朝贡体系的内外纠葛、英国军舰的明确挑战、科学技术的日新月异,以及随之而来的有关"外部"的越来越精确的知识——所有这一切均不在传统儒学的解释范畴内。"外部"的清晰存在强烈地动摇了"万世法"的普遍性。"自尔之后,吾中国为列国竞争之世,而非一统闭关之时矣。列国竞争者,政治工艺文学知识,一切皆相通相比,始能并立,稍有不若,即在淘汰败亡之列,……"[4]中国不再是天下,而是"列国"之中的一国,这是康有为对民族—国家时代的概括。晚清儒学面临的最大困境是:随着帝国成为世界资本主义的边缘区域,儒学"万世法"同时沦为一种不合时宜的"地方性知识"。儒学"万世法"建立在儒学礼仪与"中国"之间的内在的历史关系之上。一旦"中国"无法抽象为普遍的礼仪原则,一旦风俗、族群、地域等等超出"中国"的范围(即无法纳入"内部"),一旦"中国"的存在不再能够自我界定或必须由"外部"来加以界定,这一"万世法"的普遍性和适用性必然面临危机。当刘逢禄说"中国亦一新夷狄"的时候,他正在通过确认清朝的法统将"中国"重新纳入礼仪内部。但对康有为而言,问题不在作为地域和民族的中国是否与儒学礼仪吻合,而在即使两者相互吻合也无法确定儒学礼仪的普遍价值。对"外部"的承认和对"外部承

---

[4] 康有为:《请广译日本书派游学折》,《康有为政论集》,上册,北京:中华书局,1981,页301。

认"的需求构成了这一危机的深刻内含。1864年,第一部翻译为中文的"国际法"著作经由传教士之手呈现在国人面前。"万国公法"这一标题明确地告诉人们:第一,"公法"是超越中国礼仪、法规和原则的普遍主义法则;第二,那些长期被视为"万世法"的儒学经典及其内含的礼仪准则是一种过时的、不适用的、不具有普遍价值的地方性知识;第三,"中国"必须遵守这一普遍的公法而不是儒学的"万世法"才能跻身"世界"。在此前的一系列屈辱条约中,清朝政府和士大夫们已经开始了解这一国际公法的实际含义。因此,传统的儒学"万世法"与晚清重构儒学普遍主义的努力存在着语境上的基本差别。儒学如果不再是一种普遍法则,它还能成立吗?

上述历史变化并不能简单地归结为外部的变化,它与清朝社会内部产生的危机有着内在的呼应关系。对清代的儒者而言,这是内外紊乱的标志。太平天国、捻军起义、回民起义等激烈地呼应着外部冲击,从不同的方向上改变了清朝社会的政治、地域和族群关系。其中太平天国运动的持续时间、波及范围和军队规模在中国农民战争中是罕见的。为了镇压太平天国运动,清政府不得不重用汉人官员,赋予他们真正的兵权,从而提高了汉人官员的地位;随着太平天国运动的发展和抵抗太平军的过程,清代中期开始出现了孔飞力(Philip A. Kuhn)所说的"地方军事化"现象。按照他的解释,这不仅是清王朝衰败的根源,而且也是传统社会结构转变的根源,因为正是在这一过程中,士绅阶层不再扮演国家行政机构与地方社区之间的中介角色,王朝得以运转的社会关系发生了结构性的变化。[5]太平天国运动的文化后果包含了两个方面:第一,它创造或传播着新的、与儒学普遍主义对立的普遍主义知识。在拜上帝教的名义下,这一运动将各种西方价值、政教观念与中国传统的平等主义结合在一起,不仅在意识形态的层面激烈冲击传统知

---

[5] Philip A. Kuhn, *Rebellion and Its Enemies in Late Imperial China*, *Militarization and Social Structure*, *1796-1864* (Cambridge, Massachusetts: Harvard University Press, 1970), pp. 1-36.

识和制度,而且也在政治实践和政治理论上提出了土地改革、男女平等和种族压迫等问题。第二,它以巨大的动员力量质疑满人统治的合法性,重新提出了区分内/外、夷/夏的必要性,实际上是在拜上帝教的普遍主义框架内以一种准民族主义的取向反对帝国的政治体制。当今文经学力图在承认帝国的政治体制的前提下将内/外、夷/夏关系相对化之时,太平天国用激烈的语言("清妖"等)重构内/外、夷/夏的明确差别,这既是明末清初盛行的夷夏之辨的回音,又是清末民族主义汹涌浪潮的端倪。太平天国对满人统治合法性的质疑是在明确的族群关系和拜上帝教的普遍主义(人人平等)的框架中展开的。这一运动的失败并没有导致反满的民族主义的消退,稍后兴起的清末民族主义运动再次诉诸反满的声浪,并将反满主义与更复杂和多样的普遍主义知识——如民族—国家的知识、科学技术的知识、工业化的知识,等等——结合起来。如果说太平天国诉诸于上帝的知识、普遍平等的价值观、新的土地政策和种族观,那么,晚清民族主义则诉诸于民族—国家的政治模式,以及自由、平等和共和的价值观。它们均以前所未有的力度震撼着儒学"万世法"的基础。

  清代公羊学的阶段性变化密切地联系着上述过程:在庄存与和刘逢禄为代表的发创阶段,今文经学注重王朝的合法性和内外关系问题,从而"内外例"和"讥世卿"成为重要的经学主题;在龚自珍和魏源为代表的扩展阶段,随着内外问题从帝国内部的族群问题扩展为帝国疆域内部的管治方式及其改革问题,舆地学和其他经世之学被组织到经学视野内部,从而极大地摆脱了经学的原有框架;在以康有为、廖平为代表的兴盛阶段,欧洲中心的"全球知识"正在成为支配性的知识,如果无法在儒学内部发现能够包容这一"全球知识"的框架,并按照这一新的儒学普遍主义设计变革的蓝图,儒学就无法避免没落的命运。上述各阶段相互渗透又相互区分,清晰地表明了经学内部的变化与历史语境之间的互动关系。学者们通常将1884年前后视为晚清今文经学的开端,但划分时期的尺度并不完全一致。从经学内部看,廖平于1886年发表《今古学考》以《王制》和《周礼》平分今古,在清代经学的脉络中划下了一个重要的分界点。廖平孕育这一思想的时期正是1884年前后。[6]从更为广阔的角度看,标志清末经学变化的是如下现象:伴随"改制"、"三世"和"大同"等主题上升为中心主题,"内外"、"讥世卿"等主题的地位相对降低,王朝改革与全球关系被纳入了一种反思性的视野之中。这一过程促使清代今文经学从一种王朝的合法性理论转化为一种王朝的变法改制理论,从一种有关中国的万世法转化为有关世界的普遍真理,并最终导向对以民族—国家、殖民体系和工业化过程为基调的全球关系进行批判性的反思。因此,晚清儒学普遍主义关注的不仅是"中国"问题,而且也是"世界治理"的问题。

第二节　克服国家的大同与向大同过渡的国家

晚清儒学——特别是今文经学——的思想意义只有纳入"重构儒学普遍主义"的语境中才能获得真正的理解。康有为是清代今文经学的殿军,也是重建儒学普遍主义的最为重要的人物。他的著作明显地贯穿着两条线索,即变法强国的线索和大同世界的线索,前者贯穿了他的政治实践,后者贯穿了他对这一实践过程及其语境的全面思考。康有为显然看到了西方的海洋贸易力量和军事力量的扩张背后的政治构架,即强有力的国家及其政治体制。因此,与魏源一样,他力图以复制西方富强逻辑的方式回应海洋时代的历史挑战,即以君权为中心、以孔子及其儒学为依据、以变法改制相号召、以工业化和军事化为手段,重构强大的"中国"。

---

[6] 根据廖平的自述和学者的考证,《今古学考》的基本思想孕育于1883年或1885年期间。但关于廖平经学一变的时间,学术界有不同的看法,如1883、1884或1885。孙春在以1884年王闿运的《春秋例表》和廖平的《何氏公羊春秋十论》为清末公羊学的开端,同时也按廖平《经学四变记》的说法,认为1883年为经学第一变之始(见氏著《清末的公羊思想》,页75—76)。黄开国则以更为仔细的考证将经学第一变的时间认定为1885年,他的主要根据是《今古学考》本身。(见氏著《廖平评传》,页50)

与魏源一样,康有为对民族—国家相互竞争的新格局有着清楚的了解,他对中国及其危机的感觉是在大清帝国及其朝贡关系的范围内建立起来的。[7]1888年底,《上清帝第一书》撰成,康有为感叹国事蹙迫,危急存亡,要求皇上下诏罪己,及时图治。我们不妨注意一下他的急切语调背后的地缘政治图景:琉球灭,安南失,缅甸亡,羽翼尽失,将及腹心;日谋高丽,伺吉林于东;英启藏卫,窥川、滇于西;俄筑铁路于北而迫盛京;法煽乱民于南以取滇、粤;教民、会党偏江楚河陇间将乱于内。这一图景与其他灾难相互伴随:水灾,风灾,地震,祸不旋踵;京师兵弱财穷,风俗颓败,纲纪散乱。这是一种由外及内的叙述,危机的征兆首先表现在朝贡体系的外层:琉球、安南、缅甸、高丽、西藏,而后是川、滇、粤等。康有为要求在兵、刑、赋、税、教、养和吏制等各个方面实行变法,挽救"中国"的衰败;[8]而在政治变革方面,他认为关键在于改变慈禧摄政的局面,以光绪帝为中心,师法西方,重构政治、经济和军事制度,发动一场真正的变法强国运动,以维持中国的法统和内部的稳定。为了推动这样一场运动,就必须在理论上颠覆现存体制的合法性。《新学伪经考》、《孔子改制考》等著作是沿着这一思路在儒学内部展开的"革命运动",它们的出现意味着今文经学正在从帝国的合法性理论向变法改制理论转化。所谓变法改制,中心的问题是国家体制。正由于此,变法改制论说到底是一种国家理论。

在进行上述政治实践的同时,康有为始终关心着另一个更为遥远的问题,即大同问题或如何克服国家及其边界以创造一个普遍世界的问题。在大同的视野中,康有为将主权国家的实践看作是祸乱的根源,以一种大

---

[7] 1883年12月,康有为致信邓给谏(铁香),对于英法联军烧毁圆明园、法国吞并越南并窥视滇、粤深表愤怒;1884年中法战争改变了越南作为中国朝贡国的地位,康有为也深为感触。参见康有为:《致邓给谏铁香书》,《康有为全集》(一),页3—6。

[8] 康有为:《上清帝第一书》,《康有为全集》(一),页353—362。同年,在致潘文勤的信中,他也分析了俄国、日本对中国东北地区的威胁,英国占领缅甸后对滇、藏的窥视,法国获取越南后对东南亚其他国家及中国云南地区的渗透,呼唤"外夷之逼已极,岂能待十年教训乎?""夫以中国二万里之地,四万万之人,二帝、三王所传礼治之美,列祖、列宗缔构人心之固,君权之尊,四洲所未有也。使翻然图治,此真欧洲大国之所望而畏也。"康有为:《与潘文勤书》,《康有为全集》(一),页314。

第七章 帝国的自我转化与儒学普遍主义

同主义的世界概念否定以民族——国家的政治结构和以海洋军事力量作为历史基础的资本主义。这是一种与韦伯所说的和平主义的儒学伦理密切相关的世界态度。[9]为什么康有为一面积极投身国家建设的实践，另一面又把自己的心力倾注在如何克服国家及其后果的问题上？这里陈述几点理由：

首先，"以往主要的'世界文明'都不是主要靠海上力量才建立起来的，它们不像西方这样，依赖于全球规模的海上贸易的发展以及殖民主义的发展。……如果没有西方'普遍主义'的创发，那么，商业资本主义以及随后工业资本主义在全球的扩张，就不可能会发生；不过，这主要还基于其他一些原因。与之相关的主要现象应该说是欧洲海上力量方面的优势，它促使商业资本主义能大规模地扩展至全球的许多地区。"[10]"西方'普遍主义'的创发"与欧洲贸易和殖民体系的扩张存在密切的联系。这一"普遍性知识"把所有其他地区的知识贬低为地方性知识，从而将自身的特殊主义包裹在普遍主义的表象内。因此，对英、法、日、俄等国家的入侵和渗透的抗拒必然包含着对这一"普遍知识"的抗拒。康有为试图创造一种基于全球关系的普遍伦理，在这一伦理视野中，欧洲中心主义的普遍主义被还原为欧洲特殊主义。在《大同书》中，康有为不是以民族——国家、也不是以帝国为中心讨论具体的政治架构问题，而是以地球为单位讨论"世界治理"问题，其实质是在否定民族——国家及其体系的基础上重新构思全球的政治构架。他以公羊三世说为据叙述全球历史，今文经学的应用范围随之突破了"中国"的范畴。

其次，康有为上承前代的儒学万世法信念，拒绝将儒学、特别是今文经学看作是一种仅仅适用于特定地域和特定社会的知识，力图将儒学扩展为一种能够适应变化的普遍知识。他将19世纪的新局面归结为从大一统时代向列国并争时代的过渡，而儒学普遍主义的特点就是克服"列

---

[9] 马克斯·韦伯：《儒教与道教》，页195—196。按韦伯的看法，这种和平主义信仰最晚起于汉代，其基础是对官僚制与向天投诉之权利的理想化反映。不过，在康有为这里，和平主义与克服官僚制、恢复三代理想的大同主义存在更密切关联。

[10] 安东尼·吉登斯：《民族——国家与暴力》，页114—115。

国"时代,在另一层面重建"大一统"的体制。正如早期今文经学一样,这一新的儒学普遍主义既是对国家(诸侯)逻辑的克服,又是对国家(大一统帝国)建设的论证。欧洲殖民主义以民族—国家和工业化的形式扩展自己的势力,并构筑了个人主义、理性主义和民族主义三位一体的普遍主义知识和社会群体的互动规则。在康有为这里,"大同"逻辑与"强国"逻辑存在着冲突关系,因为强国运动以抵抗殖民主义为基本诉求,但它所遵循的基本逻辑毋宁是对上述普遍主义知识的重申和肯定,即复制欧洲殖民主义和工业化的路线,通过将自己建构成为"主权国家"对抗外敌的入侵与挑战。如果儒学普遍主义的最终目的不是简单地复制其富强逻辑,而是批判这一进程,它就必须提出超越这一进程的理论逻辑和构想。在这个意义上,重构儒学普遍主义的努力势必构成对于以民族—国家、殖民体系和资本主义关系的反省和批判。

第三,大同的构想实质上建立在对国家的否定之上,因为后者具有明显的专制倾向。然而,"大同"逻辑对国家的批判建立在一种历史演化的概念之上,即从传统社会向国家转变,再从国家向大同转变,从而对国家的克服又必须以国家为前提。在这个意义上,"大同"逻辑不但提供了强国逻辑的世界观前提,而且又包含了个人主义、理性主义和民族主义的知识体系。因此,"大同"在这里是一种紧张和矛盾体的综合:现实世界的对抗关系与知识上的对抗关系构成了一种内在的张力,我们可以将之初步地概括为"超越现代性"的逻辑(它表现为大同的理想和世界治理的构想)与"现代性的逻辑"(以强国运动为目标的变法改制论)之间的冲突。既不是大同逻辑,也不是富强逻辑,而是超越民族—国家的大同逻辑与寻求富强的强国逻辑之间的持久纠缠、矛盾和分离,构成了康有为思想的内在基调。在一定程度上,"三世说"、"素王说"替代其他义例上升为这一时期今文经学的主要命题是和弥合上述矛盾的努力密切相关的。早期今文经学对内外相对化的重视在这里仍然起着作用,但侧重点有所变化,即从对内外夷夏关系的讨论转向了"春秋言太平,远近大小如一"和"地球一统"的探讨。太平、地球一统是"内外例"在新的历史语境中的转化,在这一视野中,内外、夷夏彻底地相对化了。

康氏的儒学普遍主义是在一种科学宇宙论的背景上建立起来的,从而不同于更早时期的儒学形态。这是一种科学的"天人"学说。他的问题极为明确:如果不能重新确认儒学的普遍价值,又如何把握当代世界的变化、提供变法改制的依据?或者说,如果不能解释当代的变化,又如何维持儒学的普遍主义?在这个层面,变法改制的逻辑依赖于儒学知识的普遍性。儒学普遍主义建立在礼仪关系的普遍性之上,因此,如果把以礼仪为中心的儒学知识视为一种普遍性知识,那就必须建立礼仪与世界之间的普遍联系,从而颠覆儒学礼仪与中国之间的"内在的"或"历史的"联系。在这个意义上,礼仪的普遍性意味着:第一,礼是一种普遍的世界关系(从而礼与中国之间的绝对联系松动了);第二,礼必须顺应时代变化,吸纳新的因素(从而对礼的尊崇并不等于恪守旧礼,礼的普遍性与特定的礼制——如周礼——的关系也松动了)。从上述两个方面可以推出一个基本的结论:"以王者制礼,轨范万方"之礼是时王之礼,从而是特殊的;而由圣人揭示出的人性自然或"通变以宜民"是素王之礼,从而是普遍的。[11]

知识或礼仪的普遍性并不源自权威性的实践,而是源自一种先天的、抽象的本质。康有为运用抽象的方法,把儒学礼仪与圣王实践之间的历史关系分离开来,从而赋予礼或仁一种"自然的"的性质。他说:

> 孔子曰:"安上治民,莫善于礼。"礼也者,人道之自然,物理所必著,上自太古狉榛之世,外至蛮夷蕃部之愚,未有能绝去之也。……人生而有父子长幼,则坐立必有等焉;……人生而有饮食、衣服、宫室,则制度必有别焉;人聚则有部落,役服则君臣上下朝聘相见之仪出焉。人道有生必有死,则慎终追远而祭奠之礼兴也。……虽古今不同,中国、夷狄殊异,其所以合好去恶,安上治民,其揆一也。[12]

---

[11] 康有为:《教学通义》,《康有为全集》(一),页143,149。
[12] 同上,页142。

礼不是先王制定和实践的典章制度,而是"人道之自然,物理所必著",即一种与普遍主义的自然法极为相似的最高原则。我把这一礼概念称为"自然礼"的观念。在这一"自然礼"的观念之上,又形成了"自然仁"的观念。礼以普遍的和自然的本性为前提,这个普遍的和自然的本性是超越中国、甚至人类本身的"仁"的观念。"仁"不仅是人的道德本质,而且是整个世界和宇宙的本质。人与动物界的差别不是"仁"的差别,而是"智"的差别。在这个意义上,康有为恰恰回到了宋儒的普遍主义天理观的逻辑之中:"仁"和"礼"是超越文化差异和历史经验的先验的和客观的知识。《康子内外篇》(1886)云:

> 物皆有仁、义、礼,非独人也。鸟之反哺,羊之跪乳,仁也。即牛、马之大,未尝噬人,亦仁也。鹿之相呼,蚁之行列,礼也。犬之卫主,义也。惟无智,故安于禽兽耳。人惟有智,能造作饮食、宫室、衣服,饰之以礼乐、政事、文章,条之以伦常,精之以义理,皆智来也。……故惟智能生万理。……仁者,天地凡人类之同也。……[13]

"仁"是宇宙内一切事物的共同本质,而"智"则是人类文化的独特起源。在写于同一时期的《实理公法全书》等著作中,这一儒学范畴内的"仁"与"智"的区分转化成为"公理"与"公法"的区分。

在变法实践的语境中,儒学普遍主义不得不与一种儒学实用主义相调和。"自然仁"或"自然礼"的观念为儒学普遍主义提供了某种理论的框架,却不能解决儒学面临的历史挑战。作为一种普遍主义的知识,儒学必须适应变化的历史形势,对人们生活于其中的现实关系及其明显变化作出解说。例如,全球一统、"师夷长技",如何"监二代"?康有为因此将穿西服、改西制、学西学统统纳入三统说内部,从而以取消"三统"说的历史性来保持"三统说"的普遍意义。又如,"夷夏之相对化"适用于帝国幅员内部的族群关系,但在民族—国家并列的时代,如果不能严格区分内外

---

[13] 康有为:《康子内外篇》,《康有为全集》(一),页190—192。

如何维持民族的独立、如何寻求国家的富强？相对化的"内外例"不适用于国际关系的主权原则，绝对化的"内外例"易于导致帝国的内部分裂。康有为因此把"内外"的相对化与维持帝国的统一和完整结合起来："外部"不再是由近及远的礼序关系中的"外部"，而是与"内部"相互区别的新的世界中心。再如，伴随汉人官员地位的提高，通过"讥世卿"来抒发政治意愿的需要大为弱化了。因此，不是"讥世卿"，而是按照变化的普遍法则对制度自身进行改造，构成了康氏学说的核心主题。循此逻辑，"内外例"、"讥世卿"等主题在今文经学中的位置下降了，而"三世说"、"大同说"和"大一统"等主题却上升为基本的叙述框架和宗旨。在康有为的思想中，三世说的地位尤其重要，它一方面是叙述全部世界历史的框架，另一方面也为变法改制提供历史依据和未来的方向。

清末的儒学普遍主义与其说起源于帝国的扩张，不如说起源于一种绝望感，一种无法把握"外部"和"内部"的紧张（它经常表述为"外部"已经渗透到"内部"之中），一种对于"万世法"蜕变为"地方性知识"的忧虑。没有对"中国"的地理、制度、经济和文化等各个方面的限度的理解，没有对非儒之书、知识和信仰的承认，亦即没有对于"外部"的明确认识，也就不存在重建儒学普遍主义的动力。这里仅举一例。康有为在《日本书目志》中说：

> 政治之学最美者，莫如吾六经也。尝考泰西所以强者，皆暗合吾经义者也。泰西自强之本，在教民、养民、保民、通民气、同民乐，此《春秋》重人、《孟子》所谓"与民同欲，乐民乐，忧民忧，保民而王"也。……岂知吾之掌故，历秦、元诸霸朝，已非中国先圣经义之旧，而礼失求野，外国乃用吾经义之精。孔子之为《春秋》也，夷而进于中国则中国之，楚庄救郑则中国之，不予荀林父敌夷狄而进于中国也。晋伐鲜虞，卫伐凡伯，杞用夷礼，则戎狄之中国而退为夷狄也。《春秋》之义，惟德是亲，日本未足以语是。然译泰西之书而能保养其民以自强，其政治亦可借鉴矣。[14]

---

[14] 康有为:《日本书目志》卷五,《康有为全集》(三),页743—744。

> 圣人之为治法也,随时而立义,时移而法亦移矣。孔子作六经,而归于《易》、《春秋》。易者,随时变异。穷则变,变则通。孔子虑人之守旧方而医变症也,其害将至于死亡也。《春秋》发三世之义,有拨乱之世,有升平之世,有太平之世,道各不同。一世之中,又有天地文质三统焉,条理循详,以待世变之穷而采用之。呜呼!孔子之虑深以周哉![15]

康有为将西方强盛的根源解释为一种政治知识,而这种政治知识与六经所蕴含的政治理论恰好吻合。按照"夷而进于中国则中国之"的原则,借鉴西方和日本的政治实践完全合乎圣人遗教。因此,承认中国的限度、承认外部的知识并不等于承认儒学仅仅是一种地方性的、特殊的知识,恰恰相反,通过灵活的——也许是牵强的——诠释,"外部"的知识被重新纳入经学"内部"。这一点完全符合"夷狄、中国,论德不论地"(或称夷夏相对化)的今文经学宗旨。[16]在儒者看来,内外交错、礼失诸野并不影响六经的普遍意义,问题在于如何诠释其意义,而儒学本身已经包含了适应变化的原则和诠释策略。在"列国并争"时代,儒学"万世法"的地位取决于能否将西方知识纳入儒学"内部"。孔子学说不正是对紊乱的历史关系作出的解说么?在康有为这里,"通三统"变成了借鉴西方各种政教知识的经学根据,[17]"张三世"转化为适合整个人类进化法则的普遍公理,"别内外"被置于中国与西方之间,从而原有的内外无别论变成了"大民族主义"或"多元的民族—国家"论述的根据。《日本书目志》出版于1898年春,撰写时间应该在1897年11月15日(光绪二十三年十月二十一日)之前,[18]但对康有为来说,这种重构儒学普遍主义是很早开始的思想实践,并不局限于一部著作。在《大同书》、《新学伪经考》、《孔子改

---

[15] 康有为:《日本书目志》自序,《康有为全集》(三),页583。
[16] 康有为:《万木草堂口说》"春秋繁露"条,《康有为全集》(二),页422。
[17] 上述看法中的一些观点,如每一世内部再分三统等,只能代表这一时期康有为的观点,但重构儒学普遍主义的努力却是一以贯之的。
[18] 证据是梁启超在这一天以《读日本书目志后》为题在《时务报》发表了文章。

制考》等著述于不同时期的著作中,我们均可以发现以大同、三世等学说为框架总结历史发展、囊括各种知识的踪迹。

关于康有为的变法改制实践及其在经学中的体现,已经有许多著述加以探讨。《新学伪经考》(1891)、《孔子改制考》(1892—1898)和《春秋董氏学》(1893—1897)是康有为今文经学著作的代表作品,前两部在变法改革运动中更是轰动一时。如果没有一种新的儒学普遍主义作为依据,康有为怎么可能掀动如此剧烈的思想风暴?[19]清末今文经学的主要特点是在全球背景中重构儒学普遍主义,从而创造一种以现代世界的变化为背景的经学知识。变革的理论是以此为根据的。《大同书》发表很晚,通常也不被视为一部经学著作,但正是这部书综合了各种自然科学和社会科学知识,把儒学的一些基本宗旨和今文经学的三世进化说发展成为描述世界的框架、判断世界的准则,从而在最大程度上恢复了儒学的普遍主义。康有为的儒学普遍主义以世界、以宇宙为背景,追问中国在世界和宇宙中的位置,以及可能选择的道路。在这个儒学普遍主义视野中,"中国"不再是普遍礼仪的代名词,也不再是至大无外的帝国,而是地球万国之中的一个守旧的国家,一艘航行于铁舰争胜的大海之上的衰朽的木船。即使儒学是中国的万世法,在这样一个广阔无垠的世界里,它的有效性也是值得怀疑的。康有为问道:如果六经是万世法的话,为什么中国这艘大船上的舵工榜人都是盲人聋者呢?如果中国摆脱危机的唯一办法就是顺从列国竞争的"战争"逻辑,那么,除了提供变法改革的理论合理性,亦即顺从世界变化的逻辑之外,儒学是否还能成为反思整个进程的普遍主义知识?

因此,恢复儒学的普遍主义就必须将儒学从与"中国"的单一联系中解放出来,同时将"中国"放置在"世界"的内部,重构"中国"与"世界"的关系。一方面,越是缺乏把握世界的能力,就越是需要建立或恢复普遍主义的视野,从而将无法把握的"外部"或"例外"纳入熟悉的经验之中;另

---

[19] 《孔子改制考》是改制变法的理论著作,其卷七云:"大儒者,善调一天下者也,……与时迁徙,与世偃仰,千举万变,其道一也;是大儒之稽也",足见改制本身必须以儒学普遍主义为前提,而如何让儒学适应变化的历史条件,则是变法论的核心部分。见《康有为全集》(三),页196。

一方面,越是了解世界的现实,就越是需要通过变革将"内部"建构成为统一的、有效率的整体,从而把"内外无别"的"中国"退转为一个具有明确外部的主权单位。康有为在这一悖论之中展开了他对大同的恢弘构想。儒学与"中国"的内在联系松动了。与庄存与、刘逢禄不同的是,康有为不是执著于"中国"的再定义,而是着眼于世界的再组织。儒学的普遍性不再单纯地依赖于"中国"这一概念,正如西方的科学和政治学说一样,它是世界和宇宙的普遍法则。

第三节 《大同书》的成书年代与早期康有为的公理观

确定《大同书》的成书年代及其与康有为其他著述的关系是一个重要的问题。《大同书》的甲部和乙部于1913年发表于《不忍》杂志,较完整的稿本刊于作者逝世之后8年的1935年。康有为在1919年所写的《大同书题辞》中明确地将《大同书》的写作年代定为1884年。[20]《大同书》甲部《入世界观众苦·绪言》存有1884年中法战争期间避兵于澹如楼作《大同书》的记载。[21] 最为完整的说法见《康南海自编年谱》"光绪十年甲申(一八八四)":

> 春夏间寓城南板箱巷,既以法越之役,粤城戒严,还乡居澹如楼。早岁读宋、元、明学案、《朱子语类》,于海幢华林读佛典颇多,上自婆罗门,旁收四教,兼为算学,涉猎西学书。秋冬独居一楼,万缘澄绝,俯读仰思,至十二月,所悟日深。因显微镜之万数千倍者,视虱如轮,

---

[20] 康有为《大同书题辞》云:"吾年二十七,当光绪甲申(一八八四年),清兵震羊城,吾避兵居西樵山北银塘乡之七桧园澹如楼,感国难,哀民生,著《大同书》。"见《大同书》,中华书局1935年本卷首。
[21] 康有为:《大同书》,页1。

见蚁如象，而悟大小齐同之理。因电机光线一秒数十万里，而悟久速齐同之理。知至大之外，尚有大者，至小之内，尚包小者，剖一而无尽，吹万而不同，根元气之混仑，推太平之世。……其道以元为体，以阴阳为用，理皆有阴阳，则气之有冷热，力之有拒吸，质之有凝流，形之有方圆，光之有白黑，声之有清浊，体之有雌雄，神之有魂魄，以此八统物理焉；以诸天界、诸星界、地界、身界、魂界、血轮界，统世界焉。以勇礼义智仁五运论世宙，以三统论诸圣，以三世推将来，而务以仁为主，故奉天合地，以合国合种合教一统地球。……[22]

按照康有为提供的多种材料，《大同书》作于1884年。

但是，许多学者对这些证据持怀疑态度：《题辞》为1919年重印《大同书》甲部、乙部时所写，《自编年谱》完成于1899年(其中"光绪二十一年"以前的部分为1895年前所写)。此外，《大同书》是康有为极为重要的著作，为什么他的上述引文没有明确提及《大同书》的书名呢？更为明显的反证是：《大同书》提及的若干事件发生在1884年之后，如"海牙和平会议"召开于1899年，光绪丁亥香港华洋船惨祸发生于1887年，陈千秋死于1895年，康广仁经理之上海不缠足会成立于1897年，等等。康有为掩盖《新学伪经考》、《孔子改制考》所受廖平影响，又曾出于政治需要重新编撰戊戌奏稿。这些事实加强了人们对作者在《大同书》成书年代问题上"作伪"的怀疑。例如，汤志钧即以上述例证为据，认为康有为提供的材料是作者倒填著述月年的结果。他不仅否认《大同书》作于1884年，而且还根据梁启超为《大同书成题辞》所加附注中的说法，进一步认定《大同书》作于1902年。[23]

---

[22] 康有为：《康南海自编年谱》(外二种)，北京：中华书局，1992，页12—13。
[23] 梁启超说："先生演《礼运》大同之义，始终其条理，折衷群圣，立为教说，以拯浊世。二十年前，略授口说于门弟子，辛丑、壬寅间(1901—1902)避地印度，乃著为成书。启超属乞付印，先生以为方今国竞之世，未许也。"汤志钧：《论〈大同书〉的成书年代》、《〈大同书〉手稿及其成书年代》，均见氏著《康有为与戊戌变法》，北京：中华书局，1984，页108—133。

《大同书》中记载的若干事件晚于1884年是一个基本事实,但这并不足以否定该书的部分初稿始撰于1884年。这里做如下几点澄清。首先,作者对最初文稿进行反复修改和增删是常有的事情,定本中出现晚于1884年的事件并不能自然地引申出一个结论,即康有为在1884年没有开始《大同书》的撰写,也不能证明1902年的稿本是《大同书》的最初版本。"1902年说"出自梁启超,但梁本人曾提供过完全相反的、更为确凿的证据。如《三十自述》云:"辛卯,余年十九,南海先生始讲学于广东省城长兴里之万木草堂","先生时方著《公理通》、《大同学》等书,每与通甫商榷辨析入微,余辄侍末席,有听受无问难,盖知其美而不能通其故也。"[24]梁启超从康有为学始于1890年,《康南海自编年谱》"光绪十六年庚寅(1890年)三十三岁"条有着与梁启超上述说法相互呼应的部分。在写于1901年的《康有为传》中,梁启超提及"先生乃著《春秋三世义》、《大同学说》等书,以发明孔子之真意,此为孔教复原之第二段",并对大同学说的内容作了有系统的介绍。这至少表明1901年以前已经存在《大同书》最初手稿,1902年始撰《大同书》的说法并不成立。[25]在《清代学术概论》中,梁启超重申万木草堂时期即已存在《大同书》稿本,称"有为虽著此书,然秘不以示人,亦从不以此义教学者。谓今方为'据乱'之世,只能言小康,不能言大同;言则陷天下于洪水猛兽。其弟子最初得读此书者,惟陈千秋、梁启超,读则大乐,锐意欲宣传其一部分。有为弗善也,而亦不能禁其所为,后此万木草堂学徒多言大同矣。"[26]按此推论,至少在1890年以前,即已存在《大同书》部分草稿。

　　否定《大同书》撰述于1884年的另一理由是"康有为的援引今文,是在一八八九——一八九〇年与廖平初晤之后,(康)为了表明自己'一无剿袭,一无依傍',就得填在一八八九年之前;……"[27]此外,《康南海自

────────

[24] 梁启超:《三十自述》,《饮冰室合集·文集十一》,页16。
[25] 梁启超:《康有为传》,见《康南海自编年谱》(外二种),页249。
[26] 梁启超:《清代学术概论》,见朱维铮校注《梁启超论清学史二种》,上海:复旦大学出版社,1985,页67。
[27] 汤志钧:《论〈大同书〉的成书年代》,《康有为与戊戌变法》,页123。

第七章　帝国的自我转化与儒学普遍主义

编年谱》光绪六年条下曾有"是岁,治经及公羊学,著《何氏纠缪》,专攻何劭公者。既而自悟其非,焚去"[28]的记载,表明康有为早年确曾对今文经学持批判态度。光绪六年亦即1880年,康有为在这年接触今文学说,并"自悟其非",不能说明1884年前后他仍然拒斥公羊思想。梁启超曾说:"有为早年,酷好《周礼》,尝贯穴之著《政学通议》,后见廖平所著书,乃尽弃其旧说。"[29]康有为早年酷好《周礼》是事实,据《康南海自定年谱》记载,他攻《周礼》、《仪礼》、《尔雅》、《说文》等古文经学的典籍在光绪四年(1878),早于他攻何休并"自悟其非"两年。梁氏提及的《政学通义》即《教学通义》,该书著成于1886年,康有为自定《万木草堂丛书目录》注此篇云"少作,已佚。"手稿今已发现,刊于1987年版《康有为全集》第一卷中。这部著作包含了今文经学的明显痕迹,梁启超的说法并不准确,试申述如下。

首先,《教学通义》一面称颂周公经纶之迹,另一面也以"三世说"和今文经学的若干取向对古文经学传统进行明确的批判。作者关注的问题是以通变的方式保持孔子学说的普遍价值。以《王制》和《周礼》判分今古始于廖平,但从庄存与、刘逢禄起,以今文家的身份而称引《周礼》者大有人在。在这个意义上,即使如梁启超所说,康有为以《周礼》贯穿《教学通义》也并不能说明作者其时并无今文观点。该书《从今第十三》议论"清谈孔、孟然且不可,况今之清谈又在许郑乎?",对古文学者推崇的许、郑之学表示厌倦;《尊朱第十四》明确提及儒学变乱始自刘歆,推崇朱子贯通诸经,足见康有为在1886年对刘歆作伪一事已有明确的看法。[30]《春秋第十一》完全尊公羊学的路径:贬低《左传》,抬高《公》《谷》,以为"今欲见孔子之新作,非《公》、《谷》不可得也。"康有为说:

> 《春秋》者,孔子感乱贼,酌周礼,据策书,明制作,立王道,笔则

---

[28] 康有为:《康南海自编年谱》(外二种),页10。
[29] 梁启超:《清代学术概论》,见《梁启超论清学史二种》,页63。
[30] 康有为:《教学通义》,《康有为全集》(一),页137—138。康有为还说,"孔子曰:'吾从周。'故从今之学不可不讲也。"

笔,削则削,所谓微言大义于是乎在。传之于子夏。……《公羊》、《谷梁》,子夏所传,实为孔子微言,质之经、传皆合。《左氏》但为鲁史,不传经义。……而讥世卿、明助法,讥丧昏娶,定百里之封,逮三等之爵,存三统之正,皆孔子制作之微文,与周公之礼绝异。孔子答颜子问"为邦"而论四代,答子张问"十世"而言"继周"。孟子述舜、禹、汤、文、周公而及孔子,则曰:"王者之迹熄而《诗》亡,《诗》亡而后《春秋》作。"其辟许行,亦以孔子作《春秋》,继尧、禹、周公之事业,以为天子之事。孔子亦曰,"知我"以之,"罪我"以之。良以匹夫改制,无征不信,故托之行事,而后深切著明。……故自周、汉之间,无不以《春秋》为孔子改制之书。……[31]

无论在安排经典的位置方面,还是在解释《春秋》的义旨方面,上述引文完全是今文家的口吻。这些线索表明康有为已经在转向公羊学的过程之中,此时距离廖、康会晤尚有三年的时间。

其次,以春秋三世说划分历史是《大同书》的基本的叙述框架,也是康有为援引今文的重要特点,《教学通义》中是否存在相关的痕迹呢?我们看下面这段话:

《春秋》之学,专以道名分,辨上下,以定民志,其大义也。自汉之后,《春秋》日明,君日尊,臣日卑。依变言之,凡有三世:

自晋至六朝为一世,其大臣专权,世臣在位,犹有晋六卿、鲁三家之遗风,其甚者则为田常、赵无卹、魏鲞矣。

自唐至宋为一世,尽行《春秋》讥世卿之学,朝寡世臣,阴阳分,嫡庶辨,君臣定,篡弑寡,然大臣犹有专权者。

自明至本朝,天子当阳,绝出于上,百官靖共听命于下,普天率土,一命之微,一钱之小,皆决于天子。……且《春秋》之显孔子之功,非徒施于中国,又莫大于日本焉。日本自与隋、唐大通,以中国之

---

[31] 康有为《教学通义》,《康有为全集》(一),页124—125。

经学为学，《春秋》及《通鉴纲目》大行焉。于是在宋时源赖氏以大将军霸天下，镰仓氏继之，足利氏继之，德川氏继之，凡所为封建、兵刑、用人、行政皆自将军出，历六百七十六年，其天皇守府，而卒不敢易名号、废其君。今王睦仁卒得起而废之。人士咸有《春秋》之学，莫不助王，而睦仁复其故统，盖所谓《春秋》之力、孔子之道，至是而极大矣。故谓后世皆《春秋》之治，诚所谓继周者也。[32]

将这段话与《大同书》丙部《去级界平民族》中的一段话加以对照，不难发现两者之间的某些相似的痕迹：

> 中国当《春秋》以前有封建世爵，诸侯既世其国，大夫又世其家，故虽以蕞尔之诸侯，……皆以世卿为之；士人、民家，则虽以孔子之至圣，仅摄相事，颜、闵之上贤，不得一命。当时虽无印度之弊，颇类欧洲之中世，日本维新以前矣。自孔子创平等之义，明一统以去封建，讥世卿以去世官，授田制产以去奴隶，作《春秋》、立宪法以限君权，不自尊其徒属而去大僧，于是中国之俗，阶级尽扫，人人皆为平民，人人皆可由白屋而为王侯、卿相、师儒，人人皆可奋志青云，发扬蹈厉，无阶级之害。此真孔子非常之大功也，盖先欧洲二千年行之。中国之强盛过于印度，皆由于此。……故孔子之天下，不言治而言平，而于《春秋》三世进化，特以升平、太平言之也。[33]

《教学通义》将"三世"具体地划分为晋至六朝一世、唐至宋一世、明至清一世，与《大同书》中的划分有所区别，但它们都明显地将"封建"和世袭贵族制视为祸乱的根源，暗示了大一统的价值取向。康有为的"三世说"不是对于历史的客观叙述，而是一种可资灵活运用的看待世界的方式，如何划分三世依具体需要而定，很难一概而论。更重要的是：《教学通义》

---

[32] 康有为：《教学通义》，《康有为全集》(一)，页125—126。
[33] 康有为：《大同书》，页109—110。

和《大同书》不仅把春秋"三世说"运用于中国历史,而且也运用于世界各地区的历史之中。前者将日本天皇制的恢复和"三世"问题联系起来,表达自己倡一统、废封建、勤王变法的构想,后者用"三世说"论证印度、欧洲中世纪和美国近代史,针砭贵族制、奴隶制和阶级制度造成的弊端,说明平等与太平的关系。在这个意义上,上述两部著作都将今文经学视为理解中国历史和世界历史的普遍法则。[34]

上述讨论证明:1.康有为转向今文经学并非全受廖平影响;2.论定《大同书》写于1902年并不确切;3.从1884年起直到1913年《大同书》部分手稿发表,甚至更晚时期,康有为一直在扩充、修改、增补、甚至部分地重写《大同书》的过程之中。1902年是康有为对已有手稿进行较为系统的修订和大规模增补的一年。现存《大同书》稿本还存在1902年之后修改和增补的痕迹,如康有为将1904年和1906年访问意大利、1905年访问加拿大和美国、1906年访问西班牙的观感写入了《大同书》。按梁启超所说,康有为在万木草堂时期拒绝发表《大同书》,完整的文本在身后才得以出版。如果康有为有心在这一问题上表现自己的先见之明,他为什么在生前根本没有发表全书的打算呢?[35]我的基本看法是:康有为对《大同书》的思考、撰述、修订、增补持续了二三十年的时间,这一事实说明该书既是他的思想的出发点,也是他最终抵达的目标。《大同书》的完整稿本形成于何时并不影响这一基本论点。

---

[34] 除了三世说之外,康有为也对三统说作了类似的处理。如云:"现欧洲多尚白,亦行孔子三统之白统也。"又云:"欧洲吉事用白,凶事用黑。印度以正五九废刑。""孔子之鲁,即佛之西天。日本之明治,安南之宽永,即孔子立元之义也。"康有为:《万木草堂口说》"春秋繁露"条,《康有为全集》,第二册,页384—385。

[35] 陈慧道的《〈大同书〉研究》(广州:广东人民出版社,1994,页1—13)认为《大同书》作于1884年至1902年间,我认为他的结论是可以接受的,虽然个别论证仍有待确证(如《礼运注》究竟是《大同书》以前的作品,还是以后的作品,仍有争议)。另外,1902年仍然不是最后定稿时期,可以说这是贯穿1884年以降康有为思想实践全部过程的著述。此外,朱仲岳发表于《复旦学报》1985年第2期的文章〈《大同书》手稿南北合璧及著书年代〉一文,通过对收藏于上海市文物保管委员会的《大同书》稿本和天津图书馆收藏的《大同书》稿本的研究,也证明《大同书》的成书有一个不断修改的过程。

第七章　帝国的自我转化与儒学普遍主义

康有为的晚年著作《诸天讲》可以视为《大同书》的续编，因为康有为在1884年前后构思《大同书》的出发点是以几何学、天文学为基础讨论"公理"和"公法"问题，思考的框架不仅超出了舆地学意义上的"中国"，而且也超出了地球本身。[36] 他显然希望发现一种超越地球上的文化差异的更为客观的视野，并以此为基础建立新的普遍主义。这是综合科学主义世界观和传统宇宙论的产物，一种在欧洲自然法观念影响下重新修订传统宇宙论的结果。值得注意的是，对于康有为来说，这一宇宙普遍主义与他对孔子的尊崇并不矛盾。康有为曾对陈千秋、梁启超讲述自己关于大同的想法说：

> 吾乃告之以孔子改制之意，仁道合群之原，破弃考据旧学之无用，……既而告以尧舜三代之文明，皆孔子所托，闻则信而证之；既则告以人生马，马生人，人自猿猴变出，则信而证之。乃告以诸天之界、诸星之界、大地之界、人身之界、血轮之界，各有国土、人民、物类、政教、礼乐、文章，则信而证之。又告以大地界中三世，后此大同之世，复有三统，则信而证之。[37]

在《孔子改制考》中，他又说：

> 故夫孔子以元统天，天犹在孔子所统之内，于无量数天之中而有一地，于地上无量国中而为一王，其于孔子曾何足数！[38]

---

[36] 康有为于1891年给沈子培的信中说："其后兼读西书，穷心物理，二十七岁所悟（即1884年。——引者注），知诸星之无尽而为天，诸天，亦无尽也。知视蚁如象，巢蚁蜷亦无尽，盖知大小无定而无尽也。……日光之来照吾，已阅十二年。电力之行也，一瞬已二十八万里，乃悟吾所谓万亿年者，真顷刻也，而吾之顷刻，乃他物以为万亿年者也，乃悟长短久暂之无定而无尽也。故视天地甚小，而中国益小；视一劫甚短，而一身益短也。……"见《致沈子培书》，《康有为全集》（一），页544。

[37] 康有为：《康南海自编年谱》（外二种），页19。

[38] 康有为《孔子改制考》，《康有为全集》（三），页226。

"大地之界"之上尚有诸天之界、诸星之界,但所有这一切均在"孔子以元统天"的范畴之内。如果说《大同书》是儒学普遍主义的"外篇"(即地球内部的世界秩序),那么,《诸天讲》则是儒学普遍主义的"内篇"(即宇宙万有的存在原理)。在这个意义上,"大同"思想只是他有关"公理"和"公法"的思考的一部分。

《大同书》的思想要素极为繁杂,除了三世大同说之外,也包含大量佛、道、朱子学、阳明学、西方政教、地理和科学知识,其中有些片段明显源于《万国公报》和其他通俗出版物。在深入分析《大同书》的基本内容之前,我们不妨对1884年前后康有为阅读、写作的情况进行一些考察,说明《大同书》的基本主题得以形成的知识条件和思想脉络。光绪二年(1876)至光绪四年(1878)年底,康有为从朱次琦学。朱次琦"发先圣大道之本,举修己爱人之义,扫去汉宋之门户,而归宗于孔子",[39]对于康有为对儒学的基本理解和态度产生过重要影响。《大同书》的出发点是"入世界观众苦",明显带有佛教痕迹,康有为早期求学过程也提供了相关线索。1879年(光绪五年)正月,康有为开始用心佛道之书,舍弃考据帖括之学,专意养心。他自述云:"既念民生艰难,天与我聪明才力拯救之,乃哀物悼世,以经营天下为志……俯读仰思,笔记皆经纬世宙之言。"佛典的阅读没有让他产生避世的念头,却激发起了以天下苍生为念、以整个地球和人类为"经世"("去苦求乐")对象的冲动。康有为转向经世的道德动力与他对阳明学和佛学的研究有着明显的关系。他没有把上述道德冲动限制在修身的范围内,在他看来,既然以天下为念,就必须把传统经世之书如《周礼》、《王制》、《太平经国书》、《文献通考》、《经世文编》、《天下郡国利病全书》、《读史方舆纪要》与西方之书如《西国近事汇编》、《李【】环游地球新录》和其他作品一同作为参考,完整地理解世界的变化。这一年,康有为恰巧有机会访问香港,对当地宫室之瑰丽、道路之整洁、巡捕之严密留有深刻印象,"乃始知西人治国有法度,不得以古旧制之夷狄视之",并因此"复阅《海国图志》、《瀛寰志略》等书,购地球图,渐

---

[39] 康有为:《康南海自编年谱》(外二种),页7。

收西学之书，为讲西学之基矣。"[40]

上述记载中最为值得注意的是他把各种经世之学、西方知识与通过佛学和道家学说思考天人关系和宇宙本体结合起来。他对西方的研究不是单纯地为了研究西方，甚至也不是如魏源那样意在"师夷长技以制夷"，而是为"经营天下"提供理论的和知识的准备。康有为集中阅读西学的另一高潮是构思《大同书》的前一年，即1883年，学习的重心从前一阶段的地理和政教等知识扩展到更为广泛的科学和历史："读《东华录》、《大清会典则例》、《十朝圣训》，及国朝掌故书，购《万国公报》，大攻西学书，声、光、化、电、重学及各国史志，诸人游记，皆涉焉。于时，欲辑万国文献通考，并及乐律、韵学、地图学。是时绝意试事，专精问学，新识深思，妙悟精理，俯读仰思，日新大进。"[41]《万国公报》、《西国近事汇编》、《海国图志》、《瀛寰志略》等报刊和著作中有关西方、科技和未来世界的讨论为《大同书》提供了新的知识背景和想像力的源泉。

在新的知识视野中，"中国"从"宇内"转化为"国家"，康有为所要经营的"天下"不再是"中国"的别称，而是整个世界。反过来说，尽管"中国"问题是他关心的头等问题，但这一问题本身已经不再是单纯的"中国"问题，从而不可能在孤立的"中国"范畴内解决。在1883年至1888年赴京赶考并著《上清帝第一书》（1888年12月10日）之间，盘旋在康有为心头的显然是一个更为抽象、也更为广泛的问题，即如何寻找一种世界的"公法"和宇宙的"公理"以解决中国和整个人类面临的困境。为了完成这一任务，他一方面需要发明一种超越具体文化差异和更为客观的视野，另一方面又必须重新构筑儒学普遍主义与这个公理世界之间的关系。如果儒学"万世法"地位没有发生根本的动摇，康有为又何必如此费心地综合各种知识重建普遍的"公理"和"公法"呢？继1884年悟大小久速"齐同之理"、"推太平之世"之后，康有为于1885年"从事算学，以几何著《人类公理》，……检视书记遗稿，……乃手定大同之制。"次年，他的《康子内

---

[40] 康有为：《康南海自编年谱》（外二种），页9—10。
[41] 同上，页11。

外篇》"内篇言天地人物之理,外篇言政教艺乐之事。又作《公理书》,依几何为之者",并研究天象和历法问题,试图对地球及其文明分布作出新的解释。[42]这里值得提出的是,今文经学包含了对律法和天象的研究,从而也较容易包容新的自然知识。1887年是康有为赴京并涉足政治活动的前一年,按孔子的说法,这是他的"而立之年"。康有为记载说:

> 是岁编《人类公理》,游思诸天之故,则书之而无穷也。作《内外篇》,兼涉西学,以经与诸子,推明太古洪水折木之事,中国始于夏禹之理,诸侯犹今土司,帝霸乘权,皆有天下,三代旧事旧制,犹未文明之故。推孔子据乱、升平、太平之理,以论地球。以为养兵、学语言,皆于人智人力大损。欲立地球万音院之说,以考语言文字。创地球公议院,合公士以谈合国之公理,养公兵以去不会之国,以为合地球之计。[43]

上述记载中最为值得注意的有两点:第一,康有为以内外区分天地人物之理和政教艺乐之事,从而将他的变法改制思想作为"外篇"置于"公理"体系之中。第二,三代旧事旧制并非公理,毋宁是在特定情境中形成的礼乐体系,从而不是一成不变的普遍原则。康有为认为人类知识更新的两个基本条件是交通和语言,一旦交通和语言为人类交往提供了新的范围,礼仪、制度和其他知识势必发生变化,而圣人就是能够因应这些变化创造新的规则的人物。正由于此,在科学技术和人类交往日益发达的晚清时代,局限于"中国"的范围无法保障儒学的普遍意义,孔子的三世学说必须置于地球以致宇宙的范围内加以解说。[44]

---

[42] 康有为:《康南海自编年谱》(外二种),页13—14。
[43] 同上,页14—15。
[44] 关于康有为此时提及"三世说"是否为后来为掩盖他受廖平影响所加,学者们有不同的意见。需要提及的是:公羊三世说是今文经学的重要主题,即使在清代今文学中,三世说的重要性也非始自廖平,我在前文论及的龚自珍和魏源均曾给予高度的重视。

第七章 帝国的自我转化与儒学普遍主义　　　　　　　　　　763

《人类公理》是否即《大同书》的初始稿本，抑或其他著作，我们不能确知。但如果对照这一时期的其他作品如《民功篇》、《教学通义》、《康子内外篇》、《万身公法书籍目录提要》、《实理公法全书》、《公法会通》，康有为的自述完全可以得到印证。这些著作包罗万象，从唐虞三代礼制的兴起，到历代政教制度和学术的发展，从宇宙自然的科学原理，到人类社会的基本法则，康有为试图构筑一种包容历史变化和普遍原理的整体性的世界观。一方面，在《民功篇》、《康子内外篇》、《教学通义》中，他以历史考察的方式，论证先王之道在"通变以宜民"，圣王礼制和法规均是因民需和适时变的产物，从而反对将之作为万古不变之道；另一方面，在有关公理、公法各篇中，他试图以几何、实测之学等宇宙原理为基础，探讨人类生活的制度和伦理，从而将圣王义理重新组织到一个更具普遍性的和科学性的体系之中。《实理公法全书》对实理和公法的区分是一个重要的理论前提，实理即普遍的原理，公法即根据普遍原理而人为设定的法律或规则，如人的物理特点、人的自然本性等等均为实理的部分，而围绕人的自主权设定的法律则是公法。在这个意义上，人类公法的根据不是先王政典或历史变化，而是一种抽象的、超越的和客观的原理。这一原理必须通过几何、实测（实证或实验）等科学方式才能获得。科学在这里是作为一种超越具体历史关系、超越具体权力关系的客观标准而被运用的。

"实理公法"以地球为单位形成公理和公法。《万身公法书籍目录提要》及《实理公法全书》最后一节（即《整齐地球书籍目录公论》）把《地球正史》、《地球学案》、各国例律、各国字典、万国公法等等列为必要的参考著作。"公法乃地球上古今众人各出其心思材力综合而成"，最有益于人道。康有为并不指望立刻用这一普遍主义的公法取代历史形成的法律和风俗，相反，他建议因俗制宜，寻找既定礼仪关系与公理、公法的会通之处，从而渐进地推行公法。[45] 三世进化说用一种目的论的历史叙述将现实关系与未来的大同世界关联起来。康有为对公理和公法的探讨依循了儒学的道德分类法，如夫妇、父母子女、师弟、君臣、长幼、朋友、礼仪（上

---

[45] 康有为：《公法会通》，《康有为全集》（一），页308—309。

帝名称、纪元纪年、威仪、安息日时)、刑法、教事、治事(官制、身体宫室器用饮食之节、葬、祭)等,但在他看来,这些分类法不是儒学的专有物,毋宁是依公理而成立的公法系统。在公理和公法的论述框架中,道德谱系以几何公理为根据,它的普遍性(作为公法)依赖于更为客观的和普遍的知识。先王政典的普遍价值在此相对化和历史化了,没有一种更为普遍和客观的知识视野,先王政典的神圣性就不可能消解。《大同书》的构思和写作历经数十年,具体内容的修改、增删不可避免,但这种融会公理、公法和历史以形成一种将历史的变化和普遍主义知识相互贯通的努力却一以贯之。

第四节　作为世界之治的"大同"

康有为在酝酿和写作《大同书》的过程中不止一次阅读《海国图志》。把《大同书》与魏源的《海国图志》放在一起讨论也许不无理由:第一,这两部著作都是以全球为对象的著作;第二,这两部著作又都是因为"中国"问题而展开的对世界的探讨;第三,这两部著作看待世界的方式深受今文经学的影响。[46]以《海国图志》的世界描述为背景,也许可以更为清晰地显示《大同书》的思想特点。为了论述的方便,我在此略前详后,在一种比较的视野中阐述《大同书》的意义。

1. 具体的叙述与普遍的叙述

《海国图志》是对世界的现实关系进行的一种历史—地理描述;魏源利用了大量的西方地理学知识,但全书处处征引历史,看待世界的框架深

---

[46] 康有为早年研读《海国图志》,但伴随地理学知识的丰富,他对《海国图志》的误谬之处有所批评。但这并未影响他对舆地学视野的关注。参见《南海师承记》,《康有为全集》(二),页451。

受帝国视野的影响。《大同书》是对世界的想像关系进行的一种历史虚构式的叙述；康有为利用宗教、哲学和科学知识建立看待世界的更为超越的视野，它虽然使用了儒学的知识，但在上述视野中，帝国和儒学的知识仅仅是一种"地方性知识"。只是在与公理相互吻合的时候，儒学才具有普遍意义。康有为力图寻找一种超越"中国"问题的视野来看待"中国"与世界，其方式是把几何学和地理学知识与佛教世界观结合起来，对世界"众苦"进行平面分类，如将"苦"区分为人生、自然和社会之苦（社会之苦又可以区分为社会身份的差别、中心与边缘的差别、兵役和捐税的折磨、社会制度的差别，等等），等等。这种分类法忽略历史的渊源关系，把自然灾难、社会疾苦并列为人类和世界的基本特点。在"天灾之苦"的范畴中，康有为除列入火灾、水灾、疾病之外，还列入舟船覆沉之苦、汽车碰撞之苦；在"人道之苦"的范畴中，除了列入鳏寡、孤独、疾病之外，还列入贫穷和贱者（奴隶等）之苦，从而社会问题不再是历史问题，而是生存的本体论问题。在这个意义上，乐和苦这类抽象的概念取代现实世界的历史关系，构成了康有为对世界进行叙述的基调。

康有为将"众生苦"的视野与去苦求乐的现世取向结合起来，构成了一个外释内儒的思想体系。内儒是根本的，但外释也极为重要，因为只有在这个佛教世界观的框架内，儒学义理才能获得一种超越具体历史关系的普遍适用性。[47]康有为显然需要一种本体论来表达新的普遍主义，而儒学似乎并不能提供这一框架。按康有为的说法，孔教即佛法之华严宗，"故夫人道者，依人以为道。依人之道，苦乐而已，为人谋者，去苦以求乐而已，无他道矣。""故有父子、夫妇、兄弟之相亲、相爱、相收、相恤者，不以利害患难而变易者，人之所乐也。……圣人者，因人情之所乐，顺人事

---

[47] "乐"比"苦"更为根本，它构成了生活的意义和目标。梁启超极好地概括了乃师有关"法界的理想"的含义："华严奥义，在于法界究竟圆满极乐，先生乃求其何者为圆满，何者为极乐。以为弃世界而寻法界，必不得为圆满，在世苦而出世乐，必不得为极乐，故务为世间造法界焉。……于是原本佛说舍世界外无法界一语，以专肆力于造世界。先生常言，孔教者佛法之华严宗也。何以故？以其专言世界，不言法界，庄严世界，即所以庄严法界也。"梁启超：《康有为传》，《康南海自编年谱》（外二种），页264。

之自然,乃为家法以纲纪之,曰:'父慈、子孝、兄友、弟敬、夫义、妇顺。'此亦人道之至顺,人情之至愿矣,其术不过为人增益其乐而已。"[48]国土、部落、君臣、政治之法无非是圣人"顺人事之自然"、"为人免其苦"而制定的规划,一旦人类的制度、礼仪和道德本身成为痛苦之源,那么,无论其为国法、军法、家法或其他什么神圣大法,均为违背人道的法则。在康有为对众生苦的叙述中,我们仍然可以体会到儒学、特别是今文学的一些基本宗旨,但儒学义理的普遍性事实上已经相对化了。例如,甲部第一章《人生之苦》的第一条论"投胎之苦"、第五章《人情之苦》的第七条论"阶级之苦"对于世袭贵族制度给予批判,深合今文经学讥世卿的宗旨,但已经扩展为对阶级问题的思考。康有为说:

> 中国有一事过绝大地者,其为寡阶级乎!……孔子首扫阶级之制,讥世卿,立大夫不世爵、士无世官之义。经秦汉灭后,贵族扫尽,人人平等,皆为齐民。……遂至于全中国绝无阶级,以视印度、欧洲辨族分级之苦,其平等自由之乐有若天堂之视地狱焉,此真孔子之大功哉![49]

按此,孔子学说的伟大成就是去除了阶级的分野。在我们已经引用过的丙部《去级界平民族》中的一段话中,去除阶级的问题与"去封建"、"大一统"、"讥世卿"等今文学宗旨密切相关,从而暗示了阶级问题与国家体制之间的历史联系:

> 自孔子创平等之义,明一统以去封建,讥世卿以去世官,授田制产以去奴隶,作《春秋》、立宪法以限君权,不自尊其徒属而去大僧,于是中国之俗,阶级尽扫,人人皆为平民,人人皆可由白屋而为王侯、卿相、师儒,人人皆可奋志青云,发扬蹈厉,无阶级之害。此真孔子非

---

[48] 康有为:《大同书》,页5—6。
[49] 同上,页45—46。

第七章 帝国的自我转化与儒学普遍主义　　　　767

常之大功也,盖先欧洲二千年行之。[50]

然而,康有为对孔子学说的坚守以服从更为基本的公理为前提,因此,他不得不将孔子学说抽离具体的历史关系。例如,他认为三代有井田以授民,不存在奴隶,后世为奴者为战争使然,如蒙古以兵力灭服各国,从而将蓄奴的"胡狄之俗"引入中原。又如,刘歆伪《周官》之制,从而导致孔子真义尽失,以致八旗制度包含了奴隶制的因素。康有为呼吁:"今宜发明公理,用孔子之义,引光武之制,将所有奴籍悉予除免……"[51]

2. 历史的叙述与科学的叙述(种族主义的知识基础)

在《海国图志》中,"科学"知识(如地理学知识)是更为现实地、真实地描述世界的手段,科学技术本身被描述为一种可以运用的力量,但科学本身并不是看待全部世界的框架。《海国图志》对地缘关系的叙述隐含了极为广阔的帝国战略的视野,而科学技术不过是"长技"而已。在《大同书》中,"科学"知识是一种客观知识、一种看待世界的框架、一种重新规划世界关系的原理、一种"自然法",从而总是与本体论或宇宙论的视野结合在一起。因此,《海国图志》对世界图景的描述同时包含了对于历史关系的追索,而《大同书》对世界关系的重构却是对于历史关系的否定。在甲部《入世界观众苦》之后,康有为正式展开他对大同世界的构想,而首要的问题就是"去国界合大地"。他按地理学知识将地球分为南北两半,各为五十度(总记百度),东西亦为百度,每度之中分为十分,实方百分;每分之中分为十里,实方百里。人以度为籍,自治政府亦以度为主,全世界以大同纪年、度量衡皆同,使用普遍语言和历法。康有为用今文学的三统、三世说为上述规划作出说明,如谓"孔子立三正:周建子,商建丑,夏建寅皆可,而以建寅为正。若今欧美则近于周正建子,日本从之;

---

[50] 康有为:《大同书》,页109—110。
[51] 同上,页111—112。

俄则用商正建丑为近"云云,力图将孔子学说扩展到全球范围之中。但是,这是一种反历史的分类法,一种否定传统历史联系的分类法,在这一分类框架中,任何历史学说均必须服从于这一科学分类法才能获得自己的合理性。这是科学主义的普遍主义。

然而,上述科学的方式与今文学的某些传统存在相同之处。早期今文学即有以律立法的传统,从董仲舒到孔广森的春秋义例,均带有这一特点。今文经学的"内外例"在《大同书》中也有类似的运用。乙部第一章《有国之害》对于中国与四夷的关系、地球与宇宙的关系给予彻底地相对化,认为内/外、夷/夏、封建/郡县,以及各种疆界、区别均应予以否定。[52]康有为追索古今中外攻城略地的历史,认为国家愈繁、疆界愈严,则战争愈频。在这个意义上,"本孔子大一统之言为'定于一'之说"也就成为去国弭兵的根据。"罢封建而立郡县……实因孔子大一统之义,得保民息兵之宜者也。自是以后,中国一统,虽累朝之末犹有争乱,中叶安宁率得数百年,人民得父子夫妇白首相保者,比之战国首虏之祸,其相去岂不远哉!"[53]在康有为看来,大一统是一种和平主义的或弭兵主义的政治伦理。按照"大一统"的逻辑,郡县比封建好,统一比分裂好,帝国一统比诸国纷争好,而最终的解决办法是解除军队、废除国界、实现大同。"内外相对化"的原则在这里直接表现为对于国界以及由此引发的战争的厌倦。然而,"国者人民团体之最高级也;自天帝外,其上无有法律制之也",那么,去国弭兵的依据何在呢? 这就是"公理"或"势之自然"。"夫国界进化,自分而合,乃势之自然。"[54]"势之自然"一方面符合公理,另一方面恰恰又是弱肉强食的法则,在这个意义上,"强大国之侵吞小邦,弱肉强食,势之自然,非公理所能及"又是公理的体现或者"大同之

---

[52] 康有为说:"古者以所见闻之中国四夷为大地尽于此矣,今者地圆尽出,而向所称之中国四夷乃仅亚洲之一隅,大地八十分之一耳。……""三代之封建诸侯,即唐、宋之土司也。土司之始,如今亚齐诸酋,溪洞稍隔,无船渡之,即别立国,无量小土司并吞而后为大鬼主、都大鬼主。……"同上,页55—56。
[53] 同上,页58。
[54] 同上,页69。

先驱"。[55]康有为以反历史的、公理化的方式反思弱肉强食的世界,却又把历史变动的强者逻辑转化为公理的具体承担者。

从表面看来,康有为的"大一统"概念是对种族主义的批判,但其结果却是对种族主义逻辑的确认。今文经学的"大一统"观念包含了对内/外、夷/夏相对化的思考,而相对化的根据是历史和文化关系的演变。在公理主义的框架内,内/外、夷/夏相对化的"大一统"逻辑已经建立在科学的分类法之上,从而康有为陷入了以肤色和血液划分种族的科学偏见。在丙部《去级界平民族》和丁部《去种界同人类》中,他用"大一统以去封建"、"讥世卿以去世官"和"授井田以去奴隶"的平等主义说明孔子的教义,明确地将阶级、民族、国家和种族的等级差别视为大同的敌人。但是,如果我们稍加留心就会发现,同样是谈论内外、夷夏的相对化,这里的叙述增加了新的"科学"成分。早期今文经学以礼仪或文化作为"内/外、夷/夏相对化"的根据,不仅包含了对于清朝社会关系中的制度化的等级政策的否定,而且还包含了对于以种族或族群划分社会等级的知识的否定。"礼仪中国"的概念就是建立在这双重否定之上的。在《大同书》中,康有为虽然承续了内外、夷夏相对化的宗旨,但在科学公理观的背景上,他重新引入关于种族的"客观知识",从而他对种族主义的批判变成了对种族主义前提的确认。在这里,"族"或"种族"的概念,以及据以划分种族的尺度——肤色或血液——已经成为先决前提,从根本上改变了以礼仪和文化为基础的夷夏观或内外观。康有为问道:欧洲的罗马、条顿和斯拉夫种族相近,易于合一;亚洲的华夏族、蒙古族、日本族同被教化,面目相同,亦易同化;但白种、黄种、棕色人种和黑种之间如何同化呢?我们无法确切地知道《大同书》中有关种族的论点是在哪个时期添加进去的,但这一种族主义的知识和观点在晚清政治中扮演过重要的角色。例如,甲午战争以后,日本为了平衡俄国的对华影响,以种族主义的亚洲观笼络维新派的士大夫,郑观应、谭嗣同、徐勤、唐才常等均曾受其影响。徐勤(时在日

---

[55] 康有为:《大同书》,页69—70。

本办学)说:"日本处士,仁哉侠哉!日日以亡中国为忧,中国亡则黄种瘠;黄种而瘠,日本危哉!于是上自政府,下逮草野,群有心捄世之人,创立兴亚义会,冀扶黄种,保亚东,毋尽为俄、德诸雄蚀。"[56]日俄战争时期,中国留学生以黄种相号召,支持占据了中国土地的日本。

夷/夏、内/外是早期儒学典籍的基本范畴,但在这些典籍中,夷夏关系和内外关系被理解为一种礼仪、风俗和文化的差等关系。《大同书》中以肤色、血统作为划分种族的方式是全新的,它植根于一种科学的观念。由于接受了肤色、血统等"客观的"科学知识,种族差异被视为天然的、无法相对化的界限。如果说夷/夏、内/外基本上属于礼仪、文化等范畴,那么肤色、血统则必须置于一种生物学或生理学的范畴内才能解决。这是为什么康有为费尽心机地考虑如何在白色人种和黑色人种之间进行配种。康有为设想的办法包含了两个层面:第一,以白种作为各种族的最高等级,从而种族改良必须以白种作为标准;第二,改良的方法包括迁地之法、杂婚之法、改食之法和沙汰之法,等等。这与今文经学的夷夏观和内外观相去万里,与康有为奉为公法的孔子学说毫无关系。康有为的平等观在这里以等级化的种族观为基本前提,从而实现大同的过程势必以转化以至消灭低等种族为前提。康有为说:

> 夫欲合人类于平等大同,必自人类之形状、体格相同始,苟形状、体格既不同,则礼节、事业、亲爱自不能同。夫欲合形状、体格绝不相同而变之使同,舍男女交合之法,无能变之者矣。[57]
>
> 夫大同太平之世,人类平等,人类大同,此固公理也。然物之不齐,物之情也。……非然者,虽强以国律,迫以君势,率以公理,亦有不能行者焉。[58]

---

[56] 引自《唐才常集》,湖南省哲学社科研究所编,北京:中华书局,1980,页178。
[57] 康有为:《大同书》,页118。
[58] 同上。

在普遍主义公理观的框架内，在所谓天演之公理的范畴内，对差异的认可不是导向一种承认差异的平等主义，而是导向以白色人种为标准进而取消种族差异的平等主义。这种普遍主义毋宁是一种以白人为中心的社会达尔文主义。有必要指出的是，科学知识在形成这一种族主义观点的过程中仅仅扮演了一定的角色，更为根本的是历史因素。康有为崇仰美国的政治文化，认为这一政治文化中保留着的对黑人的种族歧视和蓄奴制度带有历史的和科学的合理性。[59]科学在这里是一种典型的合法化知识。如果把这些论述与《海国图志》中最具宗教和文化偏见的部分进行相比，魏源也显现出更多的宽容和理解，他从来没有把不同宗教和文化的差异看作是一种无法改变、从而必须加以消灭的先天差异。在《海国图志》对于世界关系的现实主义的描述中，并不包含《大同书》据以观察世界的那种超越于文化差异和历史关系之上的至高无上的公理和貌似客观的知识。儒学本身的神圣性仍然是魏源据以观察世界的基本尺度。

3. 帝国之兵书与世界大同之治

《海国图志》解释了海洋时代的权力关系的历史基础和复杂网络，其目的不是重构整个世界，而是保护自己不受外敌侵犯；它的兵书性质的标志即注重战略、战术和具体历史关系的讨论，从未以一种抽象的普遍法则对其他文明、民族、国家进行通盘规划。魏源对清朝社会痛下针砭，但他的改革构想更多地源于历史的灵感、帝国的经验、对导致世界格局变化的那些基本力量的洞察。《大同书》恰恰相反，它以弭兵去国为中心，以取消历史的时空关系为取向，以普遍公理为根据，通盘规划世界，设计普遍主义的公法体系。大同与传统社会体制的根本差别不仅在于它是一种全球治理形式，而且还在于它以科学知识为基础对世界进行划分，完全排除

---

[59] 康有为说："美国人言平等，而不肯举黑人入仕，不许黑人入客店，不许黑人坐头等车，同席有黑人者，虽宦学必不齿焉，即有贤总统力扶之而无补也，实色不同也。"同上，页115—116。

各种传统的地缘、种族、文化和历史因素。《海国图志》强调师夷,但基本的叙述框架却是以中华帝国的网络为中心的;《大同书》以孔子三世说作为叙述世界的框架,但在普遍主义的视野内,"西方"知识(国家、种族、性别等等)已经成为支配性的价值。在这个意义上,《大同书》是一个反现代性的现代性文本,也是一个非西方的西方知识谱系。

对于康有为来说,资本主义、工业革命和殖民过程不同于传统帝国的力量,它们改变了世界关系的基础,从而对这一过程的反抗必然最终不是对于西方的反抗,而是对于构筑现代世界的基本规则的反抗——因此,不是以帝国对抗帝国,而是彻底修改游戏规则,才有可能解决中国和人类面临的问题。修改规则的前提是进入同一游戏过程,亦即融入新的世界体系之中,彻底消除内外、夷夏、种族、国家、性别等等界限,进而以一种"客观知识"或普遍公理为依据,以反历史的方式构筑世界治理体系。对于规则的反抗是一种内部的反抗。值得注意的是,当1884年康有为构思大同问题时,直接触发他的是中法战争和内忧外患,但去国弭兵的大同主义却建立在对于全部历史关系的否定之上。乙部《去国界合大地》的第一章为《有国之害》,从中国历史和其他地区的历史等不同方面系统地描述国家、战争和人民承受的苦难。[60]康有为利用内/外、夷/夏之相对化的逻辑,明确地将"中国"看作是不断扩展和建构的过程,而这一过程的直接动力就是不断的兼并。这一历史观可以说是后来古史辨派、特别是顾颉刚的"层累造成的古史说"之先声。"古者以所见闻之中国四夷为大地尽于此矣,今者地圆尽出,而向所称之中国四夷乃仅亚洲之一隅,大地八十分之一耳。"国家兼并的历史亦即战争攻伐的历史,古今中外概莫能外。康有为因此设想一种最终的解决办法,即按照公羊学的三世进化之说,设想一种世界治理体系。这个世界治理体系的基本特点是:它是反国家的,但不是无政府的。

从今文经学的发展来看,康有为的大同构想极大地扩展了龚自珍排

---

[60] "自有人民而成家族,积家族吞并而成部落,积部落吞并而成邦国,积邦国吞并而成一统大国。凡此化小为大,皆由无量战争而来,涂炭无量人民而至,然后成今日大地之国势,此皆数千年来万国已然之事。"同上,页54。

除"封建"的观点,把"一统"概念扩展到全球范围之内。大同的历史前提不再是庄存与、刘逢禄梦想的封建礼仪的世界,而是对于"封建"的彻底的根除,这是因为"去封建"体现的正是"国界进化,自分而合"的"势之自然"。[61]在这个意义上,康有为不但贬低三代,非议春秋,高度评价秦之一统,而且对于印度、西亚、南亚和欧洲各处的历史给予同样的分析,如说:"若夫欧洲,封建千年。德侯三十万,法十一万,奥、英各一万余,近已并于王权。"他甚至认为俄国吞并北亚、法国吞并安南、突尼斯、英国吞并缅甸、日本占领高丽、琉球,以及欧洲殖民者对非洲的瓜分,统统视为去封建而进于一统的标志。[62]因此,康有为的"大同说"和公政府的构想既是对战争和兼并的否定,同时又将战争与兼并作为抵达大同的通道。如果我们把他的上述思想放置在晚清改革运动的脉络中观察,其实质的含义也不容忽视。甲午之后,列强瓜分中国的进程明显地加快了,推动变法运动的士大夫力图以"合邦"、"卖地"、"签约"的方式求得暂时的缓解。杨深秀上书光绪,分析俄、德、法等国瓜分中国的意向,建议说:"近日危局非联合英、美、日本别无图存之策。""就愿我皇上早定大计,团结英、美、日本三国。勿嫌合邦之名之不美,诚天下苍生之福矣。"[63]为了实现变法维新的基本目标,康有为本人就曾主张"卖地筹款"。如果国家兼并本身也是通向大同的途径,那么,上述令人骇怪的主张也就获得了某种合法性。

由于在公羊三世说的框架中讨论问题,康有为对于联邦和大同之间关系的想像多少与经学家所理解的封建与郡县(一统)的关系相似。在讨论合国的构想时,康有为区分了三种体制:各国平等联盟之体,各联邦自行内治而大政统于大政府之体和取消邦国、各建自立州郡而统一于公政府之体。按照三世说的划分,上述三种政体分别归入"联合之据乱世之制"、"联合之升平世之制"和"联合之太平世之制",相互之间存在着一

---

[61] 同上,页69。

[62] 同上,页70。

[63] 《戊戌变法档案史料》,页170。相关讨论参见罗耀九:《戊戌维新派对帝国主义的认识与反帝斗争的战略策略思想》,《论戊戌维新运动及康有为、梁启超》,广州:广东人民出版社,1985,页58—59。

种逐层进化的关系。其中联邦加大政府之体(即联合之升平世之制)最为接近三代、春秋的"封建"的体制。[64]康有为把龚自珍以非封建或将封建礼仪虚化的诉求扩展到了全球范围,例如德国、美国的联邦制其实就是将封建虚化的国家形式。在这个意义上,康有为对大同初始阶段的构想仍然保留了某些"封建"价值的因素,但这种封建价值已经获得了其现代形式,即联邦政治的形式。事实上,即使在全面大同的阶段,康有为构想的没有政党竞争、议会争吵、官僚腐败的政治形式也留有儒者对于三代的想像痕迹:

> 然太平世人德至美,教学尤深,议员为贤哲高流,固无此野蛮之举动也。太平之世只此公政府、各度政府、地方自治局三级。地方自治局,乡也;各度政府,邑也;人类不能无者也。

在灵活的分工之下,"大同之世无有民也";举世管理世界,"无有官也";职务有高低,但职务的履行是高度灵活的,在履行职务之外,"全世界人皆平等,无爵位之殊,无舆服之异,无仪从之别。"[65]

资本主义、工业革命和殖民主义促进了人类交往的可能性,从而上述历史想像中的政治形式可以在新的历史条件下扩展为全球的政治形式。大同世界是一个建立在交通和通讯高度发达的技术条件下的地球村,原有的以国家或民族为单位的自治权力不再有效。[66]康有为以"度"划分大同世界的政治单位,摒弃了所有的传统概念,如家、族、乡、国、洲等;在

---

[64] 如康有为说:"各联邦自理内治而大政统一于大政府之体,若三代之夏、商、周,春秋之齐桓、晋文,今之德国是也。普王与各联邦王公平等,与齐、晋同,然桓、文之霸权,体未坚固;若三代之与德,则统一之体甚坚固矣。……此联合之升平世之制也。"见《大同书》,页70—71。
[65] 同上,页260—261。
[66] "凡大同之世,全地大同,无国土之分,无种族之异,无兵争之事,则不必划山为塞,因水为守,铲除天险,并作地途。……铁道横织于地面,汽球飞舞于天空,故山水齐等,险易同科,无乡邑之殊,无僻闹之异,所谓大同,所谓太平也。""大同之治体,无国种,无险要,故分治之域,不以地势为界而但以度为界,每度之疆,树石刻字以表之。"同上,页255—256。

这一政治架构中,不但封建自治的因素完全消失了,而且联邦政治的自治形式也告瓦解。"故合全地之大,经纬纵横,划为百度,每度立一政府,合数千小政府,而公立全地大政府,不可少,不可多,不可加,不可减矣。"[67]为什么以"度"作为行政单位、又为什么"度"必须大小适中以至不可稍少、稍多、稍加、稍减?第一,"度"不以国家、种族、地势为单位,其规模以不能大到再设下属行政单位,也不能小到无法进行全球管理的程度,因此,以"度"划分自治单位可以获得最大的效率;第二,"度"是一种自治单位,其特点是摆脱地缘、文化、种族等因素、铲除政治结构异化的基础,把"自治"落实到最基层的社会。"大同之世,全地皆为自治,官即民也,本无大小之分……"[68]"故太平世之农场即今之村落焉。其地方政治,即农场主之,而商店长、邮、电、飞船局长、铁路站长佐之,不必设乡官焉",其他如工场等等也依此类推。[69]上述观点与康有为在现实政治中的自治观点具有平行关系。他主张有效能的中央政府(以"为民"为中心的功能性的机构)与较小的地方行政机构的二元体制,反对元以来推行的以行省为单位的自治形式,因为行省制效率不高,易于社会分裂。正是从上述考虑出发,他把中央集权的必要性(尤其推崇三代的政体)与社会自治或公民自治——即主张基层社会的自我管理——结合起来。[70]像魏源一样,康有为对美国和瑞士的联邦制抱有兴趣,但在现实政治中,他对联邦制和中国的行省制采取坚决否定态度。[71]康有为和梁启超有关

---

[67] 同上,页257。

[68] 同上,页256。

[69] 同上,页267。

[70] 参见康有为发表于1903年旅居印度时的作品《官制议》,见《新民丛报》35—50期。相关讨论,参见萧公权:《近代中国与新世界:康有为变法与大同思想研究》,页246—261。

[71] 参见康有为的《海外亚美欧非澳五洲二百埠中华宪政会侨民公上请愿书》(1907),《康南海先生文钞》,第五册,"奏议",页17—19;《裁行省议》(1910),《康南海先生文钞》,第四册,页28—46;《废省论》(1911),《不忍》一期,页5—11;《中华救国论》(1913),《康南海先生文钞》,第一册,页1—22;《论共和立宪》,《万木草堂遗稿》,卷一,页69—71。有关论述参见萧公权:《近代中国与新世界:康有为与大同思想研究》,页254—261。

地方自治的构想与国家主义的论述基本上是围绕这一轴心展开的。关于这一点,我在讨论梁启超的部分再做详细的阐述。

有关大同之制或世界治理的论述集中在乙部《去国界合大地》和辛部《去乱界治太平》两个部分中,前者讨论了实现大同的过程和方向,后者具体表达了大同世界的政治架构、经济关系和社会模式。大同的初始阶段即设立公议政府阶段各国主权仍然很大,这一阶段的主要任务是通过公议政府制定各国公律,统一关税、度量衡、语言文字,等等,这一按照联邦构想设定的政治形式是进一步合国、合种、合教以至无种、无国、无教的过渡形式。从具备完善的政治架构而言,大同对国家的否定是建立在世界政府的基础之上的,即在世界范围内建立治理体制。因此,大同既是对国家的否定,也是一种放大了的、没有外部的国家。大同世界分为两级政府,即全地大同公政府和各度政府。公政府的政体构成分为二十四个部分:民部、农部、牧部、渔部、矿部、工部、商部、金部、辟部、水部、铁路部、邮部、电线部、船部、飞空部、卫生部、文学部、奖智部、奖道部、极乐部、会议院、上议院、下议院、公报院。各度政府的结构与公政府结构相似,计十八个部分,公政府的职能部门为部,度政府的职能部门为曹。其他各项差别为:渔业归入农曹;增设医曹;邮、电、船、飞空归公政府管辖,因而度政府不设分曹。大同政府的设置与通常的国家政体设置的区别是没有常备军、司法和外交。议会的设置也略有不同,即公政府的上议员由各部代表担任,度政府的上议员由仁者或智者担任,而下议院不设议院,由全体人民公议。由于政体建立在灵活分工的基础上,从而议院本身是公或度政府的一个部分,不是两权分立体制。

4.国家主义与社会主义

《海国图志》的历史地理叙述勾勒了一个内外紊乱的世界,但基本的目标是要在国家竞争的世界中形成内外有序的秩序、确立中国的主权,以竞争的态势进入一个由商业与军事霸权主导的世界体系;因此,它的努力方向是复制欧洲近代化的逻辑,发展资本主义经济、强化国家及其军事力量,以帝国为中心重建朝贡网络,从而最终维护中国的传统。龚自珍、魏源均利用今文经学的内外观试图将帝国内部的差异相对化,同时在帝国与外部的关系中确定明确的边界和内外关系。这是帝国向国家转化的重要环节。在这个意义上,魏源提供的世界视野为近代国家主义的观念提供了前提。《大同书》恰好相反,它试图勾勒一个与现实世界截然相反的世界法则,不但消除竞争、军队和杀伐,而且要取消上述现象的基础,即国家、主权、阶级、私有财产,以及性别差异。在这个意义上,"海国"是对资本主义逻辑及其历史基础的描述和确认,而"大同"则是对资本主义逻辑及其历史基础的取消和否定。

《大同书》不仅对国家、民族和种族等问题进行反思,而且还对阶级、性别和财产权等资本主义的内在逻辑进行批判。这一批判被放置在公羊三世说和普遍主义的平等观的框架内,因而从形式上看这一批判不是对于资本主义的特定历史逻辑的批判,而是对于人类生活中的一种普遍现象的批判。在过去的研究中一直存在着《大同书》究竟是一部空想社会主义的著作(针对资本主义的著作),还是一部资产阶级启蒙的著作的争论。《大同书》关注的是重新规划世界关系问题,它以合大地、同人类为前提,而合大地、同人类又以国家兼并、科技发展和生产方式的转化为前提。在这个意义上,大同逻辑直接针对的是现代资本主义,孔子学说的意义也只有在克服资本主义内在逻辑的意义上才能够是普遍的。但是,大同学说是普遍的真理,其有效性不限于某个历史时期或某个特定社会。按照据乱、升平和太平的逻辑,每一阶段都包含着向大同的过渡。孔子创立了平等之义,去封建、讥世卿、授井田、去奴隶、限君权,中国成为一个"阶级尽扫,人人皆为平民,人人皆可由白屋而为王侯、卿相、师儒"的"无阶级"社会。[72]中国社会的衰败正是由于背弃了孔子的教诲,重构了等级体系。美国革命、法国大革命以平等为取向,由它们开创的现代社会的某些方面不仅体现了孔子去阶级的平等主义价值,而且也预示了大同世界的人类关系。

---

[72] 康有为:《大同书》,页109—110。

《大同书》戊部《去形界保独立》把升平、太平的平等主义延伸到女性解放问题之中,谴责人类历史中的性别歧视为"天下最奇骇、不公、不平之事,不可解之理",呼吁"以公理言之,女子当与男子一切同之;以实效徵之,女子当与男子一切同之。此为天理之至公,人道之至平,通宇宙而莫易,……"[73]尽管康有为的男女平等构想是一种大同伦理,但他批判的直接对象还是中国的传统和西方的遗存。康有为举出"不得仕宦"、"不得科举"、"不得充议员"、"不得为公民"、"不得预公事"、"不得为学者"、"不得自律"、"不得自由"八条,从社会的观点分析历史中的男女不平等,并引申出"为囚"、"为刑"、"为奴"、"为私"四条,论证女性的苦难。[74]他对妇女解放的讨论基本上针对的是传统的习俗、制度和文化,提出的解决办法也以"升平"而非"太平"为主。在该部第七章《抑女有害于立国传种,宜解禁变法,升同男子,乃合公理而益人种》、第八章《女子升平独立之制》和第九章《男女听立交好之约,量定限期,不得为夫妇》中,康有为阐述了妇女解放与国家富强的关系,从教育、法律、风俗、习惯、婚姻制度、服饰等方面提出了变革的方案。

《大同书》对家族制度的批判同样具有双重意义。己部《去家界为天民》以天伦与人伦相对照,认为父子之道是天性,但父子关系不必是亲生关系或婚姻关系的产物。"父之于子,不必问其为亲生与否,凡其所爱之妇之所生,则亦推所爱以爱之,推所养以养之,此实太古初民以来之公识、公俗也,然实父子之道所以立者也。"[75]通过将父子之道归入"公识、公俗"或天性范畴,康有为在父子之道与夫妇和家族制度之间划出了界限,因为后者是认为的产物。按三世说的逻辑,家族制度是孔子为"据乱世"所制作,在升平和太平的时代,这一制度本身必须废弃。家族制度的主要弊端在于"生分疏之害",即同姓者亲之,而异姓者不亲,最终导致异姓之间的竞争和仇杀;在国家竞争的时代,家族制度缺乏超越宗族认同之上的动

---

[73] 同上,页126—127。
[74] 同上,页127—146。
[75] 同上,页169。

力,从而导致"以一国而分为千万亿国,反由大合而微分焉"的局面。[76]

家族制度与地缘、血缘和风俗密切相关,大同世界则以齐风俗、一教化为前提。在这个意义上,"去家"也就成为太平大同的前提之一。但"去家"不是去世界或佛教之出家,因为大同的逻辑以"求乐"或"乐生"为本。如果取消现存的婚姻制度、家族制度,那么,如何处理自由的两性关系及其后果?康有为的答案是人类再生产的社会化。他对这一社会化的体制作出了详细的构想:一、公养制度:设立人本院,照顾孕妇,实行胎教,免除父亲的责任;设立育婴院抚育婴儿,免除母亲的工作;设立怀幼院,教育三岁以后之儿童。二、公教制度:设立蒙学院,教育六岁以上儿童;设立小学院,教育十至十四岁儿童;设立中学院,教育十五岁至十七岁少年;设立大学院,教育十八岁至二十岁青年。三、公恤制度:设立医疾院,给人治病;设立养老院,照料六十以上不能自养之老人;设立恤贫院,帮助贫而无依者;设立养病院,为废疾者提供康复条件;设立化人院,处理死者事务。这是一种三代之制式的社会主义构想。

除了人类自身的再生产的社会化之外,《大同书》还详细地阐述了生产和分配制度的社会化。梁启超所说"社会主义派哲学"在这里得到了集中的表达。[77]康有为认为现代世界的基本法则是社会达尔文主义。"近自天演之说鸣,竞争之义视为至理,故国与国陈兵相视,以吞灭为固然,人与人机诈相陷,以欺凌为得计。百事万业,皆祖竞争,以才智由竞争而后进,器艺由竞争而后精,以为优胜劣败乃天则之自然,而生计商业之中尤以竞争为大义。"[78]竞争法则起源于私有财产制度,所谓"夫以有家之私及私产之业,则必独人自为营业,此实乱世之无可如何者也。"[79]农业因此不能均产而有饥民、工业因此劳资纠纷将成国乱、商业因此产生欺诈并造成产品过剩。康有为提出的相应措施以实行公有制为前提,即公农、公工、公商。公农的措施包括:举天下之田为公有,禁止土地买卖,政

---

[76] 同上,页172。
[77] 梁启超:《康有为传》,《康南海自编年谱》(外二种),页253。
[78] 康有为:《大同书》,页236。
[79] 同上,页237。

府立农部规划天下之田,各度政府立农曹、农局具体掌管农业生产。这是一种计划农业的思想:统计人民需要的食品及其种类,根据各地特点,实行机械化农业和农、林、牧、渔多种经营;根据全球人口和各地所需,将农业产品交由商部统一分配,真正做到地无遗利、农无误作、物无腐败、品无重复余赢,为未来节省资源,为人民节省精力。公工的措施包括:生产资料悉归公有,由公政府之工部和度政府之工曹统一管理和经营。工部和商部通力合作,调查适宜办厂的地址、究明产品和技术的条件、弄清消费者的取向,实行计划生产和销售。计划工业的思想主要是避免工人与机器的矛盾,避免生产过剩,促进科学发现的技术转化。公商的措施包括:全球商业归公政府之商部管理,它根据工、农业生产的状况和全球人民的需要协调生产和消费,按照人口及其需求状况调度各地产品。各度政府及其下辖各区域分设商曹、商局、商店。此外,全球交通统一管理("公通"),开发自然也由公政府管理("公辟")。值得注意的是,康有为的公有制并不废除货币,而是通过"公金行"协调经济和消费活动,调节工、农、商、交通、通讯和其他社会福利,以及个人的经济活动。由于担心公有制度导致效率低下和缺乏活力,他还建议进行竞美、奖智、奖仁等活动,并实行禁懒惰、禁独尊、禁竞争和禁堕胎等"四禁"。

公有制取消私有产权,从而取消了传统的权利概念。但是,康有为认为这一体制建立在一种更为广泛的权利即人权之上,后者以每个人的自立为前提。按照《大同书》的逻辑,私有制产生于家庭制度,而家庭的成立以男女不平等为条件。康有为推论说:

> 故全世界人欲去家界之累乎,在明男女平等各有独立之权始矣,此天予人之权也;全世界人欲去私产之害乎,在明男女平等各自独立始矣,此天予人之权也;全世界人欲去国之争乎,在明男女平等各自独立始矣,此天予人之权也;全世界人欲去种界之争乎,在明男女平等各自独立始矣,此天予人之权也;全世界人欲致大同之世、太平之境乎,在明男女平等各自独立始矣,此天予人之权也;全世界人欲致极乐之世、长生之道乎,在明男女平等各自独立始矣,此天予人之权

也;全世界人欲炼魂、养神、不生、不灭、不增、不减乎,在明男女平等各自独立始矣,此天予人之权也;欲神气遨游、行出诸天、不穷、不尽、无量、无极乎,在明男女平等各自独立始矣,此天予人之权也。[80]

在这个意义上,公有制的全面实现以男女平等之人权为基础。

第五节 经学、孔教与国家

1. 大同与国家、皇权与民权

如果《大同书》的写作贯穿康有为政治思想的始终,那么,我们无法回避下述三个问题:第一,康有为用一种相对主义的观点观察宇宙间的现象,从而将"中国"问题贬低为天地之间的小问题(所谓"故视天地甚小,而中国益小"),但他为什么仍然以救"中国"为念呢?[81] 第二,《大同书》对国家持强烈批判态度,但为什么在写作该书的过程中,康有为对皇权又给予积极肯定? 第三,为什么《大同书》对国家政治结构的批判与他的变法改制实践并行不悖? 在进入对《新学伪经考》、《孔子改制考》以及《春秋董氏学》等经学著作的解读之前,我首先扼要地回答上述三个问题。

从政治理论的角度说,上述问题均可以在今文经学的理论范畴内获

---

[80] 同上,页252—253。

[81] 康有为说:"知大小无定而无尽也……悟长短久暂之无定而无尽也。故视天地甚小,而中国益小;视一劫甚短,而一身益短也","因是一不忍之念,先不忍其所生之国,而思救之,遂遭奔播以至于今矣。然见其大者,虑忽于微也,则凡人伦事物之间,生于今世及中国者,必循其时与其地之俗,而不逾焉。罗念庵曰:'未能凑泊,即以未能凑泊为工夫;更无彼岸,即以不到彼岸为究竟。'以斯为安身、安心、受用之所,天地我立,万化我出矣。"《致沈子培书》(1891),《康有为全集》(一),页544—545。

得解释。第一个问题可以置于"三世说"的框架中理解:首先,无分内外的太平世恰恰以礼序森严的升平世为前提,从而对"中国"的否定必须以拯救"中国"为条件。1895年,康有为赴桂林讲学,有学生问及《大同书》的问题,他说:"今方为据乱之世,只能言小康,不能言大同,言之过早,转有害而无益。"[82] 这就是康有为关于历史演变不可躐等进化的理论。其次,"中国"概念本身包含了大同的意义,因为"中国"不是民族—国家,也不是帝国,而是一种文化的象征和载体。按照康有为的理解,中国与西方列强的冲突不仅是一般的国家间的冲突,而且也是文化规则的冲突。拯救中国在这个意义上包含了一种文化的承诺,即对儒学普遍主义的承诺,而儒学普遍主义——亦即视孔子学说为万世法——不仅是中国的礼仪和法律前提,而且也是世界的礼仪和法律前提。他遵循孔子学说,用"正名"的方式确定儒学的范围和"中国"的含义:

> 客家即苗氏,非皇帝种也。贵州,明以前为罗斯鬼国。云南,元所改;贵州,明所改。公孙龙子讲坚白,名学也。欧洲学派似公孙龙。外国名号,俱出印度。日本、安南、高丽,皆孔子范围。[83]

在这里,他把"中国"概括为超越族群(如苗民)、地域(云、贵),以至文化(名学)的范畴,将孔子学说视为超越"国家"范畴的教义("日本、安南、高丽,皆在孔子范围")。如果救中国与重振孔教礼乐相互匹配,那么,这一过程不是与大同并无根本冲突了吗?从今文经学的角度看,康有为、廖平等人均已从"三统说"内部推衍出有关中外关系的论点。以对康有为有过影响的《知圣篇》为例,廖平推论三统之说起于《诗》之三《颂》,他的两个相关结论是:第一,"'鲁、商'二字即'文、质','文、质'即中外、华洋之替字。中国古无质家,所谓质,皆指海外。一文一质,谓中外互相取法。为今之天下言之,非古所有。"第二,"《诗》言皇帝、八王、八监、十六牧事,就大一统言之,

---

[82] 廖中翼:《康有为第一次来桂林讲学概况》,《桂林文史资料》第二辑,页52。
[83] 康有为:《万木草堂口说》"春秋繁露"条,《康有为全集》(二),页422—423。

此百世以下之制,为全球法者也。《尚书》言四代之制,由一化四,此三统变通之意也。一竖一横,一内一外,皆'治''平'之教。……六经统为素王,万世之大法也。"[84]如果中外关系可以用"文质"的范畴加以解释,则中外的冲突也必须以文化或礼仪的方式加以解决。康有为循此路径,把"中国"理解为一种文明概念或文化概念,从而将"救国"与重建儒学的普遍主义联系起来。

第二个问题可以在"内外例"的范畴内回答:清朝的法统与皇权的形成有着密切的关系。如何把统帅自己部落的汗王转化为对于各民族(内外)具有普遍统治权的皇帝,这是满清王朝的首要的合法性问题。康有为对帝国内外关系及其历史演变有着清晰的认识,一方面,他利用今文经学之"内外例",重申"夷狄、中国,论德不论地"的原则,加强帝国内部关系的统一性;另一方面,他又重新解说三统,将满洲王朝纳入中国王朝的连续关系之中,从而微妙地确定中国的认同。例如,他以阴阳交替解说王朝更迭,说明清朝与明朝的连续性及其与"外部"(非我族类)的关系。"圣人言天地一阴一阳,言人理并归于阳。本朝在明太祖治内。佛与孔子极相反,然后能立。圣爱其同类,不同类者杀之可也,若同类者不得杀也。此圣人大义。"[85]清统治者所谓"满汉均为朕之臣工",以及"无分内外"、"中外一家"等说法提供了一种可能性,即以清帝国的扩张范围为背景,通过对各种文化的抽象化的处理,将皇权转化为"中国"的统一性的象征。没有这一象征,满、蒙、汉、回、藏等就无法构成统一的"人民",中国中心的朝贡体系的实质的和象征的体系就无法建立起来。正是在这一语境中,康有为通过解释孔子对天子祭天的论述,重构皇权与中国统一的历史关系。[86]在

---

[84] 廖平:《知圣篇》,《廖平学术论著选集》(一),成都:巴蜀书社,1989,页180—181。
[85] 康有为:《万木草堂口说》"春秋繁露"条,《康有为全集》(二),页388。
[86] 《康子内外篇·阖辟篇》云:"故居今日地球各国之中,惟中国之势独能之。非以其地大也,非以其民众也,非以其物产之丰也,以其君权独尊也。其权之尊,又非势劫之,利诱之,积于二帝、三王之仁,汉、唐、宋、明之义,先圣群贤百千万人、百千万年讲求崇奖激励而成之。故民怀旧俗,而无外思;臣慕忠义,而无异论;故惟所使也。故挟独尊之权,诚如阖辟之术,则人材之乏不足患,风俗之失不足患,兵力之弱不足患,一二人谋之,天下率从之,以中国治强,犹反掌也,惟此时之势为然。"康有为:《康子内外篇》,《康有为全集》(一),页165—166。

晚清改革运动中,皇权中心主义一方面包含针对后党的直接政治目的,另一方面也是一个强化"中华民族认同"的社会运动。以朱子学为基础的《大清通礼》确定了宇宙秩序与清朝遵循的礼仪习俗的关系,而皇权作为维持政治秩序的象征同时也负有维持礼仪习俗的责任,从而皇权不仅是一种政治性的权力,而且也是礼仪和文化统一性的象征。

那么,如何才能在复杂的内外关系中确立皇权的中心地位呢?康有为说:"当时诸侯皆祭天地,孔子定为天子祭天地。孔子之义在立差等,全从差等出;佛法平等,即无义也。"[87]一方面,孔子以立差等的方式确定了皇权的绝对地位,但另一方面,这一绝对地位是以孔子立教和孔子为圣王的形式确立的,从而皇权中心不仅是一种政治关系,而且也是一种礼序关系,即皇权的合法性建立在礼仪/制度的前提之上。下述引文即这一特殊的皇权中心主义的经学表达:

> 孔子言天道也,阴阳齐举;人道也,并为于阳。故国只有一君,家只有一主,妻亦从夫之姓。……孔子以元统天,作天为一小器皿,有元以统之。……天者,万物之本;祖宗,类之本;君、师,治之本,礼之本。孔子一切制度,皆从夫妇、父子始。[88]

皇权中心主义并不意味着皇帝本身拥有统治其臣民的绝对权力,这是理解康有为皇权论的重要环节。我们需要在多重语境中诠释其意义。

首先,在太平天国运动之后的语境中,重构皇权中心主义,并力图将皇权中心主义与儒教普遍主义结合起来,有着极为具体的含义。巴斯蒂(Marianne Bastid)详尽地研究了太平天国运动之后"君主政体的宗教性和礼仪性的衰落",她指出"由于太平天国并未质疑君主政体本身的原则,因而他们针对'天国'这一异端所作的文化宣战就不是为捍卫

---

[87] 康有为:《万木草堂口说》"春秋繁露"条,《康有为全集》(二),页386。
[88] 康有为:《万木草堂口说》"春秋繁露"条,《康有为全集》(三),页425—427。

帝制本身,而是从整体上来捍卫儒家伦理道德与信条。"[89]这一从政治史角度作出的论断恰好与康有为从孔子改制论出发为皇权所作的辩护相一致。从1861年北京政变到1875年两宫太后"垂帘听政",朝廷内部有关摄政、继嗣、继统等问题发生过一系列事件和争论,除了实际的政治权力斗争之外,也还涉及皇帝权威的基础和规则等礼仪问题,其中最为重要的即由皇位与皇帝的分离而产生的"摄政"的合法性问题。1861年8月22日,英法联军入侵北京之后一年,咸丰帝卒;同年8月24日皇长子宣布继承大统。由于皇帝年幼,围绕太后摄政问题,朝廷内部以肃顺为中心的八位御前大臣与后党势力发生冲突,至11月北京政变,肃顺等被革职、受审和处死,太后以皇帝名义宣布"垂帘听政"。按照巴斯蒂的研究,首先奏请太后摄政的监察御史董元醇对于太后摄政的倡议包含了三个相互关联的方面,即皇权实体的化身,维系臣民对皇帝尊崇的纽带,以及政治惯例对变化的形势的适应。皇帝的权威不能是抽象的,如果皇帝年幼无法亲政,太后必须以摄政的方法维持皇帝的实体地位。[90]

围绕"摄政"的合法性问题,清廷内部展开了有关皇权性质的争论,分歧的要点是:支持太后摄政者把皇位理解为统治权的实际需要,即国家一统的需求产生了皇位,从而摄政是必要的;反对太后摄政者认为君主政体是一种制度,皇位和帝制本身就是国家存在的保障,"摄政"既无先例,也无必要。1875年1月12日,同治帝驾崩,死后无子,太后以"训谕"为名立年仅三岁的同治的表弟载湉为皇太子及咸丰养子。两天之后,谕旨宣布太后"垂帘听政"。"1879年与1898年之间,官员们被迫表达了他们对于皇权施行的观念,而未涉及它的本质或地位。随着时间的推移,经过慈禧与光绪的争权出现了事实上分担皇帝权力的现象,这一分权逐渐被

---

[89] Marianne Bastid, "Official Conceptions of Imperial Authority at the End of the Qing Dynasty", in *Foundations and Limits of State Power in China*, ed. S. R. Schram (London: London School of Oriental and African Studies, University of London, 1987), pp. 147-186. 该文已经译为中文,见巴斯蒂:《晚清官方的皇权观念》,《开放时代》,2001年1月号。

[90] Ibid, pp. 147-186.

接受并进一步加剧。"1886年12月起,光绪开始亲自朱批奏章,1889年3月4日正式亲政,但慈禧仍然有权过问所有奏折、呈报和决策,包括高官的任命也需经她批准。皇权处于一种分裂和分立的状态。"正如皇权可以像政府职位一样分割已为人接受,君主政体自1898年面临威胁以来,也纯粹被作为一种理性的政治制度来捍卫,而未涉及它的神圣本质及宗教功能。这标志着那种将皇帝的地位等同于任何政府高官的趋势的继续。因而1898年对于维新派观点的理论上的反驳来自于地方绅士及职位较低的省级官员而非朝廷大臣。"[91]这一历史语境为我们重新理解康有为的经学著作提供了重要的线索:一方面,康有为重新确认皇权中心主义,确认王位的神圣地位,以批驳盛推周公的古文经学为名,完全排除了"摄政"在皇权行使过程中的合法性;另一方面,他以孔子改制相标榜,将先王、后王、素王、圣王、制法之王等神圣范畴加诸孔子而非皇帝,将王位的神圣性置于制度的神圣性的前提之上,从而为形成一种西方式的政教分离的社会体制提供了内在于儒学的根据。中国的皇权传统与庞大的官僚制传统密切相关,皇权绝对主义从来不能描述中国皇权的实际状态。无论是皇权,还是贵族,都受制于礼仪、制度和官僚体系的平衡,从而皇权与贵族之间的矛盾也不是绝对的。

　　康有为对皇权中心主义的论证包含了对摄政的正统性的排斥,但他采用的是重申孔子遗教的方式,显然预设了在皇权之上的礼仪权威。事实上,即使在慈禧"垂帘听政"时期,她也不得不遵循一些皇室礼仪和《垂帘章程》的制约。例如,戊戌政变之后,慈禧谋废光绪帝位,但"顾宫议垂定,而必得南省各督抚之同意,方敢实行。及密询两江总督刘坤一,两湖总督张之洞等"。[92]但刘坤一上折称"君臣之分已定,中外之口宜防",坚决反对废光绪帝之议,[93]而张之洞也"不敢苟为异同。"[94]慈禧即使在政变之后也不能废黜光绪帝的根本原因在于清代的皇权传统和儒学有关

---

[91]　Ibid.,pp.147-186.
[92]　宋玉卿编:《戊壬录》(不分卷),《立储始末》,见《清代野史》第一辑,页352。
[93]　王无生:《述庵秘录》,《光绪帝之几废》,见《清代野史》第三辑,页352。
[94]　天暇:《清代外史》第七篇第十一章《皇嗣之变更》,《清代野史》,第一辑,页151。

皇位的礼仪观限制了她的野心,而晚清中央与地方的权力平衡关系也制约她的行动。[95]

其次,康有为的皇权中心论包含了相互矛盾的两重特点,即一方面确立君权的绝对中心地位,另一方面以孔子及其代表的价值、礼仪和制度限制皇权的运用范围。皇帝是权力的中心,但他的权力从来不是绝对的,因为行政、司法和道德权威遵循着一套规则。中心权力本身包含了一种区分,即法权与法令的区分:孔子是制法之王,体现着最高的公正,而皇帝则依据这一根本大法行使权力,他的法令限制在法权规定的范畴内。这样,康氏一面以皇权为中心,另一面又大张旗鼓地谈论孔子改制,以孔子为圣王、为权威的唯一源泉,构筑了一种以皇权为中心又限制皇权的运用范围的理论。这是以儒学为形式的君主立宪论。因此,除了关心皇权与摄政的关系问题之外,康有为倡导皇权中心论是和下述考虑密切相关的:中国只可行立宪,不可行革命;中国只可中央集权与基层自治相结合,不可行分省自治。这一基本观点在戊戌变法失败后以更为明确的方式表达出来。1902年,在《答南北美洲诸华商论中国只可行立宪不可行革命书》中,康有为在对皇帝不得复辟,以及西后、荣禄仍柄大权的局面表示愤慨的同时,又对法国革命及其专制后果表示疑问,倡导学习欧、美各国"行立宪法、定君民之权"。他以春秋三世说为据,反对以革命方式"超跃而直入民主之世界":

> 夫孔子删《书》,称尧、舜以立民主;删《诗》,首文王以立君主;系《易》,称见群龙无首,天下治也,则平等无主。其为《春秋》,分据乱、升平、太平三世。……今日为据乱之世,内其国则不能一超直至世界之大同也;为君主专制之旧风,亦不能一超至民主之世也。……若必即行公理,则必即日至大同,无国界、无家界而后可,必妇女尽为官吏而后可,禽兽之肉皆不食而后可,而今必不能行也。仆在中国实首创言公理,首创言民权者,然民权则志在必行,

---

[95] 参看杨珍:《清朝皇位继承制度》,北京:学苑出版社,2001,页539—581。

公理则今日万不能尽行也。……凡君主专制、立宪、民主三法,必当一一循序行之,……[96]

君主立宪被认为是从"朝廷国家"向"民权国家"的过渡形式。

为什么不能以革命方式废除满洲皇帝、形成大众民主? 第一,皇权的废止意味着国家控制能力的丧失和分裂局面的出现。"然以中国土地之大,人民之众,各省各府,语言不相通,各省各府,私会不相通,各怀私心,各私乡土,其未大成也,必州县各起,省府各立,莫肯相下,互相攻击,各自统领,各相并吞,各相屠城,流血成河,……内乱相残,必至令外人得利也。"[97]在同年春天给梁启超等人的书信中,他反对简单师法欧洲的民族自决和各省自立模式,并援引印度为例,论证各省之独立与印度亡国奴种的关系。对于梁启超等人倡导十八省自立的言论,康有为给予严厉斥责,他警告说:"若吾国各省自立之后,必旋(踵)即灭,吾同胞即遇至文明之国,苟非王者,至不能与其民齿,……呜呼! 数千年完全宏大之神州中国,吾同胞何为有分裂自立之思想,而求速灭亡之哉,真可为大变异与大不可思议矣。""移而攻满洲,是师法印人之悖蒙古而自立耳,则其收效亦与印度同矣。""其能合数十封建小国为一统而变法者,则小如日本,亦复强盛;其散一统以分为数十小国者,虽大如印度,亦即败亡。"[98]康有为对于分省自治、联邦或邦联构想所蕴含的族群冲突和国家分裂持有极深的忧虑,对于这一局面与外来势力之间的互动关系也有深刻的洞察。他对"革命"的批判主要不是对于"革命手段"的批判,而是对于"革命"的诉求和"革命"背后的"中国"观念——即以民族自决和各省分立为内含

---

[96] 康有为:《答南北美洲诸华商论中国只可行立宪不可行革命书》,《康有为政论集》,上册,页475—476。

[97] 同上,页479—481。

[98] 后又针对"联邦之说"补充道:"自吾愚妄无知之门人梁启超、欧榘甲等妄倡十八省分立之说,至今各省分争若此,此则梁启超之功也。……"康有为:《与同学诸子梁启超等论印度亡国由于各省自立书》,《康有为政论集》,上册,页502—503,500,497,504,505。

第七章 帝国的自我转化与儒学普遍主义

的未来中国的构想——的批判。

第二,除了对光绪本人的期待之外,康有为对皇权的维护还包含着超越满汉、内外之辨以重新界定"中国"的动机。用他的话说:

> 谈革命者,开口必攻满洲,此为大怪不可解之事。夫以开辟蒙古、新疆、西藏、东三省之大中国,二百年一体相安之政府,无端妄引法、美以生内讧,发攘夷别种之论以创大难,是岂不可已乎?……然则满洲、蒙古,皆吾同种,何从别而异之,……且中国昔经晋时,氐、羌、鲜卑入主中夏,及魏文帝改九十六大姓,其子孙遍布中土,多以千亿,……又大江以南,五溪蛮及骆越、闽、广,皆中夏之人,与诸蛮相杂,今无可辨。当时中国民数,仅二三千万,计今四万万人中,各种几半,姓同中土,孰能辨其真为夷育夏裔乎?……若夫政治专制之不善,则全由汉、唐、宋、明之旧,而非满洲特制也。……若国朝之制,满、汉平等,汉人有才,匹夫可以为宰相……今革命者,日言文明,何至并一国而坐罪株连之;革命者,日言公理,何至并现成之国种而分别之,是岂不大悖谬哉!……国人今日之所当忧者,不在内讧,而在抗外也。……昔戊戌在京时,有问政体者,吾辄以八字言之,曰"满、汉不分,君民同体"。……故只有所谓中国,无所谓满洲。帝统宗室,不过如汉刘、唐李、宋赵、明朱,不过一家而已。……[99]

这是基于一种特定的"中国"和"中国人"的概念才能够产生的思想:中国和中国人不是根源单一的种族或族群,而是随着历史的演变和族群的混杂而形成的族群和民族,任何对于内部分裂的理解或种族主义的理解都与"中国"这一独特的概念相互冲突。我们必须在这一广阔的"中国"概念和政治观的前提下理解康有为的经学思想:《新学伪经考》、《孔子改制考》和《春秋董氏学》等著作把孔子供奉为唯一的教主、

---

[99] 同上,页487—489。

圣王、制法之王,不但彻底否定周公摄政的合法性,而且拒绝承认其他任何势力分享孔子的"王"位。这一叙述表达了一种王权不能分割、君权必须置于中心和中华一统的历史观念和政治寓意。这就是康有为以封建与一统的冲突为中心来描述和解释儒学与其他各种学说和政治的关系的基本理由。

最后,这一捍卫皇权和国家的坚定姿态与康有为的大同思想有着内在的联系。在《新学伪经考》和《孔子改制考》中,康有为对皇权神圣性和唯一源泉的倡导包含了一种极为醒目的特征:他所推尊的绝对王权不是历史中的帝王,而是孔子;他所倡导的王位的神圣性,源自孔子制作的礼仪和制度的神圣性。一方面,六经出于孔子,另一方面,六经"以制度为大纲"。[100] 因此,制度的神圣性高于任何现实权力的神圣性,因为前者渊源于圣王孔子的亲自制作。换言之,康有为恢复了王权的神圣性,但这一恢复仍然建立在对礼乐、制度的优先性的前提之上。

也正是在这个意义上,我们对第三个问题的回答与前面两个问题密切相关,它需要在《春秋》"作新王"或"夷狄之有君,不如中国之亡也"的范畴内解释,即礼序的重要性超过了君权的重要性。这一原理可以被理解为:一旦集权国家形成,国家与君主之间的分离也就开始了。首先,如果礼序的存在是中国存在的前提,那么,在皇权主导的改革向"国家主义"的方向转变之后,对皇权的否定并不意味着中国的灭亡。[101] 在建立集权国家、形成内部主权的单一性的过程中,君主通常把自己看

---

[100] 这是廖平《知圣篇》中的话。廖平没有像康有为这样将孔子定一尊与排斥"摄政"直接相互关联。廖平说:"今使《尚书》实录四代之文,事多沿革,每当廷议,各持一端,则一国三公,何所适从? 孔子不能不定一尊以示遵守,亦情势之所必然也。既文质之迥殊,又沿革之互异,必欲斟酌美善,垂范后王,沉思默会,代为孔子筹画,则其笔削之故,有不待辨而自明者矣。"《廖平学术论著选集》(一),页185,182。

[101] 这一过程与18世纪以前的欧洲强国运动有着相似的部分,即不是以作为整体的民族国家为中心,而是以君主为中心培育民族感情,实现其政治目标。欧洲民族—国家以绝对主义国家作为自己的历史基础或前提,而绝对主义国家必须塑造自己的绝对君主或英雄人物。伊曼纽尔·沃勒斯坦:《现代世界体系》,第一卷,北京:高等教育出版社,1998,页182—183。

作是民族的代表，即代表自己的民族行使统治权。王权形式的集权国家向民族—国家的过渡的主要形式就是国家与帝制分离、君主与国家的分离。其次，由于绝对君主的普遍权力建立在作为一种普遍存在或具有内在一致性的"人民"概念之上，而"人民"的同一性来源于君主代表的民族的同一性，因此，一旦国家与君主的关系开始分离，主权在民就会成为民族—国家的主导政治理念。晚清强国运动包含了加强皇权的内涵，但无论从今文经学的政治理论，还是从具体的变法构想来看，康有为参与的变法运动并不是塑造绝对君主的文化运动，恰恰相反，变法的目的是君权与国家的分离，从而达到"中国"与自己的文明（孔教）的合一。清代面对着内部民族主义的挑战，为了维持帝国的合法性，就必须找到适应这个社会大部分成员共同认可的形象。在变法运动中，康有为和他的追随者利用今文经学发展了孔子的素王形象，并通过对春秋学的解释为当代变法改革提供历史合法性。以君主立宪为方向的政治变革蕴含着对君主权力本身的否定。下面这段引文经典地说明了康有为的思想逻辑：

> 天下之所宗师者，孔子也，义理、制度皆出于孔子，故经者学孔子而已，孔子去今三千年，其学何在？曰在六经，……凡为孔子之学者，皆当学经学也。……然则孔子虽有六经，而大道萃于《春秋》，若学孔子而不学《春秋》，是欲其入而闭之门也。……孔子所以为圣人，以其改制，而曲成万物、范围万世也。其心为不忍人之仁，其制为不忍人之政。仁道本于孝弟，则定为人伦。仁术始于井田，则推为王政。孟子发孔子之道最精，而大率发明此义，盖本末精粗举矣。《春秋》所以宜独尊者，为孔子改制之迹在也。《公羊》、《繁露》所以宜专信者，为孔子改制之说在也。能通《春秋》之制，则六经之说，莫不同条而共贯，而孔子之大道可明矣。……苟能明孔子改制之微言大义，则周秦诸子谈道之是非出入，秦汉以来二千年之义理制度所本，从违之得失，以及外夷之治乱强弱，天人之故，皆能别白而昭晰之，振其纲而求其条目，循其干而理其枝叶，

其道至约,而其功至宏矣。[102]

以孔子为圣王,以《春秋》为典制,同时意味着制度和礼仪高于皇帝本身。孔教一统既为以儒教为中心实行政教分离体制提供了前提,又为超越皇权与国家的大同体制提供了转变的内在逻辑。尊崇孔子与孔学在这个意义上成为变法改制的同义语,因为三代礼法是孔子创制的结果,从而复归三代之治的方式不在古文家们所注重的"祖述王制"而在"创制"的行为和过程本身。在政治的层面,皇权中心主义是帝国与民族—国家之间的过渡环节,而在礼制的层面,皇权中心主义无非是施行孔子所订立的王制的历史条件,也是向大同过渡的一个桥梁。这是皇权及其权力体制自我转化的内在逻辑。

2.《新学伪经考》

光绪十四年戊子(1888)五月,康有为赴京乡试,时年31岁。九十月间,他感于国势日蹙,决心上书请及时变法,但因文辞激烈,未能上达,遂转而"发古文经之伪,明今学之正,既大收汉碑,合之《急就章》,辑《周汉文字记》,以还《仓颉篇》之旧焉。"[103] 次年九月,他离开北京,经杭州、苏州、九江、武昌等地,于年底回到广东。光绪十六年庚寅(1890年)居于广州安徽会馆,并于一二月间会见南来广州参加《国朝十三经疏》的编撰工作的廖平。[104] 廖平于1888年著成《辟刘篇》和《知圣篇》,开始了他的所谓"经学六变"中的第二变,但当时并未付梓。《辟刘篇》今不存,但据此篇改定的《古学

---

[102] 康有为:《桂学答问》,《康有为全集》(二),页52—54。这里需要略作补充的是接近孔子的门径问题,即"由孟子而学孔子,其时至近,其传授至不远,其道至正,宜不歧误也。孟子于孔子无不学矣,而于'禹抑洪水,周公兼夷狄',述及孔子,即舍五经而言《春秋》,于'禹恶旨酒,汤执中,文王视民如伤,武王不泄迩、不忘远,周公思兼三王',述及孔子,亦舍五经而言《春秋》。"
[103] 康有为:《康南海自定年谱》(外二种),页15—16。
[104] 参见黄开国:《廖平评传》第7章,页237—279。

考》刊于光绪二十三年(1897)、《知圣篇》刊于光绪二十八年(1902)。这两部著作的最初版本均非廖平最早的稿本,其中包括了廖平"经学三变"的思想。光绪二十三年(1896),廖平著《经话甲编》,其中第107、108条指陈康有为《新学伪经考》得自《知圣篇》。[105]廖、康的关系问题成为学术史上的一段公案。较早的学术史著作如钱穆的《近三百年中国学术史》和晚近的著作如黄开国《廖平评传》已经对《知圣篇》与《孔子改制考》、《古学考》与《新学伪经考》之异同作了基本的梳理,康有为受到廖平的影响和启发可以认为是定论。

按《康南海自编年谱》光绪十六年庚寅(1890年)记载,陈千秋、梁启超分别于该年六月和八月成为他的学生。陈三月以客人的身份拜访时,康有为"乃告之以孔子改制之意,仁道合群之原,……"并涉及大同思想,这是《康有为自编年谱》中首次谈论孔子改制问题,在时间上晚于廖、康会面。[106]次年秋七月,《新学伪经考》初刻,1894年遭清政府毁版。1898年重刻并呈光绪帝,随后又遭毁版。《孔子改制考》著成于1894年,大同译书局初刻于1897年冬,于1898年初始面世。按《康南海自编年谱》首次提及《孔子改制考》在光绪十八年条下,并云"是书体裁博大,自丙戌年与陈庆笙议修改《五礼通考》,始属稿,及己丑在京师,既谢国事,又为之。"另外,光绪二十年甲午条下有"著《春秋董氏学》及《孔子改制考》"的记载。[107]丙戌年为光绪十二年,即1886,己丑年为光绪十五年,即1889,而光绪二十年甲午为1894年。由此可以推断,《孔子改制考》的写作经历

---

[105] "己丑在苏晤俞荫甫先生,极蒙奖掖,谓《学考》为不刊之书。语以已经改易,并《三传》合通事,先生不以为然曰:'俟书成再议'。盖旧误承袭已久,各有先入之言,一旦欲变其门户,虽荫老亦难之。乃《辟刘》之议,康长素逾年成书数册,见习俗移人,贤者不免。""广州康长素奇才博识,精力绝人,平生专以制度说经。戊间从沈君子丰处得《学考》,谬引为知己。及还羊城,同襄季度过广雅书局相访,余以《知圣篇》示之,……后访之城南安徽会馆,……两心相协,谈论移晷。明年闻江叔海得俞荫老书,而《新学伪经考》成矣。甲午晤龙济斋大令,闻《孔子会典》也成,用孔子卒纪年,亦学西法耶稣生纪年之意,然则《王制义证》可以不作矣。……长素刊《长兴学记》,大有行教泰西之意,更欲于外洋建立孔庙。"《经话甲编卷一》,《廖平学术论著选集》(一),成都:巴蜀书社,1989,页447—448。
[106] 康有为:《康南海自定年谱》(外二种),页19。
[107] 同上,页21,25。

了若干年的时间。从时间上看,康有为受到廖平的影响极有可能,从内容上看,廖、康著述之间的重叠和相似之处一目了然。[108]对照《知圣篇》、《古学考》与《孔子改制考》、《新学伪经考》,我们可以清楚地找到两者的相互重叠之处:如刘歆乱伪说、孔子素王说、孔子著六经说、托古改制说,等等。

然而,康有为并非完全承袭廖平。在他的上述两部著作中不仅包含了廖平很少论述的诸子改制、以民为归和三世说等等问题,我们已经证明康有为在更早时期已经开始怀疑刘歆作伪。更重要的是,廖平著述虽然也包含一定的政治寓意,但他缺乏康有为对于政治的洞见和直接的政治动机。康氏对于变法改制——如设议院、开学校、妇女平等——的具体规划只有置于他的政治观中才能得到理解。戊戌政变之后,廖平授意他的儿子师慎著《家学树坊》,内列《知圣篇读法》澄清四益(廖平自号)之学与康有为之学的差别,其中一节云:"自某等(指康有为等)托之《公羊》,以为变法宗旨,天下群起而攻《公羊》,直若《公羊》故立此非常可骇之论,为教人叛逆专书,遂云凡治《公羊》,皆非端人正士。呜呼! 何以解于董江都?"[109]这虽是为了在政变失败的环境中撇清廖氏公羊学与康有为政治思想的关系,但也在一定程度上说明了廖、康公羊学的基本差异。从今文经学的发展来看,改制论和素王论都隐含于董仲舒《春秋繁露》之中,随着魏源等经学家将今文学的重心从何休转向董仲舒,变革的主题已经逐渐呈现。清代公羊学者将视野从《春秋公羊传》的"受命改制"扩展为制度改革的设想,从而"王制"问题成为一个中心问题。这一转向可以追溯到宋翔凤[110](虽然集中的论述始于廖平)。在这个意义上,无论是廖

---

[108] 关于此案的较为系统的检查,见黄开国:《廖平评传》第7章,页237—279。

[109] 引文见黄开国:《廖平评传》,页156—157。

[110] 宋翔凤著于1840年的《论语发微》(原题《论语说义》)开始用制度问题判分今古:"今文家者,博士之所传,自七十子之徒递相授受,至汉时而不绝。如王制孟子之书所言制度,罔不合一。自古文家得周官经于屋壁,西汉之末录之中秘,谓是周公所作……或者战国诸人,周公之制作,去其籍则易其文,以合其毁坏并兼之术,故何君讥为战国阴谋之书。……积疑未明,大义斯弊。"(《皇清经解续编》,卷三八九,页三。)又云:"孔子为言,损益三代之礼,成春秋之制,将百世而不易,何止十世也? ……孔子作春秋,以当新王而通三统。"(同前,页13。)

第七章 帝国的自我转化与儒学普遍主义

平对"王制"的讨论,还是康有为对改制的具体构想,均非凭空而来。在今文经学的变迁脉络和康有为本人的思想轨迹中,《新学伪经考》和《孔子改制考》的创制均有迹可寻。没有这样的准备,我们很难想见康氏在廖、康会面后能够在如此之短的时间内出版规模如此宏大的《新学伪经考》。鉴于这些原因,下述讨论不再纠缠于廖、康之异同及其影响关系,而将康有为经学著作的基本主题及其政治含义置于讨论的中心。

让我从《新学伪经考》开始。古文经学以古文、古经相标榜,为什么康有为称之为"新学"?按他的解释,"古学"之名源于诸经出于孔壁,写以古文,如果孔壁的故事是虚假的,古文亦为伪撰,"古文"即为"新文",从而不应以"古"名之。刘歆为新莽时代之新臣,从而他的"古经"实为"新学"而已。在同一个意义上,后世所谓"汉学",亦即贾、马、许、郑之学,"乃'新学',非'汉学'也;即宋人所遵述之经,乃多伪经,非孔子之经也。'新学'之名立,学者皆可进而求之孔子,汉、宋二家退而自讼,当自咎其夙昔之眯妄,无为谬讼者矣。"[111]很明显,对新学的贬斥与对新政的贬斥完全一致。康有为抨击"新学"的目的并不在于论证一个具体的历史公案,他的野心要大得多。《新学伪经考》开宗明义,宣称二千年来之经学为伪学、二千年来之礼乐制度为伪法:

> 始作伪乱圣制者自刘歆,布行伪经篡孔统者成于郑玄。阅二千年岁、月、日、时之绵暧,聚百、千、万、亿衿缨之问学,统二十朝王者礼乐制度之崇严,咸奉伪经为圣法,诵读尊信,奉持施行,违者以非圣无法论,亦无一人敢违者,亦无一人敢疑者。于是夺孔子之经以予周公,而抑孔子为传;于是扫孔子改制之圣法,而目为断烂朝报。六经颠倒,乱于非种;圣制埋薶,沦于雾雾;天地反常,日月变色。以孔子天命大圣,岁载四百,地犹中夏,蒙难遘闵,乃至此极,岂不异哉。……夫始于盗篡者,终于即真;始称伪朝者,后为正统。……[112]

---

[111] 康有为:《新学伪经考》,《康有为全集》(一),页572—573。
[112] 同上,页572。

上述摧破廓清的力量是《新学伪经考》引起剧烈思想震动的基本原因。然而，如果没有更为明确的政治含义，这部著作就不会被视为变法理论的基石，也不至于1894、1898两遭毁版。历来对于"《新学伪经考》之要点"的讨论集中于梁启超所作的几点概括："一、西汉经学，并无所谓古文者，凡古文皆刘歆伪作；二、秦焚书，并未厄及六经，汉十四博士所传，皆孔门足本，并无残缺；三、孔子时所用字，即秦汉间篆书，即以'文'论，亦绝无今古之目；四、刘歆欲弥缝其作伪之迹，故校中秘书时，于一切古书多所羼乱。五、刘歆所以作伪经之故，因欲佐莽篡汉，先谋湮乱孔子之微言大义。"[113]问题是：在上述经学主题背后是否还存在着更为具体的义旨？

我们需要从康有为的具体阐释出发。首先，揭露伪经的出发点之一是证明秦火并未灭绝六经。康有为重新解释秦始皇焚书坑儒，在政治、礼仪和语言等层面复原在那一历史关头封建与一统的激烈冲突，并以此作为断定经书真伪和传承关系的突破口。今古文问题始于秦火，从而重新解释焚书坑儒成为无法绕过的问题。在这里，表层的问题涉及六国之书是否尽焚，而深层的问题则关涉究竟应该以一统（郡县）还是以封建作为政治制度的前提这一政治性问题。因此，论证焚书问题与一统问题是密切相关的。《史记》之《李斯传》云："会诸侯服秦，譬若郡县。夫以秦之强，大王之贤，……足以灭诸侯成帝业，为天下一统，此万世之一时也。"《秦始皇本纪》又云："议海内赖陛下神灵一统，皆为郡县。"《公羊传》"君子大居正"和"王者大一统"二语很可能导源于此。[114]康有为对于伪经的驳斥明显地包含对于"一统"的论证。《新学伪经考》有关六经未因秦火而亡缺的讨论包含了如下方面：第一，焚书之令，但烧民间之书，而博士所职（如《诗》、《书》、六艺、百家）未遭秦火。[115]秦"以吏为师"，设立学官，

---

[113] 梁启超：《清代学术概论》，《梁启超论清学史二种》，页63—64。
[114] 参见饶宗颐：《中国史学上之正统论——中国史学观念探讨之一》，香港：龙门书店，1977，页3。
[115] 相关考证参见崔适：《史记探源》卷三，郑樵：《通志校雠略》，以及王国维：《汉魏博士考》（《观堂集林》卷四）等著作。

废除私学，是以统一帝国的法令、制度和礼仪为前提的。如果一统时代先儒之学未废，则一统时代本身的合法性也就仍然可以成立。第二，在文字层面，康有为把文字异形视为诸侯异政的表达，攻击刘歆伪造"古文"，断言先秦籀、篆虽有承变，但无大异。[116] 他说：

> 孔子手写之经，自孔鲋、孔襄传至孔光十余世不绝，别有秦、魏之博士贾山、伏生及鲁诸生手传之本，师弟亲授，父子相传，安得变异？则汉儒之文字即孔子之文字，更无别体也。子思谓"今天下书同文"，则许慎"诸侯力政，不统于王，分为七国，文字异形"，江式表谓"其后七国殊轨，文字乖别，暨秦兼天下，丞相李斯乃奏罢不合秦文者"，卫恒《四体书势》谓"及秦用篆书，焚烧先典而古文绝"，皆用刘歆之伪说，而诞妄之詟言也。[117]

按照这一解释，今文直承孔子，无有变异，更无别体。许慎等古文经学者的批判不仅是文字学上的批判，而且也是政治理念和历史理解上的批判，因为古文学者承认"文字异形"的前提是"诸侯力政，不统于王"或"七国殊轨"。[118] 如果孔子时代并无文字异形的局面，岂不是说一统的局面乃是先儒的正统，而诸侯封建反而是"篡"、"摄"之伪政吗？非常明显，有关秦火的讨论直接关涉郡县与封建、一统与分封的政治判断：秦火起于郡县

---

[116] 他还具体地论述说："秦始皇帝初兼天下，丞相李斯乃奏同之，罢其不与秦文合者。斯作《仓颉篇》，中车府令赵高作《爰历篇》，太史令胡毋敬作《博学篇》，皆取《史籀》大篆，或颇省改，所谓'小篆'者也。'小篆'与《史籀》相同，但颇省改，而《仓颉》、《爰历》、《博学》俱小篆，犹可考，则籀、篆及汉儒文字无异也。是时秦烧灭经书，涤除旧典，大发隶卒，兴役戍，官狱职务繁，初有'隶书'以趣约易，而古文由此绝矣。"康有为：《新学伪经考》，《康有为全集》(一)，页784。
[117] 同上，页687。
[118] 康有为论证说："'史籀'说见前，为周史官教学僮书。孔子书'六经'自用籀体，自申公、伏生、高堂生、田何、胡毋生以来之文字，未有云变，非如歆所伪古文也。左氏不传《春秋》，《传》为歆伪⋯⋯《中庸》为子思作，云：'今天下书同文。'则皆用籀体，安得'文字异形'？此古学家伪说。锺鼎字虽多异，不知皆伪作者。"同上，页784。

798　　现代中国思想的兴起

与封建的冲突，那么，秦实行郡县符合六经吗？在康有为之前，廖平已经论定"秦改郡县，正合经义，为'大一统'之先声。礼制：王畿不封建，惟八州乃封诸侯。中国于'大统'为王畿，故其地不封诸侯。"[119]然而，廖平的讨论集中在经学的层面，并不关心封建与郡县的政治寓意。《新学伪经考》从这一点出发，在各个不同的层面展开一统（至尊）与封建（并列）的关系，用繁复的例证论证皇权中心主义和孔子的至尊地位，从而为大一统体制或郡县国家体制提供义理的基础。在慈禧摄政和地方分权的语境中，康有为一面倡导大一统和郡县制度，另一面猛烈抨击"居摄"、"篡位"和封建，清楚地显示了他的政治寓意。

其次，几乎按照同一逻辑，康有为论证了六经的单一源泉和孔学的至尊地位。《史记》列孔子于"世家"，康因此断言："言'六艺'者皆出于夫子，可谓至圣"，"六经笔削于孔子，礼、乐制作于孔子，天下皆孔子之学，孔子之教也。"[120]六经的至尊地位与孔子的无并地位相互支撑，其结果：一、重申六经的内涵和次序为《诗》、《书》、《礼》、《乐》、《易》、《春秋》，[121]从而排除了古文经《易》、《书》、《诗》、《礼》的排列顺序，并将后世列为"经"的若干著述——如《论语》、《孝经》、《王制》、《经解》、《学记》等，以至小学——重新贬低为传注，确保六经的绝对的、神圣的地位。二、秦火未灭绝六经，西汉经学因此具有正统地位，后世增删的文本必须排斥，从而确立经学诠释学的唯一的"正确文本"。三、贬低文王、周公的地位，确立孔子作为圣王的绝对的和唯一的地位。刘歆作伪，"于《易》则以为文王作上、下篇，于《周官》、《尔雅》以为周公作"，"举文王周公者，犹

---

[119] 廖平：《知圣篇》，《廖平学术论著选集》（一），页188。
[120] 康有为：《新学伪经考》，《康有为全集》（一），页692。
[121] "六经之序，自《礼记》、《王制》、《经解》、《论语》、《庄子·徐无鬼》、《天下》、《列子·仲尼》、《商君书·农战》、《史记·儒林传》，皆曰《诗》、《书》、《礼》、《乐》、《易》、《春秋》，无不以《诗》为先者。《诗》、《书》并称，不胜繁举，辨见卷二者，无疑义矣。自歆定《七略》，改先圣《六经》之序，后世咸依以为法，则无识也。"（康有为：《新学伪经考》，《康有为全集》（一），页792。）又，六经之序所以不能淆乱，原因是各经包含了特殊功能，如了《诗》以道志，《书》以道事，《礼》以道行，《乐》以道和，《易》以道阴阳，《春秋》以道名分。

第七章 帝国的自我转化与儒学普遍主义　　　　　　　　　　799

许行之托神农,墨子之托禹,其实为夺孔子之席计,非圣无法……"〔122〕四、贬低诸子的位置,认定诸侯各国同样尊崇孔子之教,从而将列国之势纳入孔子的一统天下。"七十子各散游诸侯,大者为师傅卿相,小者友教士大夫,虽以七国之无道,盖无不从孔子之教矣。"老、墨、名、法、农、战各家均与孔子分庭抗礼,恰恰证明孔子的崇高地位。诸子并存、诸教相杂表明大一统的时代尚未来临,这一九流并立的局面要到汉武帝时代董仲舒请"诸不在'六艺'之科、孔子之术者,绝勿进"始告终结。〔123〕从上述各个方面可以看出:康有为阐述六经的单一源泉和孔学的至尊地位仍然以去封建、大一统为中心。

第三,我们再看康有为对历史编纂学与知识分类学的理解。以孔子为圣王,即须以六艺为法。与章学诚等人一样,康有为对于历史编纂学和知识分类学的理解建立在编纂体制与历史的互动关系之上,但他们对"七略"分类的态度截然相反。对于历史编纂体制和知识分类体制的批评包含着复杂的政治寓意。在康有为的叙述中,学术思想上的九流并置与孔子之一统共主的地位的对峙对应着一种政治现实,即诸侯(封建)与一统(郡县)的对峙、周边(夷)与帝国(夏)的冲突。只有准确地体现了上述关系的历史变化的历史学体例和知识分类才是正确的体例和分类。一方面,历史变化是史学体例和知识分类的基本尺度,另一方面,审定史学体例和知识分类又是澄清历史关系的必由之路。在这个意义上,康有为肯定《史记》、否定《汉书》的根据与章学诚等人肯定《汉书》、非议《史记》的做法无异。例如,《史记》列有《儒林传》,并列诸子,这一"以儒列于六家"的叙述策略恰好体现了"其时未绝异教"的历史特点,从而《史记》"以'儒'与'道'、'墨'班,犹辽、夏之人乐与宋并称,夜郎欲与汉比,亦其宜耳。"〔124〕汉代以后,孔教独尊,历史关系发生了重大变化,但自汉至明,各史仍因循旧制,列《儒林传》,不但不能体现历史的演化,而且彻底颠倒

---

〔122〕 康有为:《新学伪经考》,《康有为全集》(一),页692。
〔123〕 同上,页693—694。
〔124〕 同上,页694。

了历史关系。

历史编纂学和知识分类学是历史/政治关系的体现,从而对于知识分类(如刘歆之"七略")和历史编纂学(如班固《汉书》)的内在矛盾的揭示必然涉及对历史/政治关系的理解和重新整理。史学体例和知识分类有着特定的政治寓意,决非孤立的学术史问题。这一点,我在论述章学诚之史观时已经作了详细的分析。康有为与章学诚在史学取舍上的分歧主要在于政治观的差别,即对封建与一统的态度上的差别:康视一统为中国文明的正道,章视封建为中国礼仪的前提。在戊戌前后的语境中,康有为迫切地需要形成一种皇权中心主义,力图以帝制为依托进行改革,对于摄政或分权之议持有批评态度。他的这一政治立场同时表现为他的经学观和历史观。例如,他批判刘歆臆造三皇、变乱五帝,认为"蚩尤为古之诸侯,而少皞亦古之诸侯,与蚩尤同。非五帝,更非黄帝之子甚明。"[125]这是对于帝位秩序的重申。又如,《汉书·王莽传》记载莽引《尚书·康诰》"王若曰:'孟侯,朕其弟,小子封。'"康有为指出这是周公居摄称王之文,并论证说:"《春秋》:'隐公不言即位,摄也。'此二经,周公、孔子所定,盖为后法。观此,知歆之伪撰《左传》书法,所以翼成王莽居摄而篡位者也,不闻《公》、《谷》有是义。"[126]上述例子清楚地呈现了康有为肯定《公》、《谷》,排斥《左传》的政治含义,即排斥"居摄"、"篡位"并要求"正位"。

综合上述各点,我们得到的一个基本结论是:孔子之学是分裂之乱世中体现统一的唯一力量。所谓《春秋》"作新王"的意义正在于此。孔子生于"礼乐征伐自诸侯出"的时代,不得不应聘诸侯,以答礼行谊。但是,孔子学说并不代表诸侯的利益,恰恰相反,它体现的是先王之教。所谓"述而不作,信而好古"的方式本身就是对"礼乐征伐自诸侯出"的针砭。孔子究观古今之篇籍,酒称曰:"大哉,尧之为君也!唯天为大,唯尧则之。巍巍乎其有成功也,焕乎其有文章也。"又曰:"周监于二代,郁郁乎文哉!吾从周。"康有为诠释说:"于是叙《书》则断《尧典》;称《乐》则法

---

[125] 康有为:《新学伪经考》,《康有为全集》(一),页612。
[126] 同上,页613。

《韶舞》；论《诗》则首《周南》；缀周之《礼》；因鲁《春秋》，举十二公行事，绳之以文、武之道，成一王法，至获麟而止。盖晚而好《易》，读之韦编三绝，而为之传。皆因近圣之事，以立先王之教。"[127] 同样的道理，七十子无论散游诸侯，抑或隐而不见，仍然是天下并争的局面中的一种内在的统一力量。康有为费尽心力证明孔子学术未亡于秦火，反反复复说明齐鲁之间儒学未绝，汉代学术正是孔学正传，不是为秦皇辩解，而是将孔子之学视为一种克服天下并争之势的力量。

值得注意的是：除了通过崇奉孔子一统之学来表达大一统（或反对分封制）的政治构想外，经学叙述与政治叙述的完全合一也包含对皇权发展过程中的正统性的论证。对伪经的揭露即是对伪政的揭露，通过对王莽篡汉与刘歆篡孔的直接联系，康有为实际上触及了光绪时代由于太后摄政所导致的皇权危机。康有为说：

> 王莽以伪行篡汉国，刘歆以伪经篡孔学，二者同伪，二者同篡。伪君、伪师、篡君、篡师，当其时，一大伪之天下，何君臣之相似也！[128]

《新学伪经考》对于刘歆篡孔、王莽篡汉的揭露是对皇权正统的论证。在慈禧摄政的语境中，重新拟定正统、端正皇位包含对清朝政治的针砭。没有上述政治与学术的重叠关系，也就难以解释康有为揭露伪经的动力：

> 然歆之伪《左氏》在成、哀之世，伪《逸礼》、伪《古文书》、伪《毛诗》，次第为之，时莽未有篡之隙也，则歆之畜志篡孔学久矣。遭逢莽篡，因点窜其伪经，以迎媚之。歆既奖成莽之篡汉矣，莽推行歆学，又征召为歆学者千余人诣公车，立诸伪经于学官，莽又奖成歆之篡孔矣。篡汉，则莽为君，歆为臣，莽善用歆；篡孔，则歆为师，莽为弟，歆

---

[127] 康有为：《新学伪经考》，《康有为全集》（一），页703。
[128] 同上，页723。

实善用莽;歆、莽交相为也。至于后世,则亡新之亡久矣;而歆经大行,其祚二千年,则歆之篡过于莽矣。而歆身为歆臣,号为"新学",莽亦与焉,故合歆、莽二传而辩之,以明新学之伪经云。[129]

王莽篡汉以刘歆篡孔为根据,刘歆篡孔则为王莽篡汉作佐证,二者互为君师,相须而行。[130]我们不妨将这段话与《春秋董氏学》中有关"天子不臣母后之党"的引文相互参照:

《春秋》立义,天子祭天地,诸侯祭社稷,诸山川不在封内不祭。有天子在,诸侯不得专地,不专封,不得专执天子之大夫,不得舞天子之乐,不得致天子之赋,不得适天子之贵。君亲无将,将而诛。大夫不得世,大夫不得废置君命。立适以长不以贤,以贵不以长。立夫人以适不以妾。天子不臣母后之党。[131]

康有为对皇权的论证最终没有落实在皇权本身之上,而是落实在孔子的特殊地位之上。

从经学的层面看,《七略》独尊"六艺"为一略,统冠群书以崇孔子,体现了孔子的正统地位已经确立的历史局面。在这个意义上,以六艺为一略是一种叙事体制,它与《汉书》尊高祖为《本纪》、《宋史》尊艺祖为《本纪》的含义完全一样。如果孔子的地位如同汉高祖、宋艺祖,那么,从编史体例的角度说,七十子后学就应该同列《本纪》,享有汉之文、景、武、昭,宋之真、仁、英、神一样的地位,退一步也至少应为"宗室诸王"的地位;与此相应,名、法、道、墨诸家的地位约略仅相当于"汉之有匈奴、西

---

[129] 同上,页723。
[130] "歆作伪经,移孔子为周公,又移秦、汉为周制,微文琐义,无一条不与孔子真经为难,而又阴布其书于其党,借莽力征求天下学者读之,与向来先师之说相忤,无一可通者,学者盖无不疑之,人人皆积怨愤于心矣。歆又以其新说作《周礼》,莽用以变易汉制,天下苦其骚扰,莫不归咎于国师之策……"同上,页743—744。
[131] 康有为:《春秋董氏学》卷一,《康有为全集》(二),页639。

第七章 帝国的自我转化与儒学普遍主义

域、宋之有辽、夏、金、元"，从而应该在归类上明确与儒家相区别，列为《传》的范畴。正是从这里出发，康有为指责《七略》未能将诸子列于"异学略"的范畴，反而以儒与名、法、道、墨并列，"目为诸子，外于六艺，号为九流，"从而把大一统的历史局面等同于"陈寿之《三国志》、崔鸿之《十六国春秋》、萧方之《十国春秋》"所描述的列国并争之势，其荒谬如同"光武修汉高之实录，而乃立《汉传》、《匈奴传》、《西域传》、《西南夷传》并列……"[132]康有为的核心论点在于：汉代以降的知识分类和历史编纂体例颠倒了礼序关系，将一统之势混同于诸侯封建的局面。在这个意义上，否定刘歆《七略》与重建孔子的圣王地位具有密切的、不可分割的关系，而重建孔子的圣王地位同时也是对政治领域的"篡位"、"摄政"的讥评。[133]

3.《孔子改制考》

《新学伪经考》中的上述思想在《孔子改制考》中得到更为充分的发展，作者"以孔子所制之礼，与三代旧制不同，更与刘歆伪礼相反，古今淆乱，莫得折衷，考者甚难，乃刺取古今礼说，立例以括之。"[134]康有为把皇权中心论与孔教至尊论结合在一起，论证孔子作为圣王的改制实践。《孔子改制考》的政治含义包含了下述几个方面：

3.1 封建与一统

在《孔子改制考》中，诸侯并立与诸子并起这两个历史现象之间存在着一种历史联系和隐喻关系：诸子纷争和诸教并起的思想局面亦即诸侯分裂、战火不息的时代的表达；孔子创教改制的努力与文王制礼作乐、一

---

[132] 康有为：《新学伪经考》，《康有为全集》(一)，页695。
[133] 康有为说："歆每事必与(刘)向反，而最恶《春秋》之诛乱贼，至其所尊者则周公也。""周公践天子之位，皆歆杜撰以媚莽者，不足信。"同上，页992，1011。
[134] 康有为：《康南海自编年谱》(外二种)，页20。

统天下的政治实践完全一致。在这个意义上,孔子即文王。换言之,孔子创教改制与诸子创教攻儒的关系本身就是历史中"一统"与"封建"的关系。《孔子改制考》的卷二至卷六分别为"周末诸子并起创教考"、"诸子创教改制考"、"诸子改制托古考"、"诸子争教互攻考"和"墨子弟子后学考"。卷七至卷十三考定孔子改制的具体内容,而后卷十四至卷二十再次讨论孔子儒学与诸子创教的斗争,分别为"诸子攻儒考"、"墨老攻儒尤盛考"、"儒墨争教交攻考"、"儒攻诸子考"、"儒墨最盛并称考"、"鲁国全从儒教考"、"儒教遍传天下战国秦汉时尤盛考",最终以卷二十一"汉武帝后儒教一统考"作为全书的结束。儒教一统是诸家并起创教、经过漫长斗争而归于一的结果。汉代大一统局面确立了儒教一统的地位,从而也暗示了孔子为汉制法的义旨。康有为说:

> 诸子十家,其可观者,九家而已。皆起于王道既微,诸侯力政,时君世主,好恶殊方。是以九家之术蜂出并作,各引一端,崇其所善,以此驰说,取合诸侯。……使其人遭明王圣主,得其所折中,皆股肱之材已。……若能修"六艺"之术,而观此九家之言,舍短取长,则可以通万方之略矣。[135]

诸子蜂起与诸侯力政密切相关,时君世主好恶殊方正是各派创教改制的动力。非但孔子、墨子、管子、晏子、棘子成、宋钘、尹文、杨子、惠子、许子、白圭、公孙龙、邓析、道家、法家、名家、阴阳家、纵横家、兵家等等无不创教、改制、托古。这是一个封建割据、诸侯并争的世界。在这个意义上,"新王"的确立是历史的选择,也是孔子之教优于他者的证明。康有为力证孔子创教,但并不否认诸子教义包含的洞见和意义。孔子处于"礼失而求诸野"的局面之中,他的意义在于能够折衷诸家,舍短取长,创造出一种完备的教义。

康有为讨论诸子创教与孔子改制意在讨论中国历史中的封建与一统

---

[135] 康有为:《孔子改制考》,《康有为全集》(三),页38—39。

的关系,即以孔教一统作为中国的归宿。我们应该如何理解这一比喻性的关系?首先,在康有为的叙述中,教归于治,治亦归于教,政教分离是经乱政篡的结果,而"百川异源,而皆归于海;百家殊业,而皆务于治"反而是早期政教关系的表征。[136]这一观点与康有为后来关于地方自治的政治观点相互呼应:

> 古者以封建而治民,不能行封建,故遂疏阔不修。……夫地方自治,即古者之封建也。但古者乱世,封建其一人,则有世及自私争战之患,此所以不可行也;今者升平,封建其众人,听民自治,听众公议,人人自谋其公益,则地利大辟,人工大进,风俗美而才智出。若美国之州郡并听自治,此则古公侯大国之封建,与德国联邦同矣。[137]

他重视郡县、一统,希望以郡县一统的态势融合地方分治。诸子创教和孔子一统在经学的层面寄托了这一政治的构想。按照他的解释,诸子创教最终归于"治",从而在诸子创教与诸侯并立之间,亦即在教与治之间,并不存在截然的区别。因此,一统与封建的斗争不仅是一种政治斗争,而且还是一种教义和信仰的冲突。

其次,先秦诸侯纷争、诸子互攻的局面与列国并起、文明冲突的殖民时代也构成了一种比喻性的关系。周末诸子并起创教,各承夏禹以降的知识和智慧,特立独行,作论聚徒,改制立度,思易天下。但因各人材质相异,各明一义,互有偏蔽,不能沟通,最终导致了互攻的局面。他循此思路发挥道:

> 外国诸教亦不能外是矣。当是时,印度则有佛、婆罗门及九十六外道并创术学,波斯则有祚乐阿士对创开新徒,泰西则希腊文教极盛,彼国号称同时七贤并出,而索格底集其成。故大地诸教之出,

---

[136] 康有为:《孔子改制考》,《康有为全集》(三),页23。
[137] 康有为(笔名:明夷):《公民自治篇》,《新民丛报》第七卷,页28。

尤盛于春秋、战国时哉！积诸子之盛，其尤神圣者，众人归之，集大一统，遂范万世。……天下咸归依孔子，大道遂合，故自汉以后无诸子。[138]

一统与封建的关系不仅可以说明诸子并起的局面，也可延用于对外国诸教的描述。因此，"天下咸归依孔子"描述的固然是汉代以后罢黜百家、独尊儒术的时代，却也暗喻世界范围内诸教并争、咸归一统的必然趋势。在这里，以"并争"这一状态为中心，诸侯封建、诸子互攻和民族—国家冲突这几种历史现象之间获得了联系，从而针对上述三个方面的"大一统"、"独尊儒术"和"大同"这三者之间也构成了一种寓意联系。下面这段话引自《春秋董氏学》，可以与《孔子改制考》中有关诸子互攻创教的讨论相互参照：

> 通考地球自禹时始。地球由昆仑大初起而定。孔子分天子、诸侯、大夫三等。《春秋》专削大夫之权。乱世，削大夫。升平世，削诸侯。太平世，削天子。……至孔子改制而后文明。汉朝与罗马同。……国立得多，战斗必多。贵州、云南之间土司遍有。……泰西三代：巴比伦、希腊、埃及。……君挟民权，巫挟神权。种族、语言俱从印度出。……孔子者，火教也，以太阳为主。[139]

康有为显然没有局限于"中国"的范畴来讨论"并争"的局面。春秋诸子、各国宗教和各路诸侯的共同特点是囿于各自对世界的判断和理解，无法"判天地之美，析万物之理，察古人之全，寡能备于天地之美，称神明之容。""后世之学者，不幸不见天地之纯，古人之大体，道术将为天下裂。"[140]大一统、儒教和大同就产生于对于这样一种综合的、一统的视野的需求，

---

[138] 康有为：《孔子改制考》，《康有为全集》（三），页11—12。
[139] 康有为：《万木草堂讲义》，《康有为全集》（二），页561—563。
[140] 康有为：《孔子改制考》，《康有为全集》（三），页16。

第七章　帝国的自我转化与儒学普遍主义

产生于它对诸子、诸教和国家冲突的克服和吸纳。

为什么康有为对孔子改制的论证必须通过诸子创教、诸教互攻、诸教攻儒和儒教一统的考证来表达呢？为什么他甚至将民族—国家冲突的格局比喻为诸教互攻而非直接的政治冲突呢？除了以广博的引证反击古文学派的流行观点这一技术层面的考虑，以及用学术的修辞表达政治意志之外，我认为最为重要的原因在于：一、康有为把"中国"视为一种文明，而不单纯是一个国家；他也把19世纪国家间的冲突同时理解为一种文明的冲突。在这个意义上，政治冲突可以表述为文明冲突或宗教冲突。二、康有为把儒教视为对于各家学说的历史综合和平衡，而不是将儒教看作是各派之中的一派。上述两点集中在他对儒教及其力量的解释上：儒教体现的是一种综合的历史关系，一种文明的形式，而不是一种取向单一的学说。它是孔子创教的结果，也是历史关系和历史冲突的产物。康有为从不掩盖孔子是无数创教诸子之一人。一方面，只有在这样一种复杂的历史关系之中，孔教与其他各教的尖锐的对立（例如孔子与杨朱）和微妙的差异（例如孔子与墨子）才能显现出来，另一方面，也只有各种思想之间的互相攻击才能创造一种综合各家学说的情境，提供各教分化和综合的可能性，从而最终将儒教一统视为历史运动的自然结果，亦即天命所归。

这里仅举卷十八《儒墨最盛并称考》为例，分析康有为如何论证孔子创教的含义。该卷之后仅有三卷叙述儒教在历史中的全面胜利，即卷十九"鲁国全从儒教考"、卷二十"儒教遍传天下战国秦汉时尤盛考"和卷二十一"汉武帝后儒教一统考"。很明显，对儒墨互攻和并称的讨论是孔教一统得以确立的最后战役。孔、墨均以仁立教，俱道尧、舜，同以学问、制度胜人，无地而为君，无官而为长，即使是内部的分化也有着相似的方面：儒分为八，墨分为三。在战国时代，儒、墨弟子形成了半分天下的局面，万乘之主莫能与之争。墨教成为孔教一统天下的劲敌。在这里，孔、墨所同——如"皆称先王"，从而"于古有徵"；如"兼爱天下"，从而"生民共慕"——均为诸子所不能而孔、墨所以行天下者。儒、墨的不同之处在厚瘗与节葬、在贵公与贵兼、在人死有命与人死无命、在以文乱法与以武犯禁,但最终决定各自命运的,是"周室衰而王道废"的历史局面。孔教盛行的原因在于大化而已!因此,康有为上承今文学的观点,以为孔子是"受命之王"。[141]如果没有鲁国尽行儒教和七十子游历四方作为前提,如果没有列国战争的武力倾向以显示儒教文治的价值,尤其是如果没有汉代一统的政治格局,"难与进取,可与守成"的儒教无以一统天下。在这个意义上,我们可以理解为什么康有为如此奇特地将君权一统与孔教一统联系在一起。康有为评论说:"秦以武力得天下,然能立博士,以尊孔子之经,且多至七十人,孔子之学亦盛矣。"[142]

"汉武帝罢黜百家专崇儒教",董仲舒推明孔氏、立学校之官、州郡举茂材、孝廉,君权一统与孔教一统合二而一。"孔子制度,至孝武乃谓大行,乃谓一统,佛法之阿啃大天王也。自此至今,皆尊用孔子。"[143]这是一种独特的政教合一体制,即承认皇权的世俗权力,并以此为依托,尊孔子为圣王、尊孔教为国教。创设制度的孔子不是圣王又能是什么呢?孔子创教之后其服谓之儒服、其书谓之儒书、其口说谓之儒说、从其教者谓之儒生,那么,儒不是孔子所创之教又能是什么呢?在《南海师承记》中,康有为将汉武之尊孔子与"阿啃大天王之尊佛、罗马之尊穆罕穆德"并提,并慨叹说所有这一切"同在汉时,亦一奇也。"[144]这一政教合一体制的含义是:以孔子为中心,立学校、行选举、崇礼仪,托古以改制。大一统的局面不是先王遗制,而是孔子创立的新制,从而孔教本身包含了法新王的义旨。在晚清变法的语境中,辨明孔子为教主、儒为教号遂成为变法改制以行一统之制的基本根据。[145]也是在这个意义上,春秋公羊学对新王

---

[141]　康有为:《孔子改制考》,《康有为全集》(三),页480—490。
[142]　同上,页514。
[143]　同上,页525。
[144]　康有为:《南海师承记》卷二,《康有为全集》(二),页499。
[145]　在《孔子改制考》的最后一卷即卷二十一中,康有为在"汉武后崇尚儒术盛行孔子学校之制"的标题下,详细叙述孔子学校的内容,以及王莽篡汉和拨乱反正的过程;在"汉武后崇尚儒术盛行孔子选举之制"标题下,以《史记·儒林传》等文献的记载为据,分析孔子之学立学官选举的过程。

的论证一方面间接地表达了对传统体制的攻击,另一方面又直接提示了晚清政治改革的基本方向。[146]

3.2 三统说与孔子之王制

如果诸教之间的冲突与统一同时可以表达为政治上的封建与一统,那么,作为教主的孔子势必也就是一统天下的圣王。正是在这个意义上,康有为论定孔子为"文王",《春秋》为"作新王"。按照康的界定,文王为"中国"之圣王,从而孔子的圣王形象及其制作礼仪的方式和内容也就可以为中国皇权中心主义("新王")提供论证。这一论证包含了两个方面,即一方面孔子为天下的、普遍的教主,另一方面孔子又为中国之圣王。为这一双重身份提供论证的是公羊学的三统说、夷夏论和封建/一统的辩证关系。康有为引用《春秋繁露·三代改制》篇说:

> 古之王者,受命而王,改制称号正月,服色定,然后郊告天地及群神。远追祖祢,然后布天下。诸侯庙受,以告社稷、宗庙、山川,然后感应一其司。三统之变,近夷遐方无有,生煞者,独中国然。而三代改正,必以三统天下。曰三统五端,化四方之本也。天始废始施,地必待中,是故三代必居中国。……[147]

董仲舒《春秋繁露·三代改制》篇所述天统要义有三:一、朝必于正月,贵守时;二、居必于中国,内诸夏而外夷狄;三、衣必纯服色,表明服色之改易。行此三项,则可一统天下。康有为据此将"三统说"在清代今文学中

---

[146] "伪《周官》谓儒'以道得民',《汉·艺文志》谓儒'出于司徒之官',皆刘歆乱教倒戈之邪说也。汉自王仲任前,并举儒、墨,皆知孔子为儒教教主,皆知儒为孔子所创。伪古说出,而后吻塞掩蔽,不知儒义。以孔子修述'六经',仅博雅高行,如后世郑君、朱子之流,安得为大圣哉?章学诚直以集大成为周公,非孔子。唐贞观时,以周公为先圣,而黜孔子为先师,乃谓特识,而不知为愚横狂悖矣。神明圣王,改制教主,既降为一抱残守阙之经师,宜异教敢入而相争也。今发明儒为孔子教号,以著孔子为万世教主。"康有为:《孔子改制考》,《康有为全集》(三),页191。

[147] 同上,页252。

的地位提高到空前的程度,实际上把变法改制视为新统建立的必由之路。"王正月"本来指易姓之君承天应变以改制,但在这里,易姓问题没有涉及,而改制本身已经是一场真正的革命。康有为自己解释说,"孔子每立一制,皆有三统,若建子建寅建丑,尚白尚黑尚赤,鸡鸣平旦日午为朔,托之夏殷周者,制虽异而同为孔子之正说,皆可从也。"[148]从公羊学的角度看,"通三统"是从礼仪过渡到政治合法性的关键环节,也是"新王"通过变法建立自己的合法性的程序和依据。《春秋繁露·楚庄王》云:"王者必改制"。按康有为的解释,孔子为制法或改制之"新王",受命于天,易姓更王,从而不同于继承前王衣钵的帝王。"若一因前制,修故业,而无有所改,是与继前王而王者无以别",[149]又如何建立自己的法统呢?在"孔子为新王"条下,康有为大量引用董仲舒《春秋繁露》有关"作新王"和"通三统"的论证,这是因为在"三统说"的框架内,称王必然意味着改制。[150]

在康有为看来,孔子的王者身份最为集中地体现在"制法之王"这一范畴之中:这是不救一世而救百世、不为人主而为制法的王者。自刘歆以《左氏》破《公羊》,以古文伪传记攻今文之口说,以周公易孔子,以述易作,孔子才从一代王者的身份蜕变为博学高行之人,"非复为改制立法之教主圣王,只为师统而不为君统。诋素王为怪谬,或且以为僭窃。尽以其权归之人主。于是天下议事者引律而不引经,尊势而不尊道。"康有为不仅将教主、素王与圣人的概念相互区分,而且还区分出天下归往的圣王与帝王或郡王等世俗权力。王即教主,即制法之王,即以元统天的孔子。[151]在这里,王是一个绝对的单数,它不适合于无数国家的国王、甚至无数星

---

[148] 康有为:《康南海自编年谱》(外二种),页20。
[149] 康有为:《孔子改制考》,《康有为全集》(三),页230。
[150] 如谓:"《春秋》作新王之事,变周之制,当正黑统。而殷、周为王者之后,绌夏,改号禹谓之帝,录其后以小国。故曰:绌夏、存周,以《春秋》当新王(《繁露·三代改制》)。""故《春秋》应天作新王之事。时正黑统,王鲁,尚黑,绌夏,亲周,故宋……(《繁露·三代改制》)。"同上,页229。
[151] 同上,页225—226。

球的统治者。孔子代表的是一种绝对王权,一种普遍君主,一种大一统意义上的君统。在这里有两点值得注意:第一,对孔子改制的考证包含了君权一统和王权至尊的确认;第二,对于君统的强调以对君统或王权的重新界定为前提:"王"是天下归往的"制法之王",是以元统天的宇宙之王,从而与按照律法或依据势力治理国家的帝王或受封之爵位无关。"法"不同于律例或刑典,它是圣王所创的基本规则,即义理、制度和礼仪。按康有为的界定:"凡大地教主,无不改制立法也。……中国义理、制度,皆立于孔子,弟子受其道而传其教,以行之天下,移易其旧俗。若冠服、三年丧、亲迎、井田、学校、选举,尤其大而著者。"[152]

制法之王与帝王存在着明确的区分。但当康有为将人们熟悉的文王、先王、后王等概念全部加在孔子头上的时候,这一制法之王与政治性王权的区分变得模糊了。按"三统说"推论,孔子质统为素王,文统则为文王。又按荀子"孔子仁知且不蔽"、庄子"《春秋》经先王之志"和孟子"先王有不忍人之心,斯有不忍人之政矣"等说法,孔子被推定为"先王"。康有为说,"凡孔子后学中引礼,皆孔子之礼。所称'先王',皆孔子,非三代先王也。"[153]又说:"夏、殷无征,周籍已去,共和之前不可年识,秦、汉以后乃得详记。"因此一切有关上古的考古均不可信,"三代文教之盛,实由孔子推托之故。"[154]在这里,以孔子替换尧、舜、周文,不仅为托古改制论提供了根据,而且也确认了孔子的王者地位。荀子"法后王"的命题与政治性的王权关系更为密切,康有为将这一命题改造为孔子即为"后王"的命题,并论证说:

> 当荀子之时,周德虽衰,天命未改,秦又未帝,而立爵名从周,与商并举,则所谓"后王"者,上非周王,后非秦帝,非素王之孔子而何?孟子称孔子为"先王",荀子称孔子为"后王",其实一也。云"爵名从

---

[152] 康有为:《孔子改制考》,《康有为全集》(三),页249。
[153] 同上,页235—237。
[154] 同上,页2。

周",而刑名、文名不从周,则所谓后王正名者,非孔子而何? 然则以为礼名、刑名、文名为周人之旧,而非孔子所改制者,其误不待言矣! [155]

如果说在荀子之前,禹、汤、文、武可以称之为先王,可为百王之法,那么,后王之道起于礼崩乐坏的局面,荀子所谓"礼者,忠信之薄,而乱之首"也。康有为断言:"凡荀子称'后王'者,皆孔子也。"[156] 参照他在其他地方所作的相关讨论,孔子作为法律、制度的缔造者和执行者的形象更为鲜明:

> 孔学之聚讼者,不在心性而在礼制。……胥吏办一房之案,当官办一时一朝之案,儒者办天下古今之案,其任最大。天下古今之案,奉孔子为律例。若不通孔子之律例,何以办案? 若能通之,则诸子、《二十四史》、一切群书,皆案情也。不读律,不审案,则不得为官吏。不通孔子律例,不审天下古今大小一切案,岂得为儒生? 曰抱案而不知律,则无星之秤尺,无以为断案之地。若仅读律而不详览案情,亦无以尽天下之变也。故通经之后,当遍览子史群书。无志于为官吏者,是甘心于下流;无志于办天下古今大案者,是甘心为愚人也。[157]

礼制与律例、经书与断案的区分已经极为模糊。

如果仅仅为变法改制,用"三统说"和据鲁、亲周、故殷的义旨也就足够了,并无必要将历史中的帝王、圣王、先王、后王全部归于孔子一身。康有为所要论证的显然是孔子的绝对王权地位。下面这段话清楚地证明了这一点:

> 其他绌虞、绌夏、五帝、九皇、六十四民,皆听孔子所推。姓姚、姓

---

[155] 同上,页238。
[156] 同上,页239。
[157] 康有为:《南海师承记》,《康有为全集》(二),页443。

姒、姓子、姓姬,皆听孔子所象。白黑、方圆、异同、世及,皆为孔子所制。虽名三代,实出一家,特广为条理以待后人之行,故有再、三、四、五、九之复。博厚配地,高明配天,游入其中,乃知宗庙之美,百官之富,别有世界,推之不穷。……惟孔子乃有之。[158]

孔子以其改制而曲成万物、范围万世,他的地位高于一切帝王。但如果古代帝王均为孔子所推、所象、所制,圣王与王权之间的差异势必变得极为模糊。康有为明确地说:"其心为不忍人之仁,其制为不忍人之政。仁道本于孝弟,则定为人伦;仁术始于井田,则推为王政。"[159]《春秋》以国家和君王为中心,从而今文经学是一种国家理论。《春秋董氏学》云:

> 故卫子夏言:"有国家者,不可不学《春秋》。不学《春秋》,则无以见前后傍侧之危,则不知国之大柄,君之重任也。……"……故予先言《春秋》详己而略人,因其国而容天下。春秋之道,大得之则以王,小得之则以霸。故曾子、子石盛美齐侯。安诸侯,尊天子,霸王之道,皆本于仁。仁,天心,故次以天心。……以仁为天心,孔子疾时世之不仁,故作《春秋》,明王道,重仁而爱人,思患而豫防,反覆于仁不仁之间。此《春秋》全书之旨也。《春秋》体天之微,难知难读,董子明其托之行事以明其空言,假其位号以正人伦,因一国以容天下,而后知素王改制,一统天下,《春秋》乃可读。[160]

"国家"和"有国家者"在这里居于真正的中心地位。"《春秋》之法,以人随君,以君随天。""故屈民而伸君,屈君而伸天,《春秋》之大义也。"(《玉杯》)[161]屈君以伸天是抽象的,而屈民以伸君是具体的。清末的国家建设和共和构想包含着对于社会成员身份的重新理解:主权国家是一

---

[158] 康有为:《孔子改制考》,《康有为全集》(三),页255。
[159] 康有为:《南海师承记》,《康有为全集》(二),页441—442。
[160] 康有为:《春秋董氏学》卷一,《康有为全集》(二),页636。
[161] 同上,页639。

种特定的政治秩序,它要求这个秩序中的成员按照国家的需求承担从纳税到服兵役等一系列义务。"国法也,因军法而移焉,以其遵将令而威士卒之法之行于国,则有尊君卑臣而奴民者矣。家法也,因新制而生焉,以其尊族长而统卑幼之法行之于家,则有尊男卑女而隶子弟者焉。"[162]

3.3 三世说与对皇权中心主义的超越

孔子托尧、舜以改制,而尧、舜为中国存在之前的太平世的象征,从而皇权中心主义的改制论包含了一种自我否定的逻辑,即从中国大一统向太平(世界或宇宙)大一统的转变。"孔子作《春秋》以立主之制,非特治一世,将以治万世也。……《春秋》言天子一位,所以防后世隔绝之弊也。读《公羊》先信改制,不信改制则《公羊》一书无用之书也。"[163]从今文经学的角度说,不但用以论证孔子绝对中心地位的素王、圣王、先王、后王、制法之王等概念本身包含了对于世俗王权(后世相互隔绝的根源)的否定,而且今文经学的"三世论"也提供了对皇权中心主义(或国家主义)进行自我否定的理论根据。圣王因时而确定自己的历史任务,所谓"《春秋》乱世讨大夫,升平世退诸侯,太平世贬天子"。[164]"据乱世"则必须确立绝对王权,扼制大夫擅专;"升平世"则必须建立王权一统,斥退诸侯封建;"太平世"则对王权本身加以贬斥,建立一个无君的礼乐世界。"三世说"在绝对王权、绝对国家与大同世界之间构筑了因应时世、自我变化的内在逻辑,从而在《孔子改制考》与《大同书》之间建立了内在的联系。

"三世进化"的学说与"孔子定削封建大一统之制"是相互配合的。"大一统"是对诸侯封建的否定,也是对国家竞争的否定,但同时实现"大一统"的途径本身恰恰是建立国家权威。康有为说:《王制》有一千八百国之说,此云不合事理,则周时必无此制,而为孔子所改者明矣。百里亦

---

[162] 康有为:《大同书》,页7。
[163] 康有为:《南海师承记》卷二,《康有为全集》(二),页553。
[164] 康有为:《孔子改制考》,《康有为全集》(三),页246。

孔子之制,此发明孔子建国之义。"[165]这里的"建国之义"指建立郡县制的一统国家,它本身就是对封建国家或诸侯并置的否定。《史记·秦始皇本纪》曰:"李斯议曰:'周文、武所封子弟,同姓甚众,然后属疏远,相攻击如仇雠,诸侯相诛伐,周天子弗能禁止。今海内赖陛下神灵一统,皆为郡县,诸子弟功臣以公赋税重赏赐之,甚足易制。天下无异意,则安宁之术也。置诸侯不便。'"康有为评论说:"《春秋》开端发大一统之义,孟荀并传。李斯预闻斯义,故请始皇罢侯为郡县,固《春秋》义也。有列侯则有相争,故封建诚非圣人意也。"[166]

康有为对三世关系的重构构筑了一种独特的逻辑,即把建立作为国家的"中国"视为禹夏以来一统与封建斗争的开端,同时以孔子托古(尧、舜)的方式对这一过程进行自我否定:如果尧、舜为太平盛世,则太平盛世存在于包括中国在内的国家并不存在的时代。因此,一方面,孔子制作《春秋》以王天下,另一方面,《春秋》三世的逻辑本身又预示了"新王"无非是一个过渡、一个程序。夏如此,秦如此,汉、唐亦莫不如此:

> 秦、汉诸子,无不以"六经"为孔子所作者。《书》言稽古,使为当时之史笔,则无古可稽。中国开于大禹,当夏时,必有征伐之威加于外夷者,故世以中国为中夏,亦如秦、汉、唐之世交涉于外国者多,故号称中国为大秦、为汉人、为唐人也。当舜之时,禹未立国,安得有夏?而《舜典》有"蛮夷滑夏"之语,合此二条观之,《书》非圣人所作,何人所作哉![167]

> 尧、舜为民主,为太平世,为人道之至,儒者举以为极者也。……尧、舜在洪水未治之前,中国未辟,故《周书》不称之。……由斯以推,尧、舜自让位盛德,然太平之盛,盖孔子之七佛也。……孔子拨乱升平,托文王以行君主之仁政,尤注意太平,托尧、舜以行民主之

---

[165] 康有为:《孔子改制考》,《康有为全集》(三),页275—276。
[166] 同上,页276。
[167] 同上,页283。

太平。[168]

  盖夏为大朝,中国一统,实自禹平水土后。乃通西域,故周时动称夷夏、华夏,如近代之称汉、唐。故虽以孔子之圣,便文称之,亦曰猾夏也……《春秋》、《诗》皆言君主,惟《尧典》特发民主义。自"钦若昊天"后(指《尚书·尧典》的一段话。——笔者注),即舍嗣而巽位,或四岳共和,或师锡在下,格文祖而集明堂,辟四门以开议院,六宗以祀,变生万物,象刑以期刑措,若斯之类,皆非常异议托焉。故《尧典》为孔子之微言。素王之巨制,莫过于此。[169]

从中国与尧、舜太平世的上述关系出发,我们也可以解释为什么"内外例"在《新学伪经考》、《孔子改制考》和《春秋董氏学》中没有被突显为中心主题。如果与庄存与、刘逢禄相比较,康有为对这一义例解释有所变化,即从强调夷夏之相对化到突出"变化"的法则:"《春秋》之常辞也,不予夷狄而予中国为礼。至邲之战,偏然反之,何也?曰:《春秋》无通辞,从变而移。今晋变而为夷狄,楚变而为君子,故移其辞以从其事。……"[170]"内外"是封建时代的特殊问题,而康有为关注的中心是用一统之制或郡县国家克服过度内部分权的政治结构,从而为国家的自我否定、亦即内外差别的自我否定创造前提。但这并不意味着内外问题已经彻底消失,恰恰相反,内外问题被极为微妙包裹在孔子创一统之制的叙述之中了。这里的真正问题是:为什么在力图以皇权为中心推进国家改革的过程中,不是以皇权而是以孔教作为变法改制的合法性论证?为什么如此突出孔子与诸子(诸侯)、夷狄的斗争,并以孔教作为"王"、"天下"和"一统"的历史根据?一方面,"新王"与皇帝的差别在义理方面:孔子的"仁"观念及其衍生的大同思想包含了对王制本身的超越,从而"作新王"的义旨包含了"大同"的含义或逻辑;另一方

---

[168] 康有为:《孔子改制考》,《康有为全集》(三),页333。
[169] 同上,页338。
[170] 康有为:《春秋董氏学》卷一,《康有为全集》(二),页646。

面,普遍主义的儒教包含了对王朝内部族群关系或内外之别的克服,它把所有社会关系纳入"礼序"关系之中,并最终提供了克服内外、夷夏的基本逻辑。在这个意义上,孔子的圣王地位是克服内外问题的基本策略。

更为重要的是:孔子之制是普遍的制度,太平世是超越中国和夷夏范畴的概念,如果孔子之学是普遍主义的儒学,那么,它所倡导的制度必然不能视为任何一个中国朝代的制度。与《孔子改制考》中将议院、共和、男女平等等西方制度纳入孔子之制相互呼应,康有为在《万木草堂讲义》中更为直截了当地说:"外国全用孔子制。……《王制》,孔子之制,并非周制。春秋不过百余国。……夏、商、周皆是孔子制。"[171]不但议会、学校等等如此,而且服饰、时间也如此:

> 三代全行西派,以短衣为尚。孔子之道本天,以元统天。[172]
> 凡向来主祭之人甚重,如孔子号乾坤之子,孔子之义以仁为主,故有王者无外之义。……现泰西作事,日以九点钟至四点钟散,夜亦以九点钟至四点钟散,正得孔子朝夕之意。宋朝凡知州朝时,有过阙奏折,正孔子敷奏之意。凡学者读书必博通今古中外,然后可施诸事。[173]

变法改革必须学习西方之制,但西方之制并非西方之制。西方制度是一种普遍的制度,但恰恰因为它是普遍的制度,所以不能称为西方的制度,而是孔子之制——此即康有为接受欧洲普遍主义时的自我理解。

1898年6月19日,康有为经昼夜写黄,将他编辑的《日本明治变法考》、《俄大彼得变政致强考》、《突厥守旧削弱记》、《波兰分灭记》、《法国革命记》进呈御览,并同时呈上《孔子改制考》、《新学伪经考》和《春秋董

---

[171] 康有为:《万木草堂讲义》,《康有为全集》(二),页599—600。
[172] 同上,页565。
[173] 康有为:《南海师承记》,《康有为全集》(二),页481—482。

氏学》的刻本。与此同时,他上折《请尊孔圣为国教立教部教会以孔子纪年而废淫祀折》。这份奏折的三个主要论点值得注意:第一,他批评中国尚为多神之俗,"淫祠遍地,余波普荡,妖庙繁立于海外,重为欧、美所怪笑,以为无教之国民,岂不耻哉?"[174]要求专奉孔子为教主,从而在宗教的层面反应了一统与封建的冲突和罢黜百家的取向。第二,以西方政教分离为参照,以民族国家并争的局面为前提,一方面倡导孔子为大地绝对教主,另一方面改变治教合一的旧俗,转奉政教分离的趋势,从而为世俗皇权留下空间。康有为说:

> 夫孔子之道,博大普遍,兼该人神,包罗治教,固为至矣。……因此之故,治教合一,奉其教者,不为僧道,只为人民,在昔一统闭关之世也,立义甚高,厉行甚严,固至美也。若在今世,列国纵横,古今异宜,亦少有不必尽行者。其条颇多,举其大者,盖孔子立天下义,立宗族义,而今则纯为国民义,此则礼律不能无少异,所谓时也。……若不以孔子大教为尊,则人心世道不可问,故今莫若令治教分途,则实政无碍而人心有补焉。[175]

以时代变迁为理由,在尊孔子为教主的同时,悄悄地抹去了孔子作为圣王的地位,从而为政教分离和以皇权为中心推进制度改革提供了理论的空间。然而,如果孔子之世与当今之世有据乱世和升平世之别,存在着治教合一与治教分离的政治差异,那么,随着升平向太平的过渡,孔子的至尊无二地位的最终确立,治教关系必将再次由分到合。对于康有为而言,这是皇权与孔教、国家与大同之间的辩证法,也是在列国竞争之世以君主立宪为中心实行变法的理论基础。君主或皇权是一个过渡,一个方式,孔教及其制度才是最为根本的普遍法则。

---

[174] 康有为:《请尊孔圣为国教立教部教会以孔子纪年而废淫祀折》,《康有为政论集》,上册,汤志钧编,北京:中华书局,1981,页280。
[175] 同上,页282。

这份奏折的最后一个特点是公开要求启用孔子纪年,即在帝国向主权国家转化的过程中同时强调变革和重构"正统"的必要性。欧阳修有所谓"正统之说始于《春秋》之作"的说法。饶宗颐云:"正统之确定,为编年之先务,故正统之义,与编年之书,息息相关。"又云:"'统'之观念与历法最为密切,盖深为《周易》'治历明时'一义所支配。《封禅书》云:'推历者以本统'。"[176]纪年问题在春秋公羊学中居于重要地位,因为《春秋》以事纪年,区分宾主,历代诠释者对于《春秋》中的正闰问题作出了繁复的解释。纪年与创设新统密切有关,所谓"统纪"并称,所谓"王正月",均暗示纪年的开创的象征性。《公羊传》隐公元年:"何言乎王正月?大一统也。"何休注:"统者,始也……莫不一一系于正月,故云政教之始。"康有为比较中、西、印历法变化,承今文家法,主孔子纪元,即以孔子为改制之圣王之意。"何休注天子得改元,诸侯不得改元。《左氏》则以为诸侯得改元矣。……孔子三统皆托古。"[177]"然《春秋》以寓政制,其文犹代数,故皆称托,不过借以记数耳。数不能直叙,代以甲子、天元。天下无有甲子、天元之诡者,又何疑于《春秋》乎?"[178]在这份奏折中,康有为建议以孔子纪年,他虽然没有公开呼吁尊孔子为"王"(而是教主),但参照公羊学三统说中蕴含的易姓革命的含义和纪年问题在构筑大统中的位置,这一呼吁显然包含了激进变革和创造新统的意义:就王朝而言,这是在保留皇权连续性的前提下重构整个体制的呼吁;就中国的变革而言,这是以孔子作为维持内部的文化统一性和抗衡西方普遍主义的基本方略。

---

[176] 饶宗颐:《中国史学上之正统论——中国史学观念探讨之一》,香港:龙门书店,1977,页1,6。饶氏并举唐陈鸿年《大统纪序》云:"学乎史氏,志在编年。贞元丁酉岁,乃修《大纪》三十卷,正统年代随甲子,纪年书事,条贯兴废,举王制之大纲。'《唐文粹》九五)既名其书曰《大统纪》,又揭正统年代随甲子之义。"
[177] 康有为:《南海师承记》卷二,《康有为全集》(二),页506。
[178] 康南海:《春秋董氏学》卷二,页683。

第六节　从帝国到主权国家："中国"的自我转变

康有为的经学研究和政治实践不仅代表着清代今文经学的终结,而且也体现着戊戌变法运动的理论的和实践的方向。但这两个方面均不足以说明这些学术著作和政论的思想史意义。我从下述几个方面扼要地概括康有为思想的历史含义：

第一,康有为从经学内部重新勾勒当代世界的特点和中国在其中所居的位置,从而为变法改革奠定了基本方向。"今略如春秋、战国之并争,非复汉、唐、宋、明之专统,所谓数千年未有之变也。……今当以开创治天下,不当以守成治天下,当以列国并争治天下,不当以一统无为治天下。"[179]用"列国并争"这一概念描述世界局势亦即将《春秋》义旨与民族—国家体系的特点关联起来,从而在经学内部找到了以国家建设为中心的变革方案的基本依据和发展逻辑。在这里,无论"并争"还是"一统"均不是描述"中国"的状况,而是描述世界的局势,对这两种世界状况之间的差异的描述部分地取决于"中国"在其中所处的位置："并争"意味着"中国"处于弱势的或者边缘的位置,"一统"意味着"中国"处于强势的或中心的位置。相应于"一统"局面的是无外的帝国,而对应着"并争"状态的则是内外分明的民族—国家。在戊戌前后的上清帝诸书、奏折和文章中,康有为首先论证了中国朝贡体系的危机和清帝国本身面临的威胁,呼吁师法日本和西方实行变法改制,即将帝国体制改造成为国家体制。他对政治制度、军事体制、教育体制、科学技术体制、经济体制、国内交通体制、官僚体制、新闻体制和外交体制作出了全面的建议,并试图付诸变法改制实践。这是晚清时代最为全面的、也最具有世界观意义的变法纲领。

---

[179] 康有为：《上清帝第四书》,《康有为政论集》,上册,页151—152。

第二,在促进中国的国家建设的过程中,康有为总结清代今文经学的成果,重新解释"中国"的含义,一方面排除种族的因素,另一方面拒绝以行省为单位或联邦制的分权诉求,从而在文化上为"中国"寻找认同的根据、在政治上为"中国"发现一种反民族主义的(反民族自决的、反种族中心论的)国家建设理论。康有为的理论包含着较之任何传统理论都更为强烈的集权倾向,但同时这种集权倾向又是帝国建设过程中不断获得发展的倾向的自然延续。康有为政治构想的中心问题是:反对世袭贵族传统和地域性的自治制度,反对帝国分裂为多个民族—国家或联邦政体的欧洲模式,反对法国大革命开创的民族主义传统,通过皇权主导的行政改革,将帝国直接转化为主权国家,进而以统一的"中国"置身"列国并争"的世界体系之中。如果说董仲舒的《春秋繁露》论证的是帝国的必要性,[180]那么,康有为的《春秋董氏学》和其他经学著作讨论的则是在民族—国家时代如何使得中国从一个帝国直接过渡为主权国家的必要性。因此,统一国家与以何种文化和制度形成这一国家就成为康有为政治纲领的最为关键的部分,它包括了下述各个层次的内容:

一、以皇权为中心推动国家改革,以孔子学说和孔教为中心建立国家认同,把"中国"建立在一种文明论的基础之上,从而既不是以政治结构,也不是以种族或血缘,作为"中国"认同的前提。在这里,新的皇权主义与传统的皇权存在着重要的区别,它代表着一种新的时代精神和激情,即国家主义的精神和激情。皇权中心主义代表了一种用新的国家体制取代旧式贵族权力和宗法分封权力的特点,并力图重新构筑地方权力和社会结构,形成一种更为形式化、趋同化的政治形式。在这一国家主义的构架内,官僚等级制和法律系统是一种带有普遍性的制度,即这种制度具有与其他国家的体制相互接近的趋向。这一带有普遍性的国家制度不是欧洲国家形式的延伸,而是对于"中国"的政治文化的复归。康有为认为"中

---

[180] 董仲舒对于帝国必要性的论证,参见 Michael Loewe," Imperial Sovereignty: Dong Zhongshu's Contribution and His Predecessors", in *Foundations and Limits of State Power in China*, S. R. Schram ed. (Hong Kong: Chinese University Press, 1987), pp. 33-58。

国认同"是超越王朝变迁、种族关系和政治取向的普遍前提,其基础是儒学普遍主义。也正是从这一产生于帝国历史和儒学氛围之中的中国观出发,康有为反对革命,主张改良:所谓"革命",即以法国大革命所创造的民族主义模式冲决旧制度,通过改变帝国时代的内部族群关系,进而改造国家的政治关系;所谓"改良",即在帝国时代形成的文化认同的基础上将帝国直接转化为主权国家,通过维持中央权力的统一、鼓励基层社会的自我管理来改造国家的政治和经济结构。[181]革命是建国的策略,而改良则是帝国自我转化的途径。

二、为了将帝国直接转化为国家,就必须排除帝国内部的族群矛盾,将"中国"作为超越族群关系的政治的和文化的象征。民族—国家体制的主要特点在于内部的统一,即族群、语言、文化和政治制度的高度一体化,而帝国则包含了极为复杂的族群、语言、文化和制度因素。作为一个帝国,中国的基本特点即内部关系松散和文化关系多样,所谓"民既不预国事,惟知身家亲族而已,余皆外视,故其甚者,姓与姓分,乡与乡分,县与县分,省与省分。国朝龙兴东土,奄有中夏,兼定蒙古、准回、卫藏,为大一统,皆因其旧俗而治之……"[182]在列强邻迫、帝国不得不向主权国家过渡的过程中,必须谨慎处理帝国内部的族群差别、政治疆界和风俗之异,从而将帝国直接转化为统一的主权国家,以应付内外挑战。

三、为了克服帝国内部多元种族及其政治体制造成的分裂威胁,康有为重新定义"中国人"的概念,否定本质主义的夷夏观念和汉族单一性。北魏时代魏文帝改姓是否定单一民族神话的最好例证:皇族改拓拔为元

---

[181] 《答南北美洲诸华商论中国只可行立宪不可行革命书》云:"谈革命者,开口必攻满洲,此为大怪不可解之事";"君而无道,不能保民,欲革命则革命耳,何必攻满自生内乱乎?"又谓:"统计欧洲十六国,除法国一国为大革命,实与俄之一国为专制者同,皆欧洲特别之情。其余十余国,无非定宪法者,无有行革命者。然法倡革命,大乱八十年。……"他把获取政权自由与革命区别开来:"吾四万万人之必有政权自由,必可不待革命而得之,可断言也";"吾今论政体,亦是'满汉不分,君民同治'八字而已!故满汉于今日无可言者也,实为一家也"。见《康有为政论集》,上册,页487,489,475,495—505。

[182] 康有为:《请君民合治满汉不分折》,《康有为政论集》,上册,页340—341。

氏、献帝兄纥骨氏改为胡氏，次兄普氏改为周氏，次兄拓跋氏改为长孙氏，次弟丘敦氏改为丘氏，命令功臣九十九大姓全部改为汉姓，以致"今之大姓，十九魏裔"，又何谈单纯的"汉种"？在康有为看来，立宪国会、三权鼎立之义，司法独立、责任政府之例，议院选举之法，各国通例具存，是并不难以模仿的，而形成举国同体之势则是更为长远、也更为艰难的事业。正是基于上述考虑，康有为不但把"中国"与朝号（清朝）相互区分，而且试图以"中国"或"中华"作为内部统一的主权国家的国号和认同的根据。[183] 在这里，变革的依据不是对"正统"的否定，而是对"正统"的再阐释。在晚清政治语境中，对"正统"的依赖是帝国向主权国家的自我转化的模式的必然反应：变革不能转化为对于帝国体制的彻底瓦解。

四、以削封建、建一统为理论背景，反对联邦、邦联等可能导致分裂的分权体制，但同时主张君主立宪和地方分权，即将地方基层分权与中央权力组织成为一种独特的政治体制，通过某种方式的分权将国家行政体系渗透到整个社会，从而取消帝国分裂的危险。这一政治构想以"列国并争"、诸强环视的国际条件为前提，同时也是比较中国与欧美各国的历史条件之后作出的判断，带有某种共和制的特征。如果把这些叙述与他在《大同书》中反对国家的言论加以对比，我们可以发现他所反对的国家与他所批评的"联邦"均与"民族—国家"模式有关。在《大同书》中，他反对民族—国家，倡导大同世界，而在《孔子改制考》和其他政论中，他反对以省为单位的自治形式（联邦或邦联），赞成以帝国的一统之势列于列国竞争的世界关系之中。这是在帝国范围内反对再行民族自决。康有为的这些思想触及了中国政治变革的一个基本特点，即在保存帝国幅员、人口状况和文化认同的前提下实行政治变革，从而如何保持国家的统一和变

---

[183] 康有为说："中国向用朝号，乃以易姓改物，对于前代耳，若其对外交邻，自古皆称中国。今东西称我，皆曰支那，而我经典无此二文，臣细绎音义，支那盖即诸夏之音，或即中华之转也。古称诸夏，或曰诸华，频见传记，盖华夏音近而中诸音转，其蒙、回、卫藏，咸令设校，教以经书文字语言风俗，悉合同于中土，免有歧趋，伏惟今定国号，因于外称，顺乎文史，莫若用中华二字。皇上维新，尚统一而行大同……"《请君民合治满汉不分折》，《康有为政论集》，上册，页341—342。

革国家的体制成为考验整个改革过程的主要问题。这在一定程度上可以看作是一个独特的中国问题。

近代西方的民主改革与民族主义存在着内在的关系:在从帝国内部分裂出自决的民族国家的过程中,民族共同体成为国家的载体,民族成员的权利平等成为民族—国家的法律和政治制度的基本特点。"启蒙运动产生的政治和社会哲学是宗教的,因为它们把终极意义和神圣不可侵犯性归属于个人的头脑——紧接着还必须补充说归属于民族。个人主义和理性主义的时代也是民族主义的时代:个人是一位公民,公众的意见不是人类的意见,而是变为法国人的意见、德国人的意见或美国人的意见。个人主义、理性主义和民族主义——民主的三位一体之神——在立法机构地位的提高和司法机构创制法律作用的减弱(美国除外)中找到了法律表达;在个人行动(特别是在经济领域)摆脱了公共机构的控制中找到了法律的表达;在要求刑法和民法的法典编纂中找到了法律表达;在致力于使个人行为的法律后果(特别在经济领域)具有可预见性中找到了法律表达。"[184]然而,中国的国家建设基本上是一个帝国向主权国家的自我转化过程,从而如何保持中央权力以维持国家的统一、如何将社会成员从特定的地缘关系中解放出来并组织成为主权国家的权利主体,如何在不同地区和文化的认同之间形成平等的和具有各自特点的政治结构,势必成为中国政治制度、法律体系、区域关系和公民权利问题的基本问题。由于主权国家与帝国体制的内在连续,国家内部的政治关系不可能达到欧洲民族—国家的那种紧密程度,分离和统一的紧张总是随着内外关系的变化而起伏。无论后来的政治家和知识分子是否认同康有为的政治抉择,但他所思考和面对的问题至今仍然是中国社会面对的重要问题,也是中国社会体制变革和国家认同问题中的最为关键的部分。

第三,康有为把儒学普遍主义视野与各种西方科学、政教知识结合在

---

[184] 哈罗德·J·伯尔曼(Harold J. Berman):《法律与革命:西方法律传统的形成》[*Law and Revolution: The Formation of the Western Legal Tradition*(Harvard University Press, 1983), p.32],贺卫方等译,北京:中国大百科全书出版社,1996,页37。

一起，构想了一个乌托邦的大同远景。这一带有浓郁社会主义色彩的大同预言与他反复讨论的普遍主义的孔教世界相互呼应，提出了超越国家、种族、阶级、性别和其他等级关系的构想。如果把康有为的大同构想与他在经学形式中表达的国家理论加以对比，大同与"大一统"的国家模式之间也存在着共同之处，即对民族—国家模式的否定。《大同书》的首要政治含义是对国家的超越：康有为在重构皇权中心主义的同时，显然看到了近代国家本身的不可避免的专制性质和国家理论的深刻的专制主义特点。这是一个超越近代中国正在努力追求的资本主义现代性的诉求，一个反现代的现代性纲领，一种将"中国"组织到资本主义世俗化进程之中的宗教化的反抗。这一构想一方面遵循了直线进化的时间逻辑和乐观主义的前瞻态势，遵循了19世纪有关民族—国家、疆域、主权、种族和劳动分工的基本预设，同时却以此为前提，构筑了一个反论式的大同世界。如果说重构儒学普遍主义、重构儒学普遍主义所论证的大一统帝国的逻辑是一种为了"现代"而重构过去的努力，那么，建构大同的世界及其管理规则则是为了"现代"而建构未来的努力。无论这个世界是否总是以一种儒学普遍主义的形式出现，它的大胆的、遥远的设想的确植根于近代历史的变迁脉络和内在矛盾之中，以致这一构想本身成为中国现代性问题的一个症候，一个不断被回顾、不断被总结、不断被重新激发和重新批判的思想源泉。在这个意义上，不是这一构想是否现实，而是激发这一构想的现代矛盾本身，构成了现代中国思想的回顾和前瞻姿态的根源。尽管康有为理论中包含着一种类似于欧洲民族—国家形成过程中的集权趋势，但他的改制论和大同理论框架却带有一种针对着这一世俗的集权趋势的社会主义倾向。如果说欧洲的社会主义是从基督教传统中发展起来的一种针对民族—国家的世俗宗教的历史运动，[185]那么，康有为的大同

---

[185] 伯尔曼说："自由的民主是西方历史中第一个伟大的世俗宗教——第一个脱离传统基督教同时又从基督教中接收了神圣含义和某些主要价值的意识形态。但是，自由的民主在变成一种世俗的宗教时，随即面临一个对手，即革命的社会主义。……社会主义的法律基本原理虽然区别于自由民主制的法律基本原理，但却表明了它们在基督教中有着共同的渊源。"同上，页38。

构想则是从儒学传统中发展起来的针对分立的民族—国家构想的思想挑战,而这个挑战的目的恰恰又是要将中国转化为"国家"。正如康有为本人所预见到的,这一乌托邦远景无法解决当时中国的现实问题,但透过构筑这一乌托邦远景,现代世界所面临的深刻矛盾却呈现出来了。对于正在致力于现代化过程的中国和世界而言,这一远景不但揭示了这一进程本身的矛盾,而且在现代化规划之外提供了一个道德的面向,从而为现代社会的自我批判和想像力提供了可能性。

第四,乌托邦远景与以帝国为历史前提的国家主义的纠缠,再加上一种以孔子为教主的宗教倾向,为变革本身提供了一层宗教改革的色彩。康有为的儒学普遍主义将孔子作为教主,从而也赋予了他参与的变革一种准宗教革命的色彩。1856年,托克维尔曾用"以宗教革命形式展开的政治革命"一语概括法国大革命的特征,因为这场革命是一场"激发布道热诚的政治革命"。按照他的说法,宗教的惯常特征是把人本身作为考虑对象,而不去注意国家的法律、习俗和传统在人们的共同本性上加入什么特殊成分。托克维尔的宗教革命概念建立在两种不同的宗教概念的区分之上,这就是古代希腊罗马帝国的异教和基督教的区别。"异教或多或少与各国人民的政体或社会状况有关,在它的教义中保留着某个民族的而且常常是某个城市的面貌,异教因此通常局限于一国的领土,很少越出范围。异教有时导致不宽容和宗教迫害,但是布道热诚在异教中却几乎完全看不到。因此,在基督教到来以前的西方,也就没有大规模的宗教革命。基督教轻而易举地越过那些曾经阻挡异教的各种障碍,在很短时间内就征服了大部分人类。"[186] 在这一区分之下,他把世俗的法国革命视为一场宗教革命,因为"宗教把人看作一般的、不以国家和时代为转移的人,法国革命与此相同,也抽象地看待公民,超脱一切具体的社会。它不仅仅研究什么是法国的特殊权利,而且研究什么是人类在政治上的一般义务和权利。"[187] 我们从康有为的改革理论中同样看到这种普遍主义

---

[186] 托克维尔:《旧制度与大革命》,北京:商务印书馆,1992,页52。
[187] 同上,页52。

特点:他研究的是"中国"的社会和政治形式,但也是人类的社会和政治形式。无论儒教,还是用以对世界进行重新分类的科学知识,都带有这一普遍主义的特点。托克维尔把法国大革命的普遍主义归结为超越国家、地域和特殊政体、法律的特征,并以人和人类概念的普遍性抵抗制度的地域性和文化的特殊性。但他也在不经意中提及了帝国内部异教与基督教的差别,暗示了基督教作为一种帝国宗教的特征。康有为的大同概念是对人类状况的描述,但这一概念是从"中国"这一概念的普遍性中衍生和发展而来的。"中国"概念预设了"天下"概念,普遍主义儒教超越某个地域、某个民族和某个特定王朝的法律和政治体系,它以普遍的"中国"概念、"天下"概念或"大同"概念重构特定时代的政体、法律和习俗。康有为的强有力的国家主义倾向因此也体现为一种在政治上超越国家的无政府主义倾向和在文化上超越任何特殊论的普遍主义倾向。

在这个意义上,近代国家主义也是以一种准宗教革命的形式出现的,它注定地与超越国家的普遍主义密切相关。但是,正如法国大革命归根结底是一场社会政治革命一样,国家主义改革和此后的革命都带有一种相似的趋向,即摧毁残存于帝国内部的"封建"制度或贵族等级,代之以更一致、更简单、以人人地位平等为诉求的社会政治秩序。变革的思想、感情、习惯和道德都是以这一秩序观为想像的源泉的。这一制度及其秩序观究竟在多大程度上是一种创新,又在多大程度上是一种对于昔日源泉的恢复?从康有为运用自然科学和西方政治、教育和法律的知识规划未来世界来看,他的努力是创新的,但就这些新的知识和规范的历史展开来看,他的努力正如他的今文经学形式一样不过是漫长历史演变的继续。皇权中心主义、隐藏在这一皇权中心主义背后的权力集中趋势、中央国家对于帝国内部政治、法律的多元性的否定,以及为这一帝国建设服务的经学传统,都是在帝国自身的历史演变中不断再生的。因此,我们可以把近代中国的国家建设视为帝国本身的自我转化。康有为参与策划的戊戌变法运动以失败告终,但他规划的政治变革的基本方向并未从此被埋葬。如果说中央集权制是传统帝国体制的一个部分,那么,康有为的思想和变法实践同时也表明:新的社会对于集权体制的依赖远远超过了帝国,以致它对国家内部的多样性、权力和文化的多元性都怀抱着较之早期帝国强烈得多的敌视态度。这就是传统郡县体制不断扩展,而传统帝国范畴内的其他自治形式却日益萎缩的主要原因。中央集权及其与之配合的行政体制并不是改革或革命的创新,而是旧制度的遗存,但这个旧制度的遗存所以能够在新的社会中不断发展,是因为只有这个部分能够适应新的社会需求。现代国家对于某些传统政治形式的敌视态度不能仅仅在专制国家的传统内部寻找根源,而且还需要在更为广阔的、以民族—国家体系为基本政治形式的世界关系之中寻找前提。这是我们通过解读康有为的几部主要经学著作和《大同书》所得到的基本结论。

让我引用康有为有关三世和大同的叙述来结束对他的儒学普遍主义的讨论:

> "三世"为孔子非常大义,托之《春秋》以明之。所传闻世为据乱,所闻世托升平,所见世托太平。乱世者,文教未明也;升平者,渐有文教,小康也;太平者,大同之世,远近大小如一,文教全备也。大义多属小康,微言多属太平。为孔子学,当分二类,乃可得之。此为《春秋》第一大义。[188]

---

[188] 康有为:《春秋董氏学》卷二,《康有为全集》(二),页671。